目 录

第一编 总则 ……………………………………………………………………………（1）

专题一 民法概述 …………………………………………………………………（1）
考点1 民法的调整对象 ／1
考点2 民法基本原则 ／2
考点3 民事法律关系 ／2
考点4 民事权利与民事责任 ／3

专题二 自然人 ………………………………………………………………………（4）
考点5 自然人的民事权利能力 ／4
考点6 自然人的民事行为能力 ／4
考点7 监护 ／6
考点8 宣告失踪与宣告死亡 ／9

专题三 法人和非法人组织 …………………………………………………………（10）
考点9 法人 ／10

专题四 民事法律行为 ………………………………………………………………（12）
考点10 有效的民事法律行为 ／12
考点11 附条件、附期限的民事法律行为 ／13
考点12 可撤销的民事法律行为 ／13
考点13 效力待定的民事法律行为 ／19
考点14 无效的民事法律行为 ／21

专题五 代理 …………………………………………………………………………（22）
考点15 代理的概念与类型 ／22
考点16 代理权及其限制 ／23
考点17 无权代理 ／24
考点18 表见代理 ／25

专题六 诉讼时效与期间 ……………………………………………………………（26）
考点19 诉讼时效 ／26

第二编 物权 ……………………………………………………………………………（29）

专题七 物权概述 ……………………………………………………………………（29）
考点20 物权变动的含义 ／29
考点21 基于法律行为的不动产物权变动 ／29
考点22 基于法律行为的动产物权变动 ／30
考点23 非基于法律行为的物权变动（另见所有权的特别取得方法） ／32
考点24 预告登记、异议登记、更正登记 ／34
考点25 物权的保护 ／35

专题八 所有权 ·· (36)
　　考点 26　建筑物区分所有权　/ 36
　　考点 27　所有权的特别取得方法：善意取得　/ 37
　　考点 28　所有权的特别取得方法：拾得遗失物、发现埋藏物　/ 40
　　考点 29　所有权的特别取得方法：孳息及其归属　/ 41
　　考点 30　所有权的特别取得方法：添附　/ 41
　　考点 31　共有　/ 42
　　考点 32　相邻关系　/ 45

专题九 用益物权 ·· (46)
　　考点 33　土地承包经营权　/ 46
　　考点 34　地役权　/ 47
　　考点 35　居住权　/ 47

专题十 担保物权 ·· (48)
　　考点 36　共同担保　/ 48
　　考点 37　抵押权的设立　/ 51
　　考点 38　抵押物的转让　/ 52
　　考点 39　抵押权的顺位　/ 53
　　考点 40　抵押权人的权利　/ 53
　　考点 41　动产浮动抵押　/ 54
　　考点 42　最高额抵押　/ 55
　　考点 43　动产质权　/ 56
　　考点 44　权利质权　/ 56
　　考点 45　留置权　/ 57
　　考点 46　担保物权的竞合　/ 59
　　考点 47　非典型担保　/ 59

专题十一 占有 ·· (60)
　　考点 48　占有　/ 60

第三编 合同 ·· (62)

专题十二 债与合同概述 ·· (62)
　　考点 49　债的分类　/ 62
　　考点 50　债的发生原因　/ 63
　　考点 51　合同的相对性　/ 63

专题十三 合同的订立 ·· (64)
　　考点 52　合同的成立及效力　/ 64
　　考点 53　格式条款　/ 65
　　考点 54　缔约过失责任　/ 66

专题十四 合同的履行 ·· (66)
　　考点 55　合同履行与债的清偿　/ 66
　　考点 56　合同履行中的第三人　/ 68
　　考点 57　合同履行中的抗辩权　/ 69

　　　　考点58　情势变更　/71

专题十五　合同的保全···（71）

　　　　考点59　合同的保全：债权人代位权与债权人撤销权　/71

专题十六　保证和定金（债权性担保）···（74）

　　　　考点60　定金　/74

　　　　考点61　保证合同的成立及保证方式　/75

　　　　考点62　保证人及其权利　/76

　　　　考点63　共同保证　/77

　　　　考点64　保证期间与保证债务的诉讼时效　/78

专题十七　合同的变更、转让和权利义务终止···（79）

　　　　考点65　合同的变更　/79

　　　　考点66　合同权利的概括转移　/79

　　　　考点67　债权转让与债务承担　/79

　　　　考点68　合同的消灭：合同解除　/83

　　　　考点69　合同的消灭：其他方式　/84

专题十八　违约责任··（84）

　　　　考点70　违约责任的构成与免责　/84

　　　　考点71　违约责任的形式　/85

专题十九　转移财产权利合同··（87）

　　　　考点72　买卖合同的成立与风险负担　/87

　　　　考点73　一物多卖　/88

　　　　考点74　特种买卖合同　/88

　　　　考点75　商品房买卖合同　/89

　　　　考点76　供用电、水、气、热力合同　/90

　　　　考点77　赠与合同　/91

　　　　考点78　借款合同　/92

　　　　考点79　租赁合同　/92

　　　　考点80　融资租赁合同　/94

专题二十　完成工作交付成果合同··（95）

　　　　考点81　承揽合同　/95

　　　　考点82　建设工程合同　/96

专题二十一　提供劳务合同···（98）

　　　　考点83　运输合同　/98

　　　　考点84　保管合同与仓储合同　/98

　　　　考点85　委托合同　/99

　　　　考点86　物业服务合同　/99

　　　　考点87　行纪合同　/99

　　　　考点88　中介合同　/100

　　　　考点89　旅游合同与旅游纠纷　/100

专题二十二　技术合同···（100）

　　　　考点90　技术开发合同　/100

考点 91　技术转让合同和技术许可合同　/102

考点 92　技术服务合同　/103

专题二十三　合伙合同 ··· （103）

考点 93　合伙合同　/103

专题二十四　无因管理、不当得利 ··· （105）

考点 94　无因管理　/105

考点 95　不当得利　/107

第四编　人格权 ·· （108）

专题二十五　人格权 ··· （108）

考点 96　生命权、身体权、健康权　/108

考点 97　姓名权与名称权　/108

考点 98　肖像权　/109

考点 99　名誉权　/111

考点 100　隐私权　/112

考点 101　个人信息保护　/112

考点 102　人格权的保护　/112

考点 103　死者人格利益保护　/113

第五编　婚姻家庭 ·· （114）

专题二十六　结婚 ··· （114）

考点 104　结婚　/114

专题二十七　家庭关系 ··· （114）

考点 105　夫妻财产关系　/114

考点 106　夫妻债务归属与清偿　/116

考点 107　父母子女关系　/116

专题二十八　离婚 ··· （116）

考点 108　协议离婚与诉讼离婚　/116

考点 109　离婚后的子女抚养与探望权　/117

考点 110　离婚时的救济　/117

考点 111　离婚夫妻共同财产的分割　/118

专题二十九　收养 ··· （119）

考点 112　收养　/119

第六编　继承 ·· （120）

专题三十　继承概述 ··· （120）

考点 113　继承的一般规定　/120

专题三十一　法定继承 ··· （120）

考点 114　法定继承人的范围和继承顺序　/120

考点 115　法定继承中遗产的分配　/121

考点 116　代位继承与转继承　/121

专题三十二 遗嘱继承、遗赠和遗赠扶养协议……………………………………………（123）
  考点117 遗嘱继承 / 123
  考点118 遗赠扶养协议 / 124
专题三十三 遗产的处理……………………………………………………………………（124）
  考点119 遗产的范围 / 124
  考点120 遗产的分割与债务清偿 / 125

第七编 侵权责任……………………………………………………………………………（125）
专题三十四 侵权责任概述…………………………………………………………………（125）
  考点121 侵权责任与免责 / 125
  考点122 数人侵权 / 126
专题三十五 特殊侵权责任…………………………………………………………………（127）
  考点123 用人单位责任 / 127
  考点124 个人劳务关系中的侵权责任 / 128
  考点125 帮工侵权责任 / 129
  考点126 违反安全保障义务的侵权责任 / 129
  考点127 网络侵权责任 / 130
  考点128 监护人责任 / 130
  考点129 教育机构的侵权责任 / 131
  考点130 产品责任 / 131
  考点131 医疗损害责任 / 132
  考点132 机动车道路交通事故责任 / 132
  考点133 环境污染和生态破坏责任 / 133
  考点134 饲养动物致人损害责任 / 133
  考点135 物件致人损害责任 / 134

法律文件简称对照表

简称	全称
民法典总则编解释	最高人民法院关于适用《中华人民共和国民法典》总则编若干问题的解释
民法典担保制度解释	最高人民法院关于适用《中华人民共和国民法典》有关担保制度的解释
民法典继承编解释（一）	最高人民法院关于适用《中华人民共和国民法典》继承编的解释（一）
买卖合同解释	最高人民法院关于审理买卖合同纠纷案件适用法律问题的解释
商品房买卖合同解释	最高人民法院关于审理商品房买卖合同纠纷案件适用法律若干问题的解释
诉讼时效规定	最高人民法院关于审理民事案件适用诉讼时效制度若干问题的规定
民法典物权编解释（一）	最高人民法院关于适用《中华人民共和国民法典》物权编的解释（一）
建筑物区分所有权解释	最高人民法院关于审理建筑物区分所有权纠纷案件适用法律若干问题的解释
民法典合同编通则解释	最高人民法院关于适用《中华人民共和国民法典》合同编通则若干问题的解释
民法典婚姻家庭编解释（一）	最高人民法院关于适用《中华人民共和国民法典》婚姻家庭编的解释（一）
人身损害赔偿解释	最高人民法院关于审理人身损害赔偿案件适用法律若干问题的解释
公司法解释（三）	最高人民法院关于适用《中华人民共和国公司法》若干问题的规定（三）
民间借贷规定	最高人民法院关于审理民间借贷案件适用法律若干问题的规定
城镇房屋租赁合同解释	最高人民法院关于审理城镇房屋租赁合同纠纷案件具体应用法律若干问题的解释
融资租赁合同解释	最高人民法院关于审理融资租赁合同纠纷案件适用法律问题的解释
建设工程施工合同解释（一）	最高人民法院关于审理建设工程施工合同纠纷案件适用法律问题的解释（一）
技术合同解释	最高人民法院关于审理技术合同纠纷案件适用法律若干问题的解释
民诉解释	最高人民法院关于适用《中华人民共和国民事诉讼法》的解释

民法 [答案详解]

第一编 总 则

专题一 民法概述

考点1 民法的调整对象

1．民法的调整对象[B]

[解析]《民法典》第2条规定："民法调整平等主体的自然人、法人和非法人组织之间的人身关系和财产关系。"甲属于自然人，税务机关属于行政机关，两者不是平等主体，不属于民法的调整范畴。故A项错误。

寻物启事系悬赏广告，悬赏广告被视为单方法律行为，不需要相对人的承诺就可产生法律效力。根据《民法典》第139条的规定，以公告方式作出的意思表示，公告发布时生效。悬赏广告具有法律约束力，应由民法调整。故B项正确。

有两类典型的不具有法律约束力的民事法律关系：(1)道德领域调整的关系：如恋爱、同事、友谊等关系。(2)好意施惠关系：如①邀请同看演出、比赛或者旅游等；②请客吃饭；③火车过站叫醒；④搭便车；⑤青年志愿者做义工等。C、D项虽然发生在平等主体之间，但属于好意施惠关系，不受民法调整。故C、D项错误。

2．好意施惠关系[A]

[解析]甲单独邀请朋友乙到家中吃饭属于好意施惠，类似的还有邀请同看演出、搭便车、火车过站叫醒、顺便帮邻居清扫积雪、代投信件等。本题甲邀请朋友乙到家中吃饭属于好意施惠项下的请客吃饭，不存在发生法律效果的意图，不构成民法中的意思表示，不产生民事法律关系。故A项正确，B、C、D项错误。【特别提醒】尽管好意施惠的行为不构成意思表示，不能产生法律关系；但是，如果再出现新的法律事实，则有可能构成其他的法律关系。比如，请人喝酒不请或被请者不赴约，均没有违约责任，但是如果赴约了，在饮酒过程中一方强行劝酒造成另一方的伤害的，则产生侵权法律关系。对于本题而言，甲被烫伤的损害后果与乙爽约无因果关系，乙主观上亦无过错，故不承担侵权责任；甲遭受饭菜浪费的损失，虽与乙爽约有因果关系，但损害类型为纯粹经济损失，乙主观上可能有过失，但无故意，所以不承担侵权责任。

3．好意施惠；戏谑行为；无名合同[D]

[解析]首先，六人关于学期结束获得奖学金者请客的约定，当属道德调整的范围，不产生民事法律关系。因为，自正常人的角度视之，六人作出此约定时的表示，不具有承担法律责任的意图，不构成民法上的意思表示，属于好意施惠性质的表达，故C项错误。其次，基于六人的约定，自身不产生法律关系，如果学期结束后，获得奖学金的甲、乙不请客聚餐，其他同学不得要求甲、乙承担违约责任。但是，甲、乙获得奖学金后，六人已经如约去酒店就餐，此时，对于其他同学而言，已经产生了对于甲、乙请客利益的合理期待，故甲、乙应对此聚餐费用承担法律上的义务，甲、乙中间离开，未如约支付餐费，不是戏谑行为，故A项错误。

六人去餐馆消费，与餐馆之间形成合同关系。我国没有关于消费合同的专门规定，故可参照适用《民法典》总则编、合同编通则及最相类似合同之规定，处理此合同关系。六人作为合同的一方，餐馆作为合同的另一方，属于多数人之债。由于六人的消费行为，并没有与餐馆约定各自承担的份额，《民法典》第178条第3款规定："连带责任，由法律规定或者当事人约定。"据此，若当事人在合同中约定连带责任的，应当明确约定，否则应当认定为按份责任。但六人之间无论是按份还是连带关系，对于餐馆均应共同承担责任，故D项正确。

如上分析，六人如约去餐馆聚餐的行为，使得甲、乙之外的其他四人产生了合理的利益期待，甲、乙应当对于此次聚餐承担法律上的责任，故餐费的最终责任应当由甲、乙承担。但两者之间具体如何分担，则应视情形而定：若两者不能达成协议，最终应平分餐费；若达成协议，则应按协议分担餐费。故B项错误。【特别提醒】本案中甲、乙最终应承担餐费的原因不是履行合同关系中的义务，因为约定请客吃饭属于好意施惠，不构成法律行为；而是事实上去吃饭的行为自身作为独立的法律事实，导致了其他的损失，进而应当承赔偿责任。

4．民法的调整对象[B]

[解析]构成法律行为，则当事人在表示时，具有承担民事责任的意图。悬赏广告，是法律行为的一种，公告发布时发生效力。要构成民法上的悬赏广告，需要有承担法律责任意图的意思表示。本案中，刘某参加电视采访，本无意发布悬赏广告，只是出于

对自己技术的自信,做了一次夸张表达而已,当时其真实的意图应理解为,让主持人相信他当时真的如此认为而已。故此行为当解读为戏谑表示,不构成民事法律关系,故B项正确。

考点2 民法基本原则

5.民法基本原则;相邻关系[D]

[解析] 本题中,乙享有宅基地使用权,有权依法利用该土地建造住宅及其附属设施,但该权利的行使应当受到相邻关系的限制,不得损害他人的合法权益。《民法典》第7条规定:"民事主体从事民事活动,应当遵循诚信原则,秉持诚实,恪守承诺。"诚信原则主要在以下方面发挥功能:控制权利的行使和义务的履行;情势变更;附随义务的创设;格式条款的内容审查;合同解释;法律解释以及法律漏洞的填补;等等。就"控制权利的行使和义务的履行"这一功能而言,诚信原则设定了行使民事权利的"内在限度",凡以悖于诚实信用之方式行使民事权利,就有可能被认定为滥用民事权利,由此,禁止权利滥用原则也是诚信原则的子原则。本题中,乙建起高5米围墙,使甲在自家院内却有身处监牢之感,滥用民事权利,损害了相邻权人甲的利益,违反了诚信原则。故D项当选。

法条变更	《中华人民共和国民法典》 2020年5月28日第十三届全国人民代表大会第三次会议通过,自2021年1月1日起施行

6.民法基本原则[D]

[解析]《民法典》第5条规定了自愿原则:"民事主体从事民事活动,应当遵循自愿原则,按照自己的意思设立、变更、终止民事法律关系。"本题中,甲、乙间之协议之订立出于双方的自愿,不违反自愿原则。故A项不当选。

《民法典》第6条规定了公平原则:"民事主体从事民事活动,应当遵循公平原则,合理确定各方的权利和义务。"本题中,甲、乙关于限制"纯粹身份利益"的协议,不适用等价有偿规则,无违反公平原则的问题。故B项不当选。

《民法典》第7条规定了诚信原则:"民事主体从事民事活动,应当遵循诚信原则,秉持诚实,恪守承诺。"本题中,甲、乙订立协议的行为重在"创设"民事权利义务,而非"行使"权利与"履行"义务,不涉及诚信原则。故C项不当选。

《民法典》第8条公序良俗原则:"民事主体从事民事活动,不得违反法律,不得违背公序良俗。"本题中,甲、乙订立的协议,不合理地限制了乙的婚姻自由和生育自由,违反婚姻伦理与家庭伦理,违反善良风俗。故D项当选。

考点3 民事法律关系

7.民事法律关系;民事权利[C]

[解析] 根据是否直接具有财产或经济内容为标准,民事法律关系分为财产法律关系和人身法律关系。(1)财产法律关系,是指与财产所有和财产流转相联系,具有直接物质利益内容,以财产利益为标的形成的民事法律关系,如物权法律关系和债权法律关系。(2)人身法律关系,是指与民事法律关系主体的人身不可分离,不具有直接物质利益内容,以人格利益或身份利益为标的的民事法律关系,包括人格权法律关系和身份权法律关系。本题中,甲请求乙赔偿人身损害所形成的法律关系,为侵权之债中的损害赔偿法律关系,以请求对方支付赔偿金为权利义务内容,具有直接的财产内容,是典型的财产关系,不属于人身法律关系。故A项错误。

民事权利,依照权利人可以对抗义务人的范围,可分为绝对权与相对权。(1)绝对权,是指义务人为不特定的一般人的权利,权利人可以向一切人主张权利,因而又称为对世权。所有权、人身权、知识产权均属绝对权。(2)相对权,是指义务主体为特定人的权利,权利人只能请求特定人为一定行为,因而又称为对人权。债权是典型的请求权。甲请求乙赔偿的权利属于请求权、对人权、相对权。故B项错误。

债权请求权一般适用诉讼时效,仅《诉讼时效规定》第1条规定的四种债权请求权不适用诉讼时效。《民法典》第188条规定,人身遭受损害的,适用3年普通诉讼时效期间。故C项正确。

所谓抗辩权,是指法律规定的,旨在阻碍请求权行使的权利。抗辩权具有三个特征:(1)法定而非约定,约定的阻碍请求权行使的事由称为抗辩事由,而非抗辩权;(2)功能在于永久或者暂时阻碍请求权行使,但不会使请求权消灭;(3)除不安抗辩权外,一般具有被动性,抗辩权的行使以请求权的行使为前提条件。本题中,乙主张甲对自己不享有请求权,是主张对方的请求权不成立,不属于抗辩权的行使。故D项错误。

8.民事法律关系[C]

[解析] A项,甲应允乙同看演出,甲、乙间成立好意施惠关系(情谊关系)。根据民法理论,好意施惠不成立合同关系,乙不得对甲的爽约行为主张违约损害赔偿。好意施惠关系本身虽不排除侵权责任的成立,但须有独立的侵权事实发生,否则,仅一方当事人违反好意施惠中的约定或者承诺,不构成侵权。除爽约外,甲未实施其他侵权行为,因此甲的爽约不构成侵权,乙不得对甲主张侵权损害赔偿。故

A项错误。同理,D项也是好意施惠关系。故D项错误。

B项,乙遭受的损失,并非甲侵害乙人身权和财产权给乙造成的"附随经济损失"(如医疗费、修理费),只是甲虽未侵害乙人身权和财产权,但因错误陈述给乙造成的纯粹金钱上的损失,学理上称为"纯粹经济损失"。在我国,对于纯粹经济损失,受害人能否请求加害人承担赔偿责任,分以下两种情况处理:(1)合同关系。若甲、乙间存在合同关系,甲违反合同约定给乙造成纯粹经济损失,则乙可对甲主张违约损害赔偿;此外,若合同一方当事人违反先合同义务(构成缔约过失)或者违反后合同义务给对方造成纯粹经济损失,受害人也可就遭受的纯粹经济损失获得部分赔偿。(2)侵权关系。原则上,对加害人给受害人造成的纯粹经济损失,受害人不得对加害人主张侵权损害赔偿。但有两个例外:第一,法律明文规定。例如,证券欺诈;又如,甲过失造成乙死亡,导致乙赡养的丙丧失赡养费。丙的赡养费收入损失属于纯粹经济损失,但因法律明文规定可以依照侵权损害赔偿予以救济,故丙可就赡养费收入损失对甲提起侵权损害赔偿(包含于死亡赔偿金之内主张)。第二,加害人故意给受害人造成的纯粹经济损失。例如,甲意欲使乙亏本,故意告知乙虚假的信息,乙依照该信息购买股票遭受重大损失。乙可就遭受的纯粹经济损失对甲主张侵权损失赔偿。本题中,甲、乙间并无合同关系,乙就遭受的纯粹经济损失不能对甲主张违约损害赔偿;同时,甲属于过失虚假陈述,非为故意,且无法律的明确规定,故乙不能就遭受的经济损失对甲主张侵权损害赔偿。故B项错误。

C项涉及"忠诚协议"的效力。夫妻互享配偶权,一方违反忠实义务(出轨)构成对对方配偶权的侵害。一方面,我国《民法典》第1091条将离婚损害赔偿请求权的适用范围限制得比较窄,据此,一方仅实施了"一夜情"或者其他"拈花惹草"的行为,但尚未达到重婚或者与他人同居的程度,则在离婚时无过错方无权对对方主张离婚损害赔偿。另一方面,违反忠实义务的行为又是对对方配偶权的侵害,如果夫妻双方约定若一方出轨导致离婚,另一方应补偿金钱若干(这个约定就是忠诚协议),原则上应认定该约定有效。也即,无约定,只能按法定;有约定,一般予以认可。故C项正确。【特别提醒】以上仅是就"忠诚协议"的效力而言。通说认为,对于夫妻在感情破裂前预先订立的离婚协议,因违背公序良俗而无效,"忠诚协议"是个例外。

9．权利义务相一致原则;不当得利的成立要件;行政法律关系;无主财产的归属[D]

[解析] 所谓权利义务一致原则,是对于一个主体而言,享有权利一般要履行义务,履行义务一般要享有权利,而薛某履行义务没有具体确定的权利主体,不属于对权利义务相一致原则的违反。故A项错误。

《民法典》第122条规定,因他人没有法律根据,取得不当利益,受损失的人有权请求其返还不当利益。据此,不当得利的构成要件有四:(1)一方取得财产利益;(2)一方受有损失;(3)取得利益与所受损失之间有因果关系;(4)没有法律上的根据。本题中,交警大队只是代收6万元,并未取得财产利益,不构成不当得利。故B项错误。

行政法律关系,是指受行政法律规范调整的因行政行为而形成或产生的各种权利义务关系。行政法律关系的产生往往以行政主体通过行政程序所作出的单方面的行政行为为根据,具有不平等性。本题中,交警大队实际上有两个行为:一是确定交通事故责任的归属,这是行政行为无疑,也得出明显的不平等性;但是第二个行为,预收赔偿费并商定转交,这并不是行政行为,否则也不会"商定",这一行为并不会产生行政法律关系。故C项错误。

《民法典》第1160条规定,无人继承又无人受遗赠的遗产,归国家所有。故D项正确。

考点4 民事权利与民事责任

10．自助[C]

[解析] 甲在乙经营的酒店进餐,与乙形成餐饮合同。这一合同为双务合同,甲承担交付餐费的义务,乙承担提供餐饮的义务。乙向甲返还外衣并不是该双务合同中的义务,不能与甲的餐费交付义务形成对待给付关系,不能形成双务合同抗辩。故A、B项错误。

甲就餐后拒付餐费,侵害了乙的权利。因乙不知甲的身份和去向,所以乙扣留甲的外衣是必要的,也未超过合理的限度,属于自助行为,未构成侵权。故C项正确,D项错误。【特别提醒】按照自助救济后,应"尽快纳入公力救济"的要求,题目中虽然没有类似"打电话报警"的情节,但这并不影响乙的行为的自助性质。因为"打电话报警"等是构成自助后,问题应如何处理的法律要求,而不是自助行为本身的构成要件。

11．民事权利[ABCD]

[解析] 债权的内容是特定人请求特定人为一定行为或不为一定行为;这与支配权的内容"权利人直接支配一定的利益并排斥他人干涉"不同。所以,支配权具有排他性,同一标的上不能并存两个以上同一内容的支配权;相反债权具有平等性,无排他性,同一标的上可以并存两个以上同一内容的债权请求权,乙请求甲还款的权利为债权。故A项正确。

丁公司在丙公司的土地上设立的是眺望地役权，地役权属于用益物权，是物权、支配权、对世权。故B项正确。须注意：虽然未经登记的地役权不得对抗善意第三人，但未经登记的地役权仍属支配权。对抗与支配不是一回事。

抗辩权，指依照法律的规定，阻碍请求权行使的权利。抗辩权包括两类6种：(1)永久抗辩权(在我国仅指诉讼时效期间经过的抗辩权)；(2)一时抗辩权在我国包括：同时履行抗辩权；顺序履行抗辩权；不安抗辩权；一般保证中保证人的先诉抗辩权；混合担保中(债务人以自己财产设立抵押、质押时)提供担保的第三人的先诉抗辩权。根据《民法典》第687条第2款规定，一般保证的，在债权人未对债务人强制执行无效之前，债权人请求保证人承担保证责任的，保证人享有先诉抗辩权。故C项正确。

《民法典》第541条规定："撤销权自债权人知道或者应当知道撤销事由之日起一年内行使。自债务人的行为发生之日起五年内没有行使撤销权的，该撤销权消灭。"这里的1年和5年均为除斥期间，不是诉讼时效期间。故D项正确。

12．建筑物区分所有权；禁止权利滥用[ABD]

[解析]《民法典》第207条规定："国家、集体、私人的物权和其他权利人的物权受法律平等保护，任何组织或者个人不得侵犯。"乙公司经过规划部门批准建造的电梯，仅表明乙公司建造的电梯不属于违章建筑，乙公司可以获得所有权。但乙公司未经允许，擅自占用甲的停车位，侵犯了甲对停车位享有的物权，故A项说法错误，当选。

根据诚信原则，权利行使需要考虑个体之间以及个体与社会利益的平衡。甲的权利固然应当受到保护，但受保护是有限度的，受到社会公德和社会公共利益的限制。乙公司的确侵犯了甲对停车位的权利，考虑到乙公司建造电梯花费200万元，较甲的车位价值明显更大，且电梯已经建成，并符合更多人的利益。如果甲坚持对乙主张恢复原状、排除妨害等责任，则构成权利滥用，超出了受保护的限度。换言之，甲对乙不再享有这些权利，故B选项错误。

然而，乙的行为毕竟侵犯了甲之物权，考虑到禁止权利滥用，甲虽不能对乙主张恢复原状、排除妨害等责任，但甲仍可对乙主张损害赔偿之责任。置换车位属于代物清偿的一种，甲有权请求乙置换车位，并赔偿因此遭受的其他损失。故C选项正确。

民事责任从性质上说，通常是一种补偿性的责任。乙公司为甲置换车位并赔偿甲因此遭受的损失后，甲的损失已经得到了弥补，没有权利再获得额外的收益，所以，对于乙公司销售尾房获得的利益，甲无权主张。故D选项错误。

专题二 自然人

考点5 自然人的民事权利能力

13．法定继承人的范围和顺序；死亡时间的推定[ABCD]

[解析]《民法典》第1121条规定："继承从被继承人死亡时开始。相互有继承关系的数人在同一事件中死亡，难以确定死亡时间的，推定没有其他继承人的人先死亡。都有其他继承人，辈份不同的，推定长辈先死亡；辈份相同的，推定同时死亡，相互不发生继承。"须注意的是，前述死亡推定具有一个前提：不能确定死亡的先后顺序。因此，死亡推定具有严格的顺序性：(1)应先推定"没有继承人的人"先死亡。所谓"没有继承人的人"，指的是除了在同一事件中死亡的相互有继承关系的人之外(可见，他们其实都有继承人，因为他们互为继承人)，某人不再有其他继承人。(2)若每个人都有其他继承人，则推定长辈先死亡，晚辈继承长辈的遗产，然后，晚辈死亡。(3)若人是同辈(如夫妻、兄弟姐妹)，则应推定同时死亡，彼此不能继承(丈夫不能继承妻子的，反之亦然)，由他们各自的继承人继承。本题中，应推定王某和李某先于女儿死亡，王某和李某同时死亡，互不发生继承，女儿作为第一顺序继承人继承王某和李某的遗产。故A、B、C、D项正确。【思路拓展】本题存在题意不明的缺陷，即我们不知道王某与李某的女儿除了王某和李某以外，是否还有其他继承人。以上答案分析须以王某、李某与女儿"都有其他继承人"为前提，即该女儿已经成年，并结婚生子，除了王某和李某之外，还有其他继承人(如丈夫、孩子)。原因在于：王某、李某、女儿都属于"各自都有继承人"的，因此应当推定长辈王某和李某先于女儿死亡，则女儿作为第一顺序继承人继承王某和李某的遗产。故A、D项正确。又由于李某和王某辈份相同，应当推定同时死亡，彼此不发生继承关系。故B、C项正确。如果假设女儿没有其他继承人(如女儿4周岁，无兄弟姐妹、无祖父母、无外祖父母)，而王某与李某有其他继承人(如父母或者兄弟姐妹)，则答案会有变化：女儿属于"没有继承人"的人，则应当推定该女儿先于王某和李某死亡。故A、D项错误。推定他们的女儿先死亡后(女儿的遗产由王某和李某作为第一顺序继承人继承)，王某和李某属于"各自都有继承人"的人，并且辈份相同，应当推定为同时死亡，彼此不发生继承。故B、C项正确。

考点6 自然人的民事行为能力

14．自然人的民事行为能力；著作权主体[C]

[解析]根据《著作权法》第11条的规定，著作权属于作者，创作作品的自然人是作者。本题中的

作品《隐形翅膀》由小刘创作,著作权人应为小刘。小刘虽是限制民事行为能力人,但创作作品属于事实行为,不是法律行为,无须作者具有民事行为能力,只要创作的作品具有独创性,自创作完成时起,作者就取得著作权,不以发表为前提条件。故A、B项错误。

《民法典》第19条规定:"八周岁以上的未成年人为限制民事行为能力人,实施民事法律行为由其法定代理人代理或者经其法定代理人同意、追认;但是,可以独立实施纯获利益的民事法律行为或者与其年龄、智力相适应的民事法律行为。"小刘作为限制民事行为能力人,其转让网络传播权的行为与其意思能力不相适应,属于效力待定的民事法律行为,因小刘的父母反对该转让行为,则该转让行为自始无效。故C项正确,D项错误。

15．自然人的民事行为能力；显失公平；重大误解[D]

[解析]《民法典》第150条规定:"一方或者第三人以胁迫手段,使对方在违背真实意思的情况下实施的民事法律行为,受胁迫方有权请求人民法院或者仲裁机构予以撤销。"显失公平仅适用于有偿合同,其构成要件有三:(1)双务合同双方当事人的权利义务明显不对等;(2)显失公平发生于合同成立之时;(3)显失公平的原因系一方利用自己的优势或者利用对方急迫、轻率、无经验等不利境地。这一买卖不构成显失公平,理由有二:第一,判断利益是否严重失衡须从主客观两个方面考虑,一方面要考虑支付的价格与市价是否大体相当,另一方面必须考虑当事人主观上是否愿意接受,即使价格上存在重大差距,但当事人出于真实意愿接受,也不能认为构成显失公平。甲虽然事后颇为后悔,但订约当时是志在必得,因此,不能认定利益严重失衡。换言之,等价包括客观等价与主观等价,主观等价也是等价。第二,不存在一方利用优势或者利用对方急迫、轻率、无经验的主观要件。故A项错误。

《民法典》第147条规定:"基于重大误解实施的民事法律行为,行为人有权请求人民法院或者仲裁机构予以撤销。"成立重大误解的要件有二:(1)当事人实施法律行为时对法律行为的内容发生具有交易上重要性的认识错误或者表示错误;(2)当事人因错误无意作出与内心真意不一致的意思表示。本题中,甲订立买卖合同时,并未对买卖合同的内容发生具有交易上重要性的认识错误与表示错误(花大价钱买的到底是什么,甲一清二楚),不成立重大误解。故B项错误。

《民法典》第19条规定:"八周岁以上的未成年人为限制民事行为能力人,实施民事法律行为由其法定代理人代理或者经其法定代理人同意、追认;但是,可以独立实施纯获利益的民事法律行为或者与其年龄、智力相适应的民事法律行为。"在本题中,17岁的甲是限制民事行为能力人,但是其懂得并且能够独立参加拍卖会,该拍卖行为应当认定为是与其年龄、智力状况相适应的行为,买卖合同有效。故C项错误,D项正确。

16．民事行为能力；法律行为的效力；监护[D]

[解析] 人体器官的捐献分为活体器官的捐献和尸体器官的捐献。关于活体器官的捐献,《人体器官捐献和移植条例》主要设有三方面的限制:(1)该《条例》第9条第1款规定,具有完全民事行为能力的公民有权依法自主决定捐献其人体器官。公民表示捐献其人体器官的意愿,应当采用书面形式,也可以订立遗嘱。公民对已经表示捐献其人体器官的意愿,有权予以撤销。(2)该《条例》第10条规定,任何组织或者个人不得获取未满18周岁公民的活体器官用于移植。(3)该《条例》第11条规定,活体器官的接受人限于活体器官捐献人的配偶、直系血亲或者三代以内旁系血亲。甲为精神病人,不具有完全民事行为能力,其决定捐献肾脏的法律行为无效。故A项错误。

甲生前,其法定代理人能否代为作出有效的活体器官捐赠?法律对此未设明文,但可通过解释《民法典》第35条第1款得出结论。《民法典》第35条第1款规定:"监护人应当按照最有利于被监护人的原则履行监护职责。监护人除为维护被监护人利益外,不得处分被监护人的财产。"监护人非为被监护人利益处分被监护人财产的,其处分行为无效。根据举轻以明重的解释规则,对被监护人财产的处理尚且如此,甲的父母以监护人的身份决定将甲的肾脏捐献给乙的行为,并非为了被监护人甲的利益,故该捐献行为无效。故B项错误。

关于尸体器官的捐献,《人体器官捐献和移植条例》第9条第2款规定,公民生前表示不同意捐献其遗体器官的,任何组织或者个人不得捐献、获取该公民的遗体器官;公民生前未表示不同意捐献其遗体器官的,该公民死亡后,其配偶、成年子女、父母可以共同决定捐献,决定捐献应当采用书面形式。据此,甲死亡后,对甲尸体器官的捐献,须甲的配偶、成年子女、父母共同作出意思表示,才能有效;甲的父母单独作出的捐献行为应认定为无效。故C项错误,D项正确。

17．民事行为能力；民事行为的效力[B]

[解析]《民法典》第18条第2款规定:"十六周岁以上的未成年人,以自己的劳动收入为主要生活来源的,视为完全民事行为能力人。"本题中,肖特16岁

以演出收入为主要生活来源，可以视为完全民事行为能力人。故 A 项错误。

《民法典》第 20 条规定："不满八周岁的未成年人为无民事行为能力人，由其法定代理人代理实施民事法律行为。"该法第 144 条规定："无民事行为能力人实施的民事法律行为无效。"本题中，7 岁时的肖特为无民事行为能力人，应由其法定代理人代理其实施民事法律行为。肖特受赠口琴的行为（即使是纯获利益的）未经法定代理人代理，属于无效的民事法律行为。故 B 项正确。

《民法典》第 19 条规定："八周岁以上的未成年人为限制民事行为能力人，实施民事法律行为由其法定代理人代理或者经其法定代理人同意、追认；但是，可以独立实施纯获利益的民事法律行为或者与其年龄、智力相适应的民事法律行为。"本题中，肖特 9 岁受赠钢琴以及 15 岁时受赠名贵小提琴，属于限制民事行为能力人独立实施的纯获利益的民事法律行为，均有效。故 C、D 项错误。

18．民事行为能力；法律行为的效力[C]

[解析]《民法典》第 19 条规定："八周岁以上的未成年人为限制民事行为能力人，实施民事法律行为由其法定代理人代理或者经其法定代理人同意、追认；但是，可以独立实施纯获利益的民事法律行为或者与其年龄、智力相适应的民事法律行为。"第 20 条规定："不满八周岁的未成年人为无民事行为能力人，由其法定代理人代理实施民事法律行为。"本题中的两次赠与分别发生在小琴为无行为能力和限制行为能力时。

对于无行为能力人实施的法律行为的效力，《民法典》第 144 条规定："无民事行为能力人实施的民事法律行为无效。"故无行为能力人不能单独实施任何法律行为，否则，均为无效。本题中，赠与画的行为，由于小琴为无行为能力人，必须由其法定代理人代为进行，由于其母亲表示拒绝，故赠与无效，A、B 项错误。

对于限制行为能力人实施的法律行为的效力，《民法典》第 145 条第 1 款规定："限制民事行为能力人实施的纯获利益的民事法律行为或者与其年龄、智力、精神健康状况相适应的民事法律行为有效；实施的其他民事法律行为经法定代理人同意或者追认后有效。"据此，纯获利益的法律行为有效，本题中关于表的赠与属于纯获利益，不需要法定代理人追认即为有效。故 C 项正确，D 项错误。

考点 7 监护

19．监护[BC（原答案为 B）]

[解析]《民法典》第 27 条规定："父母是未成年子女的监护人。未成年人的父母已经死亡或者没有

监护能力的，由下列有监护能力的人按顺序担任监护人：（一）祖父母、外祖父母；（二）兄、姐；（三）其他愿意担任监护人的个人或者组织，但是须经未成年人住所地的居民委员会、村民委员会或者民政部门同意。"A 项错在"只能"二字，故错误。

《民法典总则编解释》第 8 条第 2 款规定："依法具有监护资格的人之间依据民法典第三十条的规定，约定由民法典第二十七条第二款、第二十八条规定的不同顺序的人共同担任监护人，或者由顺序在后的人担任监护人的，人民法院依法予以支持。"第 9 条第 2 款规定："人民法院依法指定的监护人一般应当是一人，由数人共同担任监护人更有利于保护被监护人利益的，也可以是数人。"据此，无论是协议监护还是法院指定监护，监护人可以是一人，也可以是数人（可是同一顺位，也可是不同顺位）。故 B 项正确。

《民法典》第 31 条第 1 款规定："对监护人的确定有争议的，由被监护人住所地的居民委员会、村民委员会或者民政部门指定监护人，有关当事人对指定不服的，可以向人民法院申请指定监护人；有关当事人也可以直接向人民法院申请指定监护人。"《民法典》取消了诉前指定的前置程序，当事人可直接向法院申请指定监护人。故 C 项正确。

由于甲未成年，确定监护人应当适用未成年人监护的规定，应依照未成年人监护人的确定规范予以处理。《民法典》第 28 条规定的确定监护人的规则，仅仅适用于无或限制民事行为能力的成年人。故 D 项错误。

法条变更	《最高人民法院关于适用〈中华人民共和国民法典〉总则编若干问题的解释》
	2021 年 12 月 30 日最高人民法院审判委员会第 1861 次会议通过，自 2022 年 3 月 1 日起施行（法释[2022]6 号）

20．监护[A]

[解析] 对于一般的委托监护问题，《民法典》总则编的监护制度中没有规定，由于是委托关系，故适用委托合同的规定。关于委托监护中被监护人侵权的责任承担问题，《民法典》第 1189 条规定："无民事行为能力人、限制民事行为能力人造成他人损害，监护人将监护职责委托给他人的，监护人应当承担侵权责任；受托人有过错的，承担相应的责任。"因此，A 选项中甲委托医院照料其患有精神病的配偶乙，医院此时为委托监护人。故 A 项正确。【特别提醒】对于委托监护，应理解为由受托人暂时代为履行监护职责，监护人没有发生变化，仍然是甲。对此，《民法典总则编解释》第 13 条规定："监护人因患病、外出务工等原

因在一定期限内不能完全履行监护职责,将全部或者部分监护职责委托给他人,当事人主张受托人因此成为监护人的,人民法院不予支持。"

在委托监护中,法定监护人的监护职责不因委托而发生转移。学校等教育机构承担的是过错责任,即只是在过错的范围内承担责任。故 B 项错误。

法定监护是由法律直接规定监护人范围和顺序的监护,未成年人的父母是未成年人的监护人,父母对子女享有亲权,是当然的第一顺序监护人。《民法典》第 27 条规定:"父母是未成年子女的监护人。未成年人的父母已经死亡或者没有监护能力的,由下列有监护能力的人按顺序担任监护人:(一)祖父母、外祖父母;(二)兄、姐;(三)其他愿意担任监护人的个人或者组织,但是须经未成年人住所地的居民委员会、村民委员会或者民政部门同意。"父母是未成年子女当然的第一顺位法定监护人。父母一方死亡的,另一方当然为子女的监护人。在乙的母亲尚未死亡的情况下,爷爷无权要求法院确定自己为乙的法定监护人。故 C 项错误。

甲、乙离婚后双方同为丙的监护人,不存在由丙住所地的居民委员会指定监护人问题。故 D 项错误。

21．收养的解除;不当得利[D]

[解析]《民法典》第 1114 条第 1 款规定:"收养人在被收养人成年以前,不得解除收养关系,但是收养人、送养人双方协议解除的除外。养子女八周岁以上的,应当征得本人同意。"现送养人张某与收养人李某协议解除收养关系,被收养人小张未满 8 周岁,协议解除无须征得小张同意,因此可以解除收养。故 A 项错误。

《民法典》第 464 条第 2 款规定:"婚姻、收养、监护等有关身份关系的协议,适用有关该身份关系的法律规定;没有规定的,可以根据其性质参照适用本编规定。"据此,收养协议不适用"收养关系不适用合同编关于违约责任"的规定。即使收养人李某单方面违反收养协议,张某也无权请求李某承担违约责任。此外,题目交代,张某"同意"解除收养,张某与李某属于协议解除收养关系,也就不存在李某违反收养协议约定的问题。故 B 项错误。

《民法典》第 1105 条第 1 款规定:"收养应当向县级以上人民政府民政部门登记。收养关系自登记之日起成立。"第 1111 条规定:"自收养关系成立之日起,养父母与养子女间的权利义务关系,适用本法关于父母子女关系的规定;养子女与养父母的近亲属间的权利义务关系,适用本法关于子女与父母的近亲属关系的规定。养子女与生父母以及其他近亲属间的权利义务关系,因收养关系的成立而消除。"因此,在收养关系存续期间,李某是被收养人小张的法定监护

人,因此对于小张侵权的责任应当由李某承担。根据《民法典》第 1188 条的规定,被监护人小张致人损害构成侵权的,由监护人李某承担无过错的替代责任。故 C 项错误。

收养协议被解除后,李某依据该收养协议收取的 10 万元即构成不当得利,扣除用于扶养小张的部分,应返还给张某。故 D 项正确。

22．监护[AB(原答案为ABD)]

[解析]《民法典》第 34 条第 2、3 款规定:"监护人依法履行监护职责产生的权利,受法律保护。监护人不履行监护职责或者侵害被监护人合法权益的,应当承担法律责任。"《民法典》第 35 条第 1 款规定:"监护人应当按照最有利于被监护人的原则履行监护职责。监护人除为维护被监护人利益外,不得处分被监护人的财产。"甲的父母乙、丙将甲的奖金全部购买股票,并不符合监护人除为维护被监护人利益外,不得处分被监护人财产的原则,造成甲损害应承担赔偿责任。故 A、B 项正确。

《民法典》第 121 条规定:"没有法定的或者约定的义务,为避免他人利益受损失而进行管理的人,有权请求受益人偿还由此支出的必要费用。"据此可知,无因管理必须没有法定或者约定的义务。本题中,乙、丙与甲存在监护与被监护的关系,监护人有为被监护人利益管理其财产的义务,不构成无因管理。故 C 项错误。

《民法典》第 190 条规定:"无民事行为能力人或者限制民事行为能力人对其法定代理人的请求权的诉讼时效期间,自该法定代理终止之日起计算。"甲对其父母的赔偿请求的诉讼时效期间从其满 18 周岁开始。故 D 项错误。

23．监护[ABC]

[解析]《民法典》第 29 条规定:"被监护人的父母担任监护人的,可以通过遗嘱指定监护人。"本题中,余某担任其养子女小翠的监护人,可以通过遗嘱为其指定监护人。故 A 项正确。

《民法典》第 30 条规定:"依法具有监护资格的人之间可以协议确定监护人。协议确定监护人应当尊重被监护人的真实意愿。"本题中,余某与其前妻依法收养孤儿小翠,形成法律上的父母子女关系,该关系不受夫妻离婚的影响。余某与其前妻是具有监护资格的人,可通过协议确定监护人。故 B 项正确。

《民法典》第 33 条规定:"具有完全民事行为能力的成年人,可以与其近亲属、其他愿意担任监护人的个人或者组织事先协商,以书面形式确定自己的监护人,在自己丧失或者部分丧失民事行为能力时,由该监护人履行监护职责。"本题中,余某为完全民事行为能力人,可与其堂兄事先协商以书面形式确定堂兄为

民法 [答案详解]

自己的监护人。故C项正确。

《民法典》第27条规定："父母是未成年子女的监护人。未成年人的父母已经死亡或者没有监护能力的,由下列有监护能力的人按顺序担任监护人:(一)祖父母、外祖父母;(二)兄、姐;(三)其他愿意担任监护人的个人或者组织,但是须经未成年人住所地的居民委员会、村民委员会或者民政部门同意。"如余某病故,余某的前妻具有监护资格,其未丧失监护能力,是小翠的当然监护人,余某的父母无权监护。故D项错误。

24．监护人的撤销；诉讼时效[ABCD]

[解析]《民法典》第36条规定："监护人有下列情形之一的,人民法院根据有关个人或者组织的申请,撤销其监护人资格,安排必要的临时监护措施,并按照最有利于被监护人的原则依法指定监护人:(一)实施严重损害被监护人身心健康的行为;(二)怠于履行监护职责,或者无法履行监护职责且拒绝将监护职责部分或者全部委托给他人,导致被监护人处于危困状态;(三)实施严重侵害被监护人合法权益的其他行为。本条规定的有关个人、组织包括:其他依法具有监护资格的人、居民委员会、村民委员会、学校、医疗机构、妇女联合会、残疾人联合会、未成年人保护组织、依法设立的老年人组织、民政部门等。前款规定的个人和民政部门以外的组织未及时向人民法院申请撤销监护人资格的,民政部门应当向人民法院申请。"据此,当监护人侵害被监护人利益时,人民法院有权根据有关个人或者组织的申请,撤销其监护人资格,故民政部门只是可以申请,不能直接撤销,应由法院最终决定是否撤销,故A项错误。

《民法典》第37条规定："依法负担被监护人抚养费、赡养费、扶养费的父母、子女、配偶等,被人民法院撤销监护人资格后,应当继续履行负担的义务。"据此,B项错误。

《民法典》第38条规定："被监护人的父母或者子女被人民法院撤销监护人资格后,除对被监护人实施故意犯罪的外,确有悔改表现的,经其申请,人民法院可以在尊重被监护人真实意愿的前提下,视情况恢复其监护人资格,人民法院指定的监护人与被监护人的监护关系同时终止。"据此,虽然父母或子女被撤销资格后,有恢复的可能,但是实施故意犯罪的除外。本题中,存在故意犯罪行为,不能恢复,C项错误。

《民法典》第191条规定："未成年人遭受性侵害的损害赔偿请求权的诉讼时效期间,自受害人年满十八周岁之日起计算。"据此,未成年人遭性侵的,时效期间是受害人年满18周岁之日起算,不是法定代理终止之日起算,故D项错误。

25．监护人的职责；诉讼时效的起算与适用[BCD]

[解析]《民法典》第34条第1、2款规定："监护人的职责是代理被监护人实施民事法律行为,保护被监护人的人身权利、财产权利以及其他合法权益等。监护人依法履行监护职责产生的权利,受法律保护。"据此,首先,监护人可以代理被监护人实施民事法律行为,监护人是被监护人的法定代理人,故甲父作为甲的监护人,以甲的名义购买房屋而签订的买卖合同,主体适格,意思表示真实,内容合法,当属有效,A项错误。其次,监护人应保护被监护人的人身、财产权利以及其他合法权益。财产权利与其他合法权益的保护,是指保护被监护人的财产权益不受非法侵害。通过有效投资手段为被监护人财产保值、增值不属于监护人法定职责的范围,故B项正确。

《民法典》第34条第3款规定："监护人不履行监护职责或者侵害被监护人合法权益的,应当承担法律责任。"第35条第1款规定："监护人应当按照最有利于被监护人的原则履行监护职责。监护人除为维护被监护人利益外,不得处分被监护人的财产。"据此,为保护被监护人的财产,监护人如处分被监护人财产,需要维护被监护人的利益,如果给被监护人带来损害,应承担赔偿责任,故C项正确。

《民法典》第190条规定："无民事行为能力人或者限制民事行为能力人对其法定代理人的请求权的诉讼时效期间,自该法定代理终止之日起计算。"据此,本题中甲没有完全行为能力,对其父主张赔偿的时效应从两者之间的法定代理关系终止之日起算。关于法定代理的终止,《民法典》第175条规定："有下列情形之一的,法定代理终止:(一)被代理人取得或者恢复完全民事行为能力;(二)代理人丧失民事行为能力;(三)代理人或者被代理人死亡;(四)法律规定的其他情形。"本题中,甲是未成年人,题目没有涉及其精神状况等情形,故正常判断,应该是甲因成年取得完全民事行为能力而终止法定代理关系。由于甲与甲父之间法定代理关系终止之前,时效不起算,故在甲成年之前,甲的请求权不受3年诉讼时效的限制,D项正确。

26．监护人撤销、时效[ABD]

[解析]《民法典》第36条第1、2款规定："监护人有下列情形之一的,人民法院根据有关个人或者组织的申请,撤销其监护人资格,安排必要的临时监护措施,并按照最有利于被监护人的原则依法指定监护人:(一)实施严重损害被监护人身心健康的行为;(二)怠于履行监护职责,或者无法履行监护职责且拒绝将监护职责部分或者全部委托给他人,导致被监护人处于危困状态;(三)实施严重侵害被监护人合法权

益的其他行为。本条规定的有关个人、组织包括：其他依法具有监护资格的人、居民委员会、村民委员会、学校、医疗机构、妇女联合会、残疾人联合会、未成年人保护组织、依法设立的老年人组织、民政部门等。"据此，当履行监护职责的人严重侵害被监护人利益时，其他具有监护资格的人或有关组织可以申请撤销其监护资格。本题中，由于履行监护资格的乙经常殴打小甲，属于严重损害被监护人健康的行为，甲作为利害关系人可向法院申请撤销乙的监护资格，故 A 项正确。

《民法典》第34条第3款规定："监护人不履行监护职责或者侵害被监护人合法权益的，应当承担法律责任。"第35条第1款规定："监护人应当按照最有利于被监护人的原则履行监护职责。监护人除为维护被监护人利益外，不得处分被监护人的财产。"据此规定，监护人不履行监护职责，侵害监护人利益的，应当承担赔偿责任。本案中，乙将小甲的玉佩输掉，侵害了小甲的财产权，应承担赔偿责任，故 B 项正确。

《民法典》第190条规定："无民事行为能力人或者限制民事行为能力人对其法定代理人的请求权的诉讼时效期间，自该法定代理终止之日起计算。"据此，法定代理人侵害被监护人利益的，时效从法定代理终止之日起算；终止后，新的法定代理人可代被监护人主张赔偿。故 C 项错误。【特别提醒】根据《民法典总则解释》第37条规定，若新的法定代理人开始不知道被监护人权利被侵害，则诉讼时效期间从该法定代理人知道或应当知道损害事实及义务人之时起算。

《民法典》第196条规定："下列请求权不适用诉讼时效的规定：（一）请求停止侵害、排除妨碍、消除危险；（二）不动产物权和登记的动产物权的权利人请求返还财产；（三）请求支付抚养费、赡养费或者扶养费；（四）依法不适用诉讼时效的其他请求权。"据此，抚养费、赡养费、扶养费请求权属于身份权请求权，不受时效限制，故 D 项正确。

27．委托监护协议的效力；遗赠[B]

[解析]《民法典》第33条规定："具有完全民事行为能力的成年人，可以与其近亲属、其他愿意担任监护人的个人或者组织事先协商，以书面形式确定自己的监护人，在自己丧失或者部分丧失民事行为能力时，由该监护人履行监护职责。"据此，成年人在其具有完全行为能力时，可与愿意担任监护人的个人和组织事先协商，通过书面协议确定自己的监护人。本题中老刘与秦某签订协议之时，具有完全行为能力，因此该协议不会因为其有法定监护人而无效，故 A 错误。此种协议，达成协议即为成立；由于老刘何时丧失生活自理能力是未来不确定的事实，故为附条件的委托监护，当老刘丧失生活自理能力时即生效，故 B 项正确。

《民法典》第1144条规定："遗嘱继承或者遗赠附有义务的，继承人或者受遗赠人应当履行义务。没有正当理由不履行义务的，经利害关系人或者有关组织请求，人民法院可以取消其接受附义务部分遗产的权利。"据此，遗嘱或遗赠可以附义务，当继承人或者受遗赠人履行了义务后，可以获得遗产。本题中，秦某履行了监护义务后，可获得遗产，老刘子女无权撤销该协议。故 C、D 错误。

考点8 宣告失踪与宣告死亡

28．宣告死亡[D（原答案为AD）]

[解析]《民法典》第47条规定："对同一自然人，有的利害关系人申请宣告死亡，有的利害关系人申请宣告失踪，符合本法规定的宣告死亡条件的，人民法院应当宣告死亡。"因此，宣告死亡的申请人无顺序先后的限制。故 A 项错误。

《民法典》第49条规定："自然人被宣告死亡但是并未死亡的，不影响该自然人在被宣告死亡期间实施的民事法律行为的效力。"民事法律行为在成立之初的效力状态包括有效的民事法律行为、无效的民事法律行为、可撤销的民事法律行为和效力待定的民事法律行为。故 B 项错误。

《民法典》第51条规定："被宣告死亡的人的婚姻关系，自死亡宣告之日起消除。死亡宣告被撤销的，婚姻关系自撤销死亡宣告之日起自行恢复。但是，其配偶再婚或者向婚姻登记机关书面声明不愿意恢复的除外。"因此，被宣告死亡的人与其配偶的婚姻关系并不必然因死亡宣告的撤销而自行恢复。故 C 项错误。

《民法典》第53条规定："被撤销死亡宣告的人有权请求依照本法第六编取得其财产的民事主体返还财产；无法返还的，应当给予适当补偿。利害关系人隐瞒真实情况，致使他人被宣告死亡而取得其财产的，除应当返还财产外，还应当对由此造成的损失承担赔偿责任。"因此，被撤销死亡宣告的人有权请求依继承取得其财产者返还原物或给予适当补偿。故 D 项正确。

29．宣告死亡[AC]

[解析]《民法典继承编解释（一）》第1条规定："继承从被继承人生理死亡或者被宣告死亡时开始。宣告死亡的，根据民法典第四十八条规定确定的死亡日期，为继承开始的时间。"《民法典》第48条规定："被宣告死亡的人，人民法院宣告死亡的判决作出之日视为其死亡的日期；因意外事件下落不明宣告死亡的，意外事件发生之日视为其死亡的日期。"据此，甲一旦被宣告死亡，其遗产即开始继承，故 A 项正确。甲并非因意外事件而被宣告死亡，所以法院宣告死亡的判决作出之日（2016年6月5日）视为其死亡的日

期,故 C 项正确。

《民法典》第 51 条规定:"被宣告死亡的人的婚姻关系,自死亡宣告之日起消灭。死亡宣告被撤销的,婚姻关系自撤销死亡宣告之日起自行恢复,但是其配偶再婚或者向婚姻登记机关书面声明不愿意恢复的除外。"如乙未再婚,甲又重新出现,死亡宣告依法撤销后,甲、乙的婚姻关系自动恢复。故 B 项错误。

《民法典》第 823 条规定:"承运人应当对运输过程中旅客的伤亡承担损害赔偿责任,但伤亡是旅客自身健康原因造成的或者承运人证明伤亡是旅客故意、重大过失造成的除外。前款规定适用于按照规定免票、持优待票或者经承运人许可搭乘的无票旅客。"由此可见,在客运合同中,承运人对乘客的人身损害承担无过错责任。但任何损害赔偿都以损害发生为前提,本题中,甲虽然在火车上失踪,但是不能证明甲已经死亡的损害事实,承运人无需承担责任。故 D 项错误。

30. 宣告死亡及撤销后的法律效果[ABC]

[解析]《民法典》第 51 条规定:"被宣告死亡的人的婚姻关系,自死亡宣告之日起消除。死亡宣告被撤销的,婚姻关系自撤销死亡宣告之日起自行恢复。但是,其配偶再婚或者向婚姻登记机关书面声明不愿意恢复的除外。"本题中,甲的死亡宣告被撤销后,因双方均未再婚也未书面声明不愿意恢复,所以甲、乙之间的婚姻关系自行恢复。故 A 项正确。

宣告死亡具有与生理死亡相同的法律效果,即发生继承,乙作为唯一继承人因继承取得轿车所有权,因此乙有权处分轿车。故 B 项正确。

《民法典》第 53 条第 1 款规定:"被撤销死亡宣告的人有权请求依照本法第六编取得其财产的民事主体返还财产;无法返还的,应当给予适当补偿。"所谓的无法返还,是指继承财产已经消耗掉或已经转让给第三人的情形,只要第三人取得财产有正当理由,就没有返还的义务。本题中,甲被宣告死亡之后,乙作为唯一继承人,通过继承获得轿车的全部权利,是有权处分,丙可因此而合法获得轿车的所有权,没有返还的义务,而应当由继承该财产的乙对甲适当补偿。故 C 项正确。

《民法典》第 597 条第 1 款规定:"因出卖人未取得处分权致使标的物所有权不能转移的,买受人可以解除合同并请求出卖人承担违约责任。"本题中,在未撤销死亡宣告前,甲处分登记于自己名下的一套夫妻共有住房,构成无权处分,但无权处分不影响买卖合同的效力。同时,《民法典》第 49 条规定:"自然人被宣告死亡但是并未死亡的,不影响该自然人在被宣告死亡期间实施的民事法律行为的效力。"据此,甲、丁间的房屋买卖合同效力也不受甲被宣告死亡的影响。故 D 项错误。

31. 宣告死亡[B]

[解析]《民法典》没有规定利害关系人申请宣告死亡有先后顺序的限制。《民法典总则编解释》第 16 条第 1、2 款进一步规定:"人民法院审理宣告死亡案件时,被申请人的配偶、父母、子女,以及依据民法典第一千一百二十九条规定对被申请人有继承权的亲属应当认定为民法典第四十六条规定的利害关系人。符合下列情形之一的,被申请人的其他近亲属,以及依据民法典第一千一百二十八条规定对被申请人有继承权的亲属应当认定为民法典第四十六条规定的利害关系人:(一)被申请人的配偶、父母、子女均已死亡或者下落不明的;(二)不申请宣告死亡不能保护其相应合法权益的。"据此,申请宣告死亡在配偶、父母与子女之间没有先后顺序的限制,其他近亲属申请宣告死亡需要满足"被申请人的配偶、父母、子女均已死亡或者下落不明"等要求。本题中,梁某的父母、配偶申请宣告其死亡,没有先后顺序的限制,故 A 项错误。

《民法典》第 47 条规定:"对同一自然人,有的利害关系人申请宣告死亡,有的利害关系人申请宣告失踪,符合本法规定的宣告死亡条件的,人民法院应当宣告死亡。"据此,同时符合宣告死亡和宣告失踪条件的,宣告死亡优先,故 B 项正确。

《民法典》第 48 条规定:"被宣告死亡的人,人民法院宣告死亡的判决作出之日视为其死亡的日期;因意外事件下落不明宣告死亡的,意外事件发生之日视为其死亡的日期。"据此,因意外事件下落不明,法院作出宣告死亡判决的,意外事件发生之日为死亡日期,故 C 项错误。

《民法典》第 49 条规定:"自然人被宣告死亡但是并未死亡的,不影响该自然人在被宣告死亡期间实施的民事法律行为的效力。"据此,宣告死亡后,事实未死的,在行为地进行的法律行为有效,故 D 项错误。

专题三 法人和非法人组织

考点9 法人

32. 法人的责任承担[B]

[解析]《民法典》第 60 条规定:"法人以其全部财产独立承担民事责任。"本条规定了法人独立责任,即法人要以自己的全部财产对外清偿债务,而不是以设立人或其成员的财产去承担这份责任。本题中,德胜公司是一家法人企业,虽然其总部、分支机构(在萨摩国)以及主营业机构(在中国深圳)所在的地方不同,但是这不影响德胜公司以其全部资产清偿债务。因此,只要是德胜公司的财产,都要用来清偿公司债务,而德胜公司的财产包括深圳主营机构和萨摩国总部及分支机构的全部财产。故 A 项错误,B 项正确。

德胜公司由凯旋公司全资设立,也即凯旋公司与德胜公司之间是母子公司的关系,凯旋公司不过是德胜公司的股东,不需要对于德胜公司的债务负责,其只在自己出资的范围内承担有限责任。故C、D项错误。

33．法人[C]

[解析] 根据成立的依据,法人分为公法人与私法人;根据成立的基础,私法人分为社团法人与财团法人。财团法人,是指以一笔独立的目的财产为基础成立的法人(在我国仅指基金会法人);社团法人,是指以人的结合为基础成立的法人。在我国,社团法人大致包括:(1)企业法人;(2)(不履行行政职能的)事业单位法人;(3)部分社会团体法人(如法学会)。这三种社团法人的成立要件各不相同,仅就是否需要登记来说,企业法人均需登记方能成立;而事业单位法人和社会团体法人的成立有的依法须经登记程序,有的则无须经过登记程序(仅须批准程序),其法律依据是:《民法典》第88条规定:"具备法人条件,为适应经济社会发展需要,提供公益服务设立的事业单位,经依法登记成立,取得事业单位法人资格;依法不需要办理法人登记的,从成立之日起,具有事业单位法人资格。"《民法典》第90条规定:"具备法人条件,基于会员共同意愿,为公益目的或者会员共同利益等非营利目的设立的社会团体,经依法登记成立,取得社会团体法人资格;依法不需要办理法人登记的,从成立之日起,具有社会团体法人资格。"故A项错误。

在我国,银行分为商业银行和中央银行。商业银行属于企业法人(社团法人、营利法人、私法人),而中央银行(中国人民银行)属于公法人(机关法人),不是企业法人。故B项错误。

《民法典》第967条规定:"合伙合同是两个以上合伙人为了共同的事业目的,订立的共享利益、共担风险的协议。"这里的合伙人既包括自然人,也包括法人和其他组织。据此,法人之间也可以通过签订合伙合同组成合伙性质的联营。故C项正确。

公司属于社团法人,为人合组织。一人公司虽然不太符合人合组织的特征,但作为例外,《公司法》承认一人公司为公司法人,仅在一人公司与出资人发生人格混同时才刺破公司面纱,否认一人公司的独立法律人格。故D项错误。

34．法人机关；要约的生效[D]

[解析] 法人机关,是指根据法律或章程的规定,无须特别委托授权就能够形成、表示和实现法人意志的机构。法人机关包括意思机关、执行机关、法定代表人和监督机关。王某作为甲公司的法定代表人,其以法定代表人身份实施的民事法律行为具有两个重要特点:第一,其无须甲公司的授权行为,就有资格对外代表甲公司作出意思表示或者接受意思表示;第二,王某以法定代表人身份执行职务时,无独立的人格,王某以甲公司名义对外实施的行为为甲公司实施的行为,而不是王某的行为。所以,出售翡翠之要约的要约人是甲公司,而不是王某,故王某在要约发出后2小时意外死亡,并不会影响要约的效力。同时,《民法典》第137条规定,以对话方式作出的意思表示,相对人知道其内容时生效。以非对话方式作出的意思表示,到达相对人时生效。根据题意,该要约(函件)已经到达相对人乙公司,故要约已经生效。故D项正确;A、B、C项错误。【思路拓展】假设王某出售翡翠的行为超出了公司章程或者董事会的授权,属于越权行为,一般也不会影响该要约的生效。《民法典》第504条规定:"法人的法定代表人或者非法人组织的负责人超越权限订立的合同,除相对人知道或者应当知道其超越权限外,该代表行为有效,订立的合同对法人或者非法人组织发生效力。"

35．法人[B]

[解析] 社团法人是以社员作为基础而成立的法人,其可以营利为目的,也可以公益为目的。前者如公司法人,后者如西方国家某些社会团体等。所以,社团法人均属于营利法人或社团法人均属公益法人的绝对判断都是错误的,故A、C项错误。

所谓公益法人,是指以公益为目的事业的法人。公益法人不得以营利为目的,基金会法人在国内外均为公益法人,故B项正确。

对民办非企业单位法人而言,在现实生活中可以是非营利的,也可以是营利性质的,故D项错误。

36．法人责任；表见代理；代表行为[ABCD]

[解析] 乙非甲公司的法定代表人,一般而言,未经甲公司授权,乙不享有委托代理权。因此,甲公司、丙公司间的保证合同系乙实施无权代理订立的保证合同。不过,乙在合同上加盖甲公司公章和法定代表人丁的印章,丙公司有合理的理由相信其有代理权,乙的行为构成表见代理,代理的后果直接归属于甲公司,甲公司须对丙公司承担保证合同责任。故A项当选。

根据《民法典》第490条的规定,当事人采用合同书形式订立合同的,在签名、盖章或者按指印之前,当事人一方已经履行主要义务,对方接受时,该合同成立。据此,甲公司与乙公司之间的借款合同尽管没有甲公司的盖章,但乙公司实际上已经履行了合同,甲公司、乙公司间借款合同已经成立,甲公司应当承担责任。故B项当选。

丙根据乙的委托成为甲公司的委托代理人。丙借用丁的存款单以甲公司的名义设立质权,此行为为职务行为,其法律后果直接归属于甲公司。因此,甲公司应对丁承担相应的责任(承担被丁追偿的责任或者对丁承担赔偿责任)。故C项当选。

民法 [答案详解]

甲公司与乙约定,乙向甲公司交纳保证金,甲公司为乙贷款购买设备提供担保,因而在甲、乙间成立了保证合同。甲公司法定代表人丙虽然以个人名义收取该保证金,但仍以甲公司名义入账,民事责任应由甲公司承担。故D项当选。

37．格式条款的无效;合同的成立;合同的解释 [D]

[解析]《民法典》第497条规定:"有下列情形之一的,该格式条款无效:(一)具有本法第一编第六章第三节和本法第五百零六条规定的无效情形;(二)提供格式条款一方不合理地免除或者减轻其责任、加重对方责任、限制对方主要权利;(三)提供格式条款一方排除对方主要权利。"《民法典》第一编第六章第三节主要规定了通谋虚伪、恶意串通、违反法律行政法规强制性规定、违背公序良俗等情形无效。而《民法典》第506条规定了两种免责条款无效:(1)造成对方人身伤害的;(2)因故意或者重大过失造成对方财产损失的。本题中,合同由甲公司提供,而且是格式合同,但是并没有上述无效情形,同时也没有加重乙方的责任,只是约定由法定代表人承担连带责任,不是无效的格式条款。故A项错误。

根据《民法典》第490条的规定,当事人采用合同书形式订立合同的,自当事人均签名、盖章或者按指印时合同成立。据此,甲、乙公司在货运合同上盖章时,合同已经成立。而基于合同第四条,在甲公司和乙公司法定代表人李红之间成立保证合同关系,此时,李红的签字系代表其个人,不是代表乙公司,故C项错误。B项的错误十分明显,合同的签字不必签在条款处。

法定代表人只有代表法人的行为才能被后继者所承受,对于个人责任的设定,后来的法定代表人没有约束力。在该保证合同关系中,李红是以其个人身份参与到法律关系中,并以其个人财产承担保证责任的,因此其签字只能代表其个人,对李蓝没有约束力。故D项正确。

38．法人的分类;财团法人;基金会法人 [D]

[解析] 基金会法人属于财团法人,是以用于特定公益目的(本题为"资助治疗麻风病")的财产为基础成立的法人。设立人通过捐助或者遗嘱行为设立财团法人后,设立人并不成为财团法人的成员。因此,财团法人无成员,无意思机关(但有执行机关,如理事会)。设立人设立财团法人的初衷就是防止自己或他人事后擅自改变设立人的意志,以维持财团法人的目的或保存其财产。所以,因情势变更导致财团法人的目的不能达到时,由主管机关斟酌设立人的意思,变更其宗旨和目的。由此,《基金会管理条例》第15条规定:"基金会、基金会分支机构、基金会代表机构和境外基金会代表机构的登记事项需要变更的,应当向登记管理机关申请变更登记。基金会修改章程,应当征得其业务主管单位的同意,并报登记管理机关核准。"综上,本题答案为D项。

39．委托合同主体的认定;法定代表人行为的效力;债务移转的法律效力 [AD]

[解析] 法定代表人系法人机关的一种。法人机关有一个重要特点,即法人机关以法人名义实施行为(包括法律行为)时,法人机关无独立人格,法人机关的人格被法人吸收,法人机关的行为即为法人的行为。乙公司与丙公司签订《委托书》时,乙公司的法定代表人王某虽在委托合同上签名,但王某的行为即为乙公司的行为,委托人是乙公司,王某不是委托人。故A项正确,B项错误。

甲公司与乙公司的法定代表人均为王某,但王某是以乙公司的名义,而不是以甲公司的名义在《委托书》上签字,甲公司不是委托人。故C项错误。

法律行为,是当事人通过意思表示设定的,旨在发生一定私法上效果的行为。本题中,王某向张某出具《承诺函》载明,"如张某不闹事,将协调甲公司卖房给张某"。就其常规意义而言,"协调"的意思是王某将在甲公司、乙公司、丙公司之间做一些沟通、劝说工作,以促成甲公司将A区的房屋卖一套给张某,对此,王某不受民事义务性质的拘束,亦不享有民事权利性质的利益。也就是说,王某向张某出具的《承诺函》,没有具体权利与义务的设定,不属于意思表示,不能产生法律行为上的效果。故D项正确。

40．法人设立的责任 [BCD]

[解析]《民法典》第75条第1款规定:"设立人为设立法人从事的民事活动,其法律后果由法人承受;法人未成立的,其法律后果由设立人承受,设立人为二人以上的,享有连带债权,承担连带债务。"本题中,黄逢等3人以黄金黄研究会名义与某科技园签署了为期3年的商铺租赁协议,若该协议未成立的,某科技园的租赁债权应由设立人黄逢、黄现和金耘3人共同承担连带责任。故A项错误,B、C项正确。

《民法典》第75条第2款规定:"设立人为设立法人以自己的名义从事民事活动产生的民事责任,第三人有权选择请求法人或者设立人承担。"金耘为设立黄金黄研究会以个人名义向某印刷厂租赁了一台高级印刷机,该研究会成立后,印刷厂有权选择向黄金黄研究会或向金耘主张权利。故D项正确。

专题四 民事法律行为

考点10 有效的民事法律行为

41．法律行为与事实行为的区分 [B]

[解析]《民法典》第657条规定:"赠与合同是赠

与人将自己的财产无偿给予受赠人,受赠人表示接受赠与的合同。"本题中,甲不具备赠与的意思,与乙之间也没有达成赠与合意,故A项错误。

甲将可乐瓶置于操场的行为,具有抛弃的意思,是单方抛弃行为,基于甲单方的意思表示而发生效力,其后果为甲的所有权消灭,可乐瓶在抛弃后变成无主物,而不是遗失物。故B项正确,C、D项错误。

考点11 附条件、附期限的民事法律行为

42．附生效条件的合同[C]

[解析]《民法典》第158条规定:"民事法律行为可以附条件,但是根据其性质不得附条件的除外。附生效条件的民事法律行为,自条件成就时生效。附解除条件的民事法律行为,自条件成就时失效。"同时,第159条规定:"附条件的民事法律行为,当事人为自己的利益不正当地阻止条件成就的,视为条件已经成就;不正当地促成条件成就的,视为条件不成就。"本题中,甲、乙已就标的(甲向乙出售房屋)和数量(一栋房屋)达成一致,应当认定甲、乙已就房屋买卖合同的主要条款达成一致,甲、乙间的房屋买卖合同已经成立。故A项错误。但甲、乙间的买卖合同附了生效条件,即以"第二天早上7点甲家屋顶上来喜鹊"为条件成就。第二天早上7点,甲家的屋顶上没有喜鹊,约定的生效条件不成就,并且也不存在乙恶意阻碍条件成就的行为(赶走喜鹊的不是乙,而是甲的儿子)。因此,甲、乙间的房屋买卖合同因条件不成就而未生效。合同无效属于专用术语,特指因具有严重的效力瑕疵,自始、当然、确定不发生效力的合同。本题中,甲、乙的买卖合同未生效,但不能说无效。故B项错误。既然买卖合同未生效,甲、乙就不享有买卖合同的权利,也不负担买卖合同上的义务。故C项正确,D项错误。

43．附义务的赠与;动产所有权的转移[D]

[解析] 甲、乙之间的赠与合同属于附义务的赠与合同,而非附条件的赠与合同(附生效条件或解除条件)。如果是附条件的赠与合同,在附生效条件时,合同成立,但暂时不生效;在附解除条件时,合同成立即生效,条件成就时则合同解除。如果是附义务的赠与合同,合同自成立时生效,如果受赠人违反了义务的,赠与人可以撤销赠与。从本题提供的信息看,该赠与合同中,要求受赠人乙不得将图书转让给第三人,旨在给受赠人设定义务,而不是为合同的效力设定未来不确定的条件,因此属于附义务的赠与。《民法典》第661条规定:"赠与可以附义务。赠与附义务的,受赠人应当按照约定履行义务。"第663条规定:"受赠人有下列情形之一的,赠与人可以撤销赠与:……(三)不履行赠与合同约定的义务。……"据此,如果受赠人乙违反义务将图书转让给第三人,则赠与人甲的目的不能实现,此时,赠与人甲有权行使法定撤销权撤销赠与。法定撤销权一旦行使,已经履行的应当返还,即甲有权收回藏书。综上分析,该赠与合同自签订之日起生效,标的物自交付时起转移所有权,乙取得了藏书的所有权。故A、B、C项错误,D项正确。

44．附条件合同;附期限合同;不定期租赁的法律效果[ABD]

[解析]《民法典》第707条规定:"租赁期限六个月以上的,应当采用书面形式。当事人未采用书面形式,无法确定租赁期限的,视为不定期租赁。"《民法典》第730条规定:"当事人对租赁期限没有约定或者约定不明确,依据本法第五百一十条的规定仍不能确定的,视为不定期租赁;当事人可以随时解除合同,但是应当在合理期限之前通知对方。"本案中,小刘与何某房屋租赁合同目标是以租金抵债,根据双方缔约目的和租金条款,可以通过贷款总额100万元除以每月租金1万元,核算出具体的租期时间,因此本案不属于不定期租赁,出租人小刘与承租人何某均不享有任意解除权。故A、B项表述不正确。

附条件合同和附期限合同的重要区别在于,附条件的无法肯定条件是否会发生,而附期限的则期限一定会届至。本题中"刘某出现并还清货款"是无法确定能否发生的,因此小刘与何某所签订的是一份附解除条件的合同。故C项表述正确,D项表述错误。

考点12 可撤销的民事法律行为

45．欺诈;可撤销的合同[ACD]

[解析]《民法典》第148条规定:"一方以欺诈手段,使对方在违背真实意思的情况下实施的民事法律行为,受欺诈方有权请求人民法院或者仲裁机构予以撤销。"《民法典总则编解释》第21条规定:"故意告知虚假情况,或者负有告知义务的人故意隐瞒真实情况,致使当事人基于错误认识作出意思表示的,人民法院可以认定为民法典第一百四十八条、第一百四十九条规定的欺诈。"本题中,乙公司将国产牛肉伪称进口牛肉,带有明显的欺诈,作为受欺诈者的甲公司享有撤销权,实施欺诈行为的乙公司不享有撤销权。故B项错误。又根据《民法典》第152条第1款规定:"有下列情形之一的,撤销权消灭:(一)当事人自知道或者应当知道撤销事由之日起一年内、重大误解的当事人自知道或者应当知道撤销事由之日起九十日内没有行使撤销权;……"可知,对于欺诈行为,撤销权应当自知道或者应当知道撤销事由之日起1年内行使。故A项正确。

可撤销合同在被撤销前为有效合同,因此乙公司有权按合同约定向甲公司要求支付货款,故D选项正确。同时,具有撤销权的当事人甲公司有权撤销该合同,也有权放弃撤销权,决定履行该合同。一旦甲公司放弃撤销权,因为合同有效,欺诈一方的乙公司不得拒绝履行。故 C 项正确。

46．欺诈；胁迫；重大误解[B]

[解析]《民法典》第150条规定:"一方或者第三人以胁迫手段,使对方在违背真实意思的情况下实施的民事法律行为,受胁迫方有权请求人民法院或者仲裁机构予以撤销。"《民法典总则编解释》第22条规定:"以给自然人及其近亲属等的人身权利、财产权利以及其他合法权益造成损害或以给法人、非法人组织的名誉、荣誉、财产权益等造成损害为要挟,迫使其基于恐惧心理作出意思表示的,人民法院可以认定为民法典第一百五十条规定的胁迫。"据此,胁迫的故意包含"双重故意",即故意胁迫且希望对方陷于恐惧,并希望对方因恐惧作出意思表示。本题中,乙以"不答应卖房就举报甲贪污"为由威胁甲,甲因此陷入恐惧而订立合同,属于因胁迫而订立合同,遭受胁迫的甲享有撤销权。故 B 项正确。

《民法典》第149条规定:"第三人实施欺诈行为,使一方在违背真实意思的情况下实施的民事法律行为,对方知道或者应当知道该欺诈行为的,受欺诈方有权请求人民法院或者仲裁机构予以撤销。"《民法典总则编解释》第21条规定:"故意告知虚假情况,或者负有告知义务的人故意隐瞒真实情况,致使当事人基于错误认识作出意思表示的,人民法院可以认定为民法典第一百四十八条、第一百四十九条规定的欺诈。"据此,欺诈也包含"双重故意",即一方面,欺诈人故意告知虚假事实并希望对方陷于认识错误;另一方面,欺诈人还希望对方因错误认识作出不真实的意思表示。本题中,乙只有胁迫的故意,而甲是因恐惧答应了乙的条件,尽管存在乙故意告知虚假事实和甲陷入错误认识的客观情况,由于欠缺"欺诈的双重故意",乙的行为不成立欺诈。故 A 项错误。

《民法典》第151条将乘人之危并入了显失公平,该条规定:"一方利用对方处于危困状态、缺乏判断能力等情形,致使民事法律行为成立时显失公平的,受损害方有权请求人民法院或者仲裁机构予以撤销。"本题中,甲并非处于危困状态,也没有缺乏判断能力,是因畏惧乙的胁迫而作出了相应意思表示,不符合显失公平的构成要件。故 C 项错误。

甲的行为也不构成重大误解。构成重大误解要求当事人对合同的要素(标的、价格等)发生错误认识,虽然乙谎称自己掌握甲贪污的材料,甲信以为真,从而陷入错误认识,但这并不是对合同要素的错误认识。相反,甲对于乙的不公平报价是心知肚明的,只是因错误认知而陷入恐惧,从而作出了不真实的意思表示。故 D 项错误。

47．合同的效力；胁迫；显失公平[C]

[解析] 根据题目交代,《退款协议书》属于订立合同时显失公平的合同,并非购房人的真实意思表示。《民法典》第151条规定:"一方利用对方处于危困状态、缺乏判断能力等情形,致使民事法律行为成立时显失公平的,受损害方有权请求人民法院或者仲裁机构予以撤销。"在显失公平情形中,受害人作出的不真实的意思表示,享有撤销权,可诉至法院请求撤销该合同。故 A 项错误,C 项正确。

甲公司的行为并不符合胁迫行为的定义。根据《民法典总则编解释》第22条的规定,胁迫是指以给自然人及其近亲属等的人身权利、财产权利以及其他合法权益造成损害或以给法人、非法人组织的名誉、荣誉、财产权益等造成损害为要挟,迫使其基于恐惧心理作出意思表示的行为。胁迫与显失公平的核心区别之一在于:在胁迫中,妨碍表意人自由判断之外部环境由胁迫人造就——制造恐惧气氛;在显失公平中,仅仅是对该状态加以恶意利用而已。故 B 项错误。

根据《民法典》第153条第2款的规定,损害社会公共利益属于违背公序良俗,合同应为无效。所谓"公共利益",是指不特定多数人的利益,学理上一般予以类型化,包括损害公共秩序与善良风俗两项。《退款协议书》虽侵害了乙、丙等近百人的利益,且险些引发群体性事件,但仅侵害了特定多数人的利益,尚不构成对公共利益的侵害。故 D 项错误。

48．重大误解；胁迫；欺诈；可撤销的婚姻[CD]

[解析]《民法典》第147条规定:"基于重大误解实施的民事法律行为,行为人有权请求人民法院或者仲裁机构予以撤销。"《民法典总则编解释》第19条第1款规定,行为人对行为的性质、对方当事人或者标的物的品种、质量、规格、价格、数量等产生错误认识,按照通常理解如果不发生该错误认识行为人就不会作出相应意思表示的,构成重大误解。据此,重大误解中的误解,均为表意人对于合同要素(行为性质、当事人、标的物等)的误解,若表意人的错误与合同要素无关,仅对作出意思表示的内心起因发生错误,则属于"狭义的动机错误",狭义的动机错误不属于重大误解。甲购买液晶电视机时,不知家中已不需要再购买电视机了,甲的错误与买卖合同的要素无关,属于狭义的动机错误,不构成重大误解,甲不享有撤销该买卖合同的权利。故 A 项错误。

根据《民法典》第1052、1053条的规定,可撤销婚姻有两种情形:一是胁迫;二是婚前隐瞒重大疾病的欺诈。B 项的欺诈不属于上述情形,不可以此为由撤销婚姻。故 B 项错误。

《民法典》第150条规定:"一方或者第三人以胁

迫手段,使对方在违背真实意思的情况下实施的民事法律行为,受胁迫方有权请求人民法院或者仲裁机构予以撤销。"据此,无论胁迫来自相对人还是第三人,受胁迫者均可撤销,不论胁迫者的合同相对人对此是否知情。保证合同的当事人系保证人丁和债权人乙,第三人丙对丁的行为构成胁迫。虽然相对人乙在合同成立时不知道丙实施了胁迫行为,受胁迫的丁仍享有撤销权。故 C 项正确。

《民法典》第 149 条规定:"第三人实施欺诈行为,使一方在违背真实意思的情况下实施的民事法律行为,对方知道或者应当知道该欺诈行为的,受欺诈方有权请求人民法院或者仲裁机构予以撤销。"据此,如果是第三人欺诈,通常要求受欺诈一方的对方当事人知情时方可撤销。但是存在例外:尽管合同是因第三人欺诈而订立,但是合同履行后,直接的受益人就是第三人时,受欺诈一方的对方当事人是否知情则在所不问,均可撤销。D 选项中,甲作为投保人,具有告知义务,但乙故意隐瞒真实情况让甲投保,保险公司属于受欺诈而订立合同。甲虽然对此不知情,但是合同一旦得以履行,乙是直接的受益人。此时,甲不过是乙获得利益的手段罢了,保险公司当然享有撤销保险合同的权利。故 D 项正确。

49.重大误解;法律行为的效力[C]

[解析] 遗嘱只能处分属于被继承人的合法财产,处分他人财产无效。《民法典继承编解释(一)》第 26 条规定:"遗嘱人以遗嘱处分了国家、集体或者他人财产的,应当认定该部分遗嘱无效。"甲的遗嘱处分了乙的财产,遗嘱的该部分无效,而非可撤销。故 A 项错误。

重大误解是有关意思表示(法律行为)的制度。甲误取乙所有的地砖用于装修属于无权使用他人之物的事实行为,构成不当得利或者侵权,不属于法律行为,无重大误解制度适用的余地。故 B 项错误。

《民法典总则编解释》第 19 条第 1 款规定,行为人对行为的性质、对方当事人或者标的物的品种、质量、规格、价格、数量等产生错误认识,按照通常理解如果不发生该错误认识行为人就不会作出相应意思表示的,构成重大误解。乙宾馆发出买卖的要约,甲当作赠与的要约予以承诺,对行为的性质发生错误认识,构成重大误解。故 C 项正确。【思路拓展】对此,有人会提出疑问:乙宾馆发出买卖的要约,而甲作出接受赠与的承诺,甲、乙的意思表示不一致,没有达成合意,无论买卖合同还是赠与合同均未成立,何来重大误解?答案是:重大误解有一个前提条件:解释先行于错误。首先应对甲使用茶叶的行为依照《民法典》第 142 条第 1 款规定予以解释,采客观主义即"假想的理性谨慎相对人的视角"。按照一个理性谨慎的相对人,乙宾馆有理由相信甲承诺的内容,其结论便是甲使用茶叶时的意思为"买卖的承诺",这样双方形成买卖茶叶的合意。而此时甲真实的内心意思却是"无偿使用"("赠与的承诺"),甲的表示行为与其内心真意不一致,即甲对行为性质发生错误认识,构成重大误解。

D 项中,乙系无(或限制)民事行为能力人。根据《民法典》第 144、145 条的规定,该买卖合同无效或者效力待定,而非可撤销。故 D 项错误。【思路拓展】本项中,甲在与乙订立买卖合同时,对相对人乙的特征发生了具有交易上重要性的错误认识(误认乙为完全民事行为能力人),并因该错误作出不真实的意思表示,符合重大误解的构成要件。但是,无、限制民事行为能力人的利益优先受保护,因此法律将此种情形规定为无效或效力待定。

50.无权代理;代理中的欺诈[ABC]

[解析] 甲授予乙委托代理权的内容系采购电脑,乙却签订了购买手机的买卖合同。故乙的代理行为属于无权代理。根据《民法典》第 171 条的规定,因无权代理订立的合同属于效力待定的合同,被代理人甲享有追认权。若甲追认,该合同自始有效。故 A 项正确。

本题中,丙的行为显然构成欺诈,因此乙、丙间的手机买卖合同又属于可撤销的合同。根据民法中法律效果归属的理论,代理人在代理权限范围内独立实施的法律行为,直接归属于被代理人承受。因此,代理人发生重大误解、遭受欺诈的,撤销权亦归属于代理人享有,代理人不能享有撤销权。因此,甲有权撤销该合同。故 B 项正确。

在因代理人遭受欺诈而订立的合同中,虽然代理人并不享有撤销权,但若被代理人授权代理人行使该撤销权,则代理人可基于授权行使被代理人的撤销权。所谓"乙有权以甲的名义撤销",是指代理人乙基于甲的授权,可以代理人身份行使撤销权。故 C 项正确。

因欺诈订立的合同,仅受欺诈人享有撤销权,欺诈人不享有撤销权,故 D 项错误。【思路拓展】本选项的命题思路(陷阱)在于,乙的代理为无权代理,丙作为相对人,在被代理人甲追认之前享有撤销权。但是,《民法典》第 171 条第 2 款规定的撤销权针对的是善意的相对人,丙并非善意,所以不享有此撤销权。

51.胁迫[D]

[解析] 胁迫的构成要件有四:(1)故意预告实施危害;(2)对方因此陷入恐惧(要求胁迫与恐惧具有因果关系);(3)对方因恐惧作出意思表示(要求恐惧与意思表示的作出具有因果关系);(4)胁迫具有不正当性。胁迫的不正当性包括三种:(1)目的不正当。比

如,"不卖给我海洛因,就检举揭发你贩毒"。(2)手段不正当。比如,"不把房子租给我,就公布你老婆的裸照"。(3)目的与手段结合的不正当(因目的与手段不具有牵连性)。比如,"不把房子租给我,就检举揭发你贪污"。

A选项中,举报犯罪的手段正当,自然人之间的借款也正当,但是通过举报犯罪强制他人借款,则两者结合出现了不正当,构成胁迫,故不当选。

B选项与A选项原理相同,举报犯罪的手段正当,买卖的目的正当,但二者结合则不正当,构成胁迫,不当选。

C选项,公开他人隐私的手段不正当,买卖报废机动车的目的也不正当,构成胁迫,不当选。

D选项,举报醉驾的手段正当,获得赔偿的目的也正当,手段与目的具有直接的法律关系,且二者结合亦具有正当性,故不构成胁迫,当选。

52. 无权代理;欺诈;撤销权的行使[B]

[解析] 甲无代理权却擅自以乙公司名义与丙公司订立买卖合同,乙、丙的买卖合同属于因无权代理订立的合同。虽有权利外观(甲伪造的乙的公章蒙骗了丙),但公章系伪造,权利外观的形成不可归责于被代理人乙,故不成立表见代理,而属于狭义的无权代理。根据《民法典》第171条之规定,乙、丙间的买卖合同效力待定。如果乙公司追认了甲之行为,则合同在乙、丙之间生效;如果不予追认,则合同最终归于无效,乙公司无履行义务。故D项错误。

本题中,丙公司享有两个撤销权:第一,在因甲无权代理订立的合同中,丙公司属于善意相对人,可根据《民法典》第171条享有撤销权,撤销应当以通知的方式作出。但是,该撤销权只能在被代理人乙公司追认之前行使;一旦追认,则合同生效,不可撤销。故A项错误。第二,甲在无权代理订立买卖合同的过程中还实施了欺诈行为(以次充好),在乙公司追认之后,合同在乙、丙之间生效。但是,根据《民法典》第148条的规定,该合同属于可撤销的合同,受欺诈人丙公司享有撤销权。该撤销权只能以诉讼或仲裁方式行使,而不能在诉讼之外以通知的方式撤销。故B项正确。综上分析,C项也是错误的。

53. 基于欺诈和重大误解的可撤销合同;缔约过失责任[AC(原答案为C)]

[解析]《民法典》第148条规定:"一方以欺诈手段,使对方在违背真实意思的情况下实施的民事法律行为,受欺诈方有权请求人民法院或者仲裁机构予以撤销。"本题中,甲明知汽车的行驶里程数据错误,却不向乙说明,致使乙在错误的认知下购买了该汽车,其行为构成欺诈。乙仅有权以甲欺诈为由请求法院撤销合同,不能请求法院变更合同。故A项错误,当

选。【旧题新解】根据原《合同法》第54条,本项原本是正确的。《民法典》不再规定可变更的民事法律行为,只规定了可撤销的民事法律行为,因此答案发生变化。

《民法典》第582条规定:"履行不符合约定的,应当按照当事人的约定承担违约责任。对违约责任没有约定或者约定不明确,依据本法第五百一十条的规定仍不能确定的,受损害方根据标的的性质以及损失的大小,可以合理选择请求对方承担修理、重作、更换、退货、减少价款或者报酬等违约责任。"可撤销的合同,在被撤销之前,已经成立并生效。按照合同解释规则,甲向乙交付汽车的品质应为"行驶里程为4万公里",而甲向乙实际交付的汽车为"行驶里程为8万公里",甲向乙交付的汽车不符合约定的品质,构成违约,乙有权请求甲承担减少价款的违约责任。根据《买卖合同解释》第17条,乙有权主张"以符合约定的标的物和实际交付的标的物按交付时的市场价值"计算差价。故B项正确,不当选。

本题中,"甲明知有误,却未向乙说明",乙对机动车里程表的理解确实存在错误,构成重大误解;而乙的重大误解,是由于甲的欺诈造成的,因此,本题可以从欺诈与重大误解两个角度理解此合同之效力瑕疵。但是,根据《民法典》第147条的规定,因重大误解所生之撤销权,须以诉讼或仲裁方式行使。乙仅以书面通知方式行使撤销权,不产生撤销合同的效力。故C项错误,当选。

《民法典》第500条规定了缔约过失责任:"当事人在订立合同过程中有下列情形之一,造成对方损失的,应当承担赔偿责任:……(二)故意隐瞒与订立合同有关的重要事实或者提供虚假情况;(三)有其他违背诚信原则的行为。"在与乙订立汽车买卖合同的过程中,甲故意违反基于诚信原则产生的忠实、告知等先合同义务,给乙造成信赖利益的损失,乙有权对甲主张缔约过失责任。故D项正确,不当选。

54. 欺诈和重大误解的认定;导致法律行为可撤销的原因[BCD]

[解析] 本题中,纪念品商店出售的纪念品尽管标明为"秦始皇兵马俑",但一般人均能认知到兵马俑真品属于禁止流通物,商店出售的不可能是真实的兵马俑,这是不言自明的事实。因此,纪念品商店不成立欺诈。王某作为正常人,在购买时也不会对该商品产生错误认识,不存在重大误解。由于不存在欺诈和重大误解,买卖合同没有可撤销的理由,也就不存在请求商店承担缔约过失责任的可能。故A项正确,B、C、D项错误。

55. 可撤销民事法律行为[A]

[解析] 根据题目所述,"赌石"活动,即买者购买

16

原石、自行剖切、损益自负,是众所周知的交易习惯。通常情况下,对于下列情形,不违反法律、行政法规强制性规定的,人民法院可以认定为交易习惯:(1)在交易行为当地或者某一领域、某一行业通常采用并为交易对方订立合同时所知道或者应当知道的做法;(2)当事人双方经常使用的习惯做法。本题中,潘某与商家在达成原石交易之时,都基于完全真实的意思表示,潘某依交易习惯"赌石"获得原石,系合法有效的民事法律行为。尽管结果出人意料,但不影响法律行为的效力,商家无任何理由要求潘某退货。故 A 项正确。

《民法典》第 6 条规定了公平原则:"民事主体从事民事活动,应当遵循公平原则,合理确定各方的权利和义务。"民法基本原则可用于解释民法规范,也可以作为填补民法漏洞时的考虑因素,其在具体案例中适用的前提是没有具体的法律规范。现行民法对如何处理"赌石"这类买卖合同已经有明确的规定,不需要用公平原则的精神加以处理。故 B 项错误。

《民法典》第 147 条规定:"基于重大误解实施的民事法律行为,行为人有权请求人民法院或者仲裁机构予以撤销。"《民法典总则编解释》第 19 条第 1 款规定:"行为人对行为的性质、对方当事人或者标的物的品种、质量、规格、价格、数量等产生错误认识,按照通常理解如果不发生该错误认识行为人就不会作出相应意思表示的,人民法院可以认定为民法典第一百四十七条规定的重大误解。"据此,只有当对于法律行为中涉及的重要因素存在认识错误进而导致意思表示不真实时,方可构成重大误解。本题之情形,确实存在对于原石性质的认识错误,但是由于有"赌石"之交易习惯的存在,并且买卖双方知道并且接受这样的交易习惯,所以对于"原石切出极品玉石"这种情形都是双方所能预见的,故不存在意思表示的不真实,因为双方都有赌一把的真实意思。因此,商家不构成重大误解,C 项错误。

《民法典》第 151 条规定:"一方利用对方处于危困状态、缺乏判断能力等情形,致使民事法律行为成立时显失公平的,受损害方有权请求人民法院或者仲裁机构予以撤销。"通常认为,一方当事人利用自己的优势或者利用对方穷困、急迫、轻率、无经验、意志力显著薄弱等不利的窘迫境地,致使双方的权利与义务明显违反公平、等价有偿原则的,可以认定为显失公平。本题中,由于"赌石"之交易习惯的存在,不存在潘某利用自己的优势或者商家急迫、无经验等不利的窘迫境地之情形。故 D 项错误。

56.撤销权;缔约过失责任[ABCD]

[解析]《民法典》第 148 条规定:"一方以欺诈手段,使对方在违背真实意思的情况下实施的民事法律行为,受欺诈方有权请求人民法院或者仲裁机构予以撤销。"本题中,甲隐瞒别墅内曾发生恶性刑事案件这一正常人都非常重视的信息,构成欺诈,因此甲、乙之间订立的合同属于可撤销合同。根据《民法典》第 152 条第 1 款的规定,受欺诈人乙有权自知道或者应当知道撤销事由之日起 1 年内请求法院撤销甲、乙间的别墅买卖合同。故 A 项正确。

在订立该买卖合同过程中,甲故意违反基于诚实信用的忠实义务、告知义务,并因此给乙造成合理信赖利益的损失,根据《民法典》第 500 条的规定,成立缔约过失,乙有权请求甲承担缔约过失损害赔偿责任。根据通说,缔约过失损害赔偿的范围包括"合理信赖利益损失"和"固有利益损失"。合理信赖利益损失,既包括因订立合同实际支出的成本费用,也包括因丧失交易机会遭受的损失(机会成本)。固有利益损失,指受害人因对方违反先合同义务而遭受的人身和合同标的物之外的其他财产损失。B 项乙在订立及履行合同过程当中支付的各种必要费用属于为缔约所支出的费用,C 项撤销合同时别墅市场价格与订立合同时别墅市场价格间的差价属于因丧失交易机会遭受的损失,均属于合理信赖利益损失,均在缔约过失损害赔偿责任的范围之内。故 B、C 项正确。

根据《民法典》第 157 条的规定,民事法律行为无效、被撤销或者确定不发生效力后,行为人因该行为取得的财产,应当予以返还;不能返还或者没有必要返还的,应当折价补偿。本题中,如合同被撤销,买卖合同自始无效,此前乙对房屋的占有、使用与收益欠缺法律上的原因,成立不当得利,甲有权就此请求乙返还不当得利。首先,房屋和已经支付的价款应当相互返还;其次,对于乙在返还房屋之前居住甲房屋的利益也应当返还,即乙须向甲支付合同撤销前别墅的使用费。故 D 项正确。

57.第三人欺诈;撤销权的行使[B]

[解析]《民法典》第 149 条规定:"第三人实施欺诈行为,使一方在违背真实意思的情况下实施的民事法律行为,对方知道或者应当知道该欺诈行为的,受欺诈方有权请求人民法院或者仲裁机构予以撤销。"据此,如果一方当事人受到第三人欺诈时,通常在另一方当事人对于欺诈知情时,被欺诈人才可以撤销,除非实施欺诈的第三人是通过该法律行为所设立的法律关系中的直接受益人。本题中,乙受到了甲的欺诈与齐某发生了法律行为,且在发生法律行为之时,齐某对于甲的欺诈行为是知情的,故乙可以主张撤销。基于合同的相对性,乙应当向齐某主张撤销。故 A 项错误,B 项正确。

甲因被齐某欺诈以 5000 元从齐某处购买一尊石雕,根据《民法典》第 148 条的规定,受欺诈的甲可向相对人齐某主张撤销其购买行为。故 C 项错误。

《民法典》第 152 条规定："有下列情形之一的,撤销权消灭:(一)当事人自知道或者应当知道撤销事由之日起一年内、重大误解的当事人自知道或者应当知道撤销事由之日起九十日内没有行使撤销权;……当事人自民事法律行为发生之日起五年内没有行使撤销权的,撤销权消灭。"据此,在欺诈情形下,撤销权的除斥期间,主观起算为 1 年,客观起算为 5 年。故 D 项错误。

58．重大误解;显失公平;意思表示瑕疵[D]

[解析]《民法典》第 147 条规定："基于重大误解实施的民事法律行为,行为人有权请求人民法院或者仲裁机构予以撤销。"据此,一旦构成重大误解,误解人可请求撤销合同。对于重大误解的认定,《民法典总则编解释》第 19 条第 1 款规定："行为人对行为的性质、对方当事人或者标的物的品种、质量、规格、价格、数量等产生错误认识,按照通常理解如果不发生该错误认识行为人就不会作出相应意思表示的,人民法院可以认定为民法典第一百四十七条规定的重大误解。"本题中,房屋预售合同中,陈老伯对于合同的标的物(房子)并没有认识错误,只是自己混淆了轨道交通与地铁的差异,这并不是房屋预售合同的内容,故不构成重大误解,无权主张撤销合同。故 A、B 项错误。

《民法典》第 151 条规定："一方利用对方处于危困状态、缺乏判断能力等情形,致使民事法律行为成立时显失公平的,受损害方有权请求人民法院或者仲裁机构予以撤销。"本题中,开发商并未利用陈老伯判断能力的欠缺而使其作出不真实的意思表示,不构成显失公平。故 C 项错误。

《民法典》第 148 条规定："一方以欺诈手段,使对方在违背真实意思的情况下实施的民事法律行为,受欺诈方有权请求人民法院或者仲裁机构予以撤销。"本题中,销售经理介绍"周边有轨道交通 19 号线,出行方便"等信息均为真实信息,且并未将轨道交通表述为"地铁",不构成欺诈,是陈老伯自己理解错误,因此不能因欺诈而撤销合同。故 D 项正确。

59．可撤销法律行为[C]

[解析]《民法典》第 151 条规定："一方利用对方处于危困状态、缺乏判断能力等情形,致使民事法律行为成立时显失公平的,受损害方有权请求人民法院或者仲裁机构予以撤销。"乘人之危是指一方当事人利用另一方处于危困之际,使得另一方当事人在违背真实意思下进行的法律行为,结果显失公平的情形,本题中不存在当事人处于危困状态,故不存在乘人之危,故 A 项错误。同时,钱某与陈某签订合同之时,陈某也没有利用钱某缺乏判断的事实,故

也不构成上述第 151 条规定的显失公平,故 D 项错误。

《民法典》第 149 条规定："第三人实施欺诈行为,使一方在违背真实意思的情况下实施的民事法律行为,对方知道或者应当知道该欺诈行为的,受欺诈方有权请求人民法院或者仲裁机构予以撤销。"据此,当第三人欺诈时,只有被欺诈人与知情的相对人签订合同时,才可撤销。本案中,高某与李某作为第三人,虽然对钱某进行了欺骗,构成欺诈,但是,被欺诈的钱某与陈某签订合同之时,相对人陈某并不知情,故钱某不能以欺诈为由撤销与陈某的买卖合同,故 B 项错误。

《民法典》第 147 条规定："基于重大误解实施的民事法律行为,行为人有权请求人民法院或者仲裁机构予以撤销。"《民法典总则编解释》第 19 条第 1 款规定,行为人对行为的性质、对方当事人或者标的物的品种、质量、规格、价格、数量等产生错误认识,按照通常理解如果不发生该错误认识行为人就不会作出相应意思表示的,构成重大误解。本案中,钱某由于受到高某与李某的欺骗,对于画的性质理解错误,将真品当作了赝品,在与陈某进行法律行为时存在认识错误,故钱某可基于重大误解,撤销与陈某的买卖合同,故 C 项正确。

60．可撤销法律行为[ABCD]

[解析]《民法典》第 150 条规定："一方或者第三人以胁迫手段,使对方在违背真实意思的情况下实施的民事法律行为,受胁迫方有权请求人民法院或者仲裁机构予以撤销。"据此,法律行为中出现胁迫的,不论来自相对人还是第三人,均可撤销,故 A 错误。

甲卖给乙玉佩时,不存在欺诈行为,故 B 错误。

《民法典》第 152 条规定："有下列情形之一的,撤销权消灭:(一)当事人自知道或者应当知道撤销事由之日起一年内、重大误解的当事人自知道或者应当知道撤销事由之日起九十日内没有行使撤销权;(二)当事人受胁迫,自胁迫行为终止之日起一年内没有行使撤销权;(三)当事人知道撤销事由后明确表示或者以自己的行为表明放弃撤销权。当事人自民事法律行为发生之日起五年内没有行使撤销权的,撤销权消灭。"据此,胁迫撤销的除斥期间为 1 年,但是从胁迫行为终止之日起计算。本题中,应从 2018 年 3 月 1 日开始计算 1 年的期间,故尚未超过 1 年期间,C 错误。

构成重大误解的,撤销权的期间是当事人自知道或者应当知道撤销事由之日起 90 日。本题中,乙在购买玉佩时存在重大误解,自 2018 年 3 月 10 日知情,90 日届满应该是 6 月 8 日,故应该在 6 月 8 日前行使权利,D 错误。**【特别提醒】**在《民法典》颁布之前,法律规定的重大误解撤销权的期间为 3 个月,计算月

· 18 ·

时,每月通常按30日计算,照此本题中D项表述为6月10日前正确;但是,《民法典》将3个月改为90日,计算日期时应考虑不同月份的天数,方可准确计算。

61．可撤销合同[D]

[解析]《民法典》第148条规定:"一方以欺诈手段,使对方在违背真实意思的情况下实施的民事法律行为,受欺诈方有权请求人民法院或者仲裁机构予以撤销。"《民法典总则编解释》第21条规定:"故意告知虚假情况,或者负有告知义务的人故意隐瞒真实情况,致使当事人基于错误认识作出意思表示的,人民法院可以认定为民法典第一百四十八条、第一百四十九条规定的欺诈。"本题中,大洋公司行为的特点在于,通过劝酒使范某醉酒后,范某的识别能力减弱,从而不能理性作出意思表示,而非通过故意告知虚假事实等方式使范某陷入错误认识,从而不成立欺诈。故A项错误。

《民法典》第147条规定:"基于重大误解实施的民事法律行为,行为人有权请求人民法院或者仲裁机构予以撤销。"本题中,范某系因醉酒导致识别能力减弱而作出不符真意的意思表示,而非因认识错误而作出不符真意的意思表示,不成立重大误解。故B项错误。

《民法典》第151条规定:"一方利用对方处于危困状态、缺乏判断能力等情形,致使民事法律行为成立时显失公平的,受损害方有权请求人民法院或者仲裁机构予以撤销。"本题中,大洋公司的行为符合显失公平的构成要件:第一,前程公司与大洋公司的双务合同权利义务明显不对等,有违等价有偿原则;第二,显失公平发生于合同成立之时;第三,显失公平的原因系大洋公司利用了前程公司法定代表人范某处于醉酒这一危困状态,前程公司的意思表示因此不自由。故D项正确。乘人之危在《民法典》中不再是独立的法律行为可撤销事由,与显失公平合并作为一种撤销事由,故C项错误。

62．不当得利与侵权责任;意思表示生效;重大误解;无权代理与表见代理[BCD]

[解析] 本题中,甲将自己的二维码粘贴在餐馆桌子上,收取了客户支付的餐费,没有正当根据,构成不当得利,应当承担返还财产之责任。《民法典》第1165条第1款规定:"行为人因过错侵害他人民事权益造成损害的,应当承担侵权责任。"本题中,甲主观上具有过错,客观上造成了餐馆的损失,且违法行为与损害后果之间有因果关系,也可认定构成侵权行为。故A项正确。

在消费过程中,乙的意思表示已完成,没有特别约定,乙的意思表示到达相对人时生效,虽然相对人存在错误,但不影响乙的意思表示的生效,故B项错误。

通常认为,行为人因为对行为的性质、对方当事人、标的物的品种、质量、规格和数量等的错误认识,使行为的后果与自己的意思相悖,并造成较大损失的,可以认定为重大误解。本题中,虽然乙付款的对方当事人错误,但是这并非具有人身信任关系的合同,故付款主体认识的错误不构成撤销餐饮合同的理由,C项错误。【思路拓展】另有观点认为,在餐饮合同成立并生效后,乙扫码付款,属于履行合同义务的行为,系事实行为,并非法律行为,虽因甲更换二维码而使乙错误地向甲付款,但不影响餐饮合同的效力,不成立重大误解。

本题中甲未经餐馆授权用二维码收款,确实没有代理权,但是对于在餐馆就餐的乙而言,有合理理由相信餐桌上的二维码属于餐馆收款二维码,其期待应受法律保护,故甲的行为应构成表见代理,后果应由餐馆承担,D项错误。

63．可撤销的民事法律行为[A]

[解析]《民法典总则编解释》第19条第1款规定:"行为人对行为的性质、对方当事人或者标的物的品种、质量、规格、价格、数量等产生错误认识,按照通常理解如果不发生该错误认识行为人就不会作出相应意思表示的,人民法院可以认定为民法典第一百四十七条规定的重大误解。"根据《民法典》第147条规定,基于重大误解实施的民事法律行为,行为人有权请求人民法院或者仲裁机构予以撤销。本题中,朱某误以为卖给张某的小碗是普通小碗,实际上却是明代某官窑出土的古董,可见,朱某对买卖标的物的性质存在严重认识错误,并因此作出了错误的意思表示,其有权基于重大误解撤销买卖合同。故A项正确。

本题中,双方都对该碗的实际性质与价值不知情,张某并不存在利用朱某处于危困状态、缺乏判断能力等情形进行显示公平交易的情形,也不存在捏造事实或隐瞒事实进行欺诈的情形,更不存在胁迫行为,故B、C、D项错误。

考点13 效力待定的民事法律行为

64．合同的变更;合同的效力[ABCD(原答案为ACD)]

[解析] 甲、乙约定,其房屋租赁合同以办理公证为生效条件。若未办理公证,其生效条件未成就,租赁合同虽已成立,但不能生效。根据《民法典》第543条规定:"当事人协商一致,可以变更合同。"A选项中,甲、乙约定租赁合同自办理公证后生效,双方虽尚未办理合同公证,但是,甲交付了租赁的房屋,乙支付了租金且甲予以接受(当事人一方已经履行主要义务,对方接受),甲、乙已经通过推定的意思表示达成了新的合意,即租赁合同无须经过公证即可生效,这就变更了原来的约定,因此合同已经生效。故A项正确。

民法 [答案详解]

《民法典》第597条第1款规定:"因出卖人未取得处分权致使标的物所有权不能转移的,买受人可以解除合同并请求出卖人承担违约责任。"该条的规范内容是,因无权处分订立的买卖合同,无权处分不影响买卖合同的效力。甲将已经转让给丁的股权又转让给乙,甲对该股权的转让行为属于无权处分,但无权处分的事实不影响合同效力,甲、乙间的股权转让合同有效。故B项正确。**【旧题新解】**根据原《合同法》第51条,命题观点认为无权处分订立的买卖合同效力待定,需要权利人追认后才能生效,因此当时的答案B项是错误的。而按照当前的法律规定,B项正确。

根据区分原则,基于法律行为的物权变动,未发生物权变动的(不动产未登记的,动产未交付的),不因此影响法律行为的效力。C项中,甲将相机出卖给乙,相机尚未交付,因此相机的所有权未转移,但只要甲、乙就相机买卖的主要条款意思表示一致,相机买卖合同就已经成立并生效。此外,甲此后的一物二卖的行为,对甲、乙间买卖合同的效力无任何影响(债权的平等性)。故C项正确。

《民法典》第728条规定:"出租人未通知承租人或者有其他妨害承租人行使优先购买权情形的,承租人可以请求出租人承担赔偿责任。但是,出租人与第三人订立的房屋买卖合同的效力不受影响。"据此,甲将租赁的商铺出卖给乙时,未提前合理期限通知承租人丙,侵害了丙的优先购买权,因此给丙造成损失的,丙有权请求甲承担损害赔偿责任,但甲、乙订立的房屋买卖合同的效力不受影响。故D项正确。

65.(1)无权处分合同;合同的相对性[C]

[解析] 本题中,乙公司尚未获得药材的所有权,就将药材转卖给丙公司,乙、丙间的买卖合同属于因无权处分订立的买卖合同。《民法典》第597条第1款规定:"因出卖人未取得处分权致使标的物所有权不能转移的,买受人可以解除合同并请求出卖人承担违约责任。"据此,因无权处分订立的买卖合同,无权处分不影响买卖合同的效力,乙公司、丙公司间的买卖合同有效。故A、D项错误,C项正确。

《民法典》第523条规定:"当事人约定由第三人向债权人履行债务,第三人不履行债务或者履行债务不符合约定的,债务人应当向债权人承担违约责任。"根据该条,合同当事人约定由合同以外的第三人向债权人履行债务的,该约定仅对合同债权人与合同债务人发生效力,对第三人不产生效力;若第三人不对合同债权人履行债务或履行债务不适当的,债权人不得对第三人主张违约责任,只能要求债务人承担违约责任。本题中,乙公司和丙公司约定,由甲公司向丙公司交付药材,为甲公司设定了义务,该约定在乙、丙之间是有

效的,故B项错误。

(2)无因管理;效力待定合同;留置权[AC]

[解析] 一方面,座垫的购买合同是方某以自己的名义订立的,方某是合同的当事人,根据合同的相对性,应由方某自己承担支付座垫费的义务。同时,当庚公司要求丁公司支付座垫费时,丁公司予以拒绝,故庚公司与丁公司之间也没有达成由丁公司承担方某支付价款义务的协议(无债务承担)。另一方面,方某擅自购买座垫的行为违反了丁公司可得推知的意思,构成不正当无因管理,不能当然发生无因管理之债的效力(这与方某擅自订立汽车维修合同不同,维修合同符合正当无因管理的构成要件),故丁公司亦无依照无因管理之债支付坐垫费的义务。故A项正确,B项错误。

《民法典》第503条规定:"无权代理人以被代理人的名义订立合同,被代理人已经开始履行合同义务或者接受相对人履行的,视为对合同的追认。"其规范意旨是,因无权代理的合同为效力待定的合同,被代理人追认的,合同自始生效。被代理人的追认既可以采用明示的方式,亦可采用默示的方式。当戊公司要求丁公司支付维修费时,丁公司回函请宽限1周,丁公司已经以推定的方式对维修合同予以了追认,该汽车维修合同已经生效。假设丁公司没有追认,因方某的行为构成无因管理,方某因实施无因管理负担的债务(此时为对戊公司的缔约过失责任)最终也应由丁公司承担。故C项正确。

《民法典》第457条规定:"留置权人对留置财产丧失占有或者留置权人接受债务人另行提供担保的,留置权消灭。"据此,债权人占有债务人的财产,是留置权成立及存续的前提条件。本题中,戊公司原本可以对汽车行使留置权,但题目交代,汽车修好后,方某将车取走交丁公司投入运营,这表明戊公司已经不再占有汽车,其对汽车的留置权已经消灭,故D项错误。

66.因无权处分订立的买卖合同的效力[ABCD]

[解析]《民法典》第597条第1款规定:"因出卖人未取得处分权致使标的物所有权不能转移的,买受人可以解除合同并请求出卖人承担违约责任。"据此,因无权处分订立的买卖合同,无权处分不影响买卖合同的效力。本题中,甲公司将1台挖掘机出租给乙公司期间,未经所有权人甲公司同意,乙公司将这台挖掘机分别出卖给丙公司和丁公司,因此乙、丙间以及乙、丁间的挖掘机买卖合同均属因无权处分订立的买卖合同。但无权处分不影响买卖合同的效力,因此乙、丙间以及乙、丁间的挖掘机买卖合同均为有效。故A、B、C、D项错误。

67.无名合同;无权处分买卖合同的效力[ABD]

[解析] 以法律是否设有规范并赋予一个特定的

· 20 ·

名称为标准,合同分为有名合同与无名合同。有名合同(又称典型合同),是指法律设有规范,并赋予一定名称的合同。无名合同(又称非典型合同),是指法律尚未特别规定,亦未赋予一定名称的合同。本题中的《合作协议一》为股份转让合同,在《民法典》合同编及其他法律中没有明确规定,属于无名合同。故 A 项正确。

丙公司是由张某和方某共同出资成立的,因此,张某、方某二人才是丙公司的股东,只有股东才有转让自己股份的权利。《合作协议一》的内容是甲公司将丙公司的 10% 的股份转让给乙,甲公司没有处分丙公司股份的权利,因此是无权处分。故 B 项正确。

《民法典》第 597 条第 1 款规定:"因出卖人未取得处分权致使标的物所有权不能转移的,买受人可以解除合同并请求出卖人承担违约责任。"据此,因无权处分订立的买卖合同,无权处分不影响买卖合同的效力,该股权转让协议有效。故 C 项错误,D 项正确。

68. 无权处分;一物多卖的法律效力[BCD]
[解析]电脑的所有权人为顺风公司。张某以自己的名义,擅自将该电脑出卖给甲、乙、丙三份买卖合同均属于因无权处分订立的买卖合同。《民法典》第 597 条规定:"因出卖人未取得处分权致使标的物所有权不能转移的,买受人可以解除合同并请求出卖人承担违约责任。"据此,因无权处分订立的买卖合同,无权处分不影响合同的效力,若无其他效力瑕疵,买卖合同有效。本题中,三份买卖合同均不存在无效事由,三份买卖合同均有效。故 A 项错误,B 项正确。

张某是无权处分,但均是以市价进行的买卖,不知情的乙在获得交付之后,可以善意取得电脑的所有权。故 C 项正确。

在张某与甲、丙的两份买卖合同中,张某对甲、丙负担的主给付义务是向甲、丙交付电脑并移转电脑所有权。由于张某已经向乙交付电脑且乙善意取得电脑所有权,张某对甲、丙交付电脑所有权的义务陷入履行不能,甲、丙有权解除买卖合同并请求张某承担违约责任。故 D 项正确。

考点 14 无效的民事法律行为
69. 合同的效力[BC]
[解析]甲医院的行为构成欺诈(但尚未损害国家利益),根据《民法典》第 149 条,甲、乙间的买卖合同属于可撤销的合同。故 A 项不当选。

《民法典》第 146 条规定:"行为人与相对人以虚假的意思表示实施的民事法律行为无效。以虚假的意思表示隐藏的民事法律行为的效力,依照有关法律规定处理。"据此,甲、乙将标的额为 100 万元的交易写成 60 万元,是双方虚假的意思表示,属于通谋虚假,合同无效,故 B 项当选。【思路拓展】甲、乙间的房屋买卖合同属于"阴阳合同"。标的额为 60 万元的买卖合同(阳合同)属于双方虚假行为,无效。标的额为 100 万元的买卖合同(阴合同)属于隐藏行为,并无无效事由,是有效的。

《民法典》第 153 条第 2 款规定:"违背公序良俗的民事法律行为无效。"怀孕生子涉及家庭伦理道德,代孕合同有违公序良俗,属于损害公共利益的合同,应为无效。故 C 项当选。

乙趁甲父患癌症急需用钱之时,以低价收购甲收藏的 1 幅名画,该行为构成显失公平。根据《民法典》第 151 条的规定,甲、乙间的买卖合同属于可撤销的合同。故 D 项不当选。

70. 合同效力的认定[AD]
[解析]甲、丙夫妻存款属于夫妻共同共有财产。但是,货币适用占有即所有规则,甲用夫妻共同存款向乙保险公司购买保险的行为应理解为有权处分,甲、乙间的保险合同有效。另外,甲与乙公司的保险买卖行为也不存在违法和违背公序良俗的情形,属于合法的买卖行为,应认定合同有效。故 A 项当选。

《民法典》第 399 条规定,宅基地、自留地、自留山等集体所有土地的使用权,除法律有特别规定的外,不得抵押。因此,甲的宅基地属于不得抵押的财产,甲、乙间以宅基地为标的物的抵押合同因违反法律的禁止性规定而无效。故 B 项不当选。

甲将房屋出卖给精神病人乙,若乙为无民事行为能力人,甲、乙间的买卖合同无效;若乙为限制民事行为能力人,甲、乙间的买卖合同效力待定。故 C 项不当选。

《民法典》第 32 条规定:"没有依法具有监护资格的人的,监护由民政部门担任,也可以由具备履行监护职责条件的被监护人住所地的居民委员会、村民委员会担任。"流浪的精神病人属于无民事行为能力的成年人,没有其他亲属,此时民政部门可作为其监护人。因此,乙民政部门可以监护人身份对加害人甲主张侵权损害赔偿,甲、乙间的赔偿协议有效。故 D 项当选。

71. 债权撤销权;合同的无效[ABD]
[解析]《民法典》第 538 条规定:"债务人以放弃其债权、放弃债权担保、无偿转让财产等方式无偿处分财产权益,或者恶意延长其到期债权的履行期限,影响债权人的债权实现的,债权人可以请求人民法院撤销债务人的行为。"第 539 条规定:"债务人以明显不合理的低价转让财产、以明显不合理的高价受让他人财产或者为他人的债务提供担保,影响债权人的债权实现,债务人的相对人知道或者应当知道该情形的,债权人可以请求人民法院撤销债务人的行为。"这两条规定了债权人撤销权。据此,债务人以明显不合

理的低价转让财产,对债权人造成损害,并且受让人知道该情形的,债权人也可以请求法院撤销债务人的行为。对于《民法典》第539条规定的明显不合理的低价,人民法院应当以交易当地一般经营者的判断,并参考交易当时交易地的物价部门指导价或者市场交易价,结合其他相关因素综合考虑予以确认。转让价格达不到交易时交易地的指导价或者市场交易价70%的,一般可以视为明显不合理的低价;对转让价格高于当地指导价或者市场交易价30%的,一般可以视为明显不合理的高价。本题中,杜某转让房屋的价格为市值的75%,尚不构成明显不合理的低价。此外,即便符合了不合理低价的要求,也应当在受让人知情的情况下债权人才能撤销,本案中并没有交代受让人是否知情,不能直接认为知情。综上,谢某不能请求法院撤销债务人杜某的买卖合同。故A项表述错误,当选。

《民法典》第215条规定,当事人之间订立有关设立、变更、转让和消灭不动产物权的合同,除法律另有规定或者合同另有约定外,自合同成立时生效;未办理物权登记的,不影响合同效力。据此,买卖房屋的合同达成之后,只要没有违法的情形,是否办理过户均不影响合同的效力。故B项表述错误,当选。

《民法典》第154条规定:"行为人与相对人恶意串通,损害他人合法权益的民事法律行为无效。"故C项表述正确,不当选。

债权的核心是请求权,其行使尚需债务人的配合,因此不能像物权等支配权那样行使。谢某只能通过请求杜某向自己交付房屋并办理过户登记的途径才能取得房屋的所有权。故D项表述错误,当选。

72．欺诈的认定及效力;可撤销行为的效力;国家利益的认定[D]

[解析] 在与乙订立房屋买卖合同时,甲的行为成立欺诈。国家利益受到侵害,一般指国家安全、国家的基本社会经济秩序等受到侵害,属于对于公序良俗中公共秩序的侵犯,根据《民法典》第153条规定,违背公序良俗的民事法律行为无效。而国有企业作为一个市场主体,在市场交易的过程中与交易的相对方均为平等的主体,因此国有企业的利益并不能直接等同于国家利益,仅损害国有企业利益的,尚不构成对国家利益的损害。对此,应适用《民法典》第148条规定:"一方以欺诈手段,使对方在违背真实意思的情况下实施的民事法律行为,受欺诈方有权请求人民法院或者仲裁机构予以撤销。"故A、C项错误。

可撤销的合同,有权撤销的一方当事人可以选择撤销也可以选择不撤销,不是只能撤销。故B项错误。

可撤销的合同,在撤销之前是有效的,撤销权人只要没有行使撤销权,合同就应当按照原来的内容来

履行,如果不能履行的,则应当依据合同约定承担违约责任。故D项正确。

73．法律行为效力瑕疵[B]

[解析]《民法典》第146条规定:"行为人与相对人以虚假的意思表示实施的民事法律行为无效。以虚假的意思表示隐藏的民事法律行为的效力,依照有关法律规定处理。"本题中,第一份500万元的合同是当事人的真实意思,有效。300万元的合同是当事人虚假的意思表示,而且双方对此均为知情,构成通谋虚伪,无效。故B项正确,ACD项错误。

专题五 代 理

考点15 代理的概念与类型

74．委托合同;间接代理[C]

[解析] 本题中,乙接受甲的委托,为了甲的利益,以自己的名义与丙签订买卖合同,属于间接代理,乙为代理人,甲为委托人,丙为第三人。

《民法典》第926条第2款规定:"受托人因委托人的原因对第三人不履行义务,受托人应当向第三人披露委托人,第三人因此可以选择受托人或者委托人作为相对人主张其权利,但是第三人不得变更选定的相对人。"相对人的选择权属于形成权,即无论其继续选择受托人作为合同相对人,还是重新选择委托人作为合同相对人,都无须经对方同意。同时,正由于选择权属于形成权,一经行使即引起权利变动,故一经选定即不得变更选定的相对人。本题中因委托人甲的原因无法按时付款,受托人乙有披露义务,丙可选择请求甲或乙付款。故C项正确,A、B、D项错误。

75．复代理;间接代理[C]

[解析]《民法典》第169条规定:"代理人需要转委托第三人代理的,应当取得被代理人的同意或者追认。转委托代理经被代理人同意或者追认的,被代理人可以就代理事务直接指示转委托的第三人,代理人仅就第三人的选任以及对第三人的指示承担责任。转委托代理未经被代理人同意或者追认的,代理人应当对转委托的第三人的行为承担责任;但是,在紧急情况下代理人为了维护被代理人的利益需要转委托第三人代理的除外。"据此,在委托代理中,代理人在三种情况下享有复任权,有权以自己的名义选任第三人作为被代理人的委托代理人:第一,取得被代理人同意;第二,被代理人事后追认;第三,紧急复任权。因代理人乙事先已经取得被代理人甲的同意,故乙的转委托有效,丙为甲的代理人(复代理人)。故A项错误。

丙为了甲的利益,以自己的名义与丁订立的首饰买卖合同构成间接代理。基于合同的相对性和间接代理的规则,丙、丁间的首饰买卖合同原则上只能约

束丙与丁,仅在甲行使介入权或者丁行使选择权选择甲作为合同相对人时,该首饰买卖合同才能直接约束甲和丁。此外,丙的间接代理中一部分属于无权代理,丙赠与丁一批箱包的约定超出了甲的授权,属于无权代理,即使丁行使选择权选定甲作为合同的相对人,若甲对丙赠与丁一批箱包的约定不予追认,则丁亦不得要求甲向自己履行赠与箱包的义务。故 B 项错误。

《民法典》第 926 条第 1 款规定:"受托人以自己的名义与第三人订立合同时,第三人不知道受托人与委托人之间的代理关系的,受托人因第三人的原因对委托人不履行义务,受托人应当向委托人披露第三人,委托人因此可以行使受托人对第三人的权利。但是,第三人与受托人订立合同时如果知道该委托人就不会订立合同的除外。"这是关于间接代理中被代理人介入权的规定。在此情况下,间接代理人丙应向被代理人甲披露第三人丁,甲可以行使介入权,行使丙对丁的权利。故 C 项正确。在丙、戊间的箱包买卖合同中,丙不是丁的间接代理人,丁不具备行使介入权的条件。故 D 项错误。

76. 代理[ABC]

[解析] 在委托代理中,代理人以被代理人的名义实施的代理为直接代理;代理人以自己的名义实施的代理为间接代理。

乙基于委托代理权,虽是以自己名义购买的那一套饮具,但该行为是为了甲的利益。根据《民法典》第 926 条的规定,该行为构成间接代理。故 A 项当选。

乙受甲委托代购茶叶,乙同时告知销售员是为他人购买茶叶,符合代理的要件。《民法典》第 162 条规定:"代理人在代理权限内,以被代理人名义实施的民事法律行为,对被代理人发生效力。"乙的行为构成直接代理。故 B 项当选。

《刑事诉讼法》第 37 条规定:"辩护人的责任是根据事实和法律,提出犯罪嫌疑人、被告人无罪、罪轻或者减轻、免除其刑事责任的材料和意见,维护犯罪嫌疑人、被告人的诉讼权利和其他合法权益。"可见,辩护人为了维护被告人的合法民事权益,享有相应的代理权。甲律师不仅是辩护人,还是指定代理人。故 C 项当选。【特别提醒】根据代理产生的原因不同,可以分为法定代理、委托代理与指定代理。C 项构成诉讼中的指定代理。

甲的行为构成居间,甲只是为歌星乙订立表演合同提供服务,并未基于代理权以歌星或主办方的名义实施代理行为,不属于代理。故 D 项不当选。

77. 委托合同;授予代理权的行为;限制行为能力人行为的效力[D]

[解析] 委托代理包括两重法律关系:一是委托人与代理人之间的委托合同关系;二是委托人对代理人的单方授权关系。

《民法典》第 145 条第 1 款规定:"限制民事行为能力人实施的纯获利益的民事法律行为或者与其年龄、智力、精神健康状况相适应的民事法律行为有效;实施的其他民事法律行为经法定代理人同意或者追认后有效。"本题中的委托合同关系是甲公司委托陈某为甲公司购买价值不超过 50 万元的软件。因为陈某属于限制民事行为能力人,标的价值为 50 万元的合同明显与其年龄不相适应,因此委托合同需要陈某的法定代理人追认,如果不追认,则委托合同归于无效。而作为其法定代理人的陈某的父母知道后,明确表示反对,该委托合同确定无效。故 A、B、C 项错误。

授予代理权的行为是单方行为,仅凭被代理人授权的意思表示即可发生效力,无需追认。甲授权给陈某以甲的名义签订合同,后果直接由甲公司承担,既然甲公司愿意选择 15 岁的陈某作为代理人,而且陈某并不承担购买软件的法律后果(不会使陈某负担义务或遭受不利),因此授权行为有效。故 D 项正确。

78. 无权代理与无权处分;善意取得与违法代理[ABC]

[解析] 无权处分通常是未经授权,以自己的名义处分他人的财产,而本题中,丙是以甲的名义出售电动自行车,因此不是无权处分,故 A 项错误。

丙出售电动自行车是受到了甲的委托,以甲的名义进行法律行为,因此是有代理权,不是无权代理,故 B 项错误。

由于电动自行车是盗赃物,即使支付了合理价款,也不能构成善意取得,故 C 项错误。

《民法典》第 167 条规定:"代理人知道或者应当知道代理事项违法仍然实施代理行为,或者被代理人知道或者应当知道代理人的代理行为违法未作反对表示的,被代理人和代理人应当承担连带责任。"本题中,丙作为甲的代理人,明知代理事项违法仍然代理,给乙造成损失,应与甲一起承担连带责任,故 D 项正确。

考点 16 代理权及其限制

79. 代理;民事法律行为[D]

[解析] 合法形式掩盖非法目的,是以表面上虚假的意思表示掩盖自己真实意图的情形,根据《民法典》第 146 条的规定,通谋虚伪的法律行为无效。但要符合此种无效之构成,需要以形式上的合法行为(虚伪的表示)掩盖实质上的非法目的(真实意思)。本题中,买卖净化机的合同本身是合法的,不需要另外一种形式来掩盖,至于约定价格提高 200 元并个人

收取回扣的行为,只是作为买卖合同一部分内容存在,不能导致买卖净化机的合同无效。故 A 项错误。

【特别提醒】《民法典》实施后,《合同法》被废止,《合同法》的规定不再适用。原《合同法》第 52 条第 3 项规定:"有下列情形之一的,合同无效:……(三)以合法形式掩盖非法目的……"《民法典》无此规定。《民法典》实施以后,在事实上属于"以合法形式掩盖非法目的的合同"的,适用《民法典》第 146 条关于"通谋虚伪"的规定予以规范。

题干交代"唐某受公司委托",且"甲公司对净化机单价未作明确限定",即唐某的行为有甲公司授权,系有权代理,只是没有限定购买的单价。故 B 项错误。

唐某作为甲公司的代理人,其行为后果直接由甲公司承担,甲公司是否遭受欺诈,应当以代理人唐某订立合同时的状况判断,即只有当订立合同时唐某受到欺诈,才产生被代理人甲公司被欺诈的后果。由于提高价格是唐某为自己获得不当利益而与乙公司约定的,唐某未陷入错误认识,不符合欺诈的构成要件。故 C 项错误。

《民法典》第 154 条规定:"行为人与相对人恶意串通,损害他人合法权益的民事法律行为无效。"第 164 条第 2 款规定:"代理人与相对人恶意串通,损害被代理人合法权益的,代理人和相对人应当承担连带责任。"据此,唐某与乙公司恶意串通订立的损害甲公司(被代理人)合法权益的买卖合同无效,甲公司因此遭受的损害,唐某与乙公司应承担连带赔偿责任。故 D 项正确。

考点 17 无权代理

80．无权代理[D]

[解析] 代理,是指代理人以被代理人的名义与相对人实施法律行为,法律行为的效果直接归属于被代理人的制度。无权代理,是指没有代理权的人实施的代理行为。无权代理除欠缺代理权外,具有代理的其他全部特征。代理(无论是直接代理还是间接代理,亦无论是有权代理还是无权代理),必须具备的一个特征是:涉及三方当事人(被代理人、代理人与相对人),形成三方法律关系(被代理人与代理人的内部关系、代理人与相对人的外部关系、被代理人与相对人的法律效果归属关系),形成三方结构。无此特征,不成立代理,亦不成立无权代理。

甲冒用乙的姓名从某杂志社领取乙的论文稿酬据为己有,属于冒名行为,只能形成冒名行为人甲与相对人某杂志社间的双方结构,而非三方结构。故 A 项错误。同理,刘某受同学周某之托冒充丁某参加求职面试,亦属冒名行为。故 C 项错误。

董事长超越权限以本公司名义为他人提供担保,该行为属于越权代表权的行为。董事长是公司法定代表人,属于法人机关,法人机关在执行职务的时候没有独立的人格,法人机关的行为就是法人的行为,法人机关的人格被法人吸收。所以,董事长以公司名义为他人提供担保时仅形成了一种双方结构(公司与被担保人之间的保证关系),而非三方结构,不构成无权代理。故 B 项错误。

推销员发出了订立买卖合同的要约,关某没有代理权,但以邻居李某的名义予以承诺,构成无权代理订立的合同。故 D 项正确。

81．无权代理[AD]

[解析] 本题中,刘某给王某打电话的行为属于订立买卖合同的要约。刘某请张某转告,张某则是刘某的传达人(非代理人),由于张某没有向王某转告,故刘某的要约未到达要约人王某,因此,刘某与王某之间未成立有效的买卖合同。而张某没有代理权,却以王某的名义交货,构成无权代理,故 A 项正确。在被代理人王某追认之前,王某与刘某之间的买卖合同属于效力待定的合同,故 D 项正确。

《民法典》第 121 条规定:"没有法定的或者约定的义务,为避免他人利益受损失而进行管理的人,有权请求受益人偿还由此支出的必要费用。"张某感到有利可图,主观上纯粹为自己谋利,缺乏为王某管理的意思,不构成无因管理。故 B 项错误。

《民法典》第 122 条规定:"因他人没有法律根据,取得不当利益,受损失的人有权请求其返还不当利益。"王某与刘某之间的合同属于效力待定的合同,如果被代理人王某拒绝追认,则王某与刘某之间的买卖合同自始无效,张某取得的价款欠缺法律上的原因,显然符合不当得利的要件,已经履行的,应当依据不当得利彼此返还。如果王某追认,则合同有效,张某作为王某的代理人,收取货款有正当理由,不构成不当得利。但就本题的情形而言,根本看不出被代理人王某是否追认,因此,张某的行为有可能构成不当得利,也有可能不构成不当得利。故 C 项错误。

82．无权代理的认定及效力[D]

[解析] 代理制度系一种归属规范,即在代理权范围内,代理人以被代理人名义或者以自己名义独立实施的法律行为,其法律效果直接或者间接归属于被代理人。本题中,甲、乙之间的关系为委托代理关系而不是借贷关系,甲是代理人,乙是被代理人。甲作为乙的代理人应当按照乙的授权指示办事。题中,乙的核心指示是让甲为其购买彩票。由于博彩属于不确定性明显的行为,甲更改乙的彩票号码行为也是为了乙的利益,故该行为并未超过乙的授权范围。因此,乙作为委托人应当享有彩票利益。故 D 项正确,A、B、C 项错误。**【思路拓展】**即使认定甲更换乙指定

的号码后,为乙购买彩票的行为属于无权代理,彩票买卖合同效力待定,但乙事后予以追认,彩票买卖合同溯及成立之日起自始有效,法律效果仍应归属于被代理人乙承受,中奖奖金应由乙取得。

83．无权代理[BD]

[解析]《民法典》第171条第1款规定:"行为人没有代理权、超越代理权或者代理权终止后,仍然实施代理行为,未经被代理人追认的,对被代理人不发生效力。"第172条规定:"行为人没有代理权、超越代理权或者代理权终止后,仍然实施代理行为,相对人有理由相信行为人有代理权的,代理行为有效。"据此,能够构成表见代理,关键在于相对人是否有合理的理由相信行为人有代理权。本题中,分公司负责人王某没有被授权代理公司签订保证合同,是无权代理。故A项错误,B项正确。同时,王某向相对人李某出示了授权书证明自己没有权限,故此时,李某非但不能主张构成表见代理,连狭义无权代理人的善意第三人也不构成,因此九联公司不需要承担保证责任。故C项错误,D项正确。

84．冒名行为;无权代理;无因管理[D]

[解析]本题中,甲实施的行为不属于无权代理,而是冒名行为。因为,成立无权代理的条件之一,需涉及三方当事人(被代理人、代理人和相对人),形成三方结构(第一,被代理人与代理人间的内部关系;第二,代理人与相对人的外部关系;第三,被代理人的法律效果归属关系)。本题中,甲谎称自己是乙,向丙借款,只形成了一个双方结构(冒名行为人甲与相对人丙),因此属于冒名行为。故A项错误。被冒名人乙知情后,对甲的冒名行为予以追认,该借款合同在乙、丙之间成立并自始有效,故D项正确。因被冒名人乙追认,借款合同于乙、丙间生效,乙取得借款利益源于有效的借款合同,具有法律上的原因,不成立不当得利,故B选项错误。

甲缺乏管理意思,因此甲的行为不成立无因管理。故C项错误。

考点18 表见代理

85．表见代理[CD]

[解析]《民法典》第172条规定了表见代理:"行为人没有代理权、超越代理权或者代理权终止后,仍然实施代理行为,相对人有理由相信行为人有代理权的,代理行为有效。"《民法典总则编解释》第28条第1款规定:"同时符合下列条件的,人民法院可以认定为民法典第一百七十二条规定的相对人有理由相信行为人有代理权:(一)存在代理权的外观;(二)相对人不知道行为人行为时没有代理权,且无过失。"正常情况下,当公司员工持有公司的授权委托书的时候,交易相对人均可主张自己有合理的理由相信对方有代理权,构成表见代理。

单位作为当事人订立合同时,在合同书上加盖单位的合同专用章和加盖单位的公章具有同等效力。吴某实施无权代理时,不仅持有甲公司授权委托书,并且携带加盖甲公司的合同专用章,更加足以产生使相对人温某相信吴某拥有代理权的权利外观。故A项不当选。

当有授权委托书的时候,温某有足够理由相信吴某有代理权,没有找公司核实的义务和必要,B项的主张也不能否定构成表见代理,故错误。

如果授权书明确载明授权的范围是参加投标而没有授权借款,此时温某不能主张自己有合理的理由相信吴某有代理权,表明相对人温某非善意,不能成立表见代理。故C项当选。

若吴某出示的甲公司空白授权委托书已届期,温某就应当知道吴某属于无权代理,不能主张自己有合理理由相信对方有代理权,不成立表见代理。故D项当选。

86．无权处分;表见代理[B]

[解析]本题中,A区房屋归甲公司所有,B区房屋归乙公司所有,丙接受了乙公司的委托只能出售B区的房屋。因此,丙公司擅自以自己的名义,将甲公司享有所有权的A区房屋出售给张某的行为,构成无权处分。故B项正确。

《商品房买卖合同解释》第2条规定:"出卖人未取得商品房预售许可证明,与买受人订立的商品房预售合同,应当认定无效,但是在起诉前取得商品房预售许可证明的,可以认定有效。"丙公司与张某订立《房屋预订合同》时,尚未取得预售许可证,但在起诉前取得,该商品房预售合同有效。此外,《民法典》第597条规定:"因出卖人未取得处分权致使标的物所有权不能转移的,买受人可以解除合同并请求出卖人承担违约责任。"据此,因无权处分订立的买卖合同,无权处分不影响合同的效力。故《房屋预订合同》有效,A项错误。

丙接受了乙的委托,以自己名义订立合同,属于间接代理。但是,丙只能销售属于乙的B区房屋,预定合同中丙却销售了甲的A区房屋,因此属于超越代理权的行为,是狭义的无权代理,不是有效代理。故C项错误。

在签订合同前,张某查看了《合作开发协议》与《委托书》,这两个文件里对A区和B区房屋的归属以及乙公司与丙公司的委托代理关系有明确约定,A区房屋归甲公司所有以及丙公司只能销售B区房屋是一个明知的事实。因此,张某不能主张自己有合理的理由相信丙公司有销售A区房屋的权利,不能构成表见代理。故D项错误。

专题六 诉讼时效与期间

考点19 诉讼时效

87．诉讼时效中断[D]

[解析]《民法典》第195规定："有下列情形之一的,诉讼时效中断,从中断、有关程序终结时起,诉讼时效期间重新计算：(一)权利人向义务人提出履行请求；(二)义务人同意履行义务；(三)权利人提起诉讼或者申请仲裁；(四)与提起诉讼或者申请仲裁具有同等效力的其他情形。"《诉讼时效规定》第8条规定,具有下列情形之一的,应当认定为"权利人向义务人提出履行请求",产生诉讼时效中断的效力：(1)当事人一方直接向对方当事人送交主张权利文书,对方当事人在文书上签名、盖章、按指印或者虽未签名、盖章、按指印但能够以其他方式证明该文书到达对方当事人的；(2)当事人一方以发送信件或者数据电文方式主张权利,信件或者数据电文到达或者应当到达对方当事人的；(3)当事人一方为金融机构,依照法律规定或者当事人约定从对方当事人账户中扣收欠款本息的；(4)当事人一方下落不明,对方当事人在国家级或者下落不明的当事人一方住所地的省级有影响的媒体上刊登具有主张权利内容的公告的,但法律和司法解释另有特别规定的,适用其规定。

本题中,A、B、C项均构成诉讼时效的中断,不当选。D项与上述第(4)项不符,错在"县(市)级"的表述,只有在省级有影响的媒体上刊登公告才能产生诉讼时效中断的效果。故D项错误,当选。

88．诉讼时效[ABC]

[解析]《诉讼时效规定》第1条规定："当事人可以对债权请求权提出诉讼时效抗辩,但对下列债权请求权提出诉讼时效抗辩的,人民法院不予支持：(一)支付存款本金及利息请求权；(二)兑付国债、金融债券以及向不特定对象发行的企业债券本息请求权；(三)基于投资关系产生的缴付出资请求权；(四)其他依法不适用诉讼时效规定的债权请求权。"因此,当事人可以对债权请求权提出诉讼时效抗辩,但法律规定的有些债权请求权不适用诉讼时效的规定。故A项正确。

《民法典》第197条规定："诉讼时效的期间、计算方法以及中止、中断的事由由法律规定,当事人约定无效。当事人对诉讼时效利益的预先放弃无效。"因此,当事人不能约定延长或缩短诉讼时效期间,也不能预先放弃诉讼时效利益。故B项正确。

《民法典》第193条规定："人民法院不得主动适用诉讼时效的规定。"同时,《诉讼时效规定》第2条规定："当事人未提出诉讼时效抗辩,人民法院不应对诉讼时效问题进行释明。"据此,法院在诉讼过程中,不能对时效问题进行释明。按照举轻以明重的当然解释方法,更不可直接适用时效进行裁判,故C项正确。

《诉讼时效规定》第3条第1款规定："当事人在一审期间未提出诉讼时效抗辩,在二审期间提出的,人民法院不予支持,但其基于新的证据能够证明对方当事人的请求权已过诉讼时效期间的情形除外。"据此,原则上,债务人应在一审期间提出诉讼时效抗辩,除非法定的例外情形(基于新证据),未在一审期间提出抗辩的,视为默示放弃诉讼时效利益,不得在二审期间提出。故D项错误。【特别提醒】D项的表述有欠严谨,"当事人在一审、二审期间都可以提出诉讼时效抗辩",一方面可以理解为当事人在一审和二审期间"都有可能"提出时效抗辩；另一方面可以理解为,当事人在一审期间"都可以"提出时效抗辩,二审期间也"都可以"提出时效抗辩。若是按照第一个方面的理解,D项就是正确的；若是按照第二个方面来理解,D项就是错误的。

89．诉讼时效[ABD]

[解析]《民法典》第197条规定："诉讼时效的期间、计算方法以及中止、中断的事由由法律规定,当事人约定无效。当事人对诉讼时效利益的预先放弃无效。"因此,当事人不得违反法律规定,约定延长或缩短诉讼时效期间、预先放弃诉讼时效利益。故A项正确。【特别提醒】诉讼时效制度属于强制性规范,除前述规定外,当事人还不得约定排除诉讼时效制度的适用,也不得约定起诉期间,这样的约定均属无效。

《民法典》第189条规定："当事人约定同一债务分期履行的,诉讼时效期间自最后一期履行期限届满之日起计算。"故B项正确。【特别提醒】仅同一债务约定分期履行的,才适用这一规定。若是分期履行不同的债务,应分别计算诉讼时效期间。

《诉讼时效规定》第3条第1款规定："当事人在一审期间未提出诉讼时效抗辩,在二审期间提出的,人民法院不予支持,但其基于新的证据能够证明对方当事人的请求权已过诉讼时效期间的情形除外。"可见,当事人在二审期间可以基于新的证据提出诉讼时效期间届满抗辩。故C项错误。

《民法典》第192条第2款规定："诉讼时效期间届满后,义务人同意履行的,不得以诉讼时效期间届满为由抗辩；义务人已经自愿履行的,不得请求返还。"诉讼时效届满后,债务人同意履行义务的,属明示抛弃时效利益；债务人自愿履行义务(无论债务人是否知悉诉讼时效期间届满)的,则为默示抛弃时效利益,债务人均不得反悔。故D项正确。

· 26 ·

90．诉讼时效的中断[B]

[解析]《诉讼时效规定》第9条规定："权利人对同一债权中的部分债权主张权利，诉讼时效中断的效力及于剩余债权，但权利人明确表示放弃剩余债权的情形除外。"乙未放弃2万元的债权，则乙的行为导致甲公司10万元债务诉讼时效中断。故A项错误。

《诉讼时效规定》第15条规定："对于连带债权人中的一人发生诉讼时效中断效力的事由，应当认定对其他连带债权人也发生诉讼时效中断的效力。对于连带债务人中的一人发生诉讼时效中断效力的事由，应当认定对其他连带债务人也发生诉讼时效中断的效力。"丙要求连带债务人甲承担责任，这一事由导致甲和乙对丙负担的连带债务诉讼时效均中断。故B项正确。【特别提醒】该条仅适用于真正的连带债务(如因共同侵权产生的连带债务)，对于不真正连带债务(如债务人与连带责任保证人的债务)不适用。

《诉讼时效规定》第16条规定："债权人提起代位权诉讼的，应当认定对债权人的债权和债务人的债权均发生诉讼时效中断的效力。"甲对丙提起代位权诉讼，则甲的行为会导致丙公司对乙的债务诉讼时效中断。故C项错误。

《诉讼时效规定》第17条规定："债权转让的，应当认定诉讼时效从债权转让通知到达债务人之日起中断。债务承担情形下，构成原债务人对债务承认的，应当认定诉讼时效从债务承担意思表示到达债权人之日起中断。"故D项错误。

91．诉讼时效[C]

[解析]《民法典》第188条第2款规定："诉讼时效期间自权利人知道或者应当知道权利受到损害以及义务人之日起计算。法律另有规定的，依照其规定。但是，自权利受到损害之日起超过二十年的，人民法院不予保护，有特殊情况的，人民法院可以根据权利人的申请决定延长。"据此，普通诉讼时效期间与特殊诉讼时效期间均从债权人能够行使权利之日起开始计算。约定了履行期限的债务，其诉讼时效期间自履行期限届满之日起开始计算。A项中，约定1周之内归还借款，乙应当承担的诉讼时效期间应从约定的履行期限届满之日起算。故A项错误。

《诉讼时效规定》第15条第2款规定："对于连带债务人中的一人发生诉讼时效中断效力的事由，应当认定对其他连带债务人也发生诉讼时效中断的效力。"这是连带债务在诉讼时效上涉他效力的规定。然而，这一规定仅适用于真正的连带债务，对不真正连带债务(如连带责任保证)并不适用。在债权人行使权利之时，可选择向主债务人主张，也可选择向保证人主张，根据时效中断的原理，在连带保证债务

起算后，向保证人主张则保证债务时效中断，向债务人主张则主债务时效中断，两者相互独立，互不影响。故B项错误。

《诉讼时效规定》第9条规定："权利人对同一债权中的部分债权主张权利，诉讼时效中断的效力及于剩余债权，但权利人明确表示放弃剩余债权的情形除外。"银行对乙的房产行使抵押权属于对部分债权主张权利，该行为对剩余的20万元债权发生诉讼时效中断的效果。故C项正确。

《诉讼时效规定》第19条第1款规定："诉讼时效期间届满，当事人一方向对方当事人作出同意履行义务的意思表示或者自愿履行义务后，又以诉讼时效期间届满为由进行抗辩的，人民法院不予支持。"据此，诉讼时效期间经过后，债务人同意履行债务的行为构成明示抛弃时效利益，应重新起算诉讼时效期间。在D选项中，乙对银行的50万元债务已过诉讼时效期间，但乙提供保证的行为属于同意履行债务的行为，发生明示抛弃时效利益的效果，应重新起算乙对银行50万元债务的诉讼时效期间。在保证中，若债务人对债权人享有(并行使)抗辩权，则保证人应援用债务人的抗辩权，保证人若不援用债务人的抗辩权，保证人承担保证责任后丧失对债务人的追偿权。但是，若债务人对债权人不享有抗辩权(或者债务人放弃自己对债权人的抗辩权)，保证人放弃自己对债权人享有的抗辩权并承担保证责任的，保证人对债务人的追偿权不受影响。在D选项中，存在着双重错误。首先，乙对银行不享有抗辩权，保证人也不存在主张乙抗辩权的可能，承担保证责任后，当然可以追偿。其次，即便乙存在对于债权人的抗辩，要得出保证人承担保证责任后不得向乙追偿的结论，也得是保证人放弃了主债务人的抗辩，承担保证责任后，才不能向债务人追偿。保证人放弃先诉抗辩权与否，对于追偿权都没有任何影响。故D选项错误。

92．诉讼时效期间；诉讼时效的中断[ABCD]

[解析]《民法典》第195条规定："有下列情形之一的，诉讼时效中断，从中断、有关程序终结时起，诉讼时效期间重新计算：(一)权利人向义务人提出履行请求；(二)义务人同意履行义务；(三)权利人提起诉讼或者申请仲裁；(四)与提起诉讼或者申请仲裁具有同等效力的其他情形。"《民法典总则编解释》第38条第1款规定："诉讼时效依据民法典第一百九十五条的规定中断后，在新的诉讼时效期间内，再次出现第一百九十五条规定的中断事由，可以认定为诉讼时效再次中断。"本题中，甲给丙造成的主要是财产损害，丙对甲享有的侵权损害赔偿请求权的诉讼时效期间为3年，自丙知道或者应当知道权利受到损害以及义务人之日起开始计算。此后，丙不断向甲索赔的行为

及甲同意赔款的行为,均导致丙对甲的债权的诉讼时效的中断,诉讼时效从甲同意赔款之日起重新计算。丙对甲享有的侵权损害赔偿请求权的诉讼时效期间并未经过。因此,甲作为债务人、丁作为保证人、乙保险公司均无权以丙的侵权之债已超过诉讼时效为由进行抗辩。故A、B、C项均表述错误,当选。

《保险法》第26条规定:"人寿保险以外的其他保险的被保险人或者受益人,向保险人请求赔偿或者给付保险金的诉讼时效期间为二年,自其知道或者应当知道保险事故发生之日起计算。……"第三者责任险属于财产保险,丙请求乙公司支付保险金之合同债权的诉讼时效期间为2年,自丙知道或者应当知道保险事故发生之日起计算。对保险事故发生之日的认定,目前法律没有明确规定,按理论与实务,以被保险人向受害人实际承担民事赔偿义务之日为保险事故发生之日较为合理。因为对于保险公司来说,只有当被保险人实际承担了赔偿责任后,才明确知道了自己的损失,而时效的起算通常是自知道或者应当知道遭受损失之时起算。据此,本题中由于甲并未实际向丙赔偿,丙请求乙公司支付保险金的诉讼时效期间未经过。故D项表述错误,当选。

93.诉讼时效的法律效果;要约[A]

[解析]《民法典》第192条规定:"诉讼时效期间届满的,义务人可以提出不履行义务的抗辩。诉讼时效期间届满后,义务人同意履行的,不得以诉讼时效期间届满为由抗辩;义务人已自愿履行的,不得请求返还。"据此,乙向甲支付10万元货款的义务已过诉讼时效期间,乙获得诉讼时效期间经过的抗辩权。私权具有可处分性,乙可明示或者默示放弃时效利益。所谓"明示放弃时效利益",指乙对甲作出"同意履行义务"的意思表示(包括同意履行义务、制定还款计划、签收催收通知单、请求分期履行、请求延期履行、提供担保等)。明示放弃时效利益的法律效果是,重新起算诉讼时效期间。所谓"默示放弃时效利益",指乙对甲"自愿履行"已过诉讼时效期间的义务。默示放弃时效利益的法律效果是,乙事后不得请求甲返还。

综上,甲请求乙支付已过诉讼时效期间的10万元货款时,乙书面答复"可偿还3万元",乙的答复属于明示放弃3万元的时效利益,这3万元债务的诉讼时效期间重新起算。因乙并未放弃另外7万元债务的时效利益,可主张诉讼时效经过的抗辩权,拒不支付。故A项正确,D项错误。放弃时效履行的行为属于有相对人的单方法律行为,并非要约,仅须乙一方的意思表示即可生效,无须相对人甲同意或承诺。故B项错误。既然乙公司已经通过书面答复承认了3万元的债务,这3万元的时效利益已经放弃,因此,回函对甲公司不发生效力,故C项错误。

94.诉讼时效[ABCD]

[解析]《民法典》第199条规定:"法律规定或者当事人约定的撤销权、解除权等权利的存续期间,除法律另有规定外,自权利人知道或者应当知道权利产生之日起计算,不适用有关诉讼时效中止、中断和延长的规定。存续期间届满,撤销权、解除权等权利消灭。"据此,撤销权、解除权等形成权不受时效限制。可撤销合同中的撤销权属于形成权,适用除斥期间,不适用诉讼时效。故A项当选。通说观点认为,请求确认合同无效的权利属于形成权,不适用诉讼时效。故B项当选。

诉讼时效主要适用于债权请求权,一般不适用于物权性质的权利,也不适用于人身性质的请求权。《民法典》第196条规定:"下列请求权不适用诉讼时效的规定:(一)请求停止侵害、排除妨碍、消除危险;(二)不动产物权和登记的动产物权的权利人请求返还财产;(三)请求支付抚养费、赡养费或者扶养费;(四)依法不适用诉讼时效的其他请求权。"据此,物权请求权中,除没有登记的动产物权人请求返还财产外,均不受时效限制;人身性请求权不受时效限制。关于C项,业主大会是业主集体行使权利和维护全体业主在物业管理活动中合法权益的组织,代表业主行使管理权,这是建筑物区分所有权的内容之一,涉及维修基金的主张属于物权的相关权利,因此不适用诉讼时效的规定。故C项当选。【陷阱点拨】切不可将本项的请求权性质等同于物业公司请求业主交纳物业费,请求交纳物业费属于债权请求权。D项,共有人请求分割共有物,也属于物权性质的权利,不适用诉讼时效。故D项当选。【特别提醒】共有物分割请求权(物权性质)、离婚请求权(人身权性质),不仅不适用诉讼时效,也不适用除斥期间。

95.诉讼时效;无权代理[A]

[解析]《民法典》第192条第2款规定:"诉讼时效期间届满后,义务人同意履行的,不得以诉讼时效期间届满为由抗辩;义务人已经自愿履行的,不得请求返还。"这是关于债务人"明示放弃时效利益"的规定。明示放弃时效利益的法律效果是,债务人曾经享有的时效抗辩权消灭,自债权人能行使权利时,重新计算新的诉讼时效期间。

《民法典》第170条规定:"执行法人或者非法人组织工作任务的人员,就其职权范围内的事项,以法人或者非法人组织的名义实施的民事法律行为,对法人或者非法人组织发生效力。法人或者非法人组织对执行其工作任务的人员职权范围的限制,不得对抗善意相对人。"据此,法人或其他组织的工作人员在执行职务过程中以法人名义从事的行为,后果均由法人承担,即便对工作人员有内部职权范围的限制,也不得对抗不知情的第三人。工作人员职权范围内的事项,有时是对外公开的,有时则没有公开,此时应当按照交易习惯来判断。依据一般习惯,法务部门显然没有权利决定对外债务的清偿,故法务小王的行为并不能构成对法人的职务代理,甲公司不需要承担小王承诺的后果,故当乙公司主张权利之时,甲公司依然可以主张时效抗辩,故 A 项正确,D 项错误。

诉讼时效中断必须发生在诉讼时效进行期间,既然诉讼时效届满后,不可能再发生中断情形。故 B 项错误。

《民法典》第 193 条规定:"人民法院不得主动适用诉讼时效的规定。"故 C 项错误。

96.诉讼时效的适用范围[CD]

[解析] 停止侵害和消除危险请求权都涉及绝对权的保护,且行为人的侵权行为一直处于持续状态,诉讼时效无法确定起算点,因此二者不适用诉讼时效期间的限制。本题中,甲未经乙同意,将大型油罐车停在乙家院子里,系对乙所有权(物权)的侵犯,作为所有权人的乙依法有权使物权请求权中的停止侵害和消除危险请求权,此时,甲作为侵权人不可以主张诉讼时效抗辩。故 A、B 项说法错误。

一般动产价值小、流动大、易耗损,如果不适用诉讼时效的规定,多年后再提起诉讼,一是因年代久远存在举证困难;二是增加诉累;三是不利于矛盾的及时解决。综合考虑,规定这类普通动产适用诉讼时效。船舶、航空器和机动车等特殊动产,价值较大,被称为"准不动产",准用不动产管理的很多规则。这类动产多进行物权登记,如果进行了登记,与不动产登记一样,产生强有力的公示公信效力。因此,登记动产物权的权利人请求返还财产不适用诉讼时效的规定。本题中,甲未经乙同意,将乙未上锁的自行车骑走的行为系侵权行为,自行车为普通动产,乙请求甲返还自行车的请求权依法受 3 年诉讼时效期间的限制。故 C 项说法正确。

无论是甲将大型油罐车停放在乙院子里抑或是骑走乙的自行车的行为均构成一般侵权行为,依法应当承担侵权损害赔偿责任。损害赔偿系债权请求权,依法适用 3 年诉讼时效期间的限制。故 D 项说法正确。

第二编 物 权

专题七 物权概述

考点20 物权变动的含义
97.原始取得与继受取得[A]

[解析] 物权的原始取得,指非依他人既存的权利而取得物权。主要包括:(1)添附(加工、附合、混合);(2)先占;(3)善意取得;(4)收取孳息(天然孳息与法定孳息);(5)合法建造房屋;(6)生产;(7)没收、征收。物权的继受取得,是指基于他人既存的权利而取得物权。继受取得分两类:(1)移转的继受取得,指就他人的物权依移转而取得。如通过买卖或赠与受让物权;通过继承或受遗赠取得物权;通过企业合并取得物权。(2)创设的继受取得,是指在他人的物上设立用益物权或者担保物权。如在土地所有权上设立土地承包经营权、建设用地使用权、地役权;在动产上设立质权或者抵押权。

本题中,A 项属于移转的继受取得,故 A 项当选。B 项为取得法定孳息,属于原始取得,故 B 项不当选。C 项为加工,属于原始取得,故 C 项不当选。D 项为先占,属于原始取得,故 D 项不当选。

考点21 基于法律行为的不动产物权变动
98.(1)区分原则;有权占有;基于法律行为的不动产物权变动[BD]

[解析] 《民法典》第 215 条规定:"当事人之间订立有关设立、变更、转让和消灭不动产物权的合同,除法律另有规定或者当事人另有约定外,自合同成立时生效;未办理物权登记的,不影响合同效力。"该条确立了基于法律行为不动产物权变动的区分原则,即未经登记不发生不动产物权变动的效果,但不因此影响合同的效力。甲未经登记处分该房屋所有权,仅不发生物权变动的效力,但不因此影响甲、乙间房屋买卖合同的效力。故 A 项错误。

乙基于有效的房屋买卖合同占有房屋,对房屋享有占有的债权,乙对房屋的占有为有权占有、合法占有。故 B 项正确。

债是具有相容性的,因此一个标的物上可以同时存在几个债权债务关系。甲享有继承房屋的所有权,其再将房屋出卖给丙的行为属于有权处分,虽然甲存在一房二卖的情况,但是每个买卖合同都是有效的。故 C 项错误。

甲、丙间买卖合同有效,甲对房屋有出卖的处分权,又给丙办理了房屋过户登记,丙已经取得房屋所有权。故 D 项正确。

(2)继受取得与原始取得的概念;物权变动[AD]

[解析] 关于丙、丁、戊之间的法律关系:(1)丙受丁胁迫将房屋出卖给丁,根据《民法典》第 150 条的规定,丙、丁间的房屋买卖合同属于可撤销的合同。但是,可撤销的合同被撤销的,合同自始无效;但是,可撤销的合同在撤销之前已经成立并生效。题目没有说丙撤销了该房屋买卖合同,因此,丙、丁间买卖合同有效。丁又给丙办理了房屋的过户登记,丁取得房屋所有权。(2)丁旋即将房屋出卖并移转登记于

戊,丁作为所有权人将房屋出卖给戊,属于有权处分,丁、戊间的房屋买卖合同亦属有效,且办理了过户登记,戊已经取得房屋所有权。故A项正确,B项错误。

物权的原始取得,是指非依他人既存的权利而取得物权。主要包括:(1)添附(加工、附合、混合);(2)先占;(3)善意取得;(4)收取孳息(天然孳息与法定孳息);(5)合法建造房屋;(6)生产;(7)没收、征收。所谓物权的继受取得,是指基于他人既存的权利而取得物权。继受取得分两类:(1)移转的继受取得,指就他人的物权依原状而取得。如通过买卖或赠与受让所有权;通过继承或受遗赠取得物权。(2)创设的继受取得,指在他人的物上设立用益物权或者担保物权。如在土地所有权上设立土地承包经营权、建设用地使用权、地役权;在动产上设立质权或者抵押权。本题中,戊基于与丁之间有效的买卖合同取得房屋所有权,属于移转的继受取得,不是原始取得。故C项错误,D项正确。

99.更正登记;不动产善意取得的构成;无权处分的认定[A]

[解析]"借用他人名义买房"是法律实务中的热点问题。本题中,甲出全资,借用乙的名义购买商品房,登记在乙名下,有两个基础问题需要解决。

第一个问题是房屋的所有权归谁?按照出题人的观点,须分对内和对外关系分别判定。在对外关系(对甲、乙之外的善意第三人而言)上,采"登记名义说",房屋登记在谁名下,谁就是房屋所有权人(本题中即乙)。在对内关系(就甲、乙间的关系而言)上,采"约定加真实资金关系说",按约定由出资人享有房屋所有权(本题中即甲)。需要注意的是,甲、乙之间的协议只有债权的效力,对外不具有任何公示性,不能对抗善意第三人。

第二个问题是甲、乙的约定(房屋代购协议)是否有效?有些约定是无效的,如甲借用乙的名义购买(尚不能上市交易的)经济适用房。除此之外,其他多数情形,房屋代购协议是有效的。

《民法典》第220条第1款规定:"权利人、利害关系人认为不动产登记簿记载的事项错误的,可以申请更正登记。不动产登记簿记载的权利人书面同意更正或者有证据证明登记确有错误的,登记机构应当予以更正。"本题中,甲、乙之间的代购协议有效,尽管房屋登记在乙名下,但实际所有权人为甲,甲作为权利人有权申请更正登记。故A项正确。

如前所述,甲、乙的约定有效,甲有权请求乙依照有效的合同办理房屋的过户登记。故B项错误。

甲与乙签订的《协议》的内容是明确的,就是房屋代购协议,不是借款购房关系。故C项错误。

善意取得须以无权处分为前提条件。如前所述,在对外关系上,因采登记名义说,乙系房屋的所有权人,乙将房屋出卖给丙并办理过户登记,属有权处分,丙继受取得房屋所有权,不属于善意取得。故D项错误。

考点22 基于法律行为的动产物权变动

100.基于法律行为的动产物权变动;交付的概念[A]

[解析]《民法典》第224条规定:"动产物权的设立和转让,自交付时发生效力,但是法律另有规定的除外。"据此,在动产买卖合同中,交付是动产所有权移转的生效要件。本题中,甲先后与乙、丙签订了出售同一幅名画的买卖合同,且每一个买卖合同均为有权处分,属于普通动产的"多重买卖"。甲、乙以及甲、丙间的买卖合同均成立并生效,作为买受人,乙、丙均享有请求甲交付该画并移转所有权的债权,但谁能最终取得该幅画的所有权,要看甲对谁完成了交付。

交付,即占有的移转。交付包括两个要素:(1)占有的移转(移转直接占有和间接占有均可);(2)交付的合意,即一方愿意移转物的占有,另一方愿意受让物的占有。缺少任何一个要素,即不构成交付。乙诱使甲8岁的儿子从家中取出此画给自己,甲的儿子不是适格的合同履行主体,被诱使从家中拿出画来交给乙的行为,不是有效的交付行为。乙虽已取得对该幅画的占有,但因与甲缺乏交付的合意,不能认定甲、乙间已经完成了交付,故乙没有取得该画的所有权,画的所有权仍归甲。故A项正确,B项错误。甲、丙间并未完成交付,丙没有取得该画的所有权。故C项错误。丁自乙处盗走该画,不能取得所有权。故D项错误。

101.基于法律行为的动产物权变动;特殊动产的多重买卖[ABCD(原答案为A)]

[解析]甲将车出卖给乙,买卖合同虽已生效,但未交付(甲、乙仅约定了交付日期,并未以占有改定方式交付),所有权未移转,汽车所有权仍归甲。之后,甲又把该车出卖给丙,甲、丙间买卖合同有效,但仍未完成交付,仅给丙办理了过户登记。根据《民法典》第225条和《买卖合同解释》第7条的规定,汽车的物权变动,登记仅为对抗要件,故本案中,汽车的所有权未移转,丙未取得汽车所有权,汽车所有权仍归甲。故A、B、C、D项错误。

102.动产物权变动;指示交付[D]

[解析]根据题意,乙、丙间的买卖合同以及乙、丁间的买卖合同,均属因乙无权处分订立的买卖合同,但因丙、丁主观上均非善意(他们作为担保人当然知道该挖掘机归甲所有),且一直未完成交付,故丙、丁不能善意取得挖掘机的所有权。《民法典》第227条规定:"动产物权设立和转让前,第三人占有该动产

的,负有交付义务的人可以通过转让请求第三人返还原物的权利代替交付。"这是关于指示交付的规定。甲是挖掘机的所有权人,甲将该挖掘机出卖给王某,且与王某约定让与甲公司对乙公司的返还请求权以代替现实交付,故甲公司与王某已经以指示交付的方式完成了交付,故王某已经取得挖掘机的所有权。故A、B、C项错误,D项正确。

103.动产物权变动;简易交付;占有改定[D]

[解析]《民法典》第226条规定:"动产物权设立和转让前,权利人已经依法占有该动产的,物权自法律行为生效时发生效力。"据此,如果买受人已经占有了标的物,自买卖双方达成买卖协议之时视为交付,此为简易交付。本题中,买受人黄某基于借用合同已经合法占有该自行车,自买卖合同生效时即通过简易交付的方式发生物权变动,黄某取得自行车所有权。故A项错误。黄某已经取得该自行车的所有权,将自行车卖给洪某的行为属于有权处分。故B项错误。

《民法典》第228条规定:"动产物权转让时,当事人又约定由出让人继续占有该动产的,物权自该约定生效时发生效力。"这是关于占有改定的规定。本题中,黄某取得自行车所有权后,通过占有改定的方式完成交付,洪某自约定生效时取得自行车所有权。故C项错误。

庞某不再是自行车的所有权人,不能向黄某、洪某主张原物返还请求权。故D项正确。

104.动产物权变动;从给付义务;合同的解除[ABC]

[解析]《民法典》第224条规定:"动产物权的设立和转让,自交付时发生效力,但是法律另有规定的除外。"第225条规定:"船舶、航空器和机动车等的物权的设立、变更、转让和消灭,未经登记,不得对抗善意第三人。"据此,机动车作为动产,原则上以交付作为所有权转移的标志,但是不登记不得对抗善意第三人。本题中,玄武公司与朱雀公司签订了小型客用汽车的买卖合同,并依法完成了交付,即使未办理登记手续,玄武公司也取得该小客车的所有权。故A项正确。

《民法典》第599条规定:"出卖人应当按照约定或者交易习惯向买受人交付提取标的物单证以外的有关单证和资料。"据此,交付和车辆有关的单证资料是卖方朱雀公司的义务,故玄武公司有权要求朱雀公司交付。故B项正确。

《民法典》第563条规定:"有下列情形之一的,当事人可以解除合同:……(四)当事人一方迟延履行债务或者有其他违约行为致使不能实现合同目的;……"《民法典合同编通则解释》第26条进一步规定:"当事人一方未根据法律规定或者约定履行开具发票、提供证明文件等非主要债务,对方请求继续履行该债务并赔偿因怠于履行该债务造成的损失的,人民法院依法予以支持;对方请求解除合同的,人民法院不予支持,但是不履行该债务致使不能实现合同目的或者当事人另有约定的除外。"本题中,朱雀公司未交付有关单证资料,属于违反从给付义务,致使玄武公司无法办理车辆所有权的登记和牌照,使订立合同的目的不能实现,因此玄武公司可主张解除合同。故C项正确,D项错误。

105.特殊动产物权变动[ABD]

[解析]《民法典》第225条规定:"船舶、航空器和机动车等的物权的设立、变更、转让和消灭,未经登记,不得对抗善意第三人。"善意第三人不能是转让人的债权人,通常应当是不知情的物权人。本题中,白某将汽车转让给洪某,已经交付,所有权已经变动,洪某已经取得所有权,但由于未登记,后来白某又将该车抵押给不知情的黄某,且办理了抵押登记,黄某是不知情的善意第三人,洪某的所有权不能对抗黄某的抵押权,黄某对于汽车享有优先受偿权,故A、B项正确。白某承担刑事责任不影响民事责任的承担,故C项错误。由于汽车所有权已经变动,故汽车已经不属于白某的财产,D项正确。

106.物权变动;单方抛弃;拾得遗失物[B]

[解析]甲的行为,对于衣服而言,有抛弃的行为,也有抛弃的内在意思,故抛弃行为完成后,衣服变成无主物,乙捡到后,可以先占获得所有权,卖给丙,交付后,丙获得所有权。但对于手表而言,抛弃虽有外在的行为,但没有抛弃的意思,故手表的性质应为遗失物。乙捡到后,卖给丙,乙构成无权处分,即使丙不知情,根据《民法典》第311条规定,丙也不能直接构成善意取得,此时,权利人甲在知道或应当知道受让人丙之日起2年内向丙请求返还。故A选项错误,B选项正确。

对于手表而言,甲不存在意思表示,而不是意思表示存在错误,故不存在撤销权适用的必要,故C、D选项错误。

107.物权变动;占有改定;留置权;同时履行抗辩权[CD]

[解析]包大姐、小张就买卖家具的主要条款(标的、数量、价格)达成合意,且无效力瑕疵,买卖合同已经成立并生效。故C选项正确。

根据《民法典》第224条规定:"动产物权的设立和转让,自交付时发生效力,但是法律另有规定的除外。"就交付而言,小张可向包大姐以现实交付、简易交付、指示交付或者占有改定的方式完成交付。本题中,小张已经以占有改定之方式完成出售家具的交付,包大姐自此时取得家具所有权。故D选项正确。

民法 [答案详解]

《民法典》第448条规定："债权人留置的动产,应当与债权属于同一法律关系,但是企业之间留置的除外。"小张对包大姐就剩余1000元价款支付请求权是基于包大姐、小张间的家具买卖合同而生,而小张占有包大姐所有的电器是基于包大姐、小张间的房屋租赁关系,二者不属于同一法律关系,所以小张对占有的包大姐所有的电器不成立留置权。故A选项错误。

《民法典》第525条规定："当事人互负债务,没有先后履行顺序的,应当同时履行。一方在对方履行之前有权拒绝其履行请求。一方在对方履行债务不符合约定时,有权拒绝其相应的履行请求。"据此,成立同时履行抗辩权的要件之一是双方当事人基于同一双务合同互负对待给付义务。本题中,小张基于家具买卖合同对包大姐享有1000元价款支付请求权,包大姐基于房屋租赁合同对小张享有请求返还房屋和电器的请求权,二者并非基于同一个双务合同所生,不成立同时履行抗辩权。故B选项错误。

108．基于法律行为的动产物权变动[B]

[解析]《民法典》第224条规定："动产物权的设立和转让,自交付时发生效力,但是法律另有规定的除外。"交付,包括现实交付与观念交付。从题目描述的信息看,本题应属于现实交付。现实交付,需转移占有方以完成交付,可以是买受人占有,也可以是辅助人占有,也可以是委托第三人代为占有。题中,李某向小古交付时,小古害怕未接住,此种情形,并未完成交付,所有权并没有转移。故B项正确,A、C、D项错误。【特别提醒】鸽子虽依然属于李某,但是对于鸽子飞走造成的损失并不都应由李某承担,因为这并非由于不可归责于当事人的原因造成的标的物灭失,双方应根据过错程度分担损失。【错误辨析】有观点认为,饲养的鸽子认路归家,只是暂时飞走,还会飞回来,因此交付已经完成,所有权已经转移。注意,根据题目信息进行联想,虚构其他事实,是做题之大忌。本题并未明确指出飞走的鸽子能自行飞回,事实上鸽子是否能飞回是存在不确定因素的,即便能飞回也是飞回李某家,因此不能根据虚构事实做题,很容易误入歧途。

考点23 非基于法律行为的物权变动(另见所有权的特别取得方法)

109．基于合法建造引起的物权变动[B]

[解析]《民法典》第231条规定："因合法建造、拆除房屋等事实行为设立或者消灭物权的,自事实行为成就时发生效力。"由此可知,合法建造房屋的,自事实行为成就时(房屋封顶时,事实行为成就,无论门窗是否安装),房屋的建造者即取得房屋所有权。初始登记不是建造者取得房屋所有权的生效要件,而是其处分房屋所有权的要件。

本题中,中州公司依法取得建设用地使用权并办理了审批手续,属于合法建造房屋,其建造的房屋已经完成了外装修,因此可以认定为"事实行为成就",中州公司基于事实行为取得了房屋的所有权。故B项正确,A、C、D项错误。

110．非基于法律行为的物权变动[ACD]

[解析]《民法典》第230条规定："因继承取得物权的,自继承开始时发生效力。"因继承取得物权的,自继承开始时(即被继承人死亡时)发生物权变动的效果,被继承人取得遗产的所有权,不动产不需要登记,动产不需要交付。故A项正确。

甲基于法律规定取得房屋的所有权具有物权效力,可以对抗善意第三人,不管第三人是否知道甲通过继承获得了房屋,均可以对抗之。故B项错误。【命题陷阱】有些考生误认为,如果这里的善意第三人构成了善意取得,则应优先保护善意第三人,故可以得出不得对抗善意第三人的结论。但这种情形是不可能出现的。因为要构成善意取得,前提必须是无权处分,而通过继承获得房屋,是不可能出现无权处分的,这是因为房屋名义登记人是被继承人,其已经死亡,所以不可能出现名义登记人的无权处分。

根据《民法典》第232条的规定,处分基于法院判决、继承、房屋建造等享有的不动产物权,依照法律规定需要办理登记的,未经登记,不发生物权效力。也就是说,未经登记不得处分,处分的不发生物权变动的效力(但不影响处分合同的效力)。故C项正确。因为房屋所有权已经属于甲,甲当然可以将房屋出租行使收益权。故D项正确。【特别提醒】未经登记不得处分,这里的处分是指买卖等转移所有权的行为,不包括出租。

111．非基于法律行为的物权变动[BCD]

[解析]《民法典》第229条规定："因人民法院、仲裁机构的法律文书或者人民政府的征收决定等,导致物权设立、变更、转让或者消灭的,自法律文书或者征收决定等生效时发生效力。"因生效的法律文书发生的不动产物权变动属于非基于法律行为的物权变动,不以登记为物权变动的生效要件,自法律文书生效时发生不动产物权的变动。本题中,乙自仲裁裁决书生效时即取得房屋所有权,乙虽未办理过户登记,但对乙取得房屋所有权不产生影响。故A项错误,B项正确。

根据《民法典》第232条的规定,根据法院判决、继承、房屋建造等享有不动产物权的,处分该物权时,依照法律规定需要办理登记的,未经登记,不发生物权效力。乙虽为房屋的所有权人,但由于未经宣示登记即将房屋抵押给丙,不发生物权效力,丙的抵押权未设立。故D项正确。根据区分原则,乙在办理宣示登记之前,即将房屋给丙设立抵押权,虽抵押权不能设立,但不因此影响抵押合同的成立与生效。故C项正确。

112. 先占 [D]

[解析] 先占,是指以所有的意思,先于他人占有无主的动产,从而取得其所有权的法律事实。我国在立法上没有规定先占制度,但是不能一概排斥先占原则。从我国现有的法律规定看,埋藏的文物、受国家法律保护的野生动物、渔业资源等重要财产依法都属于国家财产,埋藏物、遗失物、无人继承的遗产有特殊的法律规定,要依照特殊规定来处理。对于特殊规定之外的无主财产,从我国现实生活来讲,实际上是存在着先占的习惯的。本题中提到石头虽然是在长江中发现的,但是并不属于长江整体的一部分,且不属于法律特殊规定中属于国家所有的财产,而是独立物、无主物,因此,依先占的习惯,潘某可以取得其所有权。故D项正确;A、B、C项错误。【特别提醒】民法典中所谓水流属于国家所有,只是一种观念中的所有权,国家是一个抽象的主体,其不可能像个人一样,对于其所有的财产进行占有、使用、收益、处分,这种所有的正当性,恰恰在于更好地满足不同个体的需求。

113. 非基于法律行为的不动产物权变动;善意取得 [BD]

[解析]《民法典》第229条规定:"因人民法院、仲裁机构的法律文书或者人民政府的征收决定等,导致物权设立、变更、转让或者消灭的,自法律文书或者征收决定等生效时发生效力。"据此,基于法院的生效判决发生物权变动的,自判决书生效时发生物权变动,无须公示。本题中,2010年2月1日,法院判决吴某和李某离婚,并且判决房屋归李某所有时,自判决书生效时李某就取得该房屋的所有权,李某与吴某对房屋的共有权消灭。故A项错误。【特别提醒】注意,《民法典》第229条中规定了"导致物权设立、变更、转让或者消灭的",说明本条文针对的生效判决书仅限于形成判决(行使形成权产生的判决),而不包括给付判决和确认判决。离婚请求权属于形成权,准予离婚的生效判决书就是形成判决。准予离婚的生效判决书直接判决房屋归李某所有,这是关于房屋归属的形成判决,直接改变了原物权关系。对此,《民法典物权编解释(一)》第7条进一步规定:"人民法院、仲裁机构在分割共有不动产或者动产等案件中作出并依法生效的改变原有物权关系的判决书、裁决书、调解书,以及人民法院在执行程序中作出的拍卖成交裁定书、变卖成交裁定书、以物抵债裁定书,应当认定为民法典第二百二十九条所称导致物权设立、变更、转让或者消灭的人民法院、仲裁机构的法律文书。"

根据《民法典》第232条的规定,根据法院判决、继承、房屋建造等享有不动产物权的,处分该物权时,依照法律规定需要办理登记的,未经登记,不发生物权效力。其规范内容是:未经登记,不得处分;处分的,不发生物权效力。据此,李某虽于2月1日即依照生效的判决取得了房屋的所有权,但未进行宣示登记,李某对房屋尚无处分权,李某于3月1日将该房屋出卖给张某时,房屋买卖合同虽然有效,但不能发生物权变动的效力。须先办理宣示登记(登记到李某名下),再办理过户登记(登记到张某名下),张某才能取得房屋所有权。故B项正确,C项错误。

关于D项,4月1日吴某以自己的名义将该房屋出卖给王某,属于无权处分,但房屋登记在吴某名下,客观上存在使受让人王某相信吴某系房屋所有权人享有相应处分权的权利外观,且王某以合理的价格受让并于受让时为善意,并于5月10日为王某办理了房屋的过户登记。根据《民法典》第311条的规定,王某符合善意取得房屋所有权的构成要件,王某自5月10日善意取得该房屋的所有权,李某对房屋的所有权同时消灭。故D项正确。

114. 不动产物权变动 [C]

[解析] 甲、乙和丙于2012年3月签订了散伙协议,约定登记在丙名下的合伙房屋归甲、乙共有,该约定有效。但是,此行为只意味着负担行为的完成,达成协议后,丙负有向甲、乙过户的义务,但在过户登记之前,房屋的所有权并没有转移。后来,丙没有履行协议,应当向甲、乙承担违约责任,但房屋所有权并没有转移。故A项错误。

《民法典》第229条规定:"因人民法院、仲裁机构的法律文书或者人民政府的征收决定等,导致物权设立、变更、转让或者消灭的,自法律文书或者征收决定等生效时发生效力。"《民法典物权编解释(一)》第7条规定:"人民法院、仲裁机构在分割共有不动产或者动产等案件中作出并依法生效的改变原有物权关系的判决书、裁决书、调解书,以及人民法院在执行程序中作出的拍卖成交裁定书、变卖成交裁定书、以物抵债裁定书,应当认定为民法典第二百二十九条所称导致物权设立、变更、转让或者消灭的人民法院、仲裁机构的法律文书。"据此,通过生效判决发生物权变动的,无须公示,自判决书生效时即发生物权变动效果。需要特别注意的是,《民法典》第229条所指的生效判决特指形成判决,而不包括给付判决和确认判决,也就是说,能够直接导致物权变动的判决才能适用本条规定。本题中,2012年8月法院作出的生效判决系给付判决,不是直接确定争议房屋的权属,而是判决丙履行已经达成的协议(去办理过户登记),判决生效后,还须办理过户登记才能发生物权变动效果。在过户登记之前,房屋所有权依然属于丙。故B项错误。

既然丙一直没有过户,丙依然享有房屋的所有权,此时丙死亡,丁作为继承人。《民法典》第230条规定:"因继承取得物权的,自继承开始时发生效力。"据此,依照继承取得不动产物权的,无须公示,自被继承人死亡或者被宣告死亡时,继承人取得被继承人享有的不动产物权。2012年9月,自丙死亡时,丁即因继承直接取得房屋的所有权。故C项正确。

根据《民法典》第232条的规定,根据法院判决、继承、房屋建造等享有不动产物权的,处分该物权时,依照法律规定需要办理登记的,未经登记,不发生物权效力。丁作为继承人,自己获得房屋所有权不需要登记,但是要处分该房屋时,应当首先登记到自己的名下。丁将房屋赠与女友戊,尽管对于赠与合同作了公证,这只是意味着赠与人不能任意撤销该赠与合同,由于丁并没有办理过户登记,此时所有权人依然是丁。故D项错误。

115．所有权的取得[D]

[解析]《民法典》第230条规定:"因继承取得物权的,自继承开始时发生效力。"据此,蔡永通过遗嘱获得房屋的所有权不需要登记,立遗嘱人一旦死亡,即继承开始之时,蔡永立即获得房屋的所有权。《民法典物权编解释(一)》第8条规定,依照继承、房屋建造及法院判决等享有物权,但尚未完成动产交付或者不动产登记的物权人,根据《民法典》物权编的规定,请求保护其物权的,应予支持。据此,尽管没有办理登记,蔡永通过继承取得物权后,当自己的所有权受到侵害之时,可以通过行使物权请求权保护自己的合法权益。《民法典》第235条规定:"无权占有不动产或者动产的,权利人可以请求返还原物。"本题中,父母去世之前,房屋由蔡花借用,尽管有合理由,但是继承发生后,相对于遗嘱继承人蔡永而言,蔡花的占有缺少正当理由。蔡花的借用合同没有约定期限,根据《民法典》第511条关于履行期限的规定,履行期限不明确的,债务人可以随时履行,债权人也可以随时请求履行,但是应当给对方必要的准备时间。据此,蔡永可以随时请求蔡花返还房屋,但需要给蔡花必要的准备时间。当蔡永主张返还之时,蔡花再占有房屋即为无权占有了。故A、C项错误,D项正确。

根据《民法典》第196条的规定,不动产物权和登记的动产物权请求权不适用诉讼时效的规定。故B项错误。

116．先占[A]

[解析]陨石,具有重大经济或科研价值的,属于国家所有,但并不意味着所有的陨石均属于国家所有。本题中并没有言明陨石具有重大经济或科研价值,也没有提供这种陨石交易违法的信息。由此,命题者意图明确,陨石当属无主物,即捡到小块陨石者,可以通过先占获得所有权。我国《民法典》虽然没有规定先占获得所有权的方式,但是,实践中认可先占获得所有权的习惯。据上述分析,潘某拾得陨石,应认定可以通过先占获得陨石的所有权。陨石落到肖某的菜地里,作为天外来物,非肖某菜地产生的孳息,肖某既没有占有的意思,也没有占有的行为,不能获得陨石的所有权。同时,肖某与潘某关于陨石所有权之争,属于关于物权归属的争议,是物权法调整的对象。综上,A项正确,B、C、D项错误。

考点24 预告登记、异议登记、更正登记

117．预告登记[C]

[解析]《民法典》第221条第1款规定:"当事人签订买卖房屋的协议或者签订其他不动产物权的协议,为保障将来实现物权,按照约定可以向登记机构申请预告登记。预告登记后,未经预告登记的权利人同意,处分该不动产的,不发生物权效力。"《民法典物权编解释(一)》第4条规定:"未经预告登记的权利人同意,转让不动产所有权等物权,或者设立建设用地使用权、居住权、地役权、抵押权等其他物权的,应当依照民法典第二百二十一条第一款的规定,认定其不发生物权效力。"据此,不动产所有人的处分权因预告登记受到限制,未经预告登记权利人的同意不得处分该不动产,处分的不发生物权变动效力。具体到本题而言,乙公司办理了预告登记且在有效期内,因此甲公司擅自设立抵押权的行为不能发生物权效力,抵押权不成立。故A、B项错误。同时,根据区分原则,抵押权未设立并不影响抵押合同的效力,甲公司与银行的抵押合同自成立时生效。故C项正确,D项错误。

118．更正登记;异议登记;物权的保护[BCD]

[解析]《民法典》第220条第1款规定:"权利人、利害关系人认为不动产登记簿记载的事项错误的,可以申请更正登记。不动产登记簿记载的权利人书面同意更正或者有证据证明登记确有错误的,登记机构应当予以更正。"据此,因不动产登记簿的权属登记有错误,刘某申请更正登记时,若登记名义人张某书面同意更正或刘某有证据证明登记确有错误,登记机关才可直接予以更正登记。故A项表述错误,不当选。

《民法典》第220条第2款规定:"不动产登记簿记载的权利人不同意更正的,利害关系人可以申请异议登记。登记机构予以异议登记,申请人自异议登记之日起十五日内不提起诉讼的,异议登记失效。异议登记不当,造成权利人损害的,权利人可以向申请人请求损害赔偿。"据此,为防止登记名义人张某实施无权处分,刘某可申请异议登记。故B项表述正确,当选。

《民法典》第234条规定："因物权的归属、内容发生争议的,利害关系人可以请求确认权利。"据此,房屋的所有权人刘某亦可向法院提起确认之诉,请求院判决确认其为房屋所有权人。故C项表述正确,当选。

刘某获得判决确认其为房屋所有权人的生效胜诉判决后再申请更正登记时,刘某即属于"有证据证明登记确有错误"的权利人、利害关系人,登记机关应予办理更正登记。故D项表述正确,当选。

119．登记及其法律效果;合同解除[A]

[解析]《民法典》第220条第1款规定："权利人、利害关系人认为不动产登记簿记载的事项错误的,可以申请更正登记。不动产登记簿记载的权利人书面同意更正或者有证据证明登记确有错误的,登记机构应当予以更正。"据此,更正登记的申请人可以为权利人,也可以为利害关系人,二者在符合条件的基础上均可单独申请。故A项正确,B项错误。

本题中,双方在《商品房买卖合同》中约定:若房屋实际面积不足140平方米,甲可选择退款。这属于约定解除合同的事由;解除合同的事由发生时,甲可以解除合同,并要求退款。根据题中信息,经法定的鉴定机构鉴定,确认该商品房的面积为140平方米,这表明房屋的实际面积已达到140平方米,约定解除权的事由并未发生,因此甲无权解除合同。至于不动产登记簿存在登记错误,甲可以申请更正登记,无权直接根据不动产权属证书的错误记载信息主张解除合同。故C、D项错误。

考点25 物权的保护

120．物权请求权[D]

[解析] 物权请求权,是指物权人于其物权受到侵害或有遭受侵害的危险时,基于物权而请求侵害人为一定行为或者不为一定行为,使物权恢复到原有状态或侵害危险产生之前的状态的权利。其包括返还原物请求权、排除妨害请求权和消除危险请求权。物权是支配权;物权请求权是请求权。物权请求权独立于物权之外,但二者有关联:物权是物权请求权的基础权利。所有的请求权均为行为请求权,即请求特定人作为或者不作为(容忍),物权请求权也不例外。故A项正确,不当选。

除物权请求权外,请求权还包括债权请求权、人格权请求权、身份权请求权、知识产权请求权等。物权请求权和物权受到侵害后产生的债权不是一回事。一般而言,法律关于债的规定相当完备,而关于物权请求权的规定却十分简略(属于未完成作品)。物权请求权虽不是债权,但均属于请求权,二者有类似的结构。所以,法律不完备之处,物权请求权可类推适用债权的规定(如给付不能、给付迟延、不完全

给付)。故B项正确,不当选。

通过物权请求权的行使,使物权由遭受侵害的不圆满状态恢复到不受侵害的圆满状态,这就是物权请求权的功能。受此功能决定,物权请求权不能与物权分离而单独存在,也不能与物权分离而转让。故C项正确,不当选。

物权请求权的目的在于排除现实与将来对于物的圆满状态的侵害,只要有侵害的发生或者可能发生的事实,权利人均可主张停止侵害、排除妨害、消除危险等,这些权利的保护类型,并非一定要通过诉讼的方式进行。因此,物权请求权既可以在诉讼之外行使,亦可通过诉讼行使。故D项错误,当选。

121．占有;返还原物请求权[ABD]

[解析]《民法典》第215条规定:"当事人之间订立有关设立、变更、转让和消灭不动产物权的合同,除法律另有规定或者当事人另有约定外,自合同成立时生效;未办理物权登记的,不影响合同效力。"这是关于区分原则的规定。甲将房屋出卖给乙,交付了房屋,但没有办理过户登记,乙不能取得房屋的所有权,但不影响甲、乙间买卖合同的成立与生效。依照《民法典》的规定,甲、乙就房屋买卖的主要条款达成一致,又无效力瑕疵,故甲、乙间的房屋买卖合同有效。乙虽非房屋所有权人,但系基于买卖合同的债权而占有房屋,具有占有的权源,属于有权占有。故A项正确。

根据《民法典》第1161条规定的概括继承规则,甲死亡后,若甲的继承人丙未放弃继承,则甲生前签订的合同由继承人丙法定承受。换言之,若丙未放弃继承,丙替代甲成为甲、乙间买卖合同的当事人。如此一来,则乙相对于丙为基于有效的买卖合同(基于合同债权)占有房屋,属于有权占有人。故B项正确。

债权具有相对性,基于债权取得的有权占有也具有相对性。乙是基于债权而取得的有权占有,仅对债的当事人构成有权占有。因此,乙对甲或者丙构成有权占有;丙将房屋卖给丁并办理过户登记之后,丁是房屋的新所有权人,相对于丁而言,乙构成无权占有。故C项错误。

根据《民法典》第235条的规定,返还原物请求权的构成要件有二:(1)请求人为物权人;(2)被请求人为现时的无权占有人。本题中,丁已经取得房屋所有权,乙相对于丁为无权占有人,丁可对乙行使返还原物请求权。故D项正确。

122．拾得遗失物返还请求权;善意取得[C(原答案为D)]

[解析] 根据《民法典》第312条的规定,因手表系遗失物,李某出卖给王某,王某即使系善意受让人,仍不能善意取得对手表的所有权。并且"占有脱离物

恒为占有脱离物",王某又将手表出卖给郑某,郑某即使系善意受让人,亦不能善意取得对手表的所有权。因此,手表仍归张某所有。

《民法典》第235条规定:"无权占有不动产或者动产的,权利人可以请求返还原物。"据此,返还原物请求权的构成要件有二:第一,请求人系物权人,且其物权须包含占有权能;第二,被请求人系现时的无权占有人(包括无权占有的直接占有人和无权的间接占有人)。本题中,曾经的无权占有人李某已将手表出卖给王某并完成现实交付,李某已终局地放弃占有地位,既不是手表的直接占有人,也不是手表的间接占有人,所以,张某对李某不享有返还原物请求权。故A项错误。同理,曾经的无权占有人王某已将手表出卖给郑某并完成现实交付,王某既不是手表的直接占有人,也不是手表的间接占有人,张某对王某不享有返还原物请求权。故B项错误。

本题中,手表虽为遗失物,但通说认为,遗失物可善意取得留置权,只要朱某受让手表交付之时"不知手表系遗失物",朱某即可善意取得对手表的留置权。相对于所有权人张某,朱某在留置权存续期间系有权占有人,张某对朱某不享有返还原物请求权。故D项错误。相对于所有权人张某,郑某系无权的间接占有人,张某对郑某享有返还原物请求权。故C项正确。

【特别提醒】留置权的善意取得与其他物权的善意取得不同,留置权的善意取得无须以无权处分为前提;此外,留置权取得的适用范围可以覆盖到委托物和脱离物。

123.排除妨害请求权[ABC]

[解析]《民法典》第236条规定:"妨害物权或者可能妨害物权的,权利人可以请求排除妨害或者消除危险。"本题中,由于赵某的邻居叶某房屋的施工给赵某的生活带来重大妨碍,因此赵某可以请求排除妨碍。首先,因房屋尚未过户给沈某,故所有权人依然是叶某,赵某可以请求所有权人叶某排除妨碍;如果叶某不履行,由于直接造成的妨碍是沈某擅自直接施工所致,沈某是直接的妨害人,因此赵某也可直接请求沈某排除妨碍。故A、B项正确。

《民法典》第196条规定:"下列请求权不适用诉讼时效的规定:(一)请求停止侵害、排除妨碍、消除危险;……"排除妨碍属于物权请求权,不受诉讼时效的限制。故C项正确。

《民法典》第1183条第1款规定:"侵害自然人人身权益造成严重精神损害的,被侵权人有权请求精神损害赔偿。"据此,受害人唯有构成了严重精神损害的,才享有精神损害赔偿请求权,而本题题干交代的情节赵某经常失眠,无法满足严重精神损害这一结果要件。故D项错误。

专题八 所有权

考点26 建筑物区分所有权

124.建筑物区分所有[ABCD]

[解析]《民法典》第271条规定:"业主对建筑物内的住宅、经营性用房等专有部分享有所有权,对专有部分以外的共有部分享有共有和共同管理的权利。"王某将两层楼房的第二层出售给张某后,王某与张某分别对第一层和第二层享有专有权,共同对房屋的屋顶、承重墙、外墙、地基使用权等共有部分享有共有权和共同管理权,王某与张某对房屋形成建筑物区分所有。故B、C项正确。

《民法典》第278条规定:"下列事项由业主共同决定:……(七)改建、重建建筑物及其附属设施;(八)改变共有部分的用途或者利用共有部分从事经营活动;……业主共同决定的事项,应当由专有部分面积占比三分之二以上的业主且参与表决人数三分之二以上的业主参与表决。决定前款第六项至第八项规定的事项,应当经参与表决专有部分面积四分之三以上的业主且参与表决人数四分之三以上的业主同意。决定前款其他事项,应当经参与表决专有部分面积过半数的业主且参与表决人数过半数的业主同意。"据此,作出广告牌拆装的决定属于业主共同决定事项,张某无权要求王某拆除。故A项正确。

《民法典》第273条第1款规定:"业主对建筑物专有部分以外的共有部分,享有权利,承担义务;不得以放弃权利为由不履行义务。"第283条规定:"建筑物及其附属设施的费用分摊、收益分配等事项,有约定的,按照约定;没有约定或者约定不明确的,按照业主专有部分面积所占比例确定。"据此,业主对共有部分享有共益权,张某有权要求王某分享其购房后的广告收益。故D项正确。

125.(1)小区车位归属[C]

[解析]《民法典》第275条规定:"建筑区划内,规划用于停放汽车的车位、车库的归属,由当事人通过出售、附赠或者出租等方式约定。占用业主共有的道路或者其他场地用于停放汽车的车位,属于业主共有。"第276条规定:"建筑区划内,规划用于停放汽车的车位、车库应当首先满足业主的需要。"只有占用业主共有的道路或其他场地用于停放汽车的车位才属于业主共有,地下开发的停车位,不属于业主共有,其所有权归属应依照购房合同的约定予以确定。本题中,用于出租的200个车位并未占用业主共有的道路或其他场地,不属于业主共有。故A项错误。

《建筑物区分所有权解释》第5条第1款规定:"建设单位按照配置比例将车位、车库,以出售、附赠或者出租等方式处分给业主的,应当认定其行为符合民法典第二百七十六条有关'应当首先满足业主的需要'的规定。"故 C 项正确。

如同出售房屋一样,小区业主出售车位,其他业主不存在优先购买权,B 项错误。

一般来说,没有独立产权证的车位(车库),可认定为房屋的从物;但有独立产权证的车位(车库),并不是房屋的从物。建筑区划内,规划用于停放汽车的车位、车库往往有独立的产权证,非房屋的从物。因此,小区业主仅转让房屋所有权时,车位(车库)的所有权并不伴随房屋所有权的移转而移转。故 D 项错误。

(2)住宅商用的限制[ABC]

[解析]《民法典》第 279 条规定:"业主不得违反法律、法规以及管理规约,将住宅改变为经营性用房。业主将住宅改变为经营性用房的,除遵守法律、法规以及管理规约外,应当经有利害关系的业主一致同意。"《建筑物区分所有权解释》第 11 条规定:"业主将住宅改变为经营性用房,本栋建筑物内的其他业主,应当认定为民法典第二百七十九条所称'有利害关系的业主'。建筑区划内,本栋建筑物之外的业主,主张与自己有利害关系的,应证明其房屋价值、生活质量受到或者可能受到不利影响。"本题中,如果蒋某是同一栋住宅楼的业主,应认定其为"有利益关系的业主",田某开办茶馆需经其同意。且田某将住宅改为经营性用房时,不得影响建筑区划内本栋楼以外业主的房屋价值、生活质量。故 A、B、C 项正确。

《建筑物区分所有权解释》第 10 条第 2 款规定:"将住宅改变为经营性用房的业主以多数有利害关系的业主同意其行为进行抗辩的,人民法院不予支持。"因此住宅商用需要全体有利害关系业主的一致同意,故田某即使能证明其开办茶馆得到多数有利害关系的业主的同意,蒋某也有权要求其停办。故 D 项错误。

(3)业主的管理权;业主可提起诉讼的行为[D]

[解析]《民法典》第 286 条第 2 款规定:"业主大会或者业主委员会,对任意弃置垃圾、排放污染物或者噪声、违反规定饲养动物、违章搭建、侵占通道、拒付物业费等损害他人合法权益的行为,有权依照法律、法规以及管理规约,请求行为人停止侵害、排除妨碍、消除危险、恢复原状、赔偿损失。"据此,5 栋某业主任意弃置垃圾、7 栋某业主违反规定饲养动物、8 栋顶楼某业主违章搭建楼顶花房,这三项行为主要属于对业主共有权的侵害,只能由业主大会或者业主委员会主张救济的权利。故 A、B、C 项不当选。

《民法典》第 287 条规定:"业主对建设单位、物业服务企业或者其他管理人侵害自己合

法权益的行为,有权请求其承担民事责任。"楼上邻居因不当装修损坏蒋某家天花板,侵犯蒋某的合法权益,蒋某有权提起诉讼。故 D 项当选。

126.建筑物区分所有权[AD]

[解析]《建筑物区分所有权解释》第 3 条第 1 款规定:"除法律、行政法规规定的共有部分外,建筑区划内的以下部分,也应当认定为民法典第二编第六章所称的共有部分:(一)建筑物的基础、承重结构、外墙、屋顶等基本结构部分,通道、楼梯、大堂等公共通行部分,消防、公共照明等附属设施、设备,避难层、设备层或者设备间等结构部分;……"据此,于某自家窗下的外墙,属于全体业主共有。故 A 选项正确,B 选项错误。

《建筑物区分所有权解释》第 4 条规定:"业主基于对住宅、经营性用房等专有部分特定使用功能的合理需要,无偿利用屋顶以及与其专有部分相对应的外墙面等共有部分的,不应认定为侵权。但违反法律、法规、管理规约,损害他人合法权益的除外。"据此,袁某擅自将空调安装于于某家窗下的外墙上,一方面超越了"无偿利用与其专有部分相对应的外墙面"之范围;另一方面空调产生的噪音亦构成对于某专有权的不法妨害,袁某无权实施该行为。故 C 选项错误,D 选项正确。

127.建筑物区分所有权;物业服务合同[ABC]

[解析]《民法典》第 271 条规定:"业主对建筑物内的住宅、经营性用房等专有部分享有所有权,对专有部分以外的共有部分享有共有和共同管理的权利。"据此,除了业主专有部分之外的部分,均属于业主共有,基于该部分获得的收益,也应当归业主共有。物业用房和绿化用地明显属于业主共有部分,物业公司擅自出租的行为,侵害了业主建筑物区分所有权中的共有权,故 A、B、C 项正确。

《民法典》第 940 条规定:"建设单位依法与物业服务人订立的前期物业服务合同约定的服务期限届满前,业主委员会或者业主与新物业服务人订立的物业服务合同生效的,前期物业服务合同终止。"据此,只有在建设单位选聘的物业公司服务期限届满前,业主与新物业公司签订合同的,原物业服务合同自动终止。本题中,绿波公司是业主选聘的物业公司,不适用上述规定,故 D 项错误。

考点 27 所有权的特别取得方法:善意取得

128.无权处分;善意取得[C(原答案为B)]

[解析] 根据《民法典》关于夫妻共同财产的规定,婚后购买的房屋,属于夫妻共同共有,处分此房屋,应全体共同共有人同意。本题中,因为房屋是在夫妻关系存续期间购买的,虽然只是登记在甲的名义下,但是实际上也是夫妻共有的财产。

民法 [答案详解]

《民法典》第301条规定:"处分共有的不动产或者动产以及对共有的不动产或者动产作重大修缮、变更性质或者用途的,应当经占份额三分之二以上的按份共有人或者全体共同共有人同意,但是共有人之间另有约定的除外。"据此,甲未经乙同意(未经共同共有人一致同意),擅自以自己的名义将该房屋出卖给丙,构成无权处分,甲、丙间的房屋买卖合同属于因无权处分订立的买卖合同。

丙受让房屋时为善意,且已经办理了过户登记,符合善意取得的构成要件,因此丙善意取得该房屋,房屋的所有权已经转移。

同时,《民法典》第597条第1款规定:"因出卖人未取得处分权致使标的物所有权不能转移的,买受人可以解除合同并请求出卖人承担违约责任。"据此,因无权处分订立的买卖合同,无权处分的事实,不影响买卖合同的效力。甲、丙房屋买卖合同无效力瑕疵,已经成立并生效。

综上,本题C项正确,A、B、D项错误。

129. 转质;善意取得[ACD]

[解析] 出质人以其不具有所有权的动产出质,是无权处分,若符合善意取得的构成要件,则第三人可善意取得质权。本题中,质权人甲谎称自己为所有权人,将电动车出质给不知情的丙,丙基于善意取得质权。故A项正确,B项错误。

《民法典》第431条规定:"质权人在质权存续期间,未经出质人同意,擅自使用、处分质押财产,造成出质人损害的,应当承担赔偿责任。"第434条规定:"质权人在质权存续期间,未经出质人同意转质,造成质押财产毁损、灭失的,应当承担赔偿责任。"据此,若质权人实施无权处分,给出质人乙造成损害,应承担损害赔偿责任。故C项正确。【思路拓展】乙对甲主张损害赔偿的请求权基础可以是违约损害赔偿(基于乙甲间的质押合同),也可以是侵权损害赔偿(甲的行为构成侵权),还可以是不当得利返还请求权(甲的行为也会构成不当得利,因甲的财产消极增加)。

《民法典》第432条第1款规定:"质权人负有妥善保管质押财产的义务;因保管不善致使质押财产毁损、灭失的,应当承担赔偿责任。"据此,质权人对质物负有妥善保管的义务。本题中,丙善意取得质权后,丙对质物负有妥善保管的义务,若因保管不善导致质物毁损、灭失的,丙应承担过错责任("保管不善"的要求就是有过错才承担责任)。故D项正确。【思路拓展】从侵权责任的角度来看,丙是该电动车的实际占有人,在丙占有期间,电动车毁损、灭失的,丙是实际侵权人,因此,乙作为所有人可以向丙主张侵权,要求其赔偿损失。

130. 物权的追及效力;善意取得[ABCD]

[解析] 物权具有追及效力,即物权的标的物不管辗转流入什么人的手中,物权人都可以依法向物的不法占有人索取,请求返还原物。但是,在善意取得的情况下,为了保护交易安全,物权的追及效力将被切断,物权人丧失了返还原物请求权。

BC两选项涉及盗赃物的买卖,盗赃不适用善意取得,原所有权人甲享有返还请求权。故B、C项当选。

《民法典》第312条规定:"所有权人或者其他权利人有权追回遗失物。该遗失物通过转让被他人占有的,权利人有权向无处分权人请求损害赔偿,或者自知道或者应当知道受让人之日起二年内向受让人请求返还原物;但是,受让人通过拍卖或者向具有经营资格的经营者购得该遗失物的,权利人请求返还原物时应当支付受让人所付的费用。权利人向受让人支付所付费用后,有权向无处分权人追偿。"据此,遗失物不适用善意取得,由于电动车是遗失物,故甲可以请求返还。故A项当选。

若乙向丙购买时,未以合理的价格受让,则不发生善意取得,甲有权请求乙返还。故D项当选。

131. (1) 基于法律行为的动产物权变动;交付[BD]

[解析]《民法典》第224条规定:"动产物权的设立和转让,自交付时发生效力,但法律另有规定的除外。"据此,基于法律行为的动产物权变动,除非法律另有规定,若未完成交付,则不发生动产物权变动。交付是动产物权变动的生效要件。交付有四种方式:现实交付、简易交付、指示交付、占有改定,在买卖合同中采取任何一种交付方式都可以导致动产所有权的移转。本题中,甲、乙间的买卖合同生效之时,甲尚未以任何一种方式向乙完成玉石的交付,乙未于买卖合同生效之时取得玉石所有权。故A项错误。

《民法典》第228条规定:"动产物权转让时,当事人又约定由出让人继续占有该动产的,物权自该约定生效时发生效力。"这是关于占有改定的规定。占有改定包含两个约定:(1)第一个约定,动产所有权移转的约定;(2)第二个约定,出让人与受让人之间成立委托、保管、租赁、承揽、借用等占有媒介关系,受让人基于该占有媒介关系取得动产的间接占有,以代替现实交付。本题中,甲与乙先签订了买卖合同,随后又签订了借用合同,约定由出卖人甲继续占有该玉石,此时双方已经以占有改定的方式完成了交付,乙自此时取得玉石所有权。故B、D项正确,C项错误。

(2) 善意取得[C]

[解析] 根据《民法典》第311条的规定,动产所有权善意取得的构成要件有五:(1)标的物须为占有

委托物(盗赃、遗失物、漂流物、埋藏物、失散的动物为占有脱离物,原则上不能善意取得);(2)动产占有人实施无权处分;(3)受让人主观上为善意;(4)约定以合理的价格受让(不要求实际支付);(5)已经完成了动产的交付(但以占有改定方式完成交付的,不发生善意取得的效果)。

本题中,甲通过占有改定方式将玉石所有权移转给了乙,乙已经取得了玉石的所有权,甲再将玉石出卖给丙构成无权处分,但丙知情,是恶意受让人,因此丙不能善意取得该玉石的所有权。故A、B项错误。

既然丙没有取得该玉石的所有权,那么,丙将玉石交付于丁的抵债行为也属于无权处分行为。在这一无权处分行为中,相对人丁是善意的,交易价格为9000元,与甲、乙之间约定的11000元价金相仿,可以认定为合理的价格,丙也完成了玉石的交付,因此,符合动产所有权善意取得的构成要件。故C项正确,D项错误。

(3)遗失物的返还请求权[D]

[解析]《民法典》第312条规定:"所有权人或者其他权利人有权追回遗失物。该遗失物通过转让被他人占有的,权利人有权向无处分权人请求损害赔偿,或者自知道或者应当知道受让人之日起二年内向受让人请求返还原物;但是,受让人通过拍卖或者向具有经营资格的经营者购得该遗失物的,权利人请求返还原物时应当支付受让人所付的费用。权利人向受让人支付所付费用后,有权向无处分权人追偿。"据此,拾得人不能取得遗失物的所有权,转让遗失物的行为构成无权处分,权利人有两个选择:一是选择向无权处分人请求损害赔偿;二是选择向受让人请求返还原物,但必须自知道或者应当知道受让人之日起2年内行使。

本题中,丁基于善意取得已经取得了该玉石的所有权,原所有权人乙则丧失了所有权,因此,丁是该玉石真正的所有权人。现丁将玉石丢失被戊拾得,戊是该玉石的拾得人。因玉石是遗失物,戊不能基于拾得玉石而取得其所有权,丁有权要求其返还该玉石。故A项错误。后戊将玉石转卖给己。因玉石为遗失物,不发生善意取得,丁有权自知道或者应当知道受让人己之日起2年内请求己返还。故D项正确,B、C项错误。**【特别提醒】**2年的起算点不是遗失或被盗之日起,而是自知道或者应当知道受让人之日起。

132.埋藏物的归属;动产善意取得的构成[A]

[解析] 本题中的瓷瓶为埋藏物,由甲的祖父埋藏,甲经由继承取得对瓷瓶的所有权。《民法典》第312条规定:"所有权人或者其他权利人有权追回遗失物。该遗失物通过转让被他人占有的,权利人有权向无处分权人请求损害赔偿,或者自知道或者应当知道

受让人之日起二年内向受让人请求返还原物;……"第319条规定:"拾得漂流物、发现埋藏物或者隐藏物的,参照适用拾得遗失物的有关规定。法律另有规定的,依照其规定。"据此,发现埋藏物,参照适用拾得遗失物的有关规定,不能善意取得。埋藏物的权利人有权向受让人主张追回埋藏物,也可以不主张追回,而向无权处分人主张损害赔偿。本题中,甲是瓷瓶的所有权人,丙出卖给丁属于无权处分,因瓷瓶系埋藏物,即使丁受让时为善意,丁亦不能善意取得瓷瓶的所有权。权利人甲既可以选择对实施无权处分的丙主张损害赔偿请求权,也可以选择自知道或者应当知道占有瓷瓶的善意受让人丁之日起2年内对丁行使返还原物请求权。故A项正确,D项错误。**【思路拓展】**占有他人的委托物进行无权处分的,第三人善意并支付合理对价的情况下,才能构成善意取得。丙占有的是埋藏物,参照适用遗失物的规则,不是占有他人的委托物,因此不适用善意取得。

乙并不是埋藏物的所有权人,无权向丙请求损害赔偿。故B项错误。

《民法典》第597条第1款规定:"因出卖人未取得处分权致使标的物所有权不能转移的,买受人可以解除合同并请求出卖人承担违约责任。"丙以自己的名义将该瓷瓶出卖给丁属于无权处分,无权处分的事实不影响买卖合同的效力,丙、丁的瓷瓶买卖合同有效。故C项错误。

133.无权处分;善意取得;夫妻财产关系[ACD]

[解析] 陆某与韩某以夫妻共同财产(婚后共同积蓄)购买房屋,虽登记于陆某一人名下,但根据《民法典》第1062条的规定,该房屋属夫妻共同财产,由陆某与韩某共同共有。故A选项正确。

因未经房屋共同共有人韩某同意,陆某和蔡某将该房屋出卖给孙某,属于无权处分。《民法典》第597条第1款规定:"因出卖人未取得处分权致使标的物所有权不能转移的,买受人可以解除合同并请求出卖人承担违约责任。"据此,因无权处分订立的买卖合同,无权处分的事实不影响买卖合同的效力。陆某、蔡某与孙某间因无权处分订立的房屋买卖合同,无效力瑕疵,房屋买卖合同有效。故B选项错误。

陆某、蔡某与孙某间的房屋买卖合同系无权处分,若韩某未予追认,不能发生基于法律行为的不动产物权变动。但房屋登记在陆某名下,且陆某与蔡某伪造结婚证并以夫妻名义出卖,使孙某受让房屋时主观上为善意,符合善意取得的构成要件,自为孙某办理过户登记时,孙某善意取得对该房屋的所有权。故C选项正确。

陆某与蔡某基于共同故意,实施无权处分的行为,导致受让人善意取得房屋所有权,因此给韩某造

民法 [答案详解]

成共同共有之房屋所有权消灭的损害后果,根据《民法典》第1168条的规定,陆某与蔡某成立共同侵权(共同加害),韩某就因此遭受的损害,有权请求陆某与蔡某承担连带侵权损害赔偿责任。故D选项正确。

134．无权处分的合同效力;重大误解;善意取得 [B]

[解析]《民法典》第597条第1款规定:"因出卖人未取得处分权致使标的物所有权不能转移的,买受人可以解除合同并请求出卖人承担违约责任。"据此,无权处分订立的买卖合同,合同并不因此而当然无效。本题中,乙保管甲的古画,被丙继承后出卖,丙构成无权处分,但买卖合同不因无权处分而无效,故A项错误。

《民法典》第147条规定:"基于重大误解实施的民事法律行为,行为人有权请求人民法院或者仲裁机构予以撤销。"本题中,丙出卖古画的行为系误将真迹当作赝品低价出售,属于对于买卖标的物性质的认识错误,构成重大误解,B项正确。

对于古画或古玩的买卖,只有双方对于真假均不确定,抱着赌一把的心态达成的合意,才是真实的意思表示,可评价为完全有效,本题不属于此种情形。

根据《民法典》第311条的规定,构成动产的善意取得,要求在无权处分的前提下,相对人不知情,支付了合理价格且完成了交付,从而取得动产的所有权。丙通过继承获得对画的占有,不发生物权变动,因此不属于善意取得,故C项错误。丁对于价值百万元的古画,仅支付了2000元,显然不属于合理价格,也不能构成善意取得,故D项错误。

考点28 所有权的特别取得方法:拾得遗失物、发现埋藏物

135．拾得遗失物;返还原物请求权;无因管理 [B]

[解析]《民法典》第314条规定:"拾得遗失物,应当返还权利人。拾得人应当及时通知权利人领取,或者送交公安等有关部门。"乙的牛丢失,被甲拾得,乙作为所有权人,有权请求拾得人返还。此外,返还原物请求权不适用诉讼时效,因此,乙的牛虽然已经丢失2年多,乙的返还原物请求权不受影响。故C、D项错误。

《民法典》第317条第1款规定:"权利人领取遗失物时,应当向拾得人或者有关部门支付保管遗失物等支出的必要费用。"第3款规定:"拾得人侵占遗失物的,无权请求保管遗失物等支出的费用,也无权请求权利人按照承诺履行义务。"所谓"必要费用",是指维持遗失物的存在必须支出的费用。本题中,该牛因为给甲耕田劳累过度而生病,甲花费的300元治病费

用就不属于"为保管遗失物等支出的必要费用",而是因为甲的过错而产生的费用,不得请求乙补偿。此外,甲最后拒绝返还的行为说明甲有侵占遗失物的意思,根据上述规定也无权请求乙支付300元的费用。故B项正确,A项错误。

136．拾得遗失物;悬赏广告;留置权 [D]

[解析]《民法典》第317条第1、2规定:"权利人领取遗失物时,应当向拾得人或者有关部门支付保管遗失物等支出的必要费用。权利人悬赏寻找遗失物的,领取遗失物时应当按照承诺履行义务。"本题中,方某与李某间成立了两个债:一是拾得遗失物之债,李某拾得遗失物(且无侵占行为),李某有权请求方某支付自己因此支出的必要费用。二是悬赏广告之债,方某发布悬赏广告,李某完成了悬赏广告指定的行为,李某有权请求方某按照悬赏广告的承诺支付报酬2000元。故A项错误,D项正确。若方某未曾发布悬赏广告,则方某与李某间仍可成立拾得遗失物之债,李某有权请求方某支付自己因此支出的必要费用。故C项错误。

《民法典》第447第1款规定:"债务人不履行到期债务,债权人可以留置已经合法占有的债务人的动产,并有权就该动产优先受偿。"据此,要构成留置权,必须是合法占有债务人财产。拾得人拾得遗失物,占有为无权占有,没有正当理由,因此不是合法占有,不能行使留置权。故B项错误。

137．遗失物的拾得;悬赏广告 [B]

[解析]《民法典》第317条第2、3款规定:"权利人悬赏寻找遗失物的,领取遗失物时应当按照承诺履行义务。拾得人侵占遗失物的,无权请求保管遗失物等支出的费用,也无权请求权利人按照承诺履行义务。"据此,如果遗失人发布了悬赏广告,正常情况下,对于完成悬赏广告要求的人,应当支付承诺的报酬;但是,一旦拾得人侵占遗失物的,即丧失主张悬赏广告中承诺报酬的权利,同时,对于占有期间发生的费用一律自负。本题中,甲张贴悬赏广告,则甲与拾得并归还的拾得人之间形成债权债务关系,但拾得人乙一直拒绝归还遗失物且无正当理由,由于乙未完成悬赏广告中指定的行为,无权请求甲支付酬金。故A、D项错误。

《民法典》第316条规定:"拾得人在遗失物送交有关部门前,有关部门在遗失物被领取前,应当妥善保管遗失物。因故意或者重大过失致使遗失物毁损、灭失的,应当承担民事责任。"本题中,拾得人乙未尽到妥善保管义务,且存在重大过失导致遗失物损失,乙应当承担损害赔偿责任。故B项正确,C项错误。

138．悬赏广告;拾得遗失物的法律后果 [B]

[解析] 根据《民法典》第314条的规定:"拾得遗

· 40 ·

失物,应当返还权利人。拾得人应当及时通知权利人领取,或者送交公安等有关部门。"第315条规定:"有关部门收到遗失物,知道权利人的,应当及时通知其领取;不知道的,应当及时发布招领公告。"本题中,周某拾得陈某丢失的设备后,送交了公安部门。公安部门发布了招领公告,陈某看到公告,从公安部门领回其设备。《民法典》第317条第2款规定:"权利人悬赏寻找遗失物的,领取遗失物时应当按照承诺履行义务。"据此,陈某发布了悬赏广告的,领取遗失物时应当履行自己承诺的义务。

本题的关键是,拾得人拾得后交公,权利人通过公安机关的招领公告领取遗失物的,陈某应当向谁支付报酬。首先,公安部门发布失物招领公告,陈某通过公告取回,不需要向公安部门支付酬金,因为这属于公安部门正当履行职务的行为,不能获得报酬,故A项错误。其次,就本案中的拾得人周某而言,虽然并没有按照悬赏广告的要求送回遗失物,没有直接完成悬赏广告要求的行为,但周某将遗失物交公的行为,有归还遗失物的意图,没有侵占遗失物的意思与行为,不过是通过公安机关的招领公告完成了该行为而已。对此,理论上通常认为,在遗失人发布了悬赏的情形下,拾得人的报酬领取权并不因为送交公安部门而受影响。据此,陈某领取遗失物的,依然负有向拾得人周某支付悬赏报酬的义务,故B项正确。《民法典》第317条第1款规定:"权利人领取遗失物时,应当向拾得人或者有关部门支付保管遗失物等支出的必要费用。"据此,无论通过拾得人取回,还是通过公安部门取回,取回时,均需要支付必要费用,故C、D项错误。

考点29 所有权的特别取得方法:孳息及其归属

139.孳息归属;重大误解[D]

[解析] 首先,就顾某与苏某的买卖而言,对买卖的双方来说,买卖法律行为发生时,由于双方均不知海螺内有价值万元之珍珠,对于交易标的物的性质都存在认识错误。《民法典》第147条规定:"基于重大误解实施的民事法律行为,行为人有权请求人民法院或者仲裁机构予以撤销。"据此,顾某作为因此误解而遭受损失的一方,可以通过诉讼的方式撤销买卖合同,如果撤销之诉成功,则苏某应返还标的物,珍珠归属于顾某所有。然而,由于因重大误解而可撤销的民事法律行为,在没有约定仲裁条款的情况下,需要通过诉讼方式来行使撤销权,且只有行使撤销权之后,才会产生利益返还的后果。本题中没有提及顾某通过诉讼来撤销买卖合同,故应理解为合同没有被撤销。可撤销的合同如果未被撤销则为有效,故在交付后,海螺及其内含珍珠应归苏某所有。其次,苏某购得海螺后,交给酒店厨师进行烹调,并不发生所有权

的变动,苏某依然是所有权人。当厨师发现海螺内珍珠并将其与海螺分离后,该珍珠可视为天然孳息。《民法典》第321条第1款规定:"天然孳息,由所有权人取得;既有所有权人又有用益物权人的,由用益物权人取得。当事人另有约定的,按照约定。"据此,海螺内产生出的珍珠应归苏某所有。故D选项正确。

140.孳息;夫妻共同财产[AC]

[解析] 母牛系潘某婚前财产,潘某与朱某结婚后,根据《民法典》第1063条的规定,该母牛仍属潘某的个人财产,而非夫妻共同共有。小牛属于母牛所生的天然孳息,《民法典》第321条第1款规定:"天然孳息,由所有权人取得;既有所有权人又有用益物权人的,由用益物权人取得。当事人另有约定的,按照其约定。"《民法典婚姻家庭编解释(一)》第26条规定:"夫妻一方个人财产在婚后产生的收益,除孳息和自然增值外,应认定为夫妻共同财产。"据此,母牛属于潘某个人所有,在潘某与朱某婚姻关系存续期间所生小牛属于天然孳息,是潘某的个人财产。故AC选项正确,BD选项错误。

考点30 所有权的特别取得方法:添附

141.添附[AB]

[解析] 《民法典》第322条规定:"因加工、附合、混合而产生的物的归属,有约定的,按照约定;没有约定或者约定不明确的,依照法律规定;法律没有规定的,按照充分发挥物的效用以及保护无过错当事人的原则确定。因一方当事人的过错或者确定物的归属造成另一方当事人损害的,应当给予赔偿或者补偿。"据此,因为加工、附合、混合获得他人财产权利的应当向受损害的当事人进行赔偿或补偿。甲将太湖石嵌入墙壁,构成动产与不动产附合,此时,通常认定动产归属于不动产所有权,但不动产所有人应当对于动产权利人进行补偿,故A、B项正确。

甲对汉白玉进行加工的行为,虽然价值发生了重大变化,但是按照上述法条中优先保护无过错当事人的原则(恶意添附人不可获得添附后的财产权利,且不得主张被添附人进行补偿),由于甲具有明显的恶意,因此不能获得加工后雕像的所有权,雕像仍应归乙所有。虽然经过甲的加工,雕像价值有明显增长,甲也不能主张乙构成不当得利从而获得补偿。故C、D项错误。

142.添附;侵权损害赔偿责任[BCD]

[解析] 本题中,经出租人百灵公司同意,承租人将租赁商铺的临街墙面改造为落地玻璃墙。符合动产与不动产附合的要件,玻璃的所有权消灭,不动产所有权人百灵公司成为附合后不动产的所有权人,因此玻璃墙归百灵公司所有。故A选项错误,B选项正确。

承租人更生公司虽非玻璃墙的所有权人，但在房屋租赁期间，更生公司系房屋的有权占有人，霍某因过错侵害更生公司对玻璃墙的有权占有，并给更生公司造成损害，成立过错侵权，更生公司有权请求霍某承担侵权损害赔偿责任。故 C 选项正确。

出租人百灵公司系玻璃墙的所有权人，霍某因过错损坏玻璃墙，侵害了百灵公司的所有权，百灵公司亦有权请求霍某承担侵权损害赔偿责任。故 D 选项正确。

考点 31 共有

143．共有；物件致人损害的责任[ABCD]

[解析]《民法典》第 307 条规定："因共有的不动产或者动产产生的债权债务，在对外关系上，共有人享有连带债权、承担连带债务，但是法律另有规定或者第三人知道共有人不具有连带债权债务关系的除外；在共有人内部关系上，除共有人另有约定外，按份共有人按照份额享有债权、承担债务，共同共有人共同享有债权、承担债务。偿还债务超过自己应当承担份额的按份共有人，有权向其他共有人追偿。"据此，按份共有人对共有物产生的债务责任上，对外承担的是连带责任，对内才按份分担。本案中，甲、乙、丙虽然按份共有一套房屋，但是对该房屋对第三人造成的侵权，甲、乙、丙对外承担连带责任。受害人丁有权选择他们中任何一人承担责任，也有权同时承担他们三者一起承担责任。如果甲承担了侵权责任，则可以根据法律的规定向乙、丙追偿，让他们按照各自的份额分担应有的损失。故 A、B、C 项正确。

《民法典》第 1253 条规定："建筑物、构筑物或者其他设施及其搁置物、悬挂物发生脱落、坠落造成他人损害，所有人、管理人或者使用人不能证明自己没有过错的，应当承担侵权责任。所有人、管理人或者使用人赔偿后，有其他责任人的，有权向其他责任人追偿。"据此，对于建筑物发生脱落、坠落致人损害的，由建筑物所有人、管理人或者使用人承担过错推定责任。过错推定责任仍以过错作为承担责任的基础，它不是一项独立的归责原则，只是过错责任原则的一种特殊形式，故 D 项正确。**【特别提醒】** 本题是由于建筑物本身的质量问题造成的侵权，尽管是在甲居住期间发生，但仍应该由所有人一起承担而不是由使用人承担。如果是因为使用人原因导致的侵权，则由使用人承担责任。

144．共有[C]

[解析]《民法典》第 308 条规定："共有人对共有的不动产或者动产没有约定为按份共有或者共同共有，或者约定不明确的，除共有人具有家庭关系等外，视为按份共有。"四家公司共同出资合法建筑房屋并约定共有建成的房屋，但未约定共有的类型，应视为按份共有。故 B 项正确。

《民法典》第 302 条规定："共有人对共有物的管理费用以及其他负担，有约定的，按照其约定；没有约定或者约定不明确的，按份共有人按照其份额负担，共同共有人共同负担。"对于份额的确定，《民法典》第 309 条规定："按份共有人对共有的不动产或者动产享有的份额，没有约定或者约定不明确的，按照出资额确定；不能确定出资额的，视为等额享有。"故 A 项正确。

《民法典》第 301 条规定："处分共有的不动产或者动产以及对共有的不动产或者动产作重大修缮、变更性质或者用途的，应当经占份额三分之二以上的按份共有人或者全体共同共有人同意，但是共有人之间另有约定的除外。"在没有约定的情况下，红光公司的份额仅占 50%，未达到 2/3 以上，无权单方面决定该楼的重大修缮事宜。故 C 项错误。

在按份共有中，共有人的份额是对所有权的份额，而不是对共有物的份额，共有人对共有物是不存在份额的。份额的意义在于，除非另有约定，按份共有人应按照份额对共有物享有权利负担义务。由此可知，按份共有人对共有物整体的处分须受《民法典》第 301 条规定的限制，但是，按份共有人对其份额享有独立的所有权，有权随意处分。故 D 项正确。

145．共有[BCD]

[解析]《民法典》第 308 条规定："共有人对共有的不动产或者动产没有约定为按份共有或者共同共有，或者约定不明确的，除共有人具有家庭关系等外，视为按份共有。"故 A 项错误。

《民法典》第 309 条规定："按份共有人对共有的不动产或者动产享有的份额，没有约定或者约定不明确的，按照出资额确定；不能确定出资额的，视为等额享有。"故 B 项正确。

C 项考查夫妻之间平等的家事代理权。《民法典》第 1060 条规定："夫妻一方因家庭日常生活需要而实施的民事法律行为，对夫妻双方发生效力，但是夫妻一方与相对人另有约定的除外。夫妻之间对一方可以实施的民事法律行为范围的限制，不得对抗善意相对人。"第 1062 条第 2 款规定："夫妻对共同财产，有平等的处理权。"这应当理解为：(1) 夫或妻在处理夫妻共同财产上的权利是平等的。因日常生活需要而处理夫妻共同财产的，任何一方均有权决定；(2) 夫或妻非因日常生活需要对夫妻共同财产做重要处理决定，夫妻双方应当平等协商，取得一致意见。他人有理由相信其为夫妻双方共同意思表示的，另一方不得以不同意或不知道为由对抗善意第三人。故 C 项正确。

《民法典》第 303 条规定："共有人约定不得分割

共有的不动产或者动产,以维持共有关系的,应当按照约定,但是共有人有重大理由需要分割的,可以请求分割;没有约定或者约定不明确的,按份共有人可以随时请求分割,共同共有人在共有的基础丧失或者有重大理由需要分割时可以请求分割。因分割造成其他共有人损害的,应当给予赔偿。"故 D 项正确。

146.共有物的管理;法律解释(举重明轻)[B]

[解析]《民法典》第 300 条规定:"共有人按照约定管理共有的不动产或者动产;没有约定或者约定不明确的,各共有人都有管理的权利和义务。"据此,在对共有物的管理没有约定时,每个共有人均享有管理的权利。但是,此处所谓"各共有人都有管理的权利和义务",指各共有人依照法定规则享有"管理"的权利,而非各共有人均享有独立使用、处置共有物的权利。A 项中,甲、乙、丙"出租房屋"的行为已超出了管理的范畴,属于使用收益的行为,因此并非各共有人均可单独决定。故 A 项错误。

《民法典》第 301 条规定:"处分共有的不动产或者动产以及对共有的不动产或者动产作重大修缮、变更性质或者用途的,应当经占份额三分之二以上的按份共有人或者全体共同共有人同意,但是共有人之间另有约定的除外。"甲、乙、丙、丁对房屋系按份共有,其份额均为 1/4。《民法典》第 301 条规定的"处分"包括法律上的处分与事实上的处分。前者指直接导致权利变动的法律行为(如出卖、抵押、抛弃所有权);后者指导致其物质形态变化的事实行为(如重大修缮、改建、消费、毁损)。依据我国民法规定,出租属于负担行为,不属于处分行为。此外,根据"举重以明轻"的解释方法对《民法典》第 301 条进行解释,既然在按份共有中,(在对共有物的处分无约定时)占份额 2/3 以上的按份共有人对共有物实施的处分行为有效,而出租行为不会引起物权变动,较出卖、赠与、抵押、质押、出资、互易等处分行为程度为轻,那么,2/3 以上的按份共有人对共有物实施的出租行为也更有理由也更应当对全体共有人发生效力。故 B 项正确,C 项错误。

所谓"改良行为",是指在不改变共有物性质的前提下,对共有物进行加工、修理,以增加共有物的效用或价值的行为。改良行为只需要拥有共有份额一半以上的共有人同意即可进行。但本题中,出租属于使用受益的利用行为,而非改良行为。故 D 项错误。

147.(1)概括继承;因共有物负担债务的清偿[ABD]

[解析]《民法典》第 1161 条第 1 款规定:"继承人以所得遗产实际价值为限清偿被继承人依法应当缴纳的税款和债务。超过遗产实际价值部分,继承人自愿偿还的不在此限。"这是关于概括继承的规定。本题中,王某立遗嘱,其遗产归大王和小王继承,大王和小王并未放弃继承,故王某生前与甲公司签订的买卖合同亦由大王和小王承受。甲公司与王某买卖合同的效力并不因王某的死亡而受任何影响。故 A、B 项错误。

在继承开始以后,遗产分割以前,两个以上的继承人对之享有继承权的遗产属于共同共有。《民法典》第 307 条规定:"因共有的不动产或者动产产生的债权债务,在对外关系上,共有人享有连带债权、承担连带债务,但是法律另有规定或者第三人知道共有人不具有连带债权债务关系的除外;在共有人内部关系上,除共有人另有约定外,按份共有人按照份额享有债权、承担债务,共同共有人共同享有债权、承担债务。偿还债务超过自己应当承担份额的按份共有人,有权向其他共有人追偿。"据此,对于共有财产,对外由共有人承担连带责任,对内按份承担责任。因此,大王和小王对该买卖合同原王某承担的债务负连带责任。故 C 项正确,D 项错误。

(2)共有物的处分;因无权处分订立的买卖合同中的所有权变动[BC]

[解析] 根据民法理论,王某死亡后,遗产分割前,继承人大王与小王对挖掘机构成共同共有。《民法典》第 301 条规定:"处分共有的不动产或者动产以及对共有的不动产或者动产作重大修缮、变更性质或者用途的,应当经占份额三分之二以上的按份共有人或者全体共同共有人同意,但是共有人之间另有约定的除外。"据此,挖掘机归大王与小王共同共有,出卖挖掘机应经大王与小王的一致同意,故 B 项正确。小王不能出卖挖掘机的原因是挖掘机为共同共有,小王无权单独处分;小王未取得挖掘机的占有不是小王不能出卖的原因。故 A 项错误。

《民法典》第 597 条第 1 款规定:"因出卖人未取得处分权致使标的物所有权不能转移的,买受人可以解除合同并请求出卖人承担违约责任。"本题中,小王与方某间的挖掘机买卖合同属于因无权处分订立的买卖合同,小王与方某间的挖掘机买卖合同有效,但因小王欠缺处分权,所以所有权的变动效力未定。若方某符合善意取得的构成要件,方某可因善意取得而取得挖掘机的所有权;若方某不符合善意取得的构成要件,须经大王的追认,方才补正小王处分权的不足,方某因大王的追认而取得挖掘机的所有权。故 C 项正确。

王某在遗嘱中指定小王为遗嘱执行人。根据《民法典》第 1145 条的规定,继承开始后,遗嘱执行人为遗产管理人。根据《民法典》第 1147 条的规定,作为遗产管理人,小王的职责限于"清理、管理、保管遗产"以及"按照遗嘱或者依照法律规定分割遗产",而不包括随意处分遗产的权利。《民法典》第1151条规定：
"存有遗产的人，应当妥善保管遗产，任何组织或者个人不得侵吞或者争抢。"故D项错误。

148．按份共有；共有物分割[B]

[解析]《民法典》第304条第1款规定，共有人可以协商确定分割方式。10万元转卖所得款为共有物的替代物，张某和李某约定分别享有6万元和4万元，此约定有效。李某有义务按照约定在3个月后返还张某6万元，故A、C项不当选。《民法典》第593条规定："当事人一方因第三人的原因造成违约的，应当依法向对方承担违约责任。当事人一方和第三人之间的纠纷，依照法律规定或者按照约定处理。"据此，李某因第三人王某的原因不能按期返还张某款项，违反了双方的约定，应当向张某承担违约责任，故B项当选。我国民法中，原则上债权不能成为侵权的客体。李某、张某之间是合同关系，因此不存在侵权责任适用的可能，故D项不当选。

149．宣告失踪；善意取得；无权处分[B]

[解析]《民法典》第42条规定："失踪人的财产由其配偶、成年子女、父母或者其他愿意担任财产代管人的人代管。代管有争议，没有前款规定的人，或者前款规定的人无代管能力的，由人民法院指定的人代管。"第43条规定："财产代管人应当妥善管理失踪人的财产，维护其财产权益。失踪人所欠税款、债务和应付的其他费用，由财产代管人从失踪人的财产中支付。财产代管人因故意或者重大过失造成失踪人财产损失的，应当承担赔偿责任。"据此，宣告失踪以后，财产代管人，只能管理被宣告失踪人的财产，从财产中支付税款、债务等法定费用，而不能擅自处分被宣告人的财产。本题中，乙处分共有房屋的行为显然不符合对于财产代管人的要求，为无权处分。因乙向丙出示了甲被宣告失踪的判决书，并将房屋属于夫妻二人共有的事实告知了丙，丙知情，非善意第三人，故丙不构成善意取得，甲撤销宣告失踪后可以请求丙返还房屋。故A、D项错误，B项正确。

所谓夫妻之间的家事代理权，主要是指日常事务。《民法典》第1060条第1款规定："夫妻一方因家庭日常生活需要而实施的民事法律行为，对夫妻双方发生效力，但是夫妻一方与相对人另有约定的除外。"出卖夫妻共有房屋，显然不属于"因家庭日常生活需要"实施的民事法律行为，乙不享有家事代理权。若乙要出卖该房屋，应与甲平等协商，取得一致意见，否则，即构成无权处分。故C项错误。【思路拓展】关于处分共有的动产或者不动产，《民法典》第301条规定："处分共有的不动产或者动产以及对共有的不动产或者动产做重大修缮、变更性质或用途的，应当经占份额三分之二以上的按份共有人或者全体共同共

有人同意，但共有人之间另有约定的除外。"甲、乙之间没有约定，对于共同共有的房屋，乙如果要处分，需要经甲同意，否则，即构成无权处分。据此，本题中，乙对于房屋的处分是无权处分，丙不可能继受取得，CD两选项均为错误。

150．共有；抵押权[D]

[解析]《民法典》第307条规定："因共有的不动产或者动产产生的债权债务，在对外关系上，共有人享有连带债权、承担连带债务，但是法律另有规定或者第三人知道共有人不具有连带债权债务关系的除外；在共有人内部关系上，除共有人另有约定外，按份共有人按照份额享有债权、承担债务，共同共有人共同享有债权、承担债务。偿还债务超过自己应当承担份额的按份共有人，有权向其他共有人追偿。"据此，一般情况下，按份共有人对外承担的是连带责任，对内则是按份责任。因此，甲、乙对于按份共有的汽车对外发生侵权之时，应当向受害人承担连带责任。《民法典》第520条第2款规定："部分连带债务人的债务被债权人免除的，在该连带债务人应当承担的份额范围内，其他债务人对债权人的债务消灭。"另根据《人身损害赔偿解释》第2条规定，赔偿权利人在诉讼中放弃对部分共同侵权人的诉讼请求的，其他共同侵权人对被放弃诉讼请求的被告应当承担的赔偿份额不承担连带责任。据此，如果债权人对于连带债务人中的部分债务人表示放弃债权的，其他债务人也在债权人放弃的范围内免责。本题中，戊如果免除了甲的损害赔偿责任，乙只在剩余的范围内承担赔偿责任，故A项错误。同样根据《民法典》第307条的规定，甲、乙共有的汽车，虽然甲只占其中30%的份额，但无论是承担侵权赔偿责任还是承担因该汽车产生的担保责任，甲、乙对外均应承担连带责任，甲有义务清偿全部债务，但清偿之后，对内可以按照份额向乙进行追偿。故D项正确。

《民法典》第403条规定："以动产抵押的，抵押权自抵押合同生效时设立；未经登记，不得对抗善意第三人。"由此可知，机动车抵押权采取登记对抗主义，未经登记，不影响抵押权设立，但不得对抗善意第三人。此处的第三人，是指其他担保物权人，不包括债权人。本题中，为担保丙的债务，甲、乙将货车抵押给债权人丁，虽未办理抵押登记，但抵押权已设立。丁享有的是物权，戊作为被侵权人，享有的只是一般债权，根据物权优于债权的基本原理，丁应优先于戊受偿。故B项错误。

《民法典》第419条规定："抵押权人应当在主债权诉讼时效期间行使抵押权；未行使的，人民法院不予保护。"由此可知，丁应当在主债权的诉讼时效期间内行使抵押权，抵押权未行使的，丧失了胜诉权。

故 C 项错误。

151．按份共有[ABCD]

[解析]《民法典》第305条规定："按份共有人可以转让其享有的共有的不动产或者动产份额。其他共有人在同等条件下享有优先购买的权利。"第306条第1款规定："按份共有人转让其享有的共有的不动产或者动产份额的，应当将转让条件及时通知其他共有人。其他共有人应当在合理期限内行使优先购买权。"由此可知，按份共有人有权转让其共有份额，无须其他共有人同意，仅负有通知义务。故A项错误。

《民法典》第306条第2款规定："两个以上其他共有人主张行使优先购买权的，协商确定各自的购买比例；协商不成的，按照转让时各自的共有份额比例行使优先购买权。"由此可知，两个以上共有人主张优先购买权且协商不成时，可按各自份额比例购买，并非由份额大者享有优先购买权。故B项错误。

《民法典物权编解释（一）》第10条规定："民法典第三百零五条所称的'同等条件'，应当综合共有份额的转让价格、价款履行方式及期限等因素确定。"由此可知，价款履行方式及期限是衡量是否"同等条件"的重要因素。本题中，丙欲以分期付款的方式主张优先购买权，与戊一次性付清并非同等条件。故C项错误。

《民法典物权编解释（一）》第13条规定："按份共有人之间转让共有份额，其他按份共有人主张依据民法典第三百零五条规定优先购买的，不予支持，但按份共有人之间另有约定的除外。"由此可知，按份共有人的优先购买权只能发生在对外转让的场合下，共有人之间转让共有份额，其他共有人不得主张优先购买权。故D项错误。

152．按份共有人的优先购买权[BC]

[解析]《民法典》第305条规定："按份共有人可以转让其享有的共有的不动产或者动产份额。其他共有人在同等条件下享有优先购买的权利。"《民法典物权编解释（一）》第12条规定："按份共有人向共有人之外的人转让其份额，其他按份共有人根据法律、司法解释规定，请求按照同等条件优先购买该共有份额的，应予支持。其他按份共有人的请求具有下列情形之一的，不予支持：（一）未在本解释第十一条规定的期间内主张优先购买，或者虽主张优先购买，但提出减少转让价款、增加转让人负担等实质性变更要求；（二）以其优先购买权受到侵害为由，仅请求撤销共有份额转让合同或者认定该合同无效。"该解释第13条规定："按份共有人之间转让共有份额，其他按份共有人主张依据民法典第三百零五条规定优先购买的，不予支持，但按份共有人之间另有约定的除外。"据此，只有当按份共有人向共有人之外的人转让份额时，在没有特别约定的情况下，其他共有人才享有优先购买权。本题中，甲、丙之间的转让是共有人之间的转让，因此，没有特别约定时，其他共有人不能享有优先购买权，A项错误。乙将份额转让给戊，是转让给共有人之外的人，故甲、丙、丁对乙的份额享有优先购买的权利，B项正确。

《民法典》第306条第2款规定："两个以上其他共有人主张行使优先购买权的，协商确定各自的购买比例；协商不成的，按照转让时各自的共有份额比例行使优先购买权。"据此，两个以上共有人均主张优先购买，如果能够协商一致，则按照约定行权，如果不能协商一致，则按照比例行使优先购买权。故C项正确。

根据上述《民法典物权编解释（一）》第12条的规定，其他按份共有人如果自己行使优先购买权，可以否定转让份额的共有人与第三人之间合同的效力；如果仅主张转让合同无效或撤销合同的，则不予支持。故D项错误。

153．按份共有人权利；优先购买权[A]

[解析] 三人共同出资购买金毛犬，属于按份共有。《民法典》第305条规定："按份共有人可以转让其享有的共有的不动产或者动产份额。其他共有人在同等条件下享有优先购买的权利。"据此，甲有权转让自己的份额，故A项正确，D项错误。

《民法典物权编解释（一）》第13条规定："按份共有人之间转让共有份额，其他按份共有人主张依据民法典第三百零五条规定优先购买的，不予支持，但按份共有人之间另有约定的除外。"据此，在无特别约定的情形下，共有人之间转让时，其他共有人不能主张优先购买权，故B、C项错误。

考点32 相邻关系

154．相邻关系；建筑物区分所有权[BCD]

[解析] 解析本题，需要运用利益平衡思维。

《民法典》第288条规定："不动产的相邻权利人应当按照有利生产、方便生活、团结互助、公平合理的原则，正确处理相邻关系。"第296条规定："不动产权利人因用水、排水、通行、铺设管线等利用相邻不动产的，应当尽量避免对相邻的不动产权利人造成损害。"本案属于相邻关系纠纷，应注意利益平衡。由于杨某对辣椒过敏，可以请求火锅店采取措施（如改善排风设施）减少对其带来的干扰，但不可要求对方停止使用辣椒。虽然火锅店给杨某带来了干扰，但并未造成实际损害，杨某不可请求损害赔偿。故A项正确，BD项错误。

杨某作为租户并非业主，不享有建筑物区分所有权，因此无权基于建筑物区分所有权起诉，故C项错误。

专题九 用益物权

考点33 土地承包经营权

155．土地承包经营权[BC]

[解析]《民法典》第333条第1款规定："土地承包经营权自土地承包经营权合同生效时设立。"据此，土地承包经营权的设立，采意思主义的物权变动模式，无须公示(交付或登记)，自土地承包经营合同生效时设立。故A项错误，B项正确。

《民法典》第333条第2款规定："登记机构应当向土地承包经营权人发放土地承包经营权证、林权证等证书，并登记造册，确认土地承包经营权。"土地承包经营权证是对已经设立的土地承包经营权的确认，县级以上地方政府在土地承包经营权设立时应当发放土地承包经营权证。故C项正确。

根据上述《民法典》第333条，土地承包经营权自土地承包经营权合同生效时设立，不以登记为生效要件；另外，登记造册(设立登记)是对已经设立的土地承包经营权的确认，即使未办理设立登记，仍可对抗第三人。故D项错误。【陷阱点拨】注意《民法典》第333条与第335条的不同。《民法典》第335条规定："土地承包经营权互换、转让的，当事人可以向登记机构申请登记；未经登记，不得对抗善意第三人。"根据此条规定的精神，土地承包经营权设立后，转让土地承包经营权的，自让与人与受让人意思表示一致，发生土地承包经营权转让的效力。但已经转让的土地承包经营权未变更登记，不能对抗善意第三人。注意，变更登记与设立时的登记造册并不相同。

156．土地承包经营权的取得与流转[AD]

[解析]《民法典》第333条第1款规定，土地承包经营权自土地承包经营权合同生效时设立。设立登记并非土地承包经营权设立的要件。故A项正确。

《民法典》第335条规定，土地承包经营权互换、转让的，当事人可以向登记机构申请登记；未经登记，不得对抗善意第三人。土地承包经营权的让与，过户登记仅为对抗要件，而非生效要件。故B项错误。

【特别提醒】再次提醒注意，《民法典》第333、335条所规定的制度不同，第333条规定的是设立，即承包人与集体组织签订合同；第335条规定的是转让，即承包人之间签订合同为转让。只有在承包人之间互换和转让时，才存在登记对抗的问题。

《农村土地承包法》第16条第1款规定："家庭承包的承包方是本集体经济组织的农户。"季大和季小已经分别立户，因此，都是独立的承包经营人。《农村土地承包法》第32条第1款规定："承包人应得的承包收益，依照继承法的规定继承。"据此，土地承包经营权不发生继承，但继承人可继承承包的收益。因为季大没有其他继承人，所以季小作为兄弟姐妹可以作为法定继承人继承未收割的农作物。故C项错误，D项正确。【知识拓展】原则上，土地承包经营权不属于遗产，不能继承。但有两个例外：(1)林地承包的承包人死亡，其继承人可以在承包期内继续承包(《农村土地承包法》第32条第2款)；(2)通过招标、拍卖、公开协商等方式取得土地经营权的，该承包人死亡，其应得的承包收益，依照《民法典》继承编的规定继承；在承包期内，其继承人可以继续承包(《农村土地承包法》第54条)。

157．土地承包经营权[BD]

[解析]《农村土地承包法》第3条规定："国家实行农村土地承包经营制度。农村土地承包采取农村集体经济组织内部的家庭承包方式，不宜采取家庭承包方式的荒山、荒沟、荒丘、荒滩等农村土地，可以采取招标、拍卖、公开协商等方式承包。"第16条第1款规定："家庭承包的承包方是本集体经济组织的农户。"由此可知，农村土地承包包括两种方式：一种是内部承包，即农村集体经济组织内部的家庭承包，签署承包协议即可；二是外部承包，即通过招标、拍卖、公开协商的方式对外承包。承包给集体之外的人，只能通过招标、拍卖、公开协商等方式。故A项错误，B项正确。

《农村土地承包法》第52条第1款规定："发包方将农村土地发包给本集体经济组织以外的单位或者个人承包，应当事先经本集体经济组织成员的村民会议三分之二以上成员或者三分之二以上村民代表的同意，并报乡(镇)人民政府批准。"由此可见，除了经三分之二以上村民代表同意，还需要报乡(镇)人民政府批准。故C项错误。

《农村土地承包法》第51条规定："以其他方式承包农村土地，在同等条件下，本集体经济组织成员有权优先承包。"黄某作为河西村集体经济组织成员，享有优先承包权。故D项正确。

158．土地承包经营权[B]

[解析]《民法典》第333条第1款规定："土地承包经营权自土地承包经营权合同生效时设立。"据此，土地承包经营权自承包合同生效时设立，是否办理确权登记，不影响权利的设立。权利人获得权利后，是否登记，都不影响权利人对于承包经营权的处分。本题中，村民胡某与集体订立土地承包经营权合同未办理确权登记，土地承包经营权自土地承包经营权合同生效时设立，胡某取得土地承包经营权后即可自由处分。故A项错误，B项正确。

《民法典》第335条规定："土地承包经营权互换、

· 46 ·

转让的,当事人可以向登记机构申请登记;未经登记,不得对抗善意第三人。"由此可知,土地承包经营权的转让采取登记对抗制。未办理变更登记,不影响转让合同生效和权利的转移。故 C、D 项错误。

159．土地承包经营权;经营权流转[AB]

[解析]《民法典》第 333 条第 1 款规定:"土地承包经营权自土地承包经营权合同生效时设立。"据此,甲对 100 亩土地的承包经营权自土地承包经营权合同生效时已经设立,故 A 项正确。

《民法典》第 335 条规定:"土地承包经营权互换、转让的,当事人可以向登记机构申请登记;未经登记,不得对抗善意第三人。"据此,同为集体成员的承包人之间互换、转让土地承包经营权的,合同生效时承包经营权即发生转移,登记只是对抗要件。本题中,甲与乙交换土地后虽未办理登记,但是 25 亩土地的承包经营权已经属于甲,甲对于换地后的 95 亩土地均享有承包经营权。故 B 项正确,C 项错误。

《民法典》第 339 条规定:"土地承包经营权人可以自主决定依法采取出租、入股或者其他方式向他人流转土地经营权。"第 341 条规定:"流转期限为五年以上的土地经营权,自流转合同生效时设立。当事人可以向登记机构申请土地经营权登记;未经登记,不得对抗善意第三人。"据此,土地承包经营权人可向他人流转土地经营权,流转期限为 5 年以上的,未登记不能对抗善意第三人,但不影响丙公司取得 50 亩土地的经营权。故 D 项错误。

考点 34　地役权

160．地役权[B]

[解析]《民法典》第 291 条规定:"不动产权利人对相邻权利人因通行等必须利用其土地的,应当提供必要的便利。"这是关于相邻关系中通行权(相邻权的一种)的规定。《民法典》第 372 条规定:"地役权人有权按照合同约定,利用他人的不动产,以提高自己的不动产的效益。前款规定的他人的不动产为供役地,自己的不动产为需役地。"这是关于设立地役权的规定。

相邻权与地役权的主要区别有三:(1)相邻权是法定的;地役权是约定的;(2)相邻权的取得是无偿的;地役权的取得既可以是有偿的,亦可无偿取得;(3)相邻权的义务人仅提供最低限度的容忍义务(如甲的土地是"袋地",不经过乙的土地就不能到达公路,此时甲基于相邻关系对乙的土地享有通行权,但应对因此给乙造成的损失予以补偿);地役权的义务人提供的容忍义务并非最低限度的容忍义务,其内容全赖当事人约定。本题中,题目交代,小学只是为了"方便"(非必须经过)而与研究院约定在后者的道路上通行,且每年支付 1 万元费用,故不属于"袋地"通

行权的范畴,二者约定的是地役权。故 A 项错误,B 项正确。

根据《民法典》第 344 条的规定,建设用地使用权的内容是在国家所有权土地上建造建筑物、构筑物及其附属设施;根据《民法典》第 362 条的规定,宅基地使用权的内容是利用集体的土地建造住宅及其附属设施。本题与此无关。故 C、D 项错误。

161．地役权的设立;地役权的从属性[AB]

[解析]《民法典》第 374 条:"地役权自地役权合同生效时设立。当事人要求登记的,可以向登记机构申请地役权登记;未经登记,不得对抗善意第三人。"可见,地役权自地役权合同生效时设立。2013 年 2 月,甲公司、乙公司约定甲公司在乙公司的 B 地块设立通行地役权,自甲公司、乙公司设立地役权的合同生效时,甲公司对乙公司的 B 地块享有地役权(无须登记)。故 A 项正确。

在 2013 年 4 月,甲公司将 A 地块过户给丙公司,依据《民法典》第 380 条的规定:"地役权不得单独转让。土地承包经营权、建设用地使用权等转让的,地役权一并转让,但是合同另有约定的除外。"据此,地役权在权利性质上为从权利。2013 年 4 月,甲公司将 A 地块过户给丙公司时,丙公司在受让 A 地块不动产权利的同时,基于地役权所具有的"移转上的从属性",丙公司取得对乙公司的 B 地块的地役权。故 B 项正确。2013 年 6 月,因此前甲公司已将 A 地块过户给丙公司,甲公司不再对需役地享有不动产权利。故 C 项错误。

根据上述《民法典》第 374 条的规定,甲的地役权设立后没有办理设立登记,不能对抗受让供役地(即 B 地块)权利的善意第三人。2013 年 6 月,丁公司善意受让了 B 地块,因此丙公司不能对善意的受让人丁公司主张地役权。故 D 项错误。

考点 35　居住权

162．居住权;违约责任[ABCD]

[解析]《民法典》第 366 条规定:"居住权人有权按照合同约定,对他人的住宅享有占有、使用的用益物权,以满足生活居住的需要。"第 368 条规定:"居住权无偿设立,但是当事人另有约定的除外。设立居住权的,应当向登记机构申请居住权登记。居住权自登记时设立。"据此,根据区分原则,签订设立居住权的合同后,若未办理居住权登记的,居住权本身不成立,但不影响居住权合同的效力。本题中,未办理居住权登记,居住权未设立,但合同有效,李某享有合同债权,可请求王某继续履行。王某履行迟延,应承担迟延履行的违约责任,故 A、B、C、D 项均正确。

163．居住权;预告登记[C]

[解析] 根据《民法典》第 221 条规定,预告登记

后,未经预告登记的权利人同意,处分该不动产的,不发生物权效力。预告登记后,债权消灭或者自能够进行不动产登记之日起90日内未申请登记的,预告登记失效。本题中,根据《房屋买卖合同》的约定,在1月16日乙付清全部购房款后,就可随时向甲要求办理不动产过户登记,至5月5日,已经经过90日,预告登记已经失效。故C项正确。

由于甲没有为乙办理过户登记,因此乙尚未取得房屋所有权,故D项错误。因甲仍是房屋所有权人,其有权设立居住权。根据《民法典》第368条规定,设立居住权的,应当向登记机构申请居住权登记;居住权自登记时设立。据此,甲母的居住权未登记,因此未能成立;甲父的居住权已经登记,且登记时预告登记已经失效,无需取得乙的同意,因此居住权得以设立。故A、B项错误。

专题十 担保物权

考点36 共同担保

164. (1)抵押物的转让[ABCD(原答案为C)]

[解析]《民法典》第406条规定:"抵押期间,抵押人可以转让抵押财产。当事人另有约定的,按照其约定。抵押财产转让的,抵押权不受影响。抵押人转让抵押财产的,应当及时通知抵押权人。抵押权人能够证明抵押财产转让可能损害抵押权的,可以请求抵押人将转让所得的价款向抵押权人提前清偿债务或者提存。转让的价款超过债权数额的部分归抵押人所有,不足部分由债务人清偿。"据此,转让抵押物,不需要经过抵押权人的同意,故ABD项错误。只有在抵押权人能够证明转让对于抵押权可能造成损害时,才需要将转让所获得的价款提前清偿或提存,故C项错误。【旧题新解】根据原《物权法》第191条的规定,抵押人转让抵押财产,需要经过抵押权人同意,且应当将转让所得的价款向抵押权人提前清偿债务或者提存;未经抵押权人同意不得转让抵押财产,但受让人代为清偿债务消灭抵押权的除外。因此,根据旧法ABD项说法是正确的。但《民法典》公布后对抵押财产转让制度作出了重大修改,无需经抵押权人同意即可转让抵押财产,必要时才需提前清偿或提存。对新法变化,应重点掌握。

(2)混合担保;债权人放弃债务人提供的物保的效力[D]

[解析]《民法典》第393条规定:"有下列情形之一的,担保物权消灭:(一)主债权消灭;(二)担保物权实现;(三)债权人放弃担保物权;(四)法律规定担保物权消灭的其他情形。"放弃抵押权是单方民事法律行为,无需他人同意,只要抵押权人向抵押人作出的放弃抵押权的意思表示真实,即可产生抵押权消灭的效果(当然,不动产抵押权的放弃还须办理涂销登记)。故A项错误。

《民法典》第392条规定:"被担保的债权既有物的担保又有人的担保的,债务人不履行到期债务或者发生当事人约定的实现担保物权的情形,债权人应当按照约定实现债权;没有约定或者约定不明确,债务人自己提供物的担保的,债权人应当先就该物的担保实现债权;第三人提供物的担保的,债权人可以就物的担保实现债权,也可以请求保证人承担保证责任。提供担保的第三人承担担保责任后,有权向债务人追偿。"同一笔债,既有债务人提供的抵押或质押(物保),又有第三人提供的保证(人保),为混合担保。在混合担保中,如果当事人没有对债权人行使权利的顺序与份额作出约定,若债务人以自己的财产提供抵押或质押,债权人应先就债务人提供的物保行使担保物权,提供担保的第三人享有先诉抗辩权。同时,《民法典》第409条第2款规定:"债务人以自己的财产设定抵押,抵押权人放弃该抵押权、抵押权顺位或者变更抵押权的,其他担保人在抵押权人丧失优先受偿权益的范围内免除担保责任,但是其他担保人承诺仍然提供担保的除外。"据此,在本题中,若贺某放弃债务人陈某提供的抵押权,则张某在贺某因此丧失优先受偿权益范围内免责。故B、C项错误,D项正确。

(3)保证期间;抵押权存续期间[AC]

[解析]《民法典》第419条规定:"抵押权人应当在主债权诉讼时效期间行使抵押权;未行使的,人民法院不予保护。"因此,贺某应当在主债权诉讼时效期间行使抵押权。故A项正确,B项错误。

《民法典》第692条第2款规定:"债权人与保证人可以约定保证期间,但是约定的保证期间早于主债务履行期限或者与主债务履行期限同时届满的,视为没有约定;没有约定或者约定不明确的,保证期间为主债务履行期限届满之日起六个月。"据此,未约定保证期间的,保证期间为主债务履行期届满之日起6个月。故C项正确,D项错误。

165. 一般保证人的先诉抗辩权;混合担保[D(原答案为BD)]

[解析]《民法典》第687条第1、2款规定:"当事人在保证合同中约定,债务人不能履行债务时,由保证人承担保证责任的,为一般保证。一般保证的保证人在主合同纠纷未经审判或者仲裁,并就债务人财产依法强制执行仍不能履行债务前,有权拒绝向债权人承担保证责任,但是有下列情形之一的除外:(一)债务人下落不明,且无财产可供执行;(二)人民法院已经受理债务人破产案件;(三)债权人有证据证明债务

· 48 ·

人的财产不足以履行全部债务或者丧失履行债务能力;(四)保证人书面表示放弃本款规定的权利。"该条规定了一般保证人的先诉抗辩权。本题中,李某是否属于一般保证人呢?《民法典担保制度解释》第25条规定:"当事人在保证合同中约定了保证人在债务人不能履行债务或者无力偿还债务时才承担保证责任等类似内容,具有债务人应当先承担责任的意思表示的,人民法院应当将其认定为一般保证。当事人在保证合同中约定了保证人在债务人不履行债务或者未偿还债务时即承担保证责任、无条件承担保证责任等类似内容,不具有债务人应当先承担责任的意思表示的,人民法院应当将其认定为连带责任保证。"据此,虽然《民法典》第686条第2款规定:"当事人在保证合同中对保证方式没有约定或者约定不明确的,按照一般保证承担保证责任。"但在认定保证类型时,不能只看有没有"约定连带责任保证"字眼,而应采用实质解释。本题中,约定"在丙公司不付款时,由李某承担保证责任",意为丙公司不付款李某即承担责任,没有债权人先向债务人主张的意思,按照上述《民法典担保制度解释》第25条之规定,应认定为连带保证。既然是连带保证,保证人李某不享有先诉抗辩权,故B项错误。【旧题新解】根据旧法,李某构成一般保证人,但《民法典担保制度解释》第25条对保证类型提出了新的认定标准,据此李某构成连带保证人,导致答案发生变化。

无论连带保证还是一般保证,债权人均可将债务人和保证人一并起诉,故A项错误。【知识拓展】注意《民法典担保制度解释》第26条对一般保证人起诉的规定:(1)不能单独起诉一般保证人;(2)一并起诉债务人和一般保证人的,除有《民法典》第687条第2款但书规定的情形外,法院应当在判决书主文中明确,保证人仅对债务人财产依法强制执行后仍不能履行的部分承担保证责任。

《民法典》第392条规定:"被担保的债权既有物的担保又有人的担保,债务人不履行到期债务或者发生当事人约定的实现担保物权的情形,债权人应当按照约定实现债权;没有约定或者约定不明确的,债务人自己提供物的担保的,债权人应当先就该物的担保实现债权;第三人提供物的担保的,债权人可以就物的担保实现债权,也可以请求保证人承担保证责任。提供担保的第三人承担担保责任后,有权向债务人追偿。"本题中,为了担保丙公司对乙公司的债务,张某以自有汽车设立抵押权,李某提供保证,构成混合担保,且对债权人乙公司行使权利的顺序与份额没有约定,当债务人丙不履行到期债务时,乙公司既可以对张某的汽车行使抵押权,也可以要求李某承担保证责任。故C项错误,D项正确。

166.混合担保[AB]

[解析]《民法典》第392条规定:"被担保的债权既有物的担保又有人的担保,债务人不履行到期债务或者发生当事人约定的实现担保物权的情形,债权人应当按照约定实现债权;没有约定或者约定不明确的,债务人自己提供物的担保的,债权人应当先就该物的担保实现债权;第三人提供物的担保的,债权人可以就物的担保实现债权,也可以请求保证人承担保证责任。提供担保的第三人承担担保责任后,有权向债务人追偿。"因此,在混合担保中,若无债务人以自己的财产提供的抵押和质押,只有第三人提供的物保与保证(人保),则提供物保与人保的第三人的地位平等,债权人行使权利无顺序限制,既可直接要求提供物保的第三人承担担保责任,也可以要求提供人保的第三人承担担保责任。对于乙公司对甲公司负担的10万元租金债务,丙提供保证,丁提供抵押,构成混合担保。因债务人乙并未以自己的财产提供抵押与质押,所以,债权人甲公司行使对丙的保证债权或者行使对丁之机器设备的抵押权没有顺序限制。故A、B项正确,C、D项错误。

167.混合担保[A]

[解析]《民法典》第392条规定:"被担保的债权既有物的担保又有人的担保,债务人不履行到期债务或者发生当事人约定的实现担保物权的情形,债权人应当按照约定实现债权;没有约定或者约定不明确的,债务人自己提供物的担保的,债权人应当先就该物的担保实现债权;第三人提供物的担保的,债权人可以就物的担保实现债权,也可以请求保证人承担保证责任。提供担保的第三人承担担保责任后,有权向债务人追偿。"本条规定了混合担保。据此,既有债务人的物保,又有第三人的物保和保证时,在没有约定的情形下,只要有债务人的物保,就应当先执行债务人的物保。就本题而言,乙公司应当先对甲公司的机器设备行使抵押权。故A项正确,B、C项错误。

丙、丁作为第三人担保,在没有约定的情况下,债权人向其主张权利没有顺序的先后。其中一个担保人承担担保责任后,可向债务人追偿;在没有约定时,担保人之间不能追偿相应的份额。故D项错误。【特别提醒】关于两个以上第三人提供共同担保,担保人之间相互追偿的问题,根据《民法典担保制度解释》第13条规定,只有在以下三种情形下担保人之间可以彼此追偿:(1)同一债务有两个以上第三人提供担保,担保人之间约定相互追偿及分担份额,承担了担保责任的担保人请求其他担保人按照约定分担份额的,人民法院应予支持;(2)担保人之间约定承担连带共同担保,或者约定相互追偿但是未约定分担份额的,各担保人按照比例分担向债务人不能追偿的部分;(3)同一债务有两个以上第三人提供担保,担保人之间未对相互追偿作出约定且未约定承担连带共同担保,但是各担保人在同一份合同书上签字、盖章或者按指印,承担了担保责任的担保人请求其他担保人按照比例分担向债务人不能追偿部分的,人民法院应予支持。

168．抵押权;抵押权的不可分性[ABCD]

[解析] 本题中,债权人原本是甲,可是当甲将其中的 200 万元债权转让给戊,并通知乙之后,对于这 200 万元的债务就应当由乙向戊履行。《民法典》第 407 条规定:"抵押权不得与债权分离而单独转让或者作为其他债权的担保。债权转让的,担保该债权的抵押权一并转让,但是法律另有规定或者当事人另有约定的除外。"据此,当债权被部分转让时,受让人可以享有抵押权,因此戊在取得该 200 万元债权的同时也取得了对该债权的抵押权。

此外,丙和丁分别以其房屋对该债权设定了抵押权,构成共同担保。关于共同担保,在没有特别约定时,基本规则是:当债务人提供的物保与第三人提供的担保并存的,债权人应当先执行债务人的物保;若两个以上的担保均为第三人担保,则债权人向担保人行使权利时没有顺序的先后。本题设定的情形是两个第三人抵押,即均为第三人担保,故债权人向担保人行使权利没有顺序的先后。据此,甲和戊均可就任何一个抵押人的财产实现全部权利,而且在找丙和丁主张权利之时,没有顺序先后的限制。故 A、B、C、D 项均错误。

169．最高额抵押权债权确定;被保证人破产时保证人将来求偿权的申报[ABD]

[解析] 《民法典》第 423 条规定:"有下列情形之一的,抵押权人的债权确定:……(五)债务人、抵押人被宣告破产或者解散;……" 本题中债务人乙被宣告破产,债权人的债权确定。故 A 项正确。

《民法典》第 392 条规定:"被担保的债权既有物的担保又有人的担保,债务人不履行到期债务或者发生当事人约定的实现担保物权的情形,债权人应当按照约定实现债权;没有约定或者约定不明确,债务人自己提供物的担保,债权人应当先就该物的担保实现债权;第三人提供物的担保的,债权人可以就物的担保实现债权,也可以请求保证人承担保证责任。提供担保的第三人承担担保责任后,有权向债务人追偿。"由此可知,在主债务人提供的物保和第三人提供的保证并存时,应先执行主债务人提供的物保,不足部分再由保证人承担责任。故 B 项正确,C 项错误。

《民法典》第 700 条规定:"保证人承担保证责任后,除当事人另有约定外,有权在其承担保证责任的范围内向债务人追偿,享有债权人对债务人的权利,但是不得损害债权人的利益。"此外,在特定情形下,

保证人可"预先行使追偿权"。根据《民法典担保制度解释》,债权人知道或者应当知道债务人破产,既未申报债权也未通知担保人,致使担保人不能预先行使追偿权的,担保人就该债权在破产程序中可能受偿的范围内免除担保责任,但是担保人因自身过错未行使追偿权的除外。据此,人民法院受理债务人破产案件后,债权人未申报债权的,保证人可以参加破产财产分配,预先行使追偿权。故 D 项正确。

170．动产质权;质权的放弃[BCD]

[解析] 《民法典》第 430 条规定:"质权人有权收取质押财产的孳息,但是合同另有约定的除外。前款规定的孳息应当先充抵收取孳息的费用。"据此,在质权存续期间,质权人有权收取孳息,在充抵收取孳息的费用后,可占有孳息,并在债务人不按期清偿债务时请求将孳息与原物一并拍卖以获得的价款优先受偿。本题中,甲将鹦鹉质押交付给乙作为债务到期不履行的担保,双方无约定时,乙作为质权人有权收取质押物产生的孳息,即鹦鹉蛋。故 A 项错误。

《民法典》第 432 条第 1 款规定:"质权人负有妥善保管质押财产的义务;因保管不善致使质押财产毁损、灭失的,应当承担赔偿责任。"据此,质权人乙负有妥善保管质押财产的义务,因乙照管不善导致鹦鹉死亡,乙须承担赔偿责任。故 B 项正确。

《民法典》第 437 条第 1 款规定:"出质人可以请求质权人在债务履行期届满后及时行使质权;质权人不行使的,出质人可以请求人民法院拍卖、变卖质押财产。"故 C 项正确。

甲对乙的 10 万元债务,由乙对甲鹦鹉的质权和丙提供的连带责任保证共同担保,构成《民法典》第 392 条规定的"混合担保"。《民法典》第 435 条规定:"质权人可以放弃质权。债务人以自己的财产出质,质权人放弃该质权的,其他担保人在质权人丧失优先受偿权益的范围内免除担保责任,但其他担保人承诺仍然提供担保的除外。"本题中,甲以自己的财产出质设定的质权和第三人丙提供的保证并存,如果债权人乙放弃该质权的,保证人丙作为第三担保人,可以在乙放弃质权的范围内免除担保责任。故 D 项正确。

171．混合担保[A]

[解析] 《民法典》第 392 条规定:"被担保的债权既有物的担保又有人的担保的,债务人不履行到期债务或者发生当事人约定的实现担保物权的情形,债权人应当按照约定实现债权;没有约定或者约定不明确,债务人自己提供物的担保的,债权人应当先就该物的担保实现债权;第三人提供物的担保的,债权人可以就物的担保实现债权,也可以请求保证人承担保证责任。提供担保的第三人承担担保责任后,有权向债务人追偿。"本题中,乙银行的债权存在债务人甲公

司的抵押权、丙公司提供的保证、丁提供的动产质权,属于混合担保。在未约定债权实现顺序的情形下,应先就债务人甲公司的抵押权实现债权,不足部分才能选择丁的质押或丙的保证实现债权。对于丙的保证与丁的质权没有顺序限制,债权人乙银行可以自由选择。故 A 项正确,B、C、D 项错误。

172．保证方式的认定;混合担保 [ACD]

[解析] 甲公司(债务人)和乙公司(债权人)之间的主债权 1000 万元,既有物的担保(丁的房屋抵押权),又有人的担保(丙公司的保证),构成混合担保。

《民法典》第 686 条第 2 款规定:"当事人在保证合同中对保证方式没有约定或者约定不明确的,按照一般保证承担保证责任。"本题中,丙公司在主合同借款协议"保证人"栏下盖章,保证合同成立但未载明保证方式。因此,丙公司以一般保证担责。故 A 项正确。【特别提醒】在有些题目中,需要根据《民法典担保制度解释》第 25 条作进一步分析,该条规定:"当事人在保证合同中约定了保证人在债务人不能履行债务或者无力偿还债务时才承担保证责任等类似内容,具有债务人应当先承担责任的意思表示的,人民法院应当将其认定为一般保证。当事人在保证合同中约定保证人在债务人不履行债务或者未偿还债务时即承担保证责任、无条件承担保证责任等类似内容,不具有债务人应当先承担责任的意思表示的,人民法院应当将其认定为连带责任保证。"据此,但在认定保证类型时,应采用实质解释,看保证人是否具有债务人应当先承担责任的意思表示:有,则为一般保证;无,则为连带责任保证。本题未涉及此问题。

无论系物的担保还是人的担保,担保人均非债务人。因此,当丙公司(一般保证人)或丁(抵押人)承担担保责任后,均有权向主债务人甲公司追偿。故 C、D 项正确。

对于担保人之间能否互相追偿问题,原则上不能,但有三种例外(《民法典担保制度解释》第 13 条):(1)有约从约;(2)连带共同担保,即担保人之间约定承担连带共同担保,各担保人按照比例分担向债务人不能追偿的部分;(3)各担保人在同一份合同书上签字、盖章或按指印。本题中,丙公司和丁互相并不知道对方的存在,不属于上述三种例外。因此,二者不可以互相追偿。故 B 项错误。

考点 37 抵押权的设立

173．区分原则;实际履行;违约损害赔偿 [ACD] (原答案为 CD)]

[解析] 丙、乙约定丙以其房屋为乙设立抵押权,但未办理抵押登记,根据《民法典》第 402 条的规定,抵押权未设立,乙对丙的房屋不享有抵押权;但是,根据《民法典》第 215 条规定的区分原则,丙、乙已就抵押合同的主要条款达成一致,房屋抵押合同已成立并生效。《民法典》第 399 条规定:"下列财产不得抵押:……(五)依法被查封、扣押、监管的财产……"依据上述规定,由于房屋属于禁止抵押的财产,则使抵押合同义务陷于"履行不能"。但是,《民法典担保制度解释》第 37 条第 2 款和第 3 款规定:"当事人以依法被查封或者扣押的财产抵押,抵押权人请求行使抵押权,经审查查封或者扣押措施已经解除的,人民法院应予支持。抵押人以抵押权设立时财产被查封或扣押为由主张抵押合同无效的,人民法院不予支持。以依法被监管的财产抵押的,适用前款规定。"据此,被查封、扣押或监管的财产,并非不能抵押,但要实现抵押权,以查封、扣押或监管措施已经解除为前提。因此,虽然丙的房屋被查封,乙仍然可以要求丙继续履行担保合同,办理房屋抵押登记,故 A 项正确。由于丙没有按约定办理抵押登记,若给乙带来损失,乙有权请求赔偿,故 D 项正确

乙、丙之间的行为,虽然没有设立担保物权,但约定了丙以房屋为基础承担责任,尽管乙对于房屋没有优先受偿权,但是此约定是有效的,丙应当按照约定以房屋价值为限承担责任;但是,乙无权要求丙以自身全部财产承担担保义务。故 B 项错误,C 项正确。

174．动产质权;动产抵押权;物权变动 [AB]

[解析] 根据《民法典》第 425 条第 1 款,为担保债务的履行,债务人或者第三人将其动产出质给债权人占有的,债务人不履行到期债务或者发生当事人约定的实现质权的情形,债权人有权就该动产优先受偿。因此,轿车作为动产,可依法设立动产质权。故 A 项正确。《民法典》第 429 条规定:"质权自出质人交付质押财产时设立。"因此,动产质权的设立以交付为生效要件。故 C 项错误。

根据《民法典》第 395 条的规定,交通运输工具可以设立动产抵押权。因而轿车作为动产可以设立抵押权,故 B 项正确。《民法典》第 403 条规定:"以动产抵押的,抵押权自抵押合同生效时设立;未经登记,不得对抗善意第三人。"动产抵押权的设立无须公示,登记只是动产抵押权的对抗要件而非生效要件。故 D 项错误。

175．夫妻个人债务和共同债务的认定;抵押合同的效力与抵押权的设定 [D]

[解析] 乙、丙之间是个人之间的借款关系,根据《民法典》第 679 条规定:"自然人之间的借款合同,自贷款人提供借款时成立。"乙、丙之间自实际交付借款时合同成立,而依法成立的合同,成立时即生效,既然乙已经瞒着甲向丙借了 100 万元供个人使用,则借款合同自借款交付之时生效,故 B 项错误。

《民法典》第 1064 条第 2 款规定:"夫妻一方在婚

姻关系存续期间以个人名义超出家庭日常生活需要所负的债务,不属于夫妻共同债务;但是,债权人能够证明该债务用于夫妻共同生活、共同生产经营或者基于夫妻双方共同意思表示的除外。"本题中,题干已经明确为乙借款供个人使用,该借款应当认定为是其个人债务,应当用个人财产清偿,甲对该借款不负连带还款义务,故 C 项错误。

《民法典》第 301 条规定:"处分共有的不动产或者动产以及对共有的不动产或者动产作重大修缮、变更性质或者用途的,应当经占份额三分之二以上的按份共有人或者全体共同共有人同意,但是共有人之间另有约定的除外。"据此,房子是夫妻共同财产,乙擅自将房屋抵押的行为是无权处分。《民法典》第 215 条规定:"当事人之间订立有关设立、变更、转让和消灭不动产物权的合同,除法律另有规定或者当事人另有约定外,自合同成立时生效;未办理物权登记的,不影响合同效力。"据此,只要没有法律特别规定或当事人特别约定,因无权处分订立的合同,无权处分不影响合同的效力。虽然乙属于无权处分,抵押合同并非无效,故 A 项错误。

根据善意取得的规定,要善意取得不动产物权,需名义登记的非真实权利人实施了无权处分行为。本题中,房屋登记在甲名下,乙不是房屋的名义登记人,故丙不符合善意的要求,不能构成善意取得抵押权。错误的抵押登记构成对所有权的"不法妨害",甲作为房屋的共同共有人,有权行使排除妨害请求权,或者申请更正登记,请求撤销丙的抵押登记。故 D 项正确。【特别提醒】本题 D 选项表述有些不恰当,应当是撤销抵押登记,而不是撤销抵押权。

176.不动产抵押权的设定;无因管理的构成和效力[AC]

[解析] 依《民法典》第 402 条的规定,用不动产及法定的不动产权利设定抵押的,应当办理登记,未办理抵押登记,抵押权不能设立。本题中,乙与银行未办理抵押登记,房屋抵押权未设立,故 D 项错误。

根据《民法典》第 215 条确立的区分原则,乙未办理抵押登记,不发生物权变动,房屋抵押权未设立;但未办理抵押登记不影响抵押合同的成立与生效,乙与银行就房屋抵押合同的主要条款达成一致,且无效力瑕疵,抵押合同成立并生效,后因乙将房屋出售给丙致使不能为银行抵押登记,构成违约。故 A 项正确。

乙将房屋所有权转让于丙,丙虽然知情,但根据题目所称信息也不能认定丙与乙恶意串通,所以丙与乙的买卖合同有效,双方办理过户登记后,丙取得房屋所有权。借款合同发生在乙和银行之间,丙没有义务代银行还款。故 B 项错误。如果丙偿还了债务,则构成代为清偿,清偿后,可以向债务人甲追偿。故 C 项正确。

177.抵押权的设立;不动产设定抵押未登记时的违约责任[D]

[解析] 不动产抵押以登记为生效要件,未经登记抵押权不能设立,但抵押合同有效。故 A、B、C 项均错误。

《民法典担保制度解释》第 46 条第 3 款规定:"因抵押人转让抵押财产或者其他可归责于抵押人自身的原因导致不能办理抵押登记,债权人请求抵押人在约定的担保范围内承担责任的,人民法院依法予以支持,但是不得超过抵押权能够设立时抵押人应当承担的责任范围。"本题中,抵押人丙经催告后无故不办理抵押登记,显然属于恶意,具有过错,债权人乙可主张丙在抵押合同约定的抵押物价值范围内承担违约责任。故 D 项正确。【关联记忆】根据上述司法解释,抵押财产因不可归责于抵押人自身的原因灭失或者被征收等导致不能办理抵押登记,债权人请求抵押人在约定的担保范围内承担责任的,人民法院不予支持;但是抵押人已经获得保险金、赔偿金或者补偿金等,债权人请求抵押人在其所获金额范围内承担赔偿责任的,人民法院依法予以支持。

考点 38 抵押物的转让

178.抵押物的转让;抵押权消灭的事由[ABC]

[解析]《民法典》第 406 条规定:"抵押期间,抵押人可以转让抵押财产。当事人另有约定的,按照其约定。抵押财产转让的,抵押权不受影响。抵押人转让抵押财产的,应当及时通知抵押权人。抵押权人能够证明抵押财产转让可能损害抵押权的,可以请求抵押人将转让所得的价款向抵押权人提前清偿债务或者提存。转让的价款超过债权数额的部分归抵押人所有,不足部分由债务人清偿。"据此,相对于原《物权法》的规定,《民法典》的规定发生重大变化,抵押人转让抵押物,不需要经过抵押权人同意;只有当抵押权人证明了转让可能危及抵押权时,方可请求将转让的价款提前清偿或提存。故 A、C 项正确。

由于抵押权是从权利,故当丙代为清偿主债务后,随主债权的消灭,抵押权自然也消灭,故 B 项正确。

本题中,抵押合同中并没有约定抵押人对于全部债权额承担担保责任,故拍卖抵押物后,若不能满足债权人需要,抵押人不再承担责任,不足部分应由债务人清偿,故 D 项错误。

179.动产抵押权的设立;抵押物的转让[C]

[解析]《民法典》第 403 条规定:"以动产抵押的,抵押权自抵押合同生效时设立;未经登记,不得对抗善意第三人。"故 A 选项错误。

《民法典》第 406 条第 2 款规定:"抵押人转让抵

押财产的,应当及时通知抵押权人。抵押权人能够证明抵押财产转让可能损害抵押权的,可以请求抵押人将转让所得的价款向抵押权人提前清偿债务或者提存。转让的价款超过债权数额的部分归抵押人所有,不足部分由债务人清偿。"据此,抵押权存续期间,抵押人转让抵押财产无须经抵押权人同意。魏某未经抵押权人银行同意,将抵押的棉花转让给温某,属于有权处分,自向温某完成交付时起,温某取得所购棉花的所有权。故 B 选项错误。

《民法典》第 404 条规定:"以动产抵押的,不得对抗正常经营活动中已支付合理价款并取得抵押财产的买受人。"据此,若魏某将棉花转让给温某属"正常经营活动",并且温某"已支付合理价款"并"取得抵押财产",银行的抵押权消灭。同时,题目交代温某已经将棉花"消耗殆尽",抵押物已灭失,银行对棉花的抵押权也已经消灭。故 C 选项正确。

因魏某转让抵押财产致银行抵押权消灭,担保的债权不能获得优先受偿所遭受的损失,银行有权请求魏某承担违约损害赔偿或者侵权损害赔偿。但温某对银行因此遭受的损失无过错,不承担责任。故 D 选项错误。

考点39 **抵押权的顺位**

180．抵押权顺位的变更[C]

[解析]《民法典》第 414 条第 1 款规定:"同一财产向两个以上债权人抵押的,拍卖、变卖抵押财产所得的价款依照下列规定清偿:(一)抵押权已经登记的,按照登记的时间先后确定清偿顺序;(二)抵押权已经登记的先于未登记的受偿;(三)抵押权未登记的,按照债权比例清偿。"因此,甲、乙、丙的抵押权顺位是甲第一顺位,乙第二顺位,丙第三顺位。《民法典》第 409 条第 1 款规定:"抵押权人可以放弃抵押权或者抵押权的顺位。抵押权人与抵押人可以协议变更抵押权顺位以及被担保的债权数额等内容。但是,抵押权的变更,未经其他抵押权人书面同意的,不得对其他抵押权人产生不利影响。"本题中,甲和丙欲变更他们的抵押权顺位,变更只需两个要件:(1)甲、丙达成合意;(2)办理抵押权顺位的变更登记(因属于基于法律行为的不动产物权变动)。可见,甲、丙变更抵押权的顺位无须经过乙的同意。经过这一变更,抵押权顺位变成了丙第一顺位,乙第二顺位,甲第三顺位。

根据《民法典》第 409 条第 1 款的规定,一方面,如果变更经过了乙的书面同意,因变更对乙产生的不利影响对乙发生效力。也就是房屋变卖所得的价款依序按照丙第一顺位、乙第二顺位、甲第三顺位分配,另一方面,如果变更没有经过乙的书面同意,因甲、丙顺位变更对乙产生的不利影响对乙不发生效力。本题中,因甲、丙变更顺位未经乙的书面同意,故因变更

产生的不利影响不能对乙发生效力。房屋拍卖所得的 600 万元;丙作为第一顺位分配 300 万元(丙剩余的 200 万元债权成为无担保的普通债权);乙作为第二顺位分配 300 万元;甲作为第三顺位不能分得。故 C 项正确。

181．抵押权的顺位；抵押物的处分[C]

[解析]《民法典》第 406 条规定:"抵押期间,抵押人可以转让抵押财产。当事人另有约定的,按照其约定。抵押财产转让的,抵押权不受影响。抵押人转让抵押财产的,应当及时通知抵押权人。抵押权人能够证明抵押财产转让可能损害抵押权的,可以请求抵押人将转让所得的价款向抵押权人提前清偿债务或者提存。转让的价款超过债权数额的部分归抵押人所有,不足部分由债务人清偿。"据此,设定抵押期间,抵押人可以转让抵押财产,但不影响抵押权的实现。因此,本题中,设定抵押后,转让抵押财产,是有权处分,订立合同为当事人的真实意思,故合同有效,且在无当事人约定不能转让时,不影响物权变动。故 D 项错误。

同一财产上设立两个以上抵押权且均办理了登记的,按照登记的先后顺序优先受偿。如果只有一个抵押权人,当抵押权人变为抵押财产的所有人时,根据混同的原理,此时抵押权消灭,但是,当有两个以上的抵押权人时,顺位在前的抵押权人成为抵押财产的所有人的,抵押权不消灭,因为要保留顺位在前的抵押权对抗顺位在后的抵押权。本题中,顺位在前的抵押权人乙变成了抵押财产的所有人,故乙的抵押权不消灭,丙的抵押权顺位在后,也不会消灭。故 A、B 项错误,C 项正确。

考点40 **抵押权人的权利**

182．抵押权保全请求权；代位权；返还原物请求权[AB]

[解析]丙强行进入甲的房屋居住,属于侵夺甲对房屋的占有,甲对丙享有《民法典》第 462 条规定的占有回复请求权。同时,丙对甲的房屋的占有属于无权占有,甲对丙享有《民法典》第 235 条规定的返还原物请求权。根据《民法典》第 408 条的规定,抵押权人乙享有保全请求权。如果甲怠于对丙行使前述权利,则甲的不作为(不作为也是行为的一种)会导致抵押财产价值降低。因此,抵押权人乙可以行使保全请求权,请求甲停止不作为的行为对丙行使返还请求权。故 A 项正确。

本题中,甲对乙的欠款已经到期,抵押权人乙可行使其抵押权。同时,乙银行可以请求甲将对丙的返还请求权转让给自己。故 B 项正确。

按照《民法典》第 535 条的规定,债权人可以代位行使的权利仅限于债务人对次债务人享有的"债权"。本题中,甲对丙享有的是物权请求权,不是债权请求

权,因此不符合代位权行使的要件。故 C 项错误。

抵押权人是否享有返还原物请求权,有争议:一种观点认为,抵押权不以占有为内容,故抵押权人不享有返还原物请求权;另一观点认为,抵押权虽不以占有为内容,但第三人无权占有抵押物的,极有可能导致抵押财产价值减少,因此抵押权人对无权占有人享有返还原物请求权,但抵押权人对无权占有人行使返还原物请求权时,不能请求无权占有人将标的物返还给自己,只能请求无权占有人将标的物返还给抵押人。本题的命题人采第一种观点,认为乙银行对丙不享有返还原物请求权。故 D 项错误。

考点41 动产浮动抵押

183．动产浮动抵押 [C]

[解析]《民法典》第396条规定:"企业、个体工商户、农业生产经营者可以将现有的以及将有的生产设备、原材料、半成品、产品抵押,债务人不履行到期债务或者发生当事人约定的实现抵押权的情形,债权人有权就抵押财产确定时的动产优先受偿。"动产浮动抵押的特点之一就是,只要《民法典》第411条规定的情形没有出现,动产浮动抵押的客体就尚未确定。故 A 项错误。

《民法典》第403条规定:"以动产抵押的,抵押权自抵押合同生效时设立;未经登记,不得对抗善意第三人。"可见,动产抵押的设立采登记对抗主义,抵押权的设立无需登记,但未登记的不得对抗善意第三人。故 B 项错误,C 项正确。

《民法典》第404条规定:"以动产抵押的,不得对抗正常经营活动中已经支付合理价款并取得抵押财产的买受人。"该条规定限制了动产抵押权的效力。据此,不管动产抵押(无论是普通动产抵押,还是动产浮动抵押)是否办理抵押登记,均不能对抗正常经营活动中已支付合理价款并取得抵押财产的买受人。也即在正常的经营活动中转让抵押物,只要买受人已经支付合理价款且受让占有,转让的抵押物就自动解除抵押关系,不再属于抵押财产。故 D 项错误。

184．动产浮动抵押 [AD]

[解析]《民法典》第396条规定:"企业、个体工商户、农业生产经营者可以将现有的以及将有的生产设备、原材料、半成品、产品抵押,债务人不履行到期债务或者发生当事人约定的实现抵押权的情形,债权人有权就抵押财产确定时的动产优先受偿。"A 项中的财产为现有产品,动产可以作为浮动抵押标的。故 A 项正确。

《民法典》第406条规定:"抵押期间,抵押人可以转让抵押财产。当事人另有约定的,按照其约定。抵押财产转让的,抵押权不受影响。抵押人转让抵押财产的,应当及时通知抵押权人。……"据此,抵押人转让抵押财产无需征得抵押权人同意,及时通知抵押权人即可。故 B 项错误。

《民法典》第404条规定:"以动产抵押的,不得对抗正常经营活动中已经支付合理价款并取得抵押财产的买受人。"据此可知,动产抵押,抵押登记并非可以对抗任何善意第三人。故 C 项错误。

《民法典》第411条规定:"依据本法第三百九十六条规定设定抵押的,抵押财产自下列情形之一发生时确定:(一)债务履行期限届满,债权未实现;……"本题中,借款到期未还,债权没有实现,因此抵押财产此时可以确定。故 D 项正确。

185．动产浮动抵押权 [BD]

[解析]《民法典》第396条规定了动产浮动抵押:"企业、个体工商户、农业生产经营者可以将现有的以及将有的生产设备、原材料、半成品、产品抵押,债务人不履行到期债务或者发生当事人约定的实现抵押权的情形,债权人有权就抵押财产确定时的动产优先受偿。"最高额抵押是指抵押人与抵押权人协议,在最高债权限额内,以抵押物对一定期间内连续发生的债权作担保的情形。本题中,甲公司以其现有的以及将有的生产设备、原材料、产品设定抵押,属于动产浮动抵押。故 A 项错误。

《民法典》第403条规定:"以动产抵押的,抵押权自抵押合同生效时设立;未经登记,不得对抗善意第三人。"第404条规定:"以动产抵押的,不得对抗正常经营活动中已经支付合理价款并取得抵押财产的买受人。"由此可知,动产抵押登记只具有对抗效力,抵押权自抵押合同生效时成立。动产抵押设立后,为了保障交易安全,乙银行的抵押权不得对抗在正常经营活动中已支付合理价款并取得抵押财产的买受人。故 B、D 项正确,C 项错误。

186．浮动抵押;抵押人转让权;动产抵押登记的效力;抵押权期间 [ABD]

[解析] 根据《民法典》第406条规定,抵押期间,抵押人可以转让抵押财产,但应当及时通知抵押权人。抵押财产转让的,抵押权不受影响。因此,抵押人甲公司可以转让生产设备,由于生产设备是动产,在交付给丙公司后所有权转移,故 A 项正确。

《民法典》第403条规定:"以动产抵押的,抵押权自抵押合同生效时设立;未经登记,不得对抗善意第三人。"本题中,乙银行的抵押权办理了登记,可以对抗第三人。《民法典》第404条规定:"以动产抵押的,不得对抗正常经营活动中已经支付合理价款并取得抵押财产的买受人。"根据《民法典担保制度解释》第56条第2款规定,这里的正常经营活动,是指出卖人的经营活动属于其营业执照明确记载的经营范围,且出卖人持续销售同类商品。本题中,生产设备本身不是正常经营活动中抵押人持续销售的商品,故银行的抵押权可以对抗买受人丙公司,就该生产设备主张优先受偿权。故 B 项正确,C 项错误。

《民法典》第 419 条规定:"抵押权人应当在主债权诉讼时效期间行使抵押权;未行使的,人民法院不予保护。"据此,主债权诉讼时效经过,行使抵押权不获支持,故 D 项正确。

考点 42 最高额抵押

187. 最高额抵押权的效力;抵押权的实现期间 [BD]

[解析] 根据《民法典》第 420 条第 1 款的定义,张某以其房屋为乙公司设立最高额抵押权,担保甲对乙负担的债务。《民法典》第 420 条第 2 款规定:"最高额抵押权设立前已经存在的债权,经当事人同意,可以转入最高额抵押担保的债权范围。"据此,张某与乙约定,最高额抵押权设立之前甲欠乙 300 万元,纳入最高额抵押权担保的范围之内,这样最高额抵押权担保的范围为 400 万元。故 A 项错误,B 项正确。

《民法典》第 424 条规定:"最高额抵押权除适用本节规定外,适用本章第一节的有关规定。"第 419 条规定:"抵押权人应当在主债权诉讼时效期间行使抵押权;未行使的,人民法院不予保护。"据此,抵押权的实现期间为主债权的诉讼时效期间。故 C 项错误,D 项正确。【陷阱点拨】本题中明确约定了债权确定期间为 1 年,但是选项中设定的问题却是抵押权的期间,切勿把二者的概念弄混。

188. (1) 抵押权;保证 [BC]

[解析]《民法典》第 420 条第 2 款规定:"最高额抵押权设立前已经存在的债权,经当事人同意,可以转入最高额抵押担保的债权范围。"即如果当事人同意,可以将之前的债务转入最高额抵押的范围。故 A 项错误,B 项正确。

《民法典》第 690 条规定:"保证人与债权人可以协商订立最高额保证的合同,约定在最高债权额限度内就一定期间连续发生的债权提供保证。最高额保证除适用本章规定外,参照适用本法第二编最高额抵押权的有关规定。"据此,设立最高额保证的,除适用民法关于"保证"的规定外,还准用《民法典》关于"最高额抵押"的规定。参照最高额抵押的规定,在没有特别约定的情况下,最高额保证中的保证人只对在最高额保证设定之后发生的债务承担责任,对最高额保证成立前(2013 年 5 月 6 日前)甲对乙已经享有的水泥价款债权不承担最高额保证责任。故 C 项正确。

《民法典》第 695 条第 1 款规定:"债权人和债务人未经保证人书面同意,协商变更主债权债务合同内容,减轻债务的,保证人仍对变更后的债务承担保证责任;加重债务的,保证人对加重的部分不承担保证

责任。"据此,保证期间,未经保证人丙书面同意,债权人甲与债务人乙协议加重债务,保证人丙对加重的债务不承担保证责任,仅仅应对原来的债务承担保证责任,不存在减轻责任的问题。故 D 项错误。

(2) 抵押权的从属性 [C]

[解析]《民法典》第 421 条规定:"最高额抵押担保的债权确定前,部分债权转让的,最高额抵押权不得转让,但是当事人另有约定的除外。"本题中,2013 年 11 月,尚未到约定的债权确定期限,此时,在没有特别约定的情形下,如果转让已经发生的债权,对于最高额抵押没有任何影响,最高额抵押不随债权的部分转让而转让。其原因在于,最高额抵押是为了担保未来债权而存在的物保,不能因为过去已经发生的部分债权转让而受到影响。这就意味着,债权可以转让,但是,不能给最高额抵押带来影响。故 C 项正确,A、B、D 项错误。

189. 最高额抵押 [ACD]

[解析] 最高额抵押,是指为担保债务的履行,债务人或者第三人对一定期间内将要连续发生的债权提供担保财产,债务人不履行到期债务或者发生当事人约定的实现抵押权的情形,抵押权人有权在最高债权额限度内就该担保财产优先受偿的抵押担保制度。此种担保制度的特点在于,先设定抵押且在抵押合同中预定最高额,当债权确定之时,在预定最高额的限度内债权人可就抵押物的价值优先受偿。如果实际发生的债权余额低于预定最高额,以实际发生的债权余额为限优先受偿;如果实际发生的债权余额高于预定最高额,则以预定最高额为限优先受偿。据此,A 项正确。

《民法典》第 420 条第 2 款规定:"最高额抵押权设立前已经存在的债权,经当事人同意,可以转入最高额抵押担保的债权范围。"据此,如果当事人同意,可以将最高额抵押设定之前的债务转入最高额抵押担保的范围,这种行为的实质是,债权人用自己未来的担保额度换取了对过去债权的担保,B 项错误。

《民法典》第 422 条规定:"最高额抵押担保的债权确定前,抵押权人与抵押人可以通过协议变更债权确定的期间、债权范围以及最高债权额。但是,变更的内容不得对其他抵押权人产生不利影响。"据此,只要没有给利害关系人带来不利影响,在抵押物价值范围内,可以变更预定最高额,C 项正确。

《民法典》第 421 条规定:"最高额抵押担保的债权确定前,部分债权转让的,最高额抵押权不得转让,但是当事人另有约定的除外。"据此,在债权确定前,原则上,债权部分转让的,最高额抵押不随之转让,但是,如果当事人另有约定,可依照约定转让,据此,D 项正确。

考点 43 动产质权

190．质权的设立[C]

[解析]《民法典》第427条第1款规定:"设立质权,当事人应当采用书面形式订立质押合同。"第429条规定:"质权自出质人交付质押财产时设立。"本题中,甲、乙之间签订了质押合同。质权的设定过程中,严格区分负担行为与处分行为,质押合同作为负担行为,达成协议之时即为有效,故A项错误。

本题中,签订质权合同的是乙与甲,是乙将自己的一块红木出质于甲,因此丙不可能获得质权,故B项错误。

在签订质权合同之后,甲、丙签订了委托合同,甲委托丙代自己占有红木,丙占有红木是基于甲的委托,尽管甲没有直接、亲自占有红木,但是丙实际上是根据甲的指示进行的占有。丙占有红木后,基于甲丙的委托合同,丙占有所产生的法律效果直接归属于甲。因此,乙将红木交给丙后,构成了对甲的交付,交付后,甲获得质权。故C项正确,D项错误。

191．转质[AC]

[解析] 转质,在本题中,是指在乙的质权存续期间,乙以质权人身份、以自己的名义将质物出质给丙,为丙设立质权。

承诺转质,在本题中,指乙经过甲同意后,将相机转质给丙。承诺转质的效力有三:(1)转质期间,质物(相机)毁损、灭失,乙对甲承担过错责任(无过错不承担赔偿责任)。(2)丙的转质权优先于乙的质权。(3)丙的转质权具有独立性,包括:丙转质权优先受偿的范围不受乙质权的限制;乙的质权消灭,丙的转质权不因此受影响;丙行使转质权不以乙的质权具备行使条件为前提。故A选项正确,B选项错误。

责任转质,在本题中,是指乙未经甲同意,将相机转质给丙。《民法典》第431条规定:"质权人在质权存续期间,未经出质人同意,擅自使用、处分质押财产,造成出质人损害的,应当承担赔偿责任。"责任转质的效力有三:(1)转质期间,质物(相机)毁损、灭失的,丙对甲承担过错责任,乙对甲承担绝对无过错责任(即使质物因不可抗力灭失,乙亦须对甲承担赔偿责任)。(2)丙的转质权优先于乙的质权。(3)丙的转质权不具有独立性,而具有从属性,包括:丙转质权优先受偿的范围以乙的质权为限;乙的质权消灭,丙的转质权亦因此消灭;丙行使转质权以乙的质权具备行使条件为前提。故C选项正确,D选项错误。

考点 44 权利质权

192．权利质权[D]

[解析]《民法典》第440条规定:"债务人或者第三人有权处分的下列权利可以出质:(一)汇票、本票、支票;(二)债券、存款单;(三)仓单、提单;(四)可以转让的基金份额、股权;(五)可以转让的注册商标专用权、专利权、著作权等知识产权中的财产权;(六)现有的以及将有的应收账款;(七)法律、行政法规规定可以出质的其他财产权利。"因此,本题中A、B、C三项均可设定权利质权,不当选。权利质权的客体仅限于法律明文规定的民事权利,这是物权法定原则的要求。根据上述法条,房屋所有权不属于权利质权的法定范围。故D项当选。

193．债权质权[D]

[解析] 本题涉及债权质权的设立及设立后的效力,对于设立后的效力问题,我国现行法尚无明文规定。根据通说观点,设立债权质权,法无明文规定的情形,准用关于债权转让的规定。《民法典》第546条第1款规定:"债权人转让债权,未通知债务人,该转让对债务人不发生效力。"据此,以债权为标的设立权利质权时,出质人或者质权人应通知债务人,该通知的效力在于:(1)通知债务人并非权利质权的设立要件,未通知债务人的,不影响质权的设立。故A项正确,不当选。(2)未通知债务人的,该权利质权不具有对抗债务人的效力,质权人不得直接向债务人主张权利;债务人向债权人清偿的,将发生清偿的法律效果。故B项正确,不当选。(3)通知了债务人的,债务人即不应当再向债权人履行。根据民法理论,该权利质权设立并通知债务人后,该权利质权的效力之一是:债权人受领债务人清偿的权限即被冻结,债务人对债权人履行债务(包括部分履行)的,不发生清偿的法律效果。故C项正确,不当选;D项错误,当选。【思路拓展】对于D项,为何债权一旦出质,要全部冻结呢?此处的法理基础在于,与一般具有确定价值的动产不同,这10万元的债权,到底能否实现其实是不确定的,因此,全部冻结可以更好地保障质权人的利益。换个角度来看,担保物权具有"不可分性",担保物的每一部分都担保着债权的全部。即"甲对乙10万元债权的每一部分"都担保着"丙的5万元债权的全部"。因此,丙的债权质权设立并通知乙后,不仅乙对甲的"全部履行行为被冻结",乙对甲的"部分履行行为亦被冻结"。

194．债权质权;担保物权的从属性;流质条款;反担保[D]

[解析] 在本题中,甲公司享有的债权质权是为了担保甲在承担保证责任后向乙的追偿权的实现,即反担保。所谓反担保,是指第三人为债务人向债权人提供担保时,由债务人或者债务人以外的其他人向第三人提供的确保第三人对债务人的追偿权得以实现的一种担保。这意味着,甲享有的债权质权,相对于其所担保的追偿权而言,是从权利,追偿权是主权利。当乙公司依约定向银行清偿了贷款之后,银行对于乙

享有的债权消灭,此时,银行对甲享有的保证权作为从权利也随之而消灭。既然保证权已经消灭,则甲作为保证人,承担保证责任之后的追偿权自然也就不再存在,这意味着甲的债权质权所担保的主权利消灭。担保物权作为从权利,随着主权利的消灭而消灭,因此,甲的债权质权会随之而消灭。故 A 项错误。

《民法典》第 546 条第 1 款规定:"债权人转让债权,未通知债务人的,该转让对债务人不发生效力。"据此,即使经过甲的同意,乙可将对丙的债权转让给丁,但因未通知债务人丙,故该债权转让对债务人丙不发生效力,丁无权请求丙对自己履行。故 B 项错误。

《民法典》第 428 条规定:"质权人在债务履行期限届满前,与出质人约定债务人不履行到期债务时质押财产归债权人所有的,只能依法就质押财产优先受偿。"第 446 条规定:"权利质权除适用本节规定外,适用本章第一节的有关规定。"因此,不管是权利,还是动产,在设定质权时,都不能约定流质条款,即直接约定如果债务人到期不履行债务,财产直接归债权人所有。故 C 项错误。

债权质权,是准用法律关于债权转让的规定。根据《民法典》第 548 条规定:"债务人接到债权转让通知后,债务人对让与人的抗辩,可以向受让人主张。"因此,若乙公司将债权出质的事实通知了丙公司,丙公司可向甲公司主张其基于供货合同而对乙公司享有的抗辩。故 D 项正确。

195. 债权质权;担保人之物的有限责任;抵销[C]

[解析] 根据民法理论,债权质权适用债权转让的规定。《民法典》第 568 条第 1 款规定:"当事人互负债务,该债务的标的物种类、品质相同的,任何一方可以将自己的债务与对方的到期债务抵销;但是,根据债务性质、按照当事人约定或者依照法律规定不得抵销的除外。"本案中,甲对于乙享有 10 万元的债权,同时乙对甲也享有 2 万元的债权并且已经到期,而且两者都是普通的金钱债务,因此,乙可以向甲主张抵销。又根据《民法典》第 548 条规定:"债务人接到债权转让通知后,债务人对让与人的抗辩,可以向受让人主张。"第 549 条规定:"有下列情形之一的,债务人可以向受让人主张抵销:(一)债务人接到债权转让通知时,债务人对让与人享有债权,且债务人的债权先于转让的债权到期或者同时到期;(二)债务人的债权与转让的债权是基于同一合同产生。"据此,乙公司接到丙银行债权质权设立的通知时,乙公司对甲公司享有 2 万元到期债权,乙公司可对质权人丙银行主张抵销。抵销后,丙银行对债权质权的标的(出质债权)仅剩 8 万元。故 C 项正确。

196. 权利质权;权利质权标的物的转让[BCD]

[解析] 《民法典》第 445 条第 1 款规定:"以应收账款出质的,质权自办理出质登记时设立。"故 A 选项错误。

登记为王五权利质权设立的生效要件,但是,根据区分原则,未办理出质登记,只是不能发生权利质权设立的物权效力,但不影响张三、王五间质押合同的生效。故 B 选项正确。

《民法典》第 445 条第 2 款规定:"应收账款出质后,不得转让,但是经出质人与质权人协商同意的除外。出质人转让应收账款所得的价款,应当向质权人提前清偿债务或者提存。"据此,权利质押期间,未经权利质押人王五同意,出质人张三不得转让出质的应收账款债权,张三擅自转让的,属于无权处分,马六不能取得该应收账款债权。故 C 选项正确。

若王五同意张三将对李四的应收账款债权转让给马六,根据通说观点,转让所得价款为权利质权的代位物,基于担保物权的物上代位性,权利质权人王五有权就转让所得价款优先受偿,张三对王五的债务尚未到期的,可对转让所得价款予以"担保提存"。故 D 选项正确。

考点 45 留置权

197. 商事留置权[C]

[解析] 在我国,抵押权与动产质权均为意定担保物权,须经当事人合意设立,不存在法定抵押权和法定动产质权。因辽西公司与辽东公司无设立动产抵押权或者动产质权的合意,因而,辽西公司扣留电脑的行为不可能属于行使动产抵押权或者动产质权的行为。故 A、B 项错误。

《民法典》第 448 条规定:"债权人留置的动产,应当与债权属于同一法律关系,但是企业之间留置的除外。"据此,企业之间留置的,不要求留置的动产与担保的债权具有同一法律关系。另根据《民法典担保制度解释》第 62 条第 2 款的规定,若企业之间留置的动产与债权并非同一法律关系,则要求该债权属于企业持续经营中发生的债权才可以留置。本题中,辽西公司与辽中公司签订电脑买卖合同,并且辽中公司已经以指示交付的方式完成了电脑的交付,电脑的所有权已经属于辽东公司。同时,由于辽东公司欠辽西公司货款 200 万元,并且辽西公司基于经营活动依法占有应交付给辽东公司的电脑,虽然电脑和 200 万元货款不属于同一法律关系,但双方均为企业,且属于企业持续经营中发生的债权,辽西公司可以行使商事留置权,依法留置电脑。故 C 项正确。

《民法典》第 1177 条规定:"合法权益受到侵害,情况紧迫且不能及时获得国家机关保护,不立即采取措施将使其合法权益受到难以弥补的损害的,受害人可以在保护自己合法权益的必要范围内采取扣留侵权人的财物等合理措施;但是,应当立即请求有关国家机关处理。受害人采取的措施不当造成他人损害的,应当承担侵权责任。"据此,自助行为的构成要件有四:(1)请求权有遭受损害之虞;(2)情势紧迫,来不及请求公力救济,且不实施自助势必导致请求权难以实现或者无从实现;(3)不超过必要的限度;(4)事后及时请求公力救济。本题中,并不存在紧迫的情势,辽西公司不享有自助的权利。故 D 项错误。

198．留置权;返还原物请求权[AC]

[解析] 返还原物请求权的构成要件有三:(1)请求人为物权人;(2)被请求人为无权占有人;(3)请求时被请求返还的标的物依然存在。本题中,小贝是足球的所有权人,老马对足球的占有属于无权占有,所以,小贝对老马享有返还原物请求权,故 A 项正确。

小贝既没有无权占有老马的花瓶,也没有对花瓶的所有权构成妨害或者妨害的危险,因此,老马对小贝没有物权请求权,故 B 项错误。

小贝的行为侵犯了老马权利,构成侵权,据此,老马可以对小贝主张侵权损害赔偿,自民法理论观之,侵权损害赔偿请求权明显是债权请求权,故 C 项正确。

留置权的成立,通常以合法占有债务人的财产为基础,如果没有合法占有的前提,则留置权不能成立,本题中,老马占有足球,缺少正当理由,故不构成合法占有,不能留置,故 D 项错误。

199．留置权的构成[C(原答案为 CD)]

[解析]《民法典》第 447 条规定,债务人不履行到期债务,债权人可以留置已经合法占有的债务人的动产,并有权就该动产优先受偿。本题 A 选项中的债务未到期,因此张某不得留置。故 A 项错误。

《民法典》第 448 条规定:"债权人留置的动产,应当与债权属于同一法律关系,但是企业之间留置的除外。"B 项中,刘某的债权与方某的家具不属于同一法律关系,刘某无权对家具行使留置权。故 B 项错误。

C 项中,寄存处与丁某之间是保管合同关系,当丁某不支付保管费时,寄存处可以留置该行李。故 C 项正确。

根据《民法典》第 448 条的规定,商事留置权的成立不要求留置的动产与被担保的债权属于同一法律关系。但是需注意,《民法典担保制度解释》第 62 条第 2 款规定:"企业之间留置的动产与债权并非同一法律关系,债务人以该债权不属于企业持续经营中发生的债权为由请求债权人返还留置财产的,人民法院应予支持。"本条款对不属于同一法律关系的商事留置作出了限制,即:如果留置的动产与债权不属于同一法律关系,只有对于企业持续经营中发生的债权,债权人才可以行使留置权。D 项表述的关系中,甲公司的借款不属于企业持续经营中发生的债权,因此甲公司不可以行使留置权。故 D 项错误。

200．留置权的构成、行使和消灭;占有返还请求权[BC]

[解析] 依《民法典》第 447 条的规定,债务人不履行到期债务,债权人可以留置已经合法占有的债务人的动产,并有权就该动产优先受偿。本题中,王某作为电脑的承租人,将电脑交给康成电脑维修公司维修而拒付维修费,康成公司有权请求王某支付电脑维修费,也有权将电脑留置。但依《民法典》第 453 条第 1 款规定:"留置权人与债务人应当约定留置财产后的债务履行期限;没有约定或者约定不明确的,留置权人应当给债务人六十日以上履行债务的期限,但是鲜活易腐等不易保管的动产除外。债务人逾期未履行的,留置权人可以与债务人协议以留置财产折价,也可以就拍卖、变卖留置财产所得的价款优先受偿。"本题中没有约定留置权的行使期间,因此至少要给对方 60 日的时间。故 A 项错误。

《民法典》第 457 条规定:"留置权人对留置财产丧失占有或者留置权人接受债务人另行提供担保的,留置权消灭。"当李某将电脑偷回以后,留置权人丧失了对于留置物的占有,则丧失留置权,故 B 项正确。

李某将电脑偷回的行为,侵犯了康成公司作为留置权人的占有。《民法典》第 462 条规定:"占有的不动产或者动产被侵占的,占有人有权请求返还原物;对妨害占有的行为,占有人有权请求排除妨害或者消除危险;因侵占或者妨害造成损害的,占有人有权依法请求损害赔偿。占有人返还原物的请求权,自侵占发生之日起一年内未行使的,该请求权消灭。"因此,康成公司可基于占有返还原物请求权请求李某返还电脑。故 C 项正确。

本题中,王某将电脑交给康成公司进行维修,维修合同的主体是王某和康成公司,基于合同的相对性,康成公司只能主张王某支付维修费,而不能主张李某支付维修费,故 D 项错误。

201．返还原物请求权;留置权[C]

[解析]《民法典》第 235 条规定:"无权占有不动产或者动产的,权利人可以请求返还原物。"由此可知,享有返还原物请求权的是物权人。本题中,山地自行车的物权人乙解除了与甲之间的借用关系,甲对于自行车的占有失去正当性,不再构成有权占有,因此甲无权再请求丙返还自行车。乙是山地自行车的物权人,已经解除了其与甲之间的借用关系并告知了丙,因此乙作为物权人要求返还原物,不需要甲同意。故 A、B 项错误。

《民法典》第 447 条第 1 款规定:"债务人不履行

到期债务,债权人可以留置已经合法占有的债务人的动产,并有权就该动产优先受偿。"此处所谓债务人的财产,根据留置权可以设立的具体情形分析,不应当限于债务人享有所有权的动产,而应理解为债务人交给债权人占有的财产。因此,尽管自行车不是甲的,但是在交给丙维修后,如果不支付维修费,丙可以对该车行使留置权;乙作为所有人,在支付维修费之前,也不能请求丙返还。故 C 项正确,D 项错误。

202. 留置权[B]

[解析]《民法典》第448条规定:"债权人留置的动产,应当与债权属于同一法律关系,但是企业之间留置的除外。"劳动合同的基本法律关系为劳动者承担向用人单位提供劳动和接受用人单位管理的义务,并有权要求用人单位依约支付劳动报酬。为公司高管出行便利而配备的公务用车,不是劳动关系的标的物,朴某占有的公务用车与其拟担保的基于劳动关系所生债权不属于同一法律关系,不成立留置权。故B选项正确。

考点46 担保物权的竞合

203. 动产担保物权的竞合[D]

[解析] 同一动产上同时并存抵押权、质权、留置权,且分别担保不同的债权,称为动产担保物权的竞合。由于各担保物权分别担保不同的债权,需要确定各担保物权对该动产优先受偿的顺序。特别是当该动产的价值不足以清偿所有的债权时,各担保物权清偿的顺序就具有实质意义了。动产担保物权竞合时,确定各担保物权优先受偿顺序的规则是:先来后到(先成立的优先于后成立的),但法律另有规定的除外。

甲的抵押权(未登记)先成立,乙的抵押权(已登记)后成立。但是,根据《民法典》第414条规定的抵押权顺位,登记的动产抵押权优先于未登记的动产抵押权。此时,不论成立先后,乙的抵押权优先于甲的抵押权。

《民法典》第415条规定:"同一财产既设立抵押权又设立质权的,拍卖、变卖该财产所得的价款按照登记、交付的时间先后确定清偿顺序。"据此,同一动产上并存抵押权与质权时,无论成立的先后,公示在先的动产物权优先于公示在后的动产物权(动产质权以交付为公示手段;动产抵押权以登记为公示手段)。综上,乙的登记动产抵押权优先于丙的质权,丙的质权优先于甲的未登记动产抵押权。

《民法典》第456条规定:"同一动产上已经设立抵押权或者质权,该动产又被留置的,留置权优先受偿。"据此,丁的留置权最优先。

综上,甲、乙、丙、丁间的排序是:丁>乙>丙>甲。故 D 项正确,A、B、C 项错误。【总结提示】同一动产上,抵押权、质权、留置权并存时,优先受偿顺序为:(1)留置权优先于抵押权和质权;(2)动产抵押权与质权之间:抵押权未登记的,质权优先;抵押权登记的,按照先来后到的规则确定清偿顺序;(3)在两个动产抵押之间:办理了登记的优先;都办理了登记的,先登记的优先;都没有登记的,则按比例平等受偿。

204. 按份共同抵押;动产担保物权的竞合[C]

[解析] 当债务人提供的物保与第三人的物保并存时,如果没有约定责任的承担方式,应当先执行债务人自己的物保。本题中,债务人丙公司将自有房产抵押给银行,因此应当先拍卖丙公司房产实现抵押权。但是,由于两个抵押合同约定了担保数额(丙公司的房产担保其中的60万元,甲公司的机器设备担保其中的40万元),属于按份共同物保,因此,若丙公司届期不能清偿银行贷款,银行主张全部债权,应基于上述6:4的比例行权(有约从约),无论单独选择其中哪一个均实现不了全部债权。故 A、B 项错误。

甲公司的机器设备上同时并存三个担保物权,即乙公司的质权、银行的(未登记)抵押权、丁公司的(已登记)抵押权,构成动产担保物权的竞合。根据《民法典》第414条规定的抵押权顺位规则,丁公司的动产抵押权优先于银行的未登记动产抵押权。同时,《民法典》第415条规定:"同一财产既设立抵押权又设立质权的,拍卖、变卖该财产所得的价款按照登记、交付的时间先后确定清偿顺序。"据此,同一动产上并存抵押权与质权时,无论成立的先后,公示在先的动产物权优先于公示在后的动产物权(动产质权以交付为公示手段;动产抵押权以登记为公示手段)。因此,乙公司的质权优先于丁公司的登记动产抵押权。故 C 项正确,D 项错误。

考点47 非典型担保

205. 让与担保[C]

[解析]《民法典担保制度解释》第68条第3款规定:"债务人与债权人约定将财产转移至债权人名下,在一定期间后再由债务人或者其指定的第三人以交易本金加上溢价款回购,债务人到期不履行回购义务,财产归债权人所有的,人民法院应当参照第二款规定处理……"该解释第68条第2款规定:"债务人或者第三人与债权人约定将财产形式上转移至债权人名下,债务人不履行到期债务,财产归债权人所有的,人民法院应当认定该约定无效,但是不影响当事人有关提供担保的意思表示的效力。当事人已经完成财产权利变动的公示,债务人不履行到期债务,债权人请求对该财产享有所有权的,人民法院不予支持;债权人请求参照民法典关于担保物权的规定对财产折价或者以拍卖、变卖该财产所得的价款优先受偿的,人民法院应予支持;债务人履行债务后请求返还

财产,或者请求对财产折价或者以拍卖、变卖所得的价款清偿债务的,人民法院应予支持。"本题中,曾某将自己的名牌包卖给罗某,罗某向曾某支付10万元,曾某应于3个月后向罗某返还本金10万元及利息,否则该名牌包归罗某所有。这一事实表明,曾某与罗某之间关于名牌包的买卖不是简单的买卖,而是为了借款本息而担保,此种"转让+溢价回购"的交易结构是典型的让与担保。根据上述规定,此种情况下,债权人可就该担保财产(名牌包)主张优先受偿权;约定债务人不履行到期债务,财产归债权人所有的,该约定无效。因此,关于名牌包归罗某所有的约定无效,罗某不能直接取得名牌包的所有权,故B项错误。但是,曾某已经交付该名牌包,完成了财产权利变动的公示,债权人罗某有权就该名牌包优先受偿,故C项正确。

罗某对该名牌包享有的是让与担保权,属于非典型担保,既非抵押权,也非质权。故A、D项错误。

专题十一 占 有

考点48 占有

206．占有[D]

[解析] 占有人对占有物不享有占有的权利(物权、债权、监护权)的,该占有为无权占有。无权占有分为善意占有与恶意占有。无权占有人不知道也不应当知道自己欠缺占有权源而为的占有为善意占有;无权占有人知道或者应当知道自己欠缺占有权源而为的占有,为恶意占有。甲擅自占有乙的车位,欠缺占有的权源,属于无权占有。且甲知道自己对乙的车位欠缺占有的权利,属于恶意占有。故A项表述正确,不当选。

甲、丙间的停车位租赁合同,系擅自出租他人之物的租赁合同。根据《民法典》第723条的规定,擅自出租他人之物的,擅自出租的事实不影响租赁合同的效力。据此,甲、丙间的停车位租赁合同有效。因此,在约定的1年租期内,出租人甲无权请求承租人丙返还租赁的停车位。故B项表述正确,不当选。【思路拓展】从民法理论角度分析,尽管甲是无权占有,但是丙通过租赁合同获得了占有,在租赁期间丙的占有相对于甲是有正当权利来源的,故租赁期间内,甲无权主张返还。

《民法典》第235条的规定,占有返还请求权的构成要件有二:(1)请求人系物权人;(2)被请求人系现时的无权占有人(包括无权的直接占有人和无权的间接占有人)。本题中,停车位归乙所有,相对于所有权人乙,甲系无权的间接占有人,乙对甲享有占有返还请求权。若乙行使占有返还请求权,因甲系无权

的间接占有人,甲可将其对直接占有人丙享有的返还停车位的返还请求权让与给乙,以代替现实交付,即以指示交付的方式完成交付。故C项表述正确,不当选。【思路拓展】本题中,乙可以通过两种途径实现自己权利的保护:一方面,可以基于物权请求权直接主张丙返还(没有时间限制)。另一方面,甲侵夺乙对停车位的占有后,又将该停车位出租给丙,此时甲系停车位的间接占有人,且仍为现实占有人,乙可对甲行使占有返还请求权(受1年期间限制)。但是,在甲、丙的租赁期满后,甲对于乙车位的侵占已经超过了1年,乙自己的占有返还请求权已经消灭,此时,乙只能请求甲将其对丙的占有返还请求权转让给自己,进而通过主张甲的占有返还请求权来保护自己的权利。

本题中,甲侵占乙的车位,乙出国2年,显然,乙若回来主张占有返还请求权时,无论是对甲还是对丙均已经超过了1年的时间,此时,无论丙是善意还是恶意,乙基于占有返还请求权均不得向丙主张返还原物。故D项表述错误,当选。【思路拓展】若1年的权利期间未届满,则甲对丙行使占有返还请求权时,若丙为善意(如通过出租而获得占有),甲对丙不享有占有返还请求权;仅在丙为恶意时,乙对丙才享有占有返还请求权。

207．占有[ABCD]

[解析] 无权占有,是指没有法律上的根据或原因的占有。丙借用甲的自行车,但错取乙的自行车,丙对乙的自行车欠缺占有的民事权利,属于无权占有。故A项正确。

《民法典》第460条规定:"不动产或者动产被占有人占有的,权利人可以请求返还原物及其孳息;但是,应当支付善意占有人因维护该不动产或者动产支出的必要费用。"丙对乙的自行车虽属无权占有,但丙虔诚地相信自己占有的系甲的自行车,不知道也不应当知道自己对乙的自行车构成无权占有,所以,甲告知丙骑错车前,丙对乙的自行车构成善意占有。修理费用属于必要费用,善意占有人有权请求权利人补偿。故B项正确。

丙擅自取走乙的自行车,侵夺了乙对其自行车的占有,原占有人乙可对丙行使《民法典》第462条规定的占有返还请求权。占有返还请求权与侵夺人丙主观上善意还是恶意无关。故C项正确。

当甲告知丙骑错车时,丙对自行车的占有变更为恶意占有。根据《民法典》第461条规定,恶意占有人占有期间,其占有的标的物毁损、灭失的,不论恶意占有人对标的物的毁损、灭失是否具有过错,权利人均有权请求恶意占有人承担赔偿责任。故D项正确。

208．拾得遗失物;占有的保护[D]

[解析]《民法典》第314条规定,拾得遗失物,应

当返还权利人。拾得人应当及时通知权利人领取,或者送交公安等有关部门。张某拾得小羊后不能因占有而取得所有权,故 A 项错误。

《民法典》第462条规定:"占有的不动产或者动产被侵占的,占有人有权请求返还原物;对妨害占有的行为,占有人有权请求排除妨害或者消除危险;因侵占或者妨害造成损害的,占有人有权依法请求损害赔偿。占有人返还原物的请求权,自侵占发生之日起一年内未行使的,该请求权消灭。"此处的占有既包括有权占有,也包括无权占有。占有作为一种事实,只要受到不正当的侵害,均构成对占有的侵犯,可以请求返还。此外,无权占有人也负有向权利人返还原物的义务。本题中,王某是小羊的所有权人(权利人),张某是无权占有人,李某从张某的羊圈中抱走小羊的行为构成对于张某占有的侵犯,故 D 项正确。然而,李某侵犯张某占有的目的是返还给原来的权利人王某,并且已经返给王某;王某是权利人,不是无权占有人,因此张某不能向王某主张返还,故 B 项错误。无论是占有返还原物请求权还是物权返还原物请求权,均需要向现实的无权占有人主张返还。因为李某已经将小羊交付给权利人王某,李某已经不是现实的占有人,所以张某也不能向李某主张返还,故 C 项错误。

209. 物权的保护;占有的保护[BD]

[解析] 徐某扩建的门面房未经审批,且挤占业主共有的人行通道,属于违章建筑。对于违章建筑,徐某不能取得所有权。故 A 项错误。

徐某对门面房不享有所有权,但可成立占有,徐某属于门面房的占有人(因缺乏占有的本权,故属于无权占有)。《民法典》第462条第1款规定:"占有的不动产或者动产被侵占的,占有人有权请求返还原物;对妨害占有的行为,占有人有权请求排除妨害或者消除危险;因侵占或者妨害造成损害的,占有人有权依法请求损害赔偿。"据此,无权占有亦保护。徐某系门面房的无权占有人,业主将门面房强行拆除,属于以法律禁止的私人力量侵害徐某的占有,构成对徐某占有的侵害。故 B 项正确。

无权占有亦受侵权法保护。若业主强行拆除门面房给徐某造成损失,徐某有权主张侵权损害赔偿请求权,要求业主赔偿自己因此遭受的直接损失(但不能主张间接损失的赔偿,因徐某为无权占有人)。《民法典》第237条规定:"造成不动产或者动产毁损的,权利人可以依法请求修理、重作、更换或者恢复原状。"该条是对物权保护的规则。因为徐某对门面房不享有物权,故徐某不得请求对门面房恢复原状。故 C 项错误。

徐某自住房的墙砖被毁坏,《民法典》第238条规定:"侵害物权,造成权利人损害的,权利人可以依法

请求损害赔偿,也可以依法请求承担其他民事责任。"据此,徐某可以请求其他业主赔偿损失。故 D 项正确。

210. 占有的类型[ABCD]

[解析] 直接占有是指直接对物进行事实上的管领和控制,间接占有是指基于一定法律关系,对于事实上占有物的人具有返还请求权,因而间接对物管领的占有。无权占有是指占有人无本权的对物的占有,有权占有是指占有人基于本权而对物的占有。自主占有是指以所有人之意思而对物进行的占有。他主占有是指以非所有之意思而对物进行的占有。

通常而言,间接占有的构成需要具有如下三个要件:(1)间接占有人与直接占有人之间有某种法律关系;(2)间接占有人须享有返还请求权,该请求权不限于基于合同而产生的请求权,基于所有物返还请求权,或者基于侵权、无因管理、不当得利而产生的请求权均包括在内;(3)直接占有人是以他主占有的意思进行占有。本题中,乙的手机在丢失之前,是直接占有,在丢失之后,失去事实上的占有,但是乙可以请求拾得人返还原物,此时乙构成间接占有。据此,A 项正确。【思路拓展】值得进一步说明的是,乙要构成间接占有,必须是拾得人以他主占有的心态占有时方可构成。一旦拾得人有了自主占有的心态,乙的间接占有就会消灭。本题中,甲拾得乙的手机后,卖给了不知情的丙,显然是以自主占有的心态在处分手机,此时,乙已经没有间接占有了。不过,就选项设定而言,说乙手机丢失后由直接占有变为间接占有,是有这种可能性的,A 选项作为正确选项可以成立。

甲拾得乙的手机并侵占,甲对手机的占有欠缺占有的本权(无占有的权源),为无权占有;从甲将该手机作为己有出卖给丙的行为可以判定,甲对手机系以据为己有的意思而占有,为自主占有。故 B 项正确。

甲将手机出卖给善意的丙并完成现实交付,因手机系"遗失物",根据《民法典》第312条的规定,原则上,善意的丙不能善意取得遗失物的所有权,手机仍归乙所有。相对于所有权人乙,丙对手机的占有欠缺占有的本权,系无权占有;但丙误以为自己系所有权人,不知其对手机无占有的权源,系善意占有人。故 C 项正确。

丁基于维修合同,可以行使留置权,为有权占有,但丁无所有人的意思而占有,为他主占有。故 D 项正确。

211. 占有[B]

[解析] 为保护交易安全,法律承认占有即所有的推定效力,受权利推定的占有人,免除举证责任,即对其是否具有实体权利存在争议时,占有人可以直接援用该推定对抗相对人,无需证明自己是权利人;但

民法 [答案详解]

61

是在相对人提出相反证据时,占有人为推翻该相反证据,仍需举证。本题中,争议发生时乙对戒指为现实直接占有,且主张所有权,故可先推定其对戒指有所有权;在甲无法证明对该戒指拥有所有权,但能够针对乙的主张提出在 2015 年 10 月 1 日前一直合法占有该戒指的情形下,乙应该提供自 2015 年 10 月 1 日后从甲处合法取得戒指的证据,否则,应当认定因甲证明了自己的先前占有,而推定甲对戒指享有合法权利。故 A、D 项错误,B 项正确。

本题中戒指并非埋藏物、遗失物,不存在可能判决归国家所有的情形。故 C 项错误。

212.占有[C]

[解析] 甲把教材放在教室,准备吃完饭回来继续复习,依照一般社会观念,甲无抛弃对教材的管领控制地位的意思,仍维持对教材的直接占有。故 A 选项错误。

乙起初仅是因为好奇而翻看,在主观上无占有的意思,故此时乙对教材不成立直接占有,甲未失去对教材的直接占有。故 B 选项错误。

乙将教材带出教室时,欲占为己有,具有占有的意思,此时,乙取得对教材的直接占有,甲对教材的直接占有因被侵夺而消灭。故 C 选项正确,D 选项错误。

第三编 合 同

专题十二 债与合同概述

考点49 债的分类

213.债的分类[B]

[解析] 按照标的的性质,债分为劳务之债与财物之债。劳务之债,指债务人须提供一定劳务来履行的债(如雇佣合同、表演合同、授课合同)。财物之债,指债务人应给付一定财产来履行债务的债(如买卖合同、赠与合同、租赁合同、不当得利)。本题中,甲、乙间赠与合同的标的是交付一定财产的行为,为财物之债,而非劳务之债。故 D 项错误。

财物之债,按照债权成立之时标的物的性质,分为种类物之债与特定物之债。种类物之债,指给付的标的物为种类物的债。特定物之债,指给付的标的物为特定物的债。本题中,赠与合同成立之时,赠与的房屋和汽车都是特定物,该赠与合同就是特定物之债,而非种类物之债。故 A 项错误。

按照债的"标的"(注意:不是标的物)是否具有选择可能性,债分为简单之债与选择之债。简单之债,指标的只有一种,债务人只能按照该种标的履行的债,债权人也只能请求债务人按照该种标的履行的债。选择之债,指债的标的有数种,债务人可以从中选择其一履行或者债权人可以选择其一请求债务人履行的债。本题中,甲可以在赠与房屋或者赠与汽车这两种给付中任选其一履行,该债为选择之债,而非简单之债。故 B 项正确。

由两个以上的人共同履行的债务,区分为连带之债和按份之债。连带之债,指债权人有权同时或分别请求债务人中的一人、数人或全体就债务的全部或者部分承担清偿责任的债。按份之债,指债权人只能请求两个以上的债务人按照确定的份额对债务承担清偿责任的债。可见,连带之债与按份之债,其债务人均须 2 人以上。本题中,债务人仅甲为一人,就谈不上连带之债了。故 C 项错误。

214.债的分类[D(原答案为B)]

[解析] 按照债之标的是否具有选择可能性,债分为简单之债与选择之债。简单之债,指仅有一个标的(客体)的债。选择之债,指债的标的有数个,债务人可以择一履行或者债权人可以择一请求履行的债,选择之债一经确定其给付,转化为简单之债。本题中,乙公司与银行、丙公司与银行均成立保证之债,这两个保证之债均只有一个标的,并无选择的可能性,是简单之债,而非选择之债。故 A 项错误。

关于BC项,首先要确定本题中乙、丙公司分别出具担保函的行为成立的是一般保证还是连带保证。根据《民法典》第686、687、688 条规定,当事人在保证合同中约定,债务人不能履行债务时,由保证人承担保证责任的,为一般保证。当事人在保证合同中约定保证人和债务人对债务承担连带责任的,为连带责任保证。当事人在保证合同中对保证方式没有约定或者约定不明确的,按照一般保证承担保证责任。但根据《民法典担保制度解释》第 25 条第 2 款规定:"当事人在保证合同中约定了保证人在债务人不履行债务或者未偿还债务时即承担保证责任、无条件承担保证责任等类似内容,不具有债务人应当先承担责任的意思表示的,人民法院应当将其认定为连带责任保证。"据此,虽然没有明确为连带保证的通常认定为一般保证,但是在认定是否构成连带保证时,应采用实质解释,即使没有出现"连带保证"的字样,但是具有无条件承担责任的意思时,也应当认定为连带责任保证。本题中,乙、丙公司出具担保函时,明确"甲公司不按时偿还"时就承担责任,而非"不能履行时"承担责任,应认定为连带责任保证。由于本题中存在乙公司、丙公司两个保证人,《民法典》第 699 条规定:"同一债务有两个以上保证人的,保证人应当按照保证合同约定的保证份额,承担保证责任;没有约定保证份额的,债权人可以请求任何一个保证人在其保证范围内承担保证责任。"保证人乙公司、丙公司均未与债权人银行约定各自承担保证责任的份额,乙公司、丙公司均有义务向债权人清偿全部债务,债权人可向任何一个保证人主张全部清偿责任,故乙、丙两公司对于银行承担的不是按份之债,故C项错误。但是,乙公司、丙公司两个保证人之间是否属于连带关系,需要根据《民法典》关于连带责任产生原因的规定来认定。《民法典》第518条第2款规定:"连带债权或者连带债务,由法律规定或者当事人约定。"据此,当没有法律规定时,要产生两个主体之间的连带之债需要明确约定。本题中,没有明确约定乙、丙两公司为连带关系,故乙、丙两公司与银行之间的债务非连带之债,故B项错误。【特别提醒】构成连带责任保证,并不意味着两个保证人之间构成连带责任。

同一个债,若其债权人与债务人均为一人,为单一之债;同一个债,若其债权人或者债务人为2人或2人以上,则为多数人之债。本题中,乙公司与银行成立了一个保证之债,丙公司与银行成立了另一个保证之债,由于不是基于同一个合同承担债务,就不是多数人之债,而是成立两个简单之债。故D项正确。

215．债的分类;第三人侵权造成工伤的责任承担;按份之债[B]

[解析] 机动车发生道路交通事故致人损害的,成立侵权之债。若赔偿权利人与加害人对损害赔偿达成调解协议,则侵权之债转化为合同之债,侵权之债因此消灭。不能达成调解协议,或者调解协议无效、被撤销的,仍按侵权之债处理。本题中,侵权发生后,甲、乙与丙达成了《调解协议书》,侵权之债转化为合同之债。故A项错误,B项正确。

《人身损害赔偿解释》第3条规定:"依法应当参加工伤保险统筹的用人单位的劳动者,因工伤事故遭受人身损害,劳动者或者其近亲属向人民法院起诉请求用人单位承担民事赔偿责任的,告知其按《工伤保险条例》的规定处理。因用人单位以外的第三人侵权造成劳动者人身损害,赔偿权利人请求第三人承担民事赔偿责任的,人民法院应予支持。"其规范内容是:依法应当参加工伤保险统筹的用人单位的劳动者,因用人单位以外的第三人实施侵权行为遭受工伤损害的,受害人不仅可以请求获得工伤保险金,还可以对第三人主张侵权损害赔偿,二者并行不悖。故C项错误。【思路拓展】从法理角度来看,丙获得工伤补偿,与甲、乙交通事故责任的赔偿并没有必然的关系,两者的适用情形、计算标准皆不相同,不能成为乙的免责事由。

该《调解协议书》,甲、乙分别赔偿丙5万元,因此甲、乙对丙承担的是按份之债,即甲、乙各自对自己的份额承担责任。丙只能请求乙继续赔偿4万元,故D项错误。

考点50 债的发生原因

216．债的发生原因[ACD]

[解析]《民法典》第770条规定:"承揽合同是承揽人按照定作人的要求完成工作,交付工作成果,定作人支付报酬的合同。承揽包括加工、定作、修理、制、测试、检验等工作。"第919条规定:"委托合同是委托人和受托人约定,由受托人处理委托人事务的合同。"据此,承揽合同与委托合同有相同之处,债务人的履行行为均包含一定劳务的提供,但二者仍有两点根本不同:(1)承揽合同必为有偿合同;而委托合同既可有偿,亦可无偿;(2)标的不同。承揽合同的标的是承揽人交付符合约定的工作成果,即成功做事,强调的是效果;委托合同的标的是受托人处理委托人事务,即认真做事,强调的是过程。照相要求的是效果(交付合格的照片),标的是成功做事,应认定为承揽合同,而非委托合同。故A项正确,B项错误。

《民法典》第1019条第2款规定:"未经肖像权人同意,肖像作品权利人不得以发表、复制、发行、出租、展览等方式使用或者公开肖像权人的肖像。"影楼擅自使用婷婷肖像,侵犯了婷婷的肖像权,构成侵权。故C项正确。【陷阱点拨】履行承揽合同摄制的照片属于"委托作品",双方未约定著作权的归属,根据《著作权法》第19条的规定,著作权归受托人影楼享有。但行使著作权也不能侵害他人肖像权。

婷婷的肖像包含人格利益与财产利益,排他地归属于婷婷享有与支配。影楼擅自将婷婷的照片制作成挂历销售,获利颇丰,获得了财产上的利益。这种利益在权利归属上属于婷婷,影楼获得的利益欠缺法律上的原因。因此,影楼的行为符合不当得利的构成要件,构成侵权权益型不当得利。故D项正确。

考点51 合同的相对性

217．赠与合同;合同的相对性[C]

[解析] 本题中,神牛公司为赠与合同的赠与人,S省红十字会为赠与合同的受赠人,B中学为赠与合同中的利益第三人(并非合同当事人),H省电视台与该赠与合同无法律上的关系。《民法典》第660条第1款规定:"经过公证的赠与合同或者依法不得撤销的具有救灾、扶贫、助残等公益、道德义务性质的赠与合同,赠与人不交付赠与财产的,受赠人可以请求交付。"据此,一般情形下赠与人享有任意撤销权,但存在上述例外。神牛公司向S省红十字会的赠与属于具有社会公益性质的赠与,对于尚未交付的50万元,神牛公司不享有任意撤销权,受赠人S省红十字会有权要求神牛公司支付剩余的50万元。故A项错误,C项正确。

《民法典》第522条第1款规定:"当事人约定由

民法 [答案详解]

债务人向第三人履行债务,债务人未向第三人履行债务或者履行债务不符合约定的,应当向债权人承担违约责任。"根据合同相对性规则,合同当事人以外的第三人无权要求合同债务人履行合同义务或承担违约责任。据此,只有受赠人S省红十字会有权要求神牛公司交付其余的50万元。B中学为赠与合同中的利益第三人,并非合同当事人,H省电视台与该赠与合同无法律上的关系,也非合同当事人,均不享有请求神牛公司履行赠与合同的权利。故B、D项错误。

218．合同的相对性[ABCD]

[解析] 依据合同相对性原理,《合作协议一》实质上是甲、乙公司之间的合同,其他主体不是该合同的当事人。根据合同约定,乙公司本应向甲公司履行,然后甲公司再将这笔款项交付给丙公司用来购买国土部门即将出让的A地块土地使用权。合同签订后,甲公司指示乙公司将4000万元支付给张某、方某,然后再由张某、方某将该笔价款交付给丙公司,以实现购买土地使用权的目的,但张某、方某没有向丙公司支付这笔款项,导致丙公司购买土地使用权失败。张某、方某相对于甲、乙公司的合同而言,只能算作第三人。乙公司支付这4000万元,是希望丙公司能够成功购买A地块土地使用权,因此,甲公司由于第三人的原因导致其与乙公司之间订立合同的目的不能实现。《民法典》第523条规定:"当事人约定由第三人向债权人履行债务,第三人不履行债务或者履行债务不符合约定的,债务人应当向债权人承担违约责任。"据此,张某、方某不需要承担违约责任,应当是甲公司向乙公司承担违约责任。同时,张某、方某与丙公司之间、与国土部门之间均不存在合同关系,因此均不存在违约责任,故A、B、C、D项均错误。

219．合同的相对性[BCD]

[解析]《民法典》第465条第2款规定:"依法成立的合同,仅对当事人具有法律约束力,但是法律另有规定的除外。"甲以自己的名义与丙订立买卖合同,买卖合同的当事人为甲与丙,甲因店铺已经转让而委托乙为丙送货,在法律地位上,乙仅系甲履行出卖人义务的"履行辅助人",乙并未因此成为前述买卖合同的当事人。根据合同相对性规则,乙无权请求丙向自己支付货款。故B项正确。因甲委托乙向丙送货,双方成立委托合同,乙有权请求甲支付货品的价款以及代为送货所生的必要费用。故C项正确。

甲与丙的买卖合同有效,让与人经乙已经完成现实交付,根据《民法典》第224条的规定,丙已取得货品所有权。故D项正确。丙基于有效的买卖合同取得货品所有权,因此获得的利益"具有法律上的原因",对任何人均不成立不当得利。故A项错误。

220．合同的相对性;向第三人履行[A]

[解析] 向第三人履行的合同,又称第三人利益合同,是指合同双方当事人为第三人设定了合同权利,由第三人取得利益的合同。第三人利益合同系涉他合同,涉他合同是合同相对性原理的例外。《民法典》第522条规定:"当事人约定由债务人向第三人履行债务,债务人未向第三人履行债务或者履行债务不符合约定的,应当向债权人承担违约责任。法律规定或者当事人约定第三人可以直接请求债务人向其履行债务,第三人未在合理期限内明确拒绝,债务人未向第三人履行债务或者履行债务不符合约定的,第三人可以请求债务人承担违约责任;债务人对债权人的抗辩,可以向第三人主张。"

本题中,甲(买方)与乙(卖方)签订钢材买卖合同,约定丙(第三人)可以直接请求乙(债务人)向其履行,丙对此知情且未拒绝。因此,丙基于甲、乙之间的约定取得了独立的请求权,即丙可以请求乙向其履行100吨钢材,如乙不交付,丙可以直接追究乙的违约责任。当然,基于买卖合同,乙对甲的抗辩可以向丙主张。故A项正确,C、D项错误。

虽然丙取得独立的请求权,但并不会导致合同直接当事人甲和乙的法律关系消灭,如乙交付钢材给丙,则甲有义务向乙给付价款。故B项错误。

专题十三　合同的订立

考点52　合同的成立及效力

221．要约;要约邀请;承诺[ABD]

[解析] 本题中,宏大公司基于欺诈的双重故意而告知虚假事实,赵某因此陷入错误认识,并因错误认识作出意思表示,宏大公司的行为构成欺诈。《民法典》第148条规定:"一方以欺诈手段,使对方在违背真实意思的情况下实施的民事法律行为,受欺诈方有权请求人民法院或者仲裁机构予以撤销。"据此,受害人赵某享有撤销权,有权诉请撤销房屋买卖合同。同时,由于合同被撤销,宏大公司应承担缔约过失责任。故A、B项正确。

2020年修正的《商品房买卖合同解释》全面删除了双倍返还购房款的规定。删除的原因在于,《民法典》第179条第2款规定:"法律规定惩罚性赔偿的,依照其规定。"据此,惩罚性赔偿应当由法律规定,司法解释不应规定惩罚性赔偿。张某请求甲公司双倍返还购房款没有法律依据。故C项错误。

《商品房买卖合同解释》第3条规定:"商品房的销售广告和宣传资料为要约邀请,但是出卖人就商品房开发规划范围内的房屋及相关设施所作的说明和允诺具体确定,并对商品房买卖合同的订立以及房屋价格的确定有重大影响的,构成要约。该说明和允诺即使未载入商品房买卖合同,亦应当为合同内容,当事人违反的,应当承担违约责任。"据此,宏大公司的售楼模型应定性为要约,且作为商品房买卖合同的内容,宏大公司负有交付带有游泳池和网球场的商品房的义务而未交付,构成违约。故 D 项正确。

222．合同解除的条件及其效力；缔约过失责任 [AB]

[解析] 根据《商品房买卖合同解释》第 3 条的规定,房地产开发企业甲公司对房屋设施的说明和允诺内容具体确定,且对购房人张某决定签订商品房买卖合同具有重大影响,该说明和允诺构成要约,即使该说明和允诺未载入商品房买卖合同,亦应当作为合同内容,当事人违反的,应当承担违约责任。现张某购买的房屋没有健身馆,张某订立商品房买卖合同的目的不能实现,甲公司对张某构成根本违约。《民法典》第 563 条规定:"有下列情形之一的,当事人可以解除合同:……(四)当事人一方迟延履行债务或者有其他违约行为致使不能实现合同目的;……"因此,张某享有法定解除权,有权通知甲公司解除房屋买卖合同。故 A 项正确。

甲公司在宣传资料中虚假声称有健身馆,张某因此陷入错误认识,并因错误认识作出不真实的意思表示,因此甲公司构成欺诈,张某在撤销合同之后,可以向甲公司主张缔约过失责任。故 B 项正确。

2020 年修正的《商品房买卖合同解释》全面删除了双倍返还购房款的规定。删除的原因在于,《民法典》第 179 条第 2 款规定:"法律规定惩罚性赔偿的,依照其规定。"据此,惩罚性赔偿应由法律规定,司法解释不应规定惩罚性赔偿。张某请求甲公司双倍返还购房款没有法律依据。故 C 项错误。

《民法典》第 566 条第 1、2 款规定:"合同解除后,尚未履行的,终止履行;已经履行的,根据履行情况和合同性质,当事人可以请求恢复原状或者采取其他补救措施,并有权请求赔偿损失。合同因违约解除的,解除权人可以请求违约方承担违约责任,但是当事人另有约定的除外。"据此,买卖合同因一方的根本违约行为被解除的,对方当事人可同时主张解除合同,并请求违约方承担赔偿损失等违约责任。故 D 项错误。

223．合同成立的地点 [C]

[解析]《民法典》第 493 条规定:"当事人采用合同书形式订立合同的,最后签字、盖章或者按指印的地点为合同成立的地点,但是当事人另有约定的除外。"本题中,双方当事人并没有约定合同签订地,张某首先在乙地签字,李某后来于丙地在合同上摁了手印。因此,该合同成立的地点为李某最后摁手印的地点即丙地。故 C 项正确,A、B、D 项错误。【总结提示】确定合同成立地点的规则,可归纳为:"一个原则,一个例外"。(1)原则:承诺生效的地点为合同成立的地点;签订书面合同的,最后一方签字、盖章或者按指印的地点为合同成立地点。(2)例外:当事人约定了合同成立地点,以约定地点为合同成立的地点。

224．承诺的效力 [ABD]

[解析]《民法典》第 484 条规定:"以通知方式作出的承诺,生效的时间适用本法第一百三十七条的规定。承诺不需要通知的,根据交易习惯或者要约的要求作出承诺的行为时生效。"又根据《民法典》第 137 条规定,以对话方式作出的意思表示,相对人知道其内容时生效。以非对话方式作出的意思表示,到达相对人时生效。本题中,程某是以非对话方式作出的承诺,承诺是否生效的关键在于是否有效到达相对人乙公司。程某写好承诺文件时,承诺尚未发出,合同不能成立,故 A 项错误。程某的秘书将承诺文件按照待发文件发出,属于职务行为,也符合日常的工作流程,虽未接到程某发出的明确指示,但是不影响承诺的效力,故 B 项错误。

《民法典》第 141 条规定:"行为人可以撤回意思表示。撤回意思表示的通知应当在意思表示到达相对人前或者与意思表示同时到达相对人。"故 C 项正确。承诺只能撤回,不能撤销。承诺一旦到达相对人即生效,从而导致合同成立。因此,若撤回承诺的通知晚于承诺到达的,不能发生撤回的效力,合同依法成立。故 D 项错误。

225．要约与承诺 [C]

[解析] (1)要约须有明确的缔约意图。甲在与乙聊天时提出想把自己的车以 8 万元的价格卖了换成新能源车,并不存在缔约意图,不构成要约。(2)丙对甲说愿以 8 万元的价格购买甲的车,这是向甲发出了缔约的意思表示,构成要约,且是口头要约。根据《民法典》第 481 条规定,要约以对话方式作出的,应当即时作出承诺,否则要约失效。(3)甲说考虑一下,并未对乙的要约作出同意或拒绝的意思表示,不是承诺。(4)几分钟后,丙让甲赶紧签合同,这是催促甲作出承诺,不构成新的要约,也不是承诺。(5)甲说不卖了,属于对丙的要约的拒绝,不是承诺。综上,甲既未作出要约,也未作出承诺;丙只作出了要约,未作出承诺。故 C 项正确。

考点53 格式条款

226．合同的效力；格式条款；显失公平 [D]

[解析]《民法典》第 497 条规定:"有下列情形之一的,该格式条款无效:(一)具有本法第一编第六章第三节和本法第五百零六条规定的无效情形;(二)提供格式条款一方不合理地免除或者减轻其责任、加重对方责任、限制对方主要权利;(三)提供格式条款一

方排除对方主要权利。""假一罚十"是格式条款,即当事人为了重复使用而预先拟定,并在订立合同时未与对方协商的条款。法律对格式条款有特别规制。本题中,甲的格式条款表明"假一罚十",这是加重甲(提供格式条款一方)自己的责任,而非不合理地加重对方责任,该格式条款没有无效事由。故A项错误。

《民法典》第496条第2款规定:"采用格式条款订立合同的,提供格式条款的一方应当遵循公平原则确定当事人之间的权利和义务,并采取合理的方式提示对方注意免除或者减轻其责任等与对方有重大利害关系的条款,按照对方的要求,对该条款予以说明。提供格式条款的一方未履行提示或者说明义务,致使对方没有注意或者理解与其有重大利害关系的条款的,对方可以主张该条款不成为合同的内容。"本题不属于此种情形。甲提供"假一罚十"这一格式条款系加重自己的责任,而非免除或者减轻其责任,甲并不负有以合理的方式提请对方注意的义务。因此,该格式条款已经订入合同,成为合同的内容。故B项错误。

《民法典》第151条规定:"一方利用对方处于危困状态、缺乏判断能力等情形,致使民事法律行为成立时显失公平的,受损害方有权请求人民法院或者仲裁机构予以撤销。""假一罚十"并非乙利用自己的优势地位或者甲的不利地位迫使甲作出的,是甲真实、自由的意思表示,不符合显失公平的构成要件。故C项错误,D项正确。

227. 格式条款[B]

[解析]《民法典》第497条规定:"有下列情形之一的,该格式条款无效:(一)具有本法第一编第六章第三节和本法第五百零六条规定的无效情形;(二)提供格式条款一方不合理地免除或者减轻其责任、加重对方责任、限制对方主要权利;(三)提供格式条款一方排除对方主要权利。"本题中,乙公司提供的协议格式条款中载明"如甲单方放弃服务,余款不退",该"余款不退"的约定排除了甲的主要权利,应当认定无效。故B项正确。

《民法典》第156条规定:"民事法律行为部分无效,不影响其他部分效力的,其他部分仍然有效。"格式条款被认定无效的,不影响美容服务协议其他部分的效力。故A项错误。

甲单方面放弃美容服务,实际上是甲单方面解除美容协议,甲在没有法定或者约定的解除权的情形下,单方面解除该协议,构成违约。故C项错误。

《民法典》第580条第1款规定:"当事人一方不履行非金钱债务或者履行非金钱债务不符合约定的,对方可以请求履行,但是有下列情形之一的除外:(一)法律上或者事实上不能履行;(二)债务的标的不适于强制履行或者履行费用过高;(三)债权人在合理期限内未请求履行。"据此,非金钱债务并不是均可以请求继续履行的。甲接受的服务具有劳务的性质,劳务之债属于标的不适于强制履行的情况。故D项错误。

考点54 缔约过失责任

228. 缔约过失责任[C]

[解析] 原则上,缔约过失责任只能成立于磋商合同的当事人之间,甲、乙之间并未进入磋商阶段,甲、乙间不可能成立缔约过失责任。故A项错误。

缔约过失责任与合同自由原则并不矛盾。根据合同自由原则,进入合同磋商的任何一方均有随时退出磋商的自由。若丙无违反先合同义务的行为,丙退出与甲的磋商,另行选择与乙订立合同,丙就无须对甲承担缔约过失责任。故B项错误。

《民法典》第500条规定:"当事人在订立合同过程中有下列情形之一,造成对方损失的,应当承担赔偿责任:(一)假借订立合同,恶意进行磋商;……"丁的行为构成恶意磋商,应对甲因此遭受的信赖利益损失承担缔约过失责任。故C项正确,D项错误。

229. 缔约过失责任[B]

[解析]《民法典》第500条规定:"当事人在订立合同过程中有下列情形之一,造成对方损失的,应当承担赔偿责任:(一)假借订立合同,恶意进行磋商;……"本题中,德凯公司假借订立合同,恶意与真诚公司进行协商,造成真诚公司损失,应当承担缔约过失责任,赔偿真诚公司因此而受到的损失。故A项错误,B项正确。

《民法典》第501条规定:"当事人在订立合同过程中知悉的商业秘密或者其他应当保密的信息,无论合同是否成立,不得泄露或者不正当地使用;泄露、不正当地使用该商业秘密或者信息,造成对方损失的,应当承担赔偿责任。"本题中,德凯公司与真诚公司虽然未订立合同,凯德公司也负有保守在缔约过程中知悉的真诚公司的商业秘密的义务,不得泄露或不正当地使用。故C项错误。

德凯公司在缔约过程中付出大量成本属于自愿行为,且相对人真诚公司对该成本损失没有过错,因此不承担相应的责任,德凯公司不能主张抵销其赔偿。故D项错误。

专题十四 合同的履行

考点55 合同履行与债的清偿

230. 代物清偿;无权处分;善意取得;代为清偿[A]

[解析] 所谓代物清偿,是指债务人以他种给付

代替其所负担的给付,从而使债消灭。代物清偿的要件有四:(1)须有合法债务存在;(2)须以他种给付代替原来的给付;(3)清偿须与债权人达成代物清偿的合意;(4)须清偿受领人现实地受领他种给付。由于我国目前没有代物清偿的法律规定,按照最新观点,代物清偿协议,若没有特别约定为实践合同,则达成协议之时,合同即成立生效。在履行之前,新债与旧债并存,新债履行完毕后,原债务消灭;若新债不履行,原债务不消灭。在《协议一》中,甲公司与乙公司仅达成了以甲享有的建设用地使用权抵偿甲欠乙2000万元债务的协议,但并未实际履行,不能发生债权消灭的后果。故 A 项正确。

《民法典》第 209 条第 1 款规定:"不动产物权的设立、变更、转让和消灭,经依法登记,发生效力;未经登记,不发生效力,但是法律另有规定的除外。"甲公司、乙公司达成移转建设用地使用权的协议后,一直未办理过户登记,甲公司仍享有建设用地使用权,且该建设用地使用权的处分权能未受限制,甲公司将该建设用地使用权抵押给银行的行为属于有权处分。故 B 项错误。善意取得以无权处分为前提,本题中甲公司将建设用地使用权抵押给银行为有权处分。故 C 项错误。

所谓"代为清偿",指债务人以外的第三人替债务人向债权人清偿债务。代为清偿的要件有四:(1)债务的性质允许第三人代为清偿;(2)须债权人与债务人无相反约定;(3)须债权人未拒绝第三人代为清偿;(4)须第三人有为债务人清偿的意思。在《协议一》中,甲公司、乙公司的约定属于代物清偿,而非债务人甲公司之外的第三人代为清偿。故 D 项错误。

231．债务抵充[A]

[解析]《民法典》第 560 条规定:"债务人对同一债权人负担的数项债务种类相同,债务人的给付不足以清偿全部债务的,除当事人另有约定外,由债务人在清偿时指定其履行的债务。债务人未作指定的,应当优先履行已经到期的债务;数项债务均到期的,优先履行对债权人缺乏担保或者担保最少的债务;均无担保或者担保相等的,优先履行债务人负担较重的债务;负担相同的,按照债务到期的先后顺序履行;到期时间相同的,按照债务比例履行。"本题中,当事人没有约定,债务人还款时也没有指定,2006 年的借款已经到期,而 2009 年的借款尚未到期,所以应优先抵充 2006 年的借款。故本题选 A 项。

232．代物清偿;租赁权与抵押权的关系[ACD]

[解析] 本题中,王某与李某之间通过协议将无偿租住房屋代替支付借款,构成代物清偿,且王某已经实际履行了他种给付(订立租赁合同,且向李某交付租赁的房屋),李某向王某出具了借款还清的收据,

王某对李某的借款债务因此消灭。故 A 项正确。

《民法典》第 405 条规定:"抵押权设立前,抵押财产已经出租并转移占有的,原租赁关系不受该抵押权的影响。"据此,只有租赁在前且已经转移占有的,实现抵押权时才不能打破租赁关系。若租赁在前,但没有转移占有,或者抵押权设定在前的,实现抵押权均可打破租赁关系。李某的租赁权在张某的抵押权之后产生,因此李某的租赁权不可对抗张某的抵押权。故 B 项错误。

李某得知房屋上设有抵押后,与王某修订租赁合同,把起租日改为 2013 年 1 月 1 日,构成恶意串通损害第三人利益,根据《民法典》第 154 条规定,二人修订租赁合同的行为无效。故 C 项正确。

因抵押权人行使抵押权,导致王某与李某间的租赁合同不能履行,李某有权请求王某承担不能履行租赁合同的违约责任。故 D 项正确。

233．债的履行[BCD]

[解析] 在借款合同到期后,双方约定以古画抵债,这种行为构成代物清偿。根据《民法典合同编通则解释》第 27 条第 2 款规定,此种以物抵债协议,自当事人意思表示一致时即生效。在履行之前,新债与旧债并存;新债履行完毕后,原债务消灭,若新债不履行,原债务不消灭。因此,在双方约定以古画抵债之后,新债与旧债并存,使得原来的简单之债(金钱标的)变成了选择之债,原借款合同约定的清偿本金利息义务仍然有效,在实际交付古画之前,王某仍然可以选择通过交付本金、利息方式清偿借款合同(可以选择履行新债,也可以选择履行旧债)。故 A 项错误,C 项正确。既然认定交付古画为代物清偿,交付古画也是在履行借款合同。故 B 项正确。**【特别提醒】**《民法典合同编通则解释》第 27 条第 2 款规定:"债务人或者第三人履行以物抵债协议后,人民法院应当认定相应的原债务同时消灭;债务人或者第三人未按照约定履行以物抵债协议,经催告后在合理期限内仍不履行,债权人选择请求履行原债务或者以物抵债协议的,人民法院应予支持,但是法律另有规定或者当事人另有约定的除外。"据此,若债务人不按照约定履行,且经催告后仍然不履行的,则债权人可行使选择权。

《民法典》第 615 条规定:"出卖人应当按照约定的质量要求交付标的物。出卖人提供有关标的物质量说明的,交付的标的物应当符合该说明的质量要求。"第 617 条规定:"出卖人交付的标的物不符合质量要求的,买受人可以依据本法第五百八十二条至第五百八十四条的规定请求承担违约责任。"这意味着卖方应当对交付的标的物的质量负瑕疵担保责任,如果不合格则构成违约。本题中,王某以古画抵债,要

求该古画价值与所借款项价值相当,此与单独的古画买卖风险不同,王某需承担标的物的瑕疵担保责任。故 D 项正确。

234．债的清偿抵充顺序[AB]

[解析]《民法典》第 560 条规定:"债务人对同一债权人负担的数项债务种类相同,债务人的给付不足以清偿全部债务的,除当事人另有约定外,由债务人在清偿时指定其履行的债务。债务人未作指定的,应当优先履行已经到期的债务;数项债务均到期的,优先履行对债权人缺乏担保或者担保最少的债务;均无担保或者担保相等的,优先履行债务人负担较重的债务;负担相同的,按照债务到期的先后顺序履行;到期时间相同的,按照债务比例履行。"据此,抵充的顺序,有约定的按照约定;没有约定的,由债务人指定抵充;债务人没有指定的,按照法定顺序进行抵充。按照《民法典》第 561 条规定,若除主债务外还要偿还利息与偿债费用的,应当先抵充费用与利息。当债务人不指定时,意味着放弃指定,在没有约定的前提下,直接适用法定抵充顺序。这意味着,约定抵充优先于指定抵充,指定抵充优先于法定抵充。本题中,能事后达成协议的,按照协议抵充,不能按照债务人的指定来进行抵充。故 A、B 项正确,C、D 项错误。

235．第三人代为履行;无因管理;自助行为[BC]

[解析]《民法典》第 524 条第 1 款规定:"债务人不履行债务,第三人对履行该债务具有合法利益的,第三人有权向债权人代为履行;但是,根据债务性质、按照当事人约定或者依法律规定只能由债务人履行的除外。"本题中,乙公司是债务人甲公司的母公司,对甲公司债务的履行具有合法利益,有权向债权人代为履行,成立第三人代为履行。在乙公司代为清偿债务后,甲公司还欠潘某 2 万元。故 A 项错误,B 项正确。

乙公司和甲公司作为母公司和子公司,均属于独立的法人,乙公司无法定或约定的义务为甲公司的利益而管理其事务,因此其替甲公司偿还所欠潘某工资,构成无因管理。故 C 项正确。

《民法典》第 1177 条第 1 款规定:"合法权益受到侵害,情况紧迫不能及时获得国家机关保护,不立即采取措施将使其合法权益受到难以弥补的损害的,受害人可以在保护自己合法权益的必要范围内采取扣留侵权人的财物等合理措施;但是,应当立即请求有关国家机关处理。"可知,构成自助行为,需要满足"情况紧迫且不能及时获得国家机关保护"这一要件,而本题情形显然不构成这一要件,因此不能成立自助行为,潘某私开走甲公司名下的面包车构成侵权行为。故 D 项错误。

考点 56 合同履行中的第三人

236．代为清偿[A]

[解析]债务可由债务人之外的第三人清偿,称为第三人清偿。第三人代为清偿的要件有四:(1)债务的性质允许第三人代为清偿。具有专属性的债务,第三人不得代为清偿。(2)无禁止第三人代为清偿的约定。若债务人与债权人约定禁止第三人代为清偿,则不可。(3)须经债权人同意。第三人清偿时,若债权人拒绝,则第三人不得清偿;但是,若第三人就债务的清偿具有法律上的利害关系,债权人不得拒绝。(4)须第三人具有为债务人清偿的意思。甲对乙的债务不具有专属性,丙公司替甲公司清偿债务的行为得到了债权人乙公司的同意,清偿有效。故 A 选项正确。

第三人清偿的主要法律效果是:(1)因第三人清偿债务,债务人免除其债务,债权亦因此消灭。(2)第三人可基于无因管理或者不当得利向债务人追偿;但第三人以赠与的意思代为清偿的,无追偿权。因此丙公司代为清偿后,有权依照无因管理或者不当得利向甲公司追偿。故 B 选项错误。

因乙公司接受丙公司的代为清偿,甲公司对乙公司的债务消灭,所以,若丙公司的履行有瑕疵,甲公司无须承担责任。故 C 选项错误。

若丙公司有效地代为清偿甲公司对乙公司的债务,丙公司对甲公司有权追偿的范围包括:甲公司因此免除的债务、利息和丙公司代为清偿的必要费用。若丙公司对乙公司的履行行为有瑕疵,丙公司为实现有效代为清偿而采取补救措施所支出的费用应由其自行承担,丙公司无权向甲公司追偿。故 D 选项错误。

237．代物清偿;租赁合同[B]

[解析]《民法典合同编通则解释》第 27 条第 1 款规定:"债务人或者第三人与债权人在债务履行期限届满后达成以物抵债协议,不存在影响合同效力情形的,人民法院应当认定该协议自当事人意思表示一致时生效。"据此,以物抵债协议属于诺成性合同,自当事人意思表示一致时生效,故 A 项错误。

甲公司作为出卖方,对房屋负有权利担保义务,应当转移没有权利负担的房屋所有权给乙公司,但 A 楼上负有租赁权负担,且甲公司并未履行告知义务,应对乙公司承担违约责任,故 B 项正确。

买卖不破租赁的法律效果是:原租赁合同中出租人的权利义务关系概括地移转给受让人,在承租人与受让人之间,租赁合同继续有效。此外,受让人取得租赁物所有权后,承租人应向受让人支付租金。本题中,甲公司与乙公司办理 A 楼所有权转移登记后,乙公司取得房屋所有权,丙公司应向乙公司支付租金,故 C 项错误。

甲公司转让房屋所有权后,乙公司取代甲公司成为租赁关系的当事人,租金的收取与甲公司无关,故D项错误。

考点57 合同履行中的抗辩权

238．先履行抗辩权;不安抗辩权;合同解除;违约责任[ABD]

[解析]《民法典》第526条规定:"当事人互负债务,有先后履行顺序,应当先履行债务一方未履行的,后履行一方有权拒绝其履行请求。先履行一方履行债务不符合约定的,后履行一方有权拒绝其相应的履行请求。"本题中,应当先履行方煤矿交付的煤具有瑕疵,不符合合同约定,后履行方热电厂有权行使顺序履行抗辩权,拒绝相应的履行要求。故A项正确。

《民法典》第577条规定:"当事人一方不履行合同义务或者履行合同义务不符合约定的,应当承担继续履行、采取补救措施或者赔偿损失等违约责任。"煤矿所交之煤的含硫量远远超过约定标准,属于瑕疵履行,构成违约,热电厂有权要求其承担相应的违约责任。故B项正确。

《民法典》第527条规定:"应当先履行债务的当事人,有确切证据证明对方有下列情形之一的,可以中止履行:……"据此,只有先履行方才可行使不安抗辩权,热电厂属于应当后履行义务的一方,不能行使不安抗辩权。故C项错误。

《民法典》第563条第1款规定:"有下列情形之一的,当事人可以解除合同:……(四)当事人一方迟延履行债务或者有其他违约行为致使不能实现合同目的;……"煤矿所交之煤的含硫量远远超过约定标准,根据政府规定不能在该厂区燃烧,热电厂因为煤矿的违约行为不能实现合同目的,煤矿的交货行为构成根本违约,热电厂享有法定解除权,可通知对方解除合同。故D项正确。

239．不安抗辩权;顺序履行抗辩权;预期违约[C]

[解析]《民法典》第528条规定:"当事人依据前条规定中止履行的,应当及时通知对方。对方提供适当担保的,应当恢复履行。中止履行后,对方在合理期限内未恢复履行能力且未提供适当担保的,视为以自己的行为表明不履行主要债务,中止履行的一方可以解除合同并可以请求对方承担违约责任。"据此,甲公司行使不安抗辩权后,若在合理的期限内乙公司恢复履行能力或者提供适当的担保,甲公司的不安抗辩权消灭,应恢复履行。本题中,乙公司支付了1万元预付款。预付款,是指合同成立后,一方当事人按照约定将部分或者全部合同价款预先支付给对方的款项,合同履行后,预付款成为应付价款的组成部分,如果没有履行合同,则预付款应予以退还。预付款具有支援性质,为对方当事人履行合同义务起一定的资助作用,但不起担保作用,除非支付的预付款相当充分,确保了义务人的履行能力,否则支付部分预付款并不具有阻止收款方行使不安抗辩权的效力。本题中,甲公司有确切证据证明乙公司在甲公司履行义务5日后不能履行合同义务,甲公司有权行使不安抗辩权,中止履行;乙公司支付的预付款比例很少,不足以消除不安抗辩事由。故A项错误。

《民法典》第526条规定:"当事人互负债务,有先后履行顺序,应当先履行债务一方未履行的,后履行一方有权拒绝其履行请求。先履行一方履行债务不符合约定的,后履行一方有权拒绝其相应的履行请求。"据此,乙公司可以行使顺序履行抗辩权,有权拒绝相应的履行要求,即拒绝支付100套服装的货款,但不得拒绝支付任何货款。故B项错误。顺序履行抗辩权只能由应当后履行的一方行使。本题中,甲公司为先履行方,其无权主张顺序履行抗辩权。故D项错误。

《民法典》第578条规定:"当事人一方明确表示或者以自己的行为表明不履行合同义务的,对方可以在履行期限届满前请求其承担违约责任。"这是关于预期违约的规定。本题中,虽然乙公司债务的履行期限于3月15日届至,但乙公司于3月10日明确表示将不履行债务,构成明示毁约,自3月10日起,甲公司有权对乙公司主张预期违约的违约责任。故C项正确。

240．双务合同履行中的抗辩权[D]

[解析]《民法典》第525条规定:"当事人互负债务,没有先后履行顺序的,应当同时履行。一方在对方履行之前有权拒绝其履行请求。一方在对方履行债务不符合约定时,有权拒绝其相应的履行请求。"据此可知,同时履行抗辩权的构成要件之一是双务合同当事人的债务履行顺序无先后之分。本题中,买卖合同约定甲应先支付书款,乙两个月后交付图书,其履行义务的顺序有先后之分,不符合同时履行抗辩权的构成要件。故A项错误。

《民法典》第527条规定,仅应当先履行的一方在符合条件时可以行使不安抗辩权。本题中,乙作为应当后履行的一方是不可能行使不安抗辩权的。故B项错误。

《民法典》第526条规定:"当事人互负债务,有先后履行顺序,应当先履行债务一方未履行的,后履行一方有权拒绝其履行请求。先履行一方履行债务不符合约定的,后履行一方有权拒绝其相应的履行请求。"据此,乙可以行使顺序履行抗辩权,但只能拒绝与甲未支付价款部分相应的履行请求。故C项错误,D项正确。

241．顺序履行抗辩权;不安抗辩权;债务承担[C]

[解析]《民法典》第526条规定:"当事人互负债务,有先后履行顺序,应当先履行债务一方未履行的,后履行一方有权拒绝其履行请求。先履行一方履行债务不符合约定的,后履行一方有权拒绝其相应的履行请求。"按照约定,甲公司先付款,后乙公司交付电梯。甲公司未付款即请求乙公司交付电梯,乙公司可对甲行使顺序履行抗辩。故A项错误。

甲、乙、丙公司三方合意的效力在于,甲公司将对乙公司的付款义务移转给丙承担,而未将请求乙公司交付电梯的债权转让给丙,因此丙公司无权请求乙公司交付电梯。故B项错误。

根据《民法典》第527条的规定,若应当先履行的甲公司确有证据证明应当后履行的乙公司具有丧失履行债务能力的情形,甲公司可对乙公司行使不安抗辩权,中止履行自己对乙公司的合同义务。《民法典》第553条规定:"债务人转移债务的,新债务人可以主张原债务人对债权人的抗辩;原债务人对债权人享有债权的,新债务人不得向债权人主张抵销。"据此,6月1日后,若乙公司请求丙公司履行支付电梯价款的义务,新的债务人丙公司可以援用原债务人甲公司对乙公司的不安抗辩权,中止履行。故C项正确。

本题中,丙公司承担甲公司对乙公司的付款义务,属于免责的债务承担,甲公司不再是债务人,乙公司不再享有请求甲公司付款的权利。故D项错误。

242．解除合同的条件;先履行抗辩权[A]

[解析] 按照约定,甲公司应于10月1日向乙公司支付20万元预付款。因乙公司于9月30日向甲公司发函要求单方面提高价款,甲公司、乙公司处于磋商中,甲公司于10月1日中止履行向乙公司支付20万元的义务具有正当事由,不构成违约。故A项正确。【思路拓展】可以从不安抗辩的角度分析甲公司的行为。由于乙公司单方要提高价格,此行为完全有可能导致履行顺序在后的乙公司不能向甲公司进行对待给付,因此甲公司可以行使不安抗辩权,暂时中止第二笔款项的支付。

《民法典》第563条规定:"有下列情形之一,当事人可以解除合同:……(三)当事人一方迟延履行主要债务,经催告后在合理期限内仍未履行;……"甲公司已经按照原合同约定于10月3日向乙公司支付20万元预付款,且其迟延支付有正当理由,不存在违约行为,乙公司不享有法定解除权。故B项错误。

依法成立的合同,对当事人具有法律约束力,不得擅自变更。乙公司单方面变更合同,提高合同价格的行为,构成违约。尽管乙公司履行顺序在后,但甲公司已经先行履行了前两期预付款的义务,虽然甲公司的第二笔预付款迟延支付,但这是由于乙公司单方面提高价格导致的,所以乙没有先履行抗辩权。故C、D项错误。

243．先履行抗辩权、不安抗辩权的行使条件;法定解除合同的条件[D]

[解析] 双务合同中的履行抗辩权,其发生基础在于双务合同中双方互负之"对待给付义务"在履行上的"牵连性"(你予则我予)。仅对待给付义务间,方可成立履行抗辩权。所谓对待给付义务,通常是指当一方主义务没有履行时,另一方可以自己的主义务不履行来进行抗辩;当一方从义务没有履行时,另一方可以自己的从义务不履行来进行抗辩。一方负担的主给付义务与另一方负担的从给付义务,原则上不属于对待给付义务,不成立履行抗辩权。本题中,乙向甲交付房屋使用说明书为从给付义务,甲向乙支付购房款属于主给付义务,彼此不属于对待给付义务。在应当先履行的乙未向甲交付房屋使用说明书时,甲无权依照《民法典》第526条对乙主张先履行抗辩权。故A项错误,D项正确。【特别提醒】在特殊情形下,不履行从给付义务将导致合同目的不能实现时,一方负担的主给付义务与另一方负担的从给付义务可例外地成为对待给付义务,可成立履行抗辩权。

根据《民法典》第527条的规定,仅先履行一方才可能行使不安抗辩权。甲作为后履行一方,不能行使不安抗辩权。故B项错误。

《民法典》第563条第1款规定:"有下列情形之一的,当事人可以解除合同:……(三)当事人一方迟延履行主要债务,经催告后在合理期限内仍未履行;(四)当事人一方迟延履行债务或者有其他违约行为致使不能实现合同目的;……"乙未向甲交付房屋使用说明书,系不履行从给付义务(不属于主要债务),且根据题干叙述的案情不会导致合同目的不能实现的后果,甲不享有法定解除权。故C项错误。

244．同时履行抗辩权;买卖合同风险承担[BCD]

[解析]《民法典》第525条规定:"当事人互负债务,没有先后履行顺序的,应当同时履行。一方在对方履行之前有权拒绝其履行请求。一方在对方履行债务不符合约定时,有权拒绝其相应的履行请求。"本题中,甲、乙公司的买卖合同没有约定履行顺序,按照同时履行抗辩权,在乙公司没有按时交付货物时,甲公司可拒绝支付货款。故A项错误,B项正确。

《民法典》第604条规定:"标的物毁损、灭失的风险,在标的物交付之前由出卖人承担,交付之后由买受人承担,但是法律另有规定或者当事人另有约定的除外。"根据《民法典》第603条规定,当事人没有约定交付地点或者约定不明确,依法不能确定的,若标的物需要运输,出卖人将标的物交付给第一承运人视为已交付。本题中,甲、乙公司之间未约定交付地点,则

· 70 ·

在乙公司将货物交付给承运人丙公司时完成交付,交付之后,货物损毁风险转由买受人甲公司承担。故 C 项正确。

《民法典》第 835 条规定:"货物在运输过程中因不可抗力灭失,未收取运费的,承运人不得请求支付运费;已经收取运费的,托运人可以请求返还。法律另有规定的,依照其规定。"故 D 项正确。

考点58 情势变更

245.合同的效力;显失公平;情势变更[D]

[解析]《民法典》第 497 条规定:"有下列情形之一的,该格式条款无效:(一)具有本法第一编第六章第三节和本法第五百零六条规定的无效情形;(二)提供格式条款一方不合理地免除或者减轻其责任、加重对方责任、限制对方主要权利;(三)提供格式条款一方排除对方主要权利。"《民法典》第一编第六章第三节规定的主要是内容涉嫌违法无效的情形,如违背公序良俗、违反法律行政法规的强制性规定、恶意串通损害第三人的利益等。《民法典》第 506 条规定的无效情形是两种无效的免责条款:"(一)造成对方人身损害的;(二)因故意或者重大过失造成对方财产损失的。"本题不具有其中的任何一种情形,并且提供格式条款的一方乙似乎还加重了自己责任。故 A 项错误。

根据《民法典》第 151 条的规定,显失公平有三个要件:(1)双务合同双方的权利义务明显不对等;(2)显失公平发生在合同成立之时;(3)主观要件:一方利用了自己的优势或者利用了对方急迫、轻率、无经验的窘迫境况。甲、乙之间培训合同的权利、义务对等,符合双方主观上的等价有偿,并且不存在一方利用对方无选择自由的不利处境,双方意思表示均属自由,不成立显失公平。故 B 项错误。

根据《民法典》第 533 条的规定,情势变更的构成要件有五:(1)发生了不属于商业风险,又不属于不可抗力的情势异常变动;(2)情势变动发生在合同成立后、合同消灭之前这个时间段;(3)情势变动是不可归责于一方当事人的;(4)情势变动系当事人订立合同时不能预见的;(5)继续按照原来的合同履行,将显失公平,有违诚信原则。本题中的情况属于乙教育机构未适当履行合同义务,其合同的客观情势并未发生变动,每年的高考分数线不同,这是常识,不属于不能预见的客观情势的变化,因此,本题与情势变更无关,属于违约的问题,机构应当承担违约责任。故 C 项错误。【思路拓展】具体而言,乙因未履行约定的义务而需承担全额退费的违约责任,属于商业风险。假设国家取消当年的高考;或假设培训过程刚开始甲被哈佛大学录取,那就构成情势变更了。

甲、乙的培训合同虽有违教育规律,但不存在违反法律、行政法规效力性强制规范和违背公序良俗等无效事由。故 D 项正确。

246.商品房买卖合同;情势变更[BC]

[解析]《商品房买卖合同解释》第 16 条规定:"出卖人与包销人订立商品房包销合同,约定出卖人将其开发建设的房屋交由包销人以出卖人的名义销售的,包销期满未销售的房屋,由包销人按照合同约定的包销价格购买,但当事人另有约定的除外。"甲、乙公司虽然签订了商品房包销合同,甲公司仍为其开发商品房的所有权人,并且包销合同并不构成对甲公司房屋所有权处分权能的限制。甲公司将由乙公司包销的一套房屋出卖给丙的行为不属于无权处分。故 A 项错误。

《商品房买卖合同解释》第 17 条规定:"出卖人自行销售已经约定由包销人包销的房屋,包销人请求出卖人赔偿损失的,应予支持,但当事人另有约定的除外。"因此,乙公司有权请求甲公司承担违约责任。故 B 项正确。

《民法典》第 533 条规定:"合同成立后,合同的基础条件发生了当事人在订立合同时无法预见的、不属于商业风险的重大变化,继续履行合同对于当事人一方明显不公平的,受不利影响的当事人可以与对方重新协商;在合理期限内协商不成的,当事人可以请求人民法院或者仲裁机构变更或者解除合同。人民法院或者仲裁机构应当结合案件的实际情况,根据公平原则变更或者解除合同。"甲公司与丙的买卖合同签订后,因国家出台调控政策,丙不具备购房资格,构成情势变更,且导致合同目的不能实现,丙有权起诉请求法院判决解除合同。故 C 项正确。【特别提醒】(1)情势变更情形下,若要解除合同,只能通过诉讼或仲裁途径。(2)也有观点认为国家出台房地产调控政策构成不可抗力,致使不能实现合同目的的,当事人可以解除购房合同。此种思路得出的结果与情势变更一致,不影响本题作答。

法院依照情势变更判决解除合同,由于情势变更不可归责于任一方当事人,因此当事人均不构成违约,无须承担损害赔偿的问题。尽管如此,如果甲公司与丙之间的合同因情势变更被撤销,甲公司除应返还丙本金 20 万元之外,还须返还同期的利息,故 D 项错误。

专题十五 合同的保全

考点59 合同的保全:债权人代位权与债权人撤销权

247.代位权;撤销权[AB]

[解析]《民法典》第 538 条规定:"债务人以放弃

其债权、放弃债权担保、无偿转让财产等方式无偿处分财产权益,或者恶意延长其到期债权的履行期限,影响债权人的债权实现的,债权人可以请求人民法院撤销债务人的行为。"本题中,(1)甲对乙的债权合法、有效;(2)乙向戊无偿赠与(遗赠)财产并因此损害甲对乙的债权;(3)乙的处分行为系无偿,不要求受益人戊具有恶意。因此,甲可行使债权人撤销权,起诉撤销乙的遗赠。故 A 项正确。

根据《民法典》第 535 条的规定,代位权的构成要件有四:(1)债权人对债务人的债权合法、有效(未过诉讼时效期间)、到期;(2)债务人对次债务人的金钱债权合法、有效、到期;(3)债务人怠于行使对次债务人的金钱债权(未起诉或者未申请仲裁),并因此损害债权人的债权;(4)债务人对次债务人的债权不是专属于债务人自身的债权。本题中,乙去世前,甲对乙的 6 万元债权合法、有效、到期,乙对丙的 5 万元债权合法、有效、到期,乙怠于履行对丙的 5 万元债权并因此损害甲对乙的债权,乙对丙的 5 万元债权不具有专属性,甲享有代位权。同时,《民法典》第 537 条规定:"人民法院认定代位权成立的,由债务人的相对人向债权人履行义务,债权人接受履行后,债权人与债务人、债务人与相对人之间相应的权利义务终止。……"据此,若甲以丙为被告行使代位权,法院应当判决丙向债权人甲履行 5 万元债务。故 B 项正确。

《民法典》第 535 条中"专属于债务人自身的债权",是指基于扶养关系、抚养关系、赡养关系、继承关系产生的给付请求权和劳动报酬、退休金、养老金、抚恤金、安置费、人寿保险、人身伤害赔偿请求权等权利。据此,乙对丁享有的 5 万元人身损害赔偿请求权系专属于债务人自身的债权,不得成为代位权的客体,故债权人甲无权对丁行使代位权。故 C 项错误。

《民法典》第 535 条第 2 款规定:"代位权的行使范围以债务人的到期债权为限。债权人行使代位权的必要费用,由债务人负担。"在代位权诉讼中,债权人胜诉的,诉讼费用应由败诉的次债务人负担;其他必要费用(律师费用、差旅费)由债务人负担。故 D 项错误。

248. 债权人撤销权[C]

[解析] 根据《民法典》第 538、539 条,债权人撤销权的构成要件有三:(1)债权人对债务的债权合法、有效;(2)债务人对债权人负担债务之后实施了有效法律行为(积极减少责任财产的行为;须为财产行为,不能是身份行为),且该法律行为损害到债权人的债权;(3)若债务人实施的法律行为系有偿行为,需要债务人与受益人(或者受让人)对债权人遭受的损害具有恶意。债权人撤销权的功能在于恢复债务人的一般责任财产,而不在于增加债务人的责任财产,所以债权人有权(依照债权人撤销权)撤销债务人的处分行为,须发生在债务人对债权人负担债务之后,而不能发生在债务人对债权人负担债务之前。A 项中,甲公司对丙公司赠与价值 50 万元机器设备的行为发生在甲对乙负担债务之前,乙公司无权撤销。故 A 项错误。同理,B 项中,甲公司对丁基金会的捐赠行为也发生在甲对乙负担债务之前,乙公司无权撤销。故 B 项错误。

《民法典》第 658 条规定:"赠与人在赠与财产的权利转移之前可以撤销赠与。经过公证的赠与合同或者依法不得撤销的具有救灾、扶贫、助残等公益、道德义务性质的赠与合同,不适用前款规定。"甲公司向戊希望小学的赠与属于具有社会公益性质的赠与合同,赠与人甲公司不享有任意撤销权。故 D 项错误。C 项中,虽赠与人甲不享有任意撤销权,但甲公司向戊希望小学的赠与行为损害到乙的债权,并符合债权人撤销权的构成要件,乙公司有权行使债权人撤销权,撤销甲公司向戊希望小学的赠与合同。故 C 项正确。【陷阱点拨】所谓公益性赠与不得任意撤销,限制的仅仅是赠与人本人。就甲、戊间的公益性赠与而言,甲是赠与人,不享有任意撤销权,但甲向戊无偿赠与财产,损害了乙对甲的债权,乙仍可享有"债权人撤销权"。

249. 代位权[ABC]

[解析] 债务人在代位权诉讼中对债权人的债权提出异议,经审查异议成立的,人民法院应当裁定驳回债权人的起诉。据此,在甲对丙提起的代位权诉讼中,若债务人乙对债权人甲享有抗辩(包括抗辩权和狭义的抗辩),次债务人丙均可对甲主张。因此,丙可对甲主张"原债"的抗辩。故 A 项正确。

《民法典》第 535 条第 3 款规定:"相对人对债务人的抗辩,可以向债权人主张。"据此,在甲对丙提起的代位权诉讼中,如次债务人丙对债务人乙享有抗辩(包括抗辩权和狭义的抗辩),次债务人丙均可对甲主张。因此,丙可对甲主张"次债"的抗辩。故 B 项正确。

如果债权人甲提起的代位权诉讼本身具有实体上或程序上的瑕疵,则被告次债务人丙享有实体上的抗辩(如主张代位的债务数额超过次债务人对债务人所负债务的数额)或者程序上的抗辩(如管辖权异议等)。因此,丙可对甲主张"代位之债"的抗辩。故 C 项正确。

《民法典合同编通则解释》第 37 条第 1 款规定:"债权人以债务人的相对人为被告向人民法院提起代位权诉讼,未将债务人列为第三人的,人民法院应当追加债务人为第三人。"据此,代位权诉讼中,债务人处于第三人地位,而不是共同被告。故 D 项错误。

250．代位权［ABCD］

［解析］丁公司为债权人,乙公司为债务人(须对丁承担 3000 万元的补充责任),甲公司为次债务人(甲公司欠乙公司 2000 万元)。根据《民法典》第 535 条第 1 款规定,丁公司可以甲公司为被告提起代位权诉讼的要件有四:(1)丁对乙的债权合法、有效、到期;(2)乙对甲的金钱债权合法、有效、到期;(3)乙怠于行使对甲的金钱债权,并因此损害到丁对乙的债权;(4)乙对甲的请求权不具有专属性。

按照现在的民法理论,对于代物清偿协议,若没有特别约定为实践合同,则达成协议之时,合同即成立生效。在履行之前,新债与旧债并存。新债履行完毕后,原债务消灭;若新债不履行,原债务不消灭。至于是履行新债还是旧债,无特别约定时,当事人可自由选择。本题中,甲、乙两公司虽达成代物清偿协议(甲公司将其建设用地使用权用于抵偿其欠乙公司的 2000 万元债务),但甲公司未选择履行新债(未依约将该用地使用权过户到乙公司名下,而是将之抵押给不知情的银行以获贷款)。因此,不存乙公司请求甲公司过户的问题,乙公司依然只享有请求甲公司支付 2000 万元的权利,甲公司对乙公司仍负有支付 2000 万元的金钱债务。因此,这一主张不能形成对于代位权的有效抗辩,故 A 项当选。

仲裁协议具有相对性,仅能排除协议当事人甲、乙的起诉行为。因此,即使《协议一》有仲裁条款,也不能排除协议之外的第三人丁以起诉的方式行使代位权。故 B 项当选。

《民法典》第 535 条规定的"债务人怠于行使其债权或者与该债权有关的从权利,影响债权人的到期债权实现的",是指债务人不履行其对债权人的到期债务,又不以诉讼方式或者仲裁方式向其债务人主张其享有的具有金钱给付内容的到期债权,致使债权人的到期债权未能实现。据此,有效的主张债权的方式是诉讼方式或者仲裁方式,乙公司以发函的方式要求甲公司清偿债务,不属于有效的行使到期债权的方式,仍不能免除怠于行使到期债权。故 C 项当选。

在代位权诉讼中,债权人行使代位权的请求数额超过债务人所负债务额或者超过次债务人对债务人所负债务额的,对超出部分人民法院不予支持。本题中,乙对丁的债务为 3000 万元,甲对乙的债务为 2000 万元。所以,如果丁对甲行使代位权主张 3000 万元的数额,对于超过的 1000 万元,甲可提出有效的抗辩。D 项中的抗辩部分可以成立,部分不能成立,综合而言,并不能完全排除丁提起代位诉讼。故 D 项当选。

251．债的保全和担保［ABC］

［解析］根据《民法典》第 538、539 条,债权人撤销权的构成要件有三:(1)债权人对债务的债权合法、有效;(2)债务人对债权人负担债务之后实施了有效法律行为(积极减少责任财产的行为;须为财产行为,不能是身份行为),并且该法律行为损害到债权人的债权;(3)若债务人实施的法律行为系有偿行为,需要债务人与受益人(或者受让人)对债权人遭受的损害具有恶意。【总结提示】债的保全分为两个权利,代位权与撤销权。两者的分工是:面对债务人消极地减少责任财产的行为,行使代位权;面对债务人积极地减少责任财产或消极地增加债务的行为,行使撤销权。

乙对他人的债务尚未到期,不需要清偿,乙放弃期限利益,以全部财产清偿该未到期债务,导致乙责任财产减少,无力清偿乙此前对甲负担的 20 万元债务,符合债权人撤销权的成立要件。故 A 项正确。

乙放弃对他人财产的抵押权,将导致乙责任财产减少,损害甲的债权,符合债权人撤销权的成立要件。故 B 项正确。

对于家庭共有财产,正常情况下,乙拥有一半的份额,如果放弃分割,将直接导致其责任财产的减少,属于典型的积极减少财产的行为。因此,对于这种放弃行为,债权人可以撤销。故 C 项正确。

在债权人撤销权中,债权人可以撤销的行为,必须以财产为标的,即必须是使得债务人财产上受其直接影响的行为才可以撤销;反之,不以财产为标的的行为,与债务人的责任财产无关,债权人不得撤销。通常认为,不以财产为标的的行为主要包括:(1)基于身份关系的行为,如结婚、收养或解除收养、继承的承认或者放弃;(2)以不作为债务的发生为目的的法律行为;(3)以提供劳务为目的的行为;(4)财产上利益的拒绝行为;(5)以不得扣押的财产为标的的行为。D 选项是放弃继承,通常认为非以自己的责任财产减少为直接目的,债权人不能撤销。故 D 项错误。【思路拓展】本选项从另一个角度也可以排除。债权人撤销权仅具有"恢复债务人责任财产"的功能,而不具有"增加债务人责任财产"的功能。因此,在乙对甲的 20 万元借款债务到期后,若乙放弃对父亲遗产的继承权,这一行为"并未减少债务人乙的责任财产",只是"未使债务人乙的责任财产增加",即使因此致使无力偿还对甲的借款,也不符合债权人撤销权的成立要件,甲无权撤销。

252．债权人的撤销权［BCD(原答案为 BD)］

［解析］甲在债务不能清偿的前提下,与丙在离婚协议中约定,甲将自己婚前的房屋赠与知情的丙,甲、丙之间确有恶意串通的嫌疑,故关于赠与房屋的协议应属无效。本题中,房屋赠与只是《离婚协议书》的一项内容,不能因为部分内容无效,就得出《离婚协议书》无效的结论。故 A 项错误。

《民法典》第538条规定："债务人以放弃其债权、放弃债权担保、无偿转让财产等方式无偿处分财产权益，或者恶意延长其到期债权的履行期限，影响债权人的债权实现的，债权人可以请求人民法院撤销债务人的行为。"虽然甲实施无偿赠与行为，但债务人甲仍有充足的财产可供还债，并未"对债权人造成损害"，债权人乙无权主张撤销赠与合同。故B项正确。

《民法典合同编通则解释》第44条第1款规定："债权人依据民法典第五百三十八条、第五百三十九条的规定提起撤销权诉讼的，应当以债务人和债务人的相对人为共同被告，由债务人或者相对人的住所地人民法院管辖，但是依法应当适用专属管辖规定的除外。"据此，债权人提起债权人撤销权诉讼的，应当以债务人（甲）及其相对人（丙）为共同被告，故C项正确。

《民法典》第540条规定："撤销权的行使范围以债权人的债权为限。债权人行使撤销权的必要费用，由债务人负担。"据此，债权人行使撤销权所支付的律师代理费、差旅费等必要费用，由债务人负担。本题中，在债权人撤销权成立的情况下，债务人有承担律师费等必要费用的义务，法院应当支持乙提出的由甲支付律师费的请求，故D项正确。

253．债权人撤销权、恶意串通无效[BCD]

[解析] 无论是动产还是不动产，签订的抵押合同不存在不登记导致合同不生效的情形，抵押合同只要达成协议即可成立生效，故A项错误。

《民法典》第154条规定："行为人与相对人恶意串通，损害他人合法权益的民事法律行为无效。"本题中，乙公司与甲公司签订抵押合同的行为，属于恶意串通损害丙公司利益的行为，因恶意串通而无效，故B项正确。

《民法典》第539条规定："债务人以明显不合理的低价转让财产，以明显不合理的高价受让他人财产或者为他人的债务提供担保，影响债权人的债权实现，债务人的相对人知道或者应当知道该情形的，债权人可以请求人民法院撤销债务人的行为。"本题中，甲、乙公司事后签订抵押合同的行为，损害了债权人丙公司的利益，故丙公司可行使债权人撤销权，撤销甲、乙公司之间的行为，故C项正确。

虽然签订了抵押合同，但是并没有发生所有权的变动，汽车和房屋的所有权依然属于甲，故D项正确。

254．债权人撤销权；无效法律行为；诉讼时效的适用范围[ABD]

[解析]《民法典》第539条规定："债务人以明显不合理的低价转让财产，以明显不合理的高价受让他人财产或者为他人的债务提供担保，影响债权人的债权实现，债务人的相对人知道或者应当知道该情形的，债权人可以请求人民法院撤销债务人的行为。"本题中，甲公司为逃避债务，与丙公司合谋，将价值9000万元的公司资产以4000万元的价格转让给丙公司，符合债权人撤销权的构成要件，乙公司有权请求法院撤销该买卖合同，故A项正确。

《民法典》第541条规定："撤销权自债权人知道或者应当知道撤销事由之日起一年内行使。自债务人的行为发生之日起五年内没有行使撤销权的，该撤销权消灭。"据此，债权人撤销权的除斥期间是自知道或者应当知道撤销事由之日起算，而非自撤销事由发生之日起算，故C项错误。

《民法典》第154条规定，行为人与相对人恶意串通，损害他人合法权益的民事法律行为无效。本题中的甲公司与丙公司的行为属于恶意串通，损害乙公司利益，乙公司有权请求确认该合同无效，故B项正确。

请求确认合同无效不受诉讼时效的限制，故D项正确。

专题十六　保证和定金（债权性担保）

考点60　定金

255．成约定金[B]

[解析] 根据《民法典》第586条的规定，定金合同自实际交付定金时成立。因此，定金合同属于实践合同。由于乙一直未按照约定支付定金，甲、乙间的定金合同尚未成立，甲无权请求乙支付定金。故A、C项错误。

定金分为四种：立约定金、成约定金、解约定金、违约定金。成约定金，指当事人约定以定金的交付作为合同生效要件的定金。原则上，若当事人未交付成约定金，合同就尚未成立或生效，但主合同已经履行或者已经履行主要部分的，主合同的成立或者生效不受此影响。本题中，甲、乙约定的定金为成约定金，乙虽未支付定金，但因主合同已经履行，买卖合同已经生效。事实上，甲、乙已经以推定的意思表示变更了此前的约定。故B项正确。既然买卖合同已经生效，出卖人甲已经按约交付了货物，则买受人乙负有支付价款的义务。故D项错误。

256．定金责任[A]

[解析]《民法典》第586条规定："当事人可以约定一方向对方给付定金作为债权的担保。定金合同自实际交付定金时成立。定金的数额由当事人约定；但是，不得超过主合同标的额的百分之二十，超过部分不产生定金的效力。实际交付的定金数额多于或者少于约定数额的，视为变更约定的定金数额。"据此，定金数额超过合同标的额20%的部分不产生定金

的效力。本题中,刘某、李某之间的合同标的额为1万元,刘某支付的定金为5000元,达到了合同标的额的50%,因此只有合同标的额20%的部分即2000元具有定金效力。根据定金罚则,收受定金的一方不履行债务或者履行债务不符合约定,致使不能实现合同目的的,应当双倍返还定金。李某失手把瓷盘摔坏无法履行债务,则应当就2000元的定金承担双倍返还责任。故B、C项均错误。而刘某、魏某之间的合同约定的标的额为5万元,魏某支付了1万元的定金,刚好为标的额的20%,故此1万元均可产生定金的效力,刘某应就1万元的定金向魏某承担双倍返还责任。故A项正确,D项错误。

考点61 保证合同的成立及保证方式

257.保证合同的成立[ABC]

[解析]《民法典》第685条规定:"保证合同可以是单独订立的书面合同,也可以是主债权债务合同中的保证条款。第三人单方以书面形式向债权人作出保证,债权人接收且未提出异议的,保证合同成立。"此外,主合同中虽然没有保证条款,但是,保证人在主合同上以保证人的身份签字或者盖章的,保证合同成立。

根据前述规定,在下列四种情形下,应认定保证合同成立:(1)单独订立书面的保证合同;(2)主合同约定了"保证条款",保证人在主合同上签名(盖章或者按指印)的;(3)主合同未约定"保证条款",保证人在主合同上"以保证人身份"签名(盖章或者按指印)的;(4)第三人单方以书面形式向债权人作出保证,债权人接收且未提出异议的。

A项中,借据并非借款合同,但借据是证明借款合同成立的直接证据。丙在借据上签署"保证人丙"的行为,属于主合同未约定保证条款,但保证人在主合同上以保证人身份签名的情形。故A项当选。

B、C项中,丁、戊的行为均属于"第三人单方以书面形式向债权人作出保证,债权人接收且未提出异议"的情形。故B、C项当选。

保证的特征在于,保证人以其全部财产为基础担保债务的履行。D项划定了责任财产的范围,不符合保证的要求。己的行为实际上是设立不动产抵押权,而非提供保证。故D项错误。

258.保证合同的成立;承诺规则[B]

[解析] 基于合同的相对性,保证合同是保证人与债权人之间的合同。成立保证的方式有多种,主合同中虽然没有保证条款,但是保证人在主合同上以保证人的身份签字或者盖章的,保证合同可以成立。本题中,保证人丙虽然在第一份主合同中以保证人的身份签字,但是该签字是在债权人乙签字之前进行的,过后债权人乙并没有在此份合同书上签字或盖章,该份主合同及保证合同最终没有成立。后甲、乙经过协商改变了原来约定的主合同内容,同时将借款期限和保证期间作了延长,但没有再次让丙在主合同上以保证人的身份签字或盖章,这相当于债权人乙对保证人丙原来的要约作出了实质性变更,丙的要约失效了,因此,对于新约定的内容,丙不承担保证责任,丙的保证责任根本就没有成立。故B选项正确。【陷阱点拨】本题的难度在于,出题人设置一个陷阱,把考生的注意力引到别处去了。《民法典》第695条规定:"债权人和债务人未经保证人书面同意,协商变更主债权债务合同内容,减轻债务的,保证人仍对变更后的债务承担保证责任;加重债务的,保证人对加重的部分不承担保证责任。债权人和债务人变更主债权债务合同的履行期限,未经保证人书面同意,保证期间不受影响。"但是,该条的适用有一个前提:即保证合同已经成立。而本题中这样的前提不存在。故A、C、D项错误。

259.保证合同的成立;代位权[BC]

[解析] 应收账款质权,是指出质人以自己对他人享有的应收账款债权为客体设立的质权。《民法典》第445条第1款规定:"以应收账款出质的,质权自办理出质登记时设立。"据此,应收账款质权自办理出质登记时设立。出质人只能以自己享有的债权设立质权,而不能以自己负担的债务设立质权。本题中,丙公司并未将自己对他人的应收账款债权为乙公司设立质权,故乙公司对丙公司不享有应收账款质权。同时,丙公司系以保证人身份担保甲公司对乙公司的付款义务,但约定了保证范围(丙的保证责任以10万元为限),这与应收账款质权显有不同,系属二事。故A项错误。

《民法典》第685条第2款规定,第三人单方以书面形式向债权人作出保证,债权人接收且未提出异议的,保证合同成立。本题中,丙公司单方面向乙公司出具担保函,乙公司接收且未提出异议,应认定丙、乙间的保证合同成立。故B项正确。

根据《民法典》第535条,代位权的成立要件有四:(1)债权人对债务人的债权合法、有效(未过诉讼时效)、到期;(2)债务人对次债务人的金钱债权合法、有效、到期;(3)债务人怠于行使对次债务人的金钱债权,并因此损害债权人的债权;(4)债务人对债权人的债权不具有专属性。本题中,除了丙是乙的保证人(保证范围为10万元)这一关系以外,乙公司为债权人,甲公司为债务人,丙公司为次债务人(债务人甲公司的债务人),且三者之间的法律关系符合代位权的构成要件,故乙公司可对丙公司提起代位权之诉。故C项正确。

所谓并存的债务承担,指债务人以外的第三人加入债的关系,与债务人就债务的清偿承担连带责任,原债务人并不退出债务关系。本题中,不存在丙公司加入甲、乙间的债务关系,就甲对乙的债务与甲承担连带清偿责任的约定,不能成立并存的债务承担。故D项错误。

260．保证担保的成立与实现;保证人的追偿权[D]

[解析] 保证可以和债权人约定保证责任承担的具体方法,只要没有违反法律的强制性规定则约定就是有效的,就可以按照当事人约定的方法来实现责任。李某与甲银行在保证合同中特别约定,如保证人不履行保证责任,债权人有权直接从保证人在甲银行及其支行处开立的任何账户内扣收,该直接扣划款项的约定有效,性质上属于约定抵销,李某要按照约定承担保证责任。故A、B项错误。

《民法典》第700条规定:"保证人承担保证责任后,除当事人另有约定外,有权在其承担保证责任的范围内向债务人追偿,享有债权人对债务人的权利,但是不得损害债权人的利益。"在保证人承担保证责任之后,不管债权人的债权是否全部实现,保证人均可行使向债务人的追偿权。扣划款项之后,保证人李某即获得追偿权。故C项错误。

《民事诉讼法》第51条第1款:"公民、法人和其他组织可以作为民事诉讼的当事人。"所谓"其他组织"包括法人依法设立并领取营业执照的分支机构。乙支行是甲银行的分支机构,尽管不是完全独立的民事主体(不具有法人资格,属于非法人组织),但具有民事权利能力,在自己支配的财产范围内具有相对独立的主体地位,可以在甲银行授权的范围内进行民商事活动,能够以自己的名义订立合同,行使权利,履行义务。张某的借款合同是与乙支行签订的,因此乙支行可以以自己的名义向张某主张权利。故D项正确。

【特别提醒】D项中表述为"应"以自己的名义,似有不严谨之处。但综合其他选项,只有D项是最符合题意的。

法条变更	中华人民共和国民事诉讼法
	根据2023年9月1日第十四届全国人民代表大会常务委员会第五次会议《关于修改〈中华人民共和国民事诉讼法〉的决定》第五次修正

261．合同的成立及效力;抵押合同与抵押权的关系;保证合同的效力[C]

[解析] 自然人之间的借款合同,属于实践合同。《民法典》第679条规定:"自然人之间的借款合同,自贷款人提供借款时成立。"在达成借款协议之后,李某向方某交付了借款,借款合同已经成立;依法成立的合同,成立时即生效。故A项错误。

方某到期不还款的行为,构成违约,应当承担违约责任,而不是不当得利责任。故B项错误。

保证中,虽然保证协议没有李某签字,但是张某单方提交书面保证,李某没有表示反对,则保证合同生效,故张某应承担保证责任。故C项正确。

同理,刘某、李某虽未签订书面抵押合同,但刘某把房本交付给李某,李某接受,刘某、李某之间的要约、承诺意思明确,已送达对方,可以认为抵押合同成立并生效,刘某负有为李某办理房屋抵押登记的义务。故D项错误。【特别提醒】房屋属于不动产,不动产设立抵押,签订抵押合同后,必须办理登记,不登记不发生抵押权的设立。但抵押合同有效,刘某若不办理抵押登记,应承担违约责任。

262．保证责任的界定[BC]

[解析] 保证,是指保证人和债权人约定,当债务人不履行债务时,保证人按照约定履行债务或者承担责任的行为。A项中,甲的承诺并没有承担债务的意思,只是积极督促乙公司还款,不构成保证,故A项不当选。B项中,甲公司明确表示乙公司无力还款时,甲愿意代为偿还,可以成立保证,故B项当选。

保证人对债务人的注册资金提供保证的,债务人的实际投资与注册资金不符,或者抽逃转移注册资金的,保证人在注册资金不足或者抽逃转移注册资金的范围内承担连带保证责任。故C项当选。

D项中,甲公司只是承诺指定乙公司与丙公司签订保证合同,保证合同成立后,保证人系丙公司而非甲公司,甲公司不承担保证责任。故D项不当选。

263．保证人的责任范围;债务免除[B]

[解析]《民法典》第575条规定:"债权人免除债务人部分或者全部债务的,债权债务部分或者全部终止,但是债务人在合理期限内拒绝的除外。"据此,除非债务人明确拒绝,债权人作出的债务免除有效。本题中,甲公司没有对债务免除表示拒绝,则免除发生效力,因此甲、乙公司间的债务总额为2000万元。甲公司将500万元送给丙公司属于赠与行为,是甲公司对借款的自由支配行为,不是债务转让,不需要经过丁公司同意,因此甲、乙公司间的债务总额不受此影响。丁公司在不超过2200万元的范围内对该借款承担担保责任,该保证为最高额保证,只要未超过预定最高额2200万元的范围,丁公司均应承担保证责任。因此,丁公司应对2000万元承担保证责任。故A、C、D项错误,B项正确。

考点62 保证人及其权利

264．顺序履行抗辩权;保证人的抗辩权[ABC]

[解析]《民法典》第526条规定:"当事人互负债

务,有先后履行顺序,应当先履行债务一方未履行的,后履行一方有权拒绝其履行请求。先履行一方履行债务不符合约定的,后履行一方有权拒绝其相应的履行请求。"在甲公司、乙公司的买卖合同中,应先履行的乙交付的价值2万元的菊花茶不符合约定质量,若乙公司请求应当后履行的甲公司支付10万元价款,甲公司可行使顺序履行抗辩权,拒绝支付相应的2万元价款。即若甲公司对乙公司行使顺序履行抗辩权,甲公司对乙公司的付款义务仅有8万元。《民法典》第701条规定:"保证人可以主张债务人对债权人的抗辩。债务人放弃抗辩的,保证人仍有权向债权人主张抗辩。"《民法典担保制度解释》第3条第2款规定,担保人自行履行担保责任时,其实际清偿额大于债务人应当承担责任的范围,担保人行使追偿权时,担保人主张仅在其应当承担责任的范围内承担责任的,人民法院应予支持。据此,保证人可援用债务人对债权人的抗辩权;保证人承担的责任,不应超出主债务的范围。本题中,"乙公司要求甲公司付款未果",表明乙公司请求甲公司支付10万元货款时,甲公司已经对乙公司行使了顺序履行抗辩权,甲公司对乙公司的10万元付款义务因此缩减为8万元。与此相应,丙公司对乙公司的保证债务也由10万元缩减为8万元。此时,若乙公司请求丙公司承担10万元的保证责任,丙公司别无选择,必须援用甲公司的顺序履行抗辩权,只对8万元的债务承担保证责任。若丙公司不援用甲公司的顺序履行抗辩权,仍承担10万元的责任,超出的2万元并非保证责任的承担(因为保证债务只有8万元),丙公司就只能向甲公司追偿8万元。故A项正确。同理,如果丙公司不知甲公司享有并行使了顺序履行抗辩权,并对乙公司承担了10万元的责任,超出的2万元并非保证责任的承担,超出的2万元属于"非债清偿",构成不当得利,丙公司有权请求乙公司返还不当得利2万元。故B项正确。

《民法典》第700条规定:"保证人承担保证责任后,除当事人另有约定外,有权在其承担保证责任的范围内向债务人追偿,享有债权人对债务人的权利,但是不得损害债权人的利益。"《诉讼时效规定》第18条规定:"主债务诉讼时效期间届满,保证人享有主债务人的诉讼时效抗辩权。保证人未主张前诉讼时效抗辩权的,承担保证责任后向主债务人行使追偿权的,人民法院不予支持,但主债务人同意给付的情形除外。"如果甲公司对乙公司的8万元货款债务已过诉讼时效,并且甲公司对乙公司主张诉讼时效期间经过的抗辩权,则甲公司对乙公司的主债务由8万元缩减为零。基于保证债务内容和范围上的从属性,丙公司对乙公司的保证债务也由8万元缩减为零。若乙公司请求丙承担保证责任,丙公司必须援用甲公司已经对乙公司行使的诉讼时效期间经过的抗辩权,拒绝承担任何保证责任。若丙公司没有援用甲公司的诉讼时效期间经过的抗辩权,仍对乙公司承担8万元或10万元的责任,均非保证责任的承担,其对甲公司无追偿权。故C项正确。

保证人除可以援用债务人对债权人的抗辩权之外,保证人对债权人还享有自己的抗辩权(如先诉抗辩权;保证债务诉讼时效期间经过的抗辩权)。需要注意的是,若丙公司为一般保证人,其放弃对债权人乙公司享有的先诉抗辩权不会对债务人甲公司产生不利影响(此点与保证人丙放弃诉讼时效经过的抗辩并不相同),丙承担保证责任后,不丧失对债务人甲的追偿权。故D项错误。

考点63 共同保证

265. 共同抵押;共同保证[AC(原答案为ABC)]

[解析] 关于共同担保,在当事人之间没有特别约定时,其基本规则是:当债务人提供的物保与第三人提供的担保并存的,债权人应当先执行债务人的物保;若两个以上的担保均为第三人担保,则债权人向担保人行使权利时没有顺序的先后。本题中,丙、丁以各自房产分别向乙银行设定抵押,属于第三人共同抵押,抵押权人乙银行行使抵押权无先后顺序限制,故A项正确。戊、己分别向乙银行出具承担全部责任的担保函,承担保证责任,属于共同保证,在无特别约定的情况下,债权人乙银行行使保证债权也没有顺序限制。对于承担的保证份额,《民法典》第699条规定:"同一债务有两个以上保证人的,保证人应当按照保证合同约定的保证份额,承担保证责任;没有约定保证份额的,债权人可以请求任何一个保证人在其保证范围内承担保证责任。"由于戊、己之间没有约定承担责任的份额,因此债权人乙银行可以请求任一保证人或者全部保证人承担保证责任。故C项正确。

关于担保人之间可否追偿问题,《民法典担保制度解释》第13条规定:"同一债务有两个以上第三人提供担保,担保人之间约定相互追偿及分担份额,承担了担保责任的担保人请求其他担保人按照约定分担份额的,人民法院应予支持;担保人之间约定承担连带共同担保,或者约定相互追偿但是未约定分担份额的,各担保人按照比例分担向债务人不能追偿的部分。同一债务有两个以上第三人提供担保,担保人之间未对相互追偿作出约定且未约定承担连带共同担保,但是各担保人在同一份合同书上签字、盖章或者按指印,承担了担保责任的担保人请求其他担保人按照比例分担向债务人不能追偿部分的,人民法院应予支持。除前两款规定的情形外,承担了担保责任的担保人请求其他担保人分担向债务人不能追偿部分的,人民法院不予支持。"本题中,共同抵押人丙、丁之间,共同保证人戊、己之间,均没有约定可相互追偿相应的份额,未约定为连带共同担保或约定追偿,也未在同一担保合同中签字、盖章或按指印,故各担保人在承担责任后,均只可向债务人追偿,不能彼此追偿必要的份额,故B、D项错误。【旧题新解】根据原《担保法解释》,共同抵押中的抵押人承担了担保责任后,可以向债务人追偿,也可以要求其他抵押人清偿其应当承担的份额,故原本B项正确。但是,根据新的司法解释,应当向债务人追偿,除非有特殊约定,共同抵押人之间不能相互追偿,故根据新法,B项错误。

266．保证方式判断、共同担保[ABC]

[解析]《民法典》第686条规定:"保证的方式包括一般保证和连带责任保证。当事人在保证合同中对保证方式没有约定或者约定不明确的,按照一般保证承担保证责任。"第700条规定:"保证人承担保证责任后,除当事人另有约定外,有权在其承担保证责任的范围内向债务人追偿,享有债权人对债务人的权利,但是不得损害债权人的利益。"据此,本题中,由于丙签字未约定保证方式,应认定为一般保证,保证人承担责任后,可向债务人甲追偿,故A、B项正确。

第三人提供抵押的,抵押人承担责任后,也可以向债务人追偿,故C项正确。

《民法典担保制度解释》第13条规定:"同一债务有两个以上第三人提供担保,担保人之间约定相互追偿及分担份额,承担了担保责任的担保人请求其他担保人按照约定分担份额的,人民法院应予支持;担保人之间约定承担连带共同担保,或者约定相互追偿但是未约定分担份额的,各担保人按照比例分担向债务人不能追偿的部分。同一债务有两个以上第三人提供担保,担保人之间未对相互追偿作出约定且未约定承担连带共同担保,但是各担保人在同一份合同书上签字、盖章或者按指印,承担了担保责任的担保人请求其他担保人按照比例分担向债务人不能追偿部分的,人民法院应予支持。除前两款规定的情形外,承担了担保责任的担保人请求其他担保人分担向债务人不能追偿部分的,人民法院不予支持。"据此,两个第三人担保,一个担保人承担责任后,在三种情况下方可能向其他担保人追偿:(1)约定相互追偿及分担份额的;(2)约定连带共同担保或追偿但未约定份额的;(3)没有前述两项约定,但各担保人在同一份合同书上签字、盖章或者按指印的。本题中,不存在可追偿的情形,故D项错误。

考点64 保证期间与保证债务的诉讼时效

267．保证期间;保证债务的诉讼时效期间[A]

[解析]《民法典》第692条第2款规定:"债权人与保证人可以约定保证期间,但是约定的保证期间早于主债务履行期限或者与主债务履行期限同时届满的,视为没有约定;没有约定或者约定不明确的,保证期间为主债务履行期限届满之日起六个月。"本题中,甲公司法定代表人张某为该笔债务提供保证,但未约定保证期间,则张某的保证期间为6个月。因此,保证期间应当为2012年5月起6个月。故A项正确,B项错误。

《民法典》第686条第2款规定:"当事人在保证合同中对保证方式没有约定或者约定不明确的,按照一般保证承担保证责任。"本题中,张某的保证未约定保证方式,应为一般保证。《民法典》第694条第1款规定:"一般保证的债权人在保证期间届满前对债务人提起诉讼或者申请仲裁的,从保证人拒绝承担保证责任的权利消灭之日起,开始计算保证债务的诉讼时效。"据此,"保证人拒绝承担保证责任的权利消灭",意味着一般保证人享有的先诉抗辩权消灭,保证人的债务到了履行期,因此从该日起算保证债务诉讼时效。一般而言,执行债务人的财产无果时,保证人就要开始承担保证责任,起算保证债务诉讼时效。根据上文分析,2012年5月至11月属于保证期间,若在此期间内,债权人未提起诉讼或者申请仲裁的,则一般保证人张某免除保证责任。故C、D选项均错误。

268．保证期间[A]

[解析] 本案中,丙公司对三笔还款承担的是连带责任保证,但未约定保证期间。《民法典》第692条第2款规定:"债权人与保证人可以约定保证期间,但是约定的保证期间早于主债务履行期限或者与主债务履行期限同时届满的,视为没有约定;没有约定或者约定不明确的,保证期间为主债务履行期限届满之日起六个月。"据此,三笔保证的保证期间均为自主债务履行期限届满之日起6个月。即三个保证之保证期间届满日分别为2013年1月30日、2013年2月28日、2013年3月30日。

《民法典》第695条第2款规定:"债权人和债务人变更主债权债务合同的履行期限,未经保证人书面同意的,保证期间不受影响。"乙公司与甲公司约定将三笔还款均顺延3个月,但未经保证人丙公司书面同意,因此,三个保证的保证期间不受影响,仍为前述保证期间。《民法典》第693条第1款规定:"一般保证的债权人未在保证期间内对债务人提起诉讼或者申请仲裁的,保证人不再承担保证责任。"在100万元和200万元债务的保证期间内,债权人甲公司既未起诉亦未申请仲裁,保证期间经过,保证人丙公司对这两笔债务的保证责任消灭。最后一笔300万元的债务依然在保证期间之内,债权人甲公司诉请债务履行,保证人丙公司应对该300万元债务承担保证责任。故A项正确,B、C、D项错误。

专题十七 合同的变更、转让和权利义务终止

考点65 合同的变更

269．合同的生效要件；合同的相对性[A]

[解析]《合作协议二》的合同主体一方是张某、方某，另一方是乙公司，双方在平等协商情况下达成一致意见，主体合格、意思表示真实、内容合法，当然有效。故A项正确，B、C项错误。

《合作协议二》是全新的协议，而且合同主体与《合作协议一》不同，二者是各自独立的合同，因此第二个协议的签订对于第一个协议没有影响。《民法典》第543条规定："当事人协商一致，可以变更合同。"可见，仅合同当事人有资格协商变更合同内容。《合作协议一》的当事人是甲公司与乙公司，《合作协议二》的当事人是张某、方某与乙公司，甲公司并未参与《合作协议二》的签订，因此张某、方某与乙公司无权协议变更《合作协议一》。故D项错误。

考点66 合同权利的概括转移

270．合同权利与义务的概括承受[A]

[解析]《民法典》第67条规定："法人合并的，其权利和义务由合并后的法人享有和承担。法人分立的，其权利和义务由分立后的法人享有连带债权，承担连带债务，但是债权人和债务人另有约定的除外。"同时，《公司法》第221条规定："公司合并时，合并各方的债权、债务，应当由合并后存续的公司或者新设的公司承继。"该法第223条规定："公司分立前的债务由分立后的公司承担连带责任。但是，公司在分立前与债权人就债务清偿达成的书面协议另有约定的除外。"这是关于企业合并与分立时合同权利和义务法定承受的规定。由以上规定可见，关于公司分立合并的债权债务概括承担有三方面内容：(1)公司分离后，原则上分离后的公司对原债务承担连带责任；(2)如分立后的公司与债权人达成协议的，则按照协议执行，实行意思自治；(3)分立后的公司自己达成协议，则该协议只具有内部效力，即只约束协议人本身，不具有对抗债权人的外部效力；如果该约定可以得到甲公司债权人的同意，则可对甲公司债权人发生效力，因此对债权人而言协议并非当然有效，但协议本身是有效的而非效力待定。故A项正确，B、C、D项错误。【特别提醒】乙公司与丙公司约定"丙公司继受甲公司全部债权"，属于对连带债权的处分，无须债务人同意，通知到达债务人时即对债务人发生效力（债务人只能对丙公司履行，否则不发生清偿的效果）。

法条变更	《中华人民共和国公司法》2023年12月29日第十四届全国人民代表大会常务委员会第七次会议第二次修订

271．债的法定移转[ABCD]

[解析]"债的移转"，是指债权债务不失其同一性，而变更主体。"债的法定移转"，指直接基于法律规定，变更债权债务的主体。

《保险法》第60条规定："因第三者对保险标的的损害而造成保险事故的，保险人自向被保险人赔偿保险金之日起，在赔偿金额范围内代位行使被保险人对第三者请求赔偿的权利。前款规定的保险事故发生后，被保险人已经从第三者取得损害赔偿的，保险人赔偿保险金时，可以相应扣减被保险人从第三者已取得的赔偿金额。保险人依照本条第一款规定行使代位请求赔偿的权利，不影响被保险人就未取得赔偿的部分向第三者请求赔偿的权利。"由此可知，保险人自向被保险人赔偿保险金之日起，被保险人对第三人的请求权法定移转给保险人，保险人在赔偿金额范围内可以代位行使被保险人对第三人请求赔偿的权利。故A项正确。

《民法典》第67条规定："法人合并的，其权利和义务由合并后的法人享有和承担。法人分立的，其权利和义务由分立后的法人享有连带债权，承担连带债务，但是债权人和债务人另有约定的除外。"企业发生合并或者分立时，合并或分立之前的债权债务转移给合并或分立后的企业，属于法定债权债务转移的情形。故B项正确。

《民法典》第1161条规定："继承人以所得遗产实际价值为限清偿被继承人依法应当缴纳的税款和债务。超过遗产实际价值部分，继承人自愿偿还的不在此限。继承人放弃继承的，对被继承人依法应当缴纳的税款和债务可以不负清偿责任。"因此，继承人必须在遗产范围内清偿被继承人生前的债务后才享有遗产的继承权。换句话说，被继承人生前的债务在遗产范围内法定移转给了继承人。故C项正确。

《民法典》第725条规定："租赁物在承租人按照租赁合同占有期限内发生所有权变动的，不影响租赁合同的效力。"这是关于买卖不破租赁的规定，租赁物的受让人承担了原出租人对承租人的债权和债务，属于债权债务法定移转的情形。故D项正确。

考点67 债权转让与债务承担

272．合同债权转让；保证责任的承担[AB]

[解析]《民法典》第546条第1款规定："债权人转让债权，未通知债务人的，该转让对债务人不发生

效力。"据此,债权转让,自让与人与受让人意思表示一致时发生债权转让的效果,受让人自此时取得债权。债权转让效果的发生不以通知债务人为要件,即使未通知债务人,也不影响债权转让效果的发生。但转让债权应当通知债务人,未通知债务人的,已经转让的债权对债务人不发生效力。所谓"对债务人不发生效力",指债权受让人无权请求债务人向自己履行债务,对于债务人而言自己的债权人仍为让与人。本题中,乙、丙于 2008 年 10 月 1 日就债权转让达成一致。故 A 项正确。债权转让的通知于 2008 年 10 月 15 日到达债务人甲,因此债权转让于该日对债务人甲生效。故 B 项正确。

《民法典》第 549 条规定:"有下列情形之一的,债务人可以向受让人主张抵销:(一)债务人接到债权转让通知时,债务人对让与人享有债权,且债务人的债权先于转让的债权到期或者同时到期;(二)债务人的债权与转让的债权是基于同一合同产生。"此时,甲以乙欠自己的 50 万元向丙主张抵销,在时间上有两个要求:(1)乙对甲所负 50 万元债务成立于债权转让通知到达债务人甲之前;(2)甲对乙 50 万元债权的履行期先于丙对甲 300 万元债权到期或者同时到期。本题中,乙对甲所负 50 万元债务于 2009 年 1 月 1 日到期,而甲对丙所负 300 万元债务于 2008 年 12 月 30 日到期,不符合第二个时间上的要求,甲无权对丙主张抵销 50 万元。故 C 项错误。

《民法典》第 696 条规定:"债权人转让全部或者部分债权,未通知保证人的,该转让对保证人不发生效力。保证人与债权人约定禁止债权转让,债权人未经保证人书面同意转让债权的,保证人对受让人不再承担保证责任。"本题中,根据约定,保证人丁仅对乙承担保证责任,故债权转让后,丁不再承担保证责任。故 D 项错误。

273. 债权转让;债务承担;代位权[B]

[解析]《民法典》第 546 条第 1 款规定:"债权人转让债权,未通知债务人的,该转让对债务人不发生效力。"据此,甲公司将其债权转让给丁公司通知乙公司即可,无须得到乙公司的同意。故 A 项错误。

《民法典》第 551 条第 1 款规定:"债务人将债务的全部或者部分转移给第三人的,应当经债权人同意。"据此,债务人丙公司将自己对乙公司的全部债务转让给戊公司需要得到乙公司的同意,否则该转让无效。因此,丁公司不能直接向戊公司行使代位权。故 B 项正确。

债务人怠于行使其到期债务,对债权人造成损害的,是指债务人不履行其对债权人的到期债务,又不以诉讼方式或者仲裁方式向其债务人主张其享有的具有金钱给付内容的到期债权,致使债权人的到期债

权未能实现。乙公司虽在诉讼之外请求戊公司偿还债务,但未以起诉或者申请仲裁方式对戊公司主张到期的金钱债务,仍属于"怠于"行使对戊公司的金钱债权,并因此损害丁公司的债权。戊公司不得据此对丁公司提出有效的抗辩。故 C 项错误。【特别提醒】根据 B 项分析,丙公司、戊公司间的债务转让合同,在没有经过债权人同意或追认之前,属于效力待定合同。根据 C 项提供的信息,若乙公司要求戊公司偿还债务,则属于以推定的方式对债务转让予以追认,此时债务转让有效,戊公司有效承担了丙公司的债务。此为解答 C 项的前提。

仲裁条款确有排除诉讼的效力,但仲裁条款亦具相对性,只能约束仲裁协议的双方。对此,《民法典合同编通则解释》第 36 条规定:"债权人提起代位权诉讼后,债务人或者相对人以双方之间的债权债务关系订有仲裁协议为由对法院主管提出异议的,人民法院不予支持。但是,债务人或者相对人在首次开庭前就债权人与相对人之间的债权债务关系申请仲裁的,人民法院可以依法中止代位权诉讼。"据此,债务人乙公司与次债务人丙公司之间的仲裁协议,不能排除协议之外的第三人丁公司以起诉的方式行使代位权。故 D 项错误。

274. 债的转让[D]

[解析]《民法典》第 545 条第 1 款规定:"债权人可以将债权的全部或者部分转让给第三人,但是有下列情形之一的除外:(一)根据债权性质不得转让;(二)按照当事人约定不得转让;(三)依照法律规定不得转让。"据此,债权转让的要件有三:(1)债权具有可转让性;(2)债权人与受让人就债权转让达成一致;(3)依照法律规定债权转让需要批准,应办理审批手续。另根据《民法典》第 546 条第 1 款规定:"债权人转让债权,未通知债务人的,该转让对债务人不发生效力。"值得注意的是,债权转让固然应当通知债务人,但是债权发生转让的效果不以通知债务人为要件。债权转让通知的法律意义在于,通知到达债务人后,债权转让才对债务人发生效力,债务人才负有向新的债权人清偿的义务。本题中,甲将其对乙的债权转让给丙,丙又转让给丁,均未通知债务人乙,对乙不发生效力,但这对债权转让不产生影响。【特别提醒】所谓"对债务人乙不发生效力",是指对乙而言,债权人仍为甲。故 A、B 项错误,不当选。

《民法典》第 551 条第 1 款规定:"债务人将债务的全部或者部分转移给第三人的,应当经债权人同意。"据此,免责的债务承担,须经债权人同意,未经债权人同意的,免责的债务承担的效力未定。乙将其负担的 10 万元债务免责地转让给戊承担,并经过了甲的同意,乙、戊间债务承担的合同有效。故选项 C 错

· 80 ·

误,不当选。

甲对于两次债权转让均未通知债务人乙,故两次债权转让均未对乙发生效力,对乙而言,其债权人仍为甲。因此,若丁请求乙履行债务,乙可以自己已经不是债务人为由拒绝。如果乙同意替戊履行债务,则构成第三人代为清偿,可基于无因管理或者不当得利对戊追偿。故选项D正确,当选。

275．债务转移与担保责任的承担[AB]

[解析]《民法典》第391条规定:"第三人提供担保,未经其书面同意,债权人允许债务人转移全部或者部分债的,担保人不再承担相应的担保责任。"根据《民法典担保制度解释》规定,主债务被分割或者部分转让的,担保人仍以其担保财产担保数个债务人履行债务。但是第三人提供担保,债权人许可债务人转让债务未经担保人书面同意,其请求担保人对未经担保人同意转让的债务承担担保责任的,人民法院不予支持。据此,债务人经债权人同意转让自己的债务时,若未经提供担保的第三人的书面同意,对于已经转让的债务,提供担保的第三人不再承担担保责任。

本题中,乙公司将对甲的10万元租金债务中的6万元转让给戊公司时,仅取得了保证人丙与抵押人丁的口头同意,未取得其书面同意,所以,对于转让给戊的6万元债务,丙、丁不再承担担保责任。故A、B选项正确,C、D选项错误。

276．诉讼时效;债务承担与抗辩权[D]

[解析] 依据《民法典》规定,普通时效均为3年。甲公司、乙公司之间的借款约定了到期时间,即2011年3月24日,有明确清偿期的债权从清偿期届满之次日起算时效,这意味着2011年3月25日起算时效,到2014年3月24日届满。从2014年3月25日起,债权人主张权利的,债务人即可提出时效抗辩。本题中,由于债权人乙公司一直没有向债务人主张过债权,因此时效已经届满,债务人在债权人主张权利时可以提出有效的时效抗辩。根据《诉讼时效规定》第17条第1款规定:"债权转让的,应当认定诉讼时效从债权转让通知到达债务人之日起中断。"这一条规定的时效中断的发生以转让的债权没有过时效为前提,如果转让的债权已经过了时效,之后再发生债权让与的,不可能导致诉讼时效的中断,故B、C项错误。

《民法典》第548条规定:"债务人接到债权转让通知后,债务人对让与人的抗辩,可以向受让人主张。"因此,当乙公司将债权转让给丙公司之后,债务人甲公司可以向受让人丙公司主张其对于让与人(原债权人乙公司)的抗辩,故A项错误。

2013年5月16日,丁公司通过公开竞拍接管了甲公司,属于债权债务的法定转移,此时,丁公司需要承担甲公司的债务,并享有甲公司的权利。《民法典》

第553条规定:"债务人转移债务的,新债务人可以主张原债务人对债权人的抗辩;原债务人对债权人享有债权的,新债务人不得向债权人主张抵销。"丁公司作为甲公司债务的承受人,可以主张原债务人甲公司对于债权人(包括原债权人乙公司和债权让与之后的新债权人丙公司)的抗辩。故D项正确。

277．(1)债务承担;一般保证[AD]

[解析]《民法典》第688条规定:"当事人在保证合同中约定保证人和债务人对债务承担连带责任的,为连带责任保证。连带责任保证的债务人不履行到期债务或者发生当事人约定的情形时,债权人可以请求债务人履行债务,也可以请求保证人在其保证范围内承担保证责任。"第686条规定:"保证的方式包括一般保证和连带责任保证。当事人在保证合同中对保证方式没有约定或者约定不明确的,按照一般保证承担保证责任。"对于一般保证来说,一般保证的保证人在主合同纠纷未经审判或者仲裁,并就债务人财产依法强制执行仍不能履行债务前,有权拒绝向债权人承担保证责任。本题中,由于没有约定保证方式,故张某的保证为一般保证。丁公司在甲公司不能履行时,有权向张某主张权利,故A项正确。【特别提醒】根据一般保证的规定,丁公司应先向甲公司主张权利,若甲公司不能清偿的,才有权向一般保证人张某主张权利,因此A项说"丁公司有权向张某主张",从逻辑上分析是可以成立的。但如果选项表述为,"丁公司可直接向张某主张"则是错误的。

《民法典》第391条规定:"第三人提供担保,未经其书面同意,债权人允许债务人转移全部或者部分债务的,担保人不再承担相应的担保责任。"据此,甲公司将对丁公司的债务转让给丙公司承担(免责的债务承担),未经担保的第三人李某书面同意,李某对已经转让的债务不再承担担保责任。故B项错误。免责债务承担的效力之一是:原债务人免除义务。丁公司无权向甲公司主张债权。故C项错误。在债务承担协议达成之后,受让人应当履行债务。丙公司作为债务的受让人,当然应当履行。故D项正确。

(2)债务承担[BD]

[解析]《民法典》第551条第1款规定:"债务人将债务的全部或者部分转移给第三人的,应当经债权人同意。"据此,戊公司与己公司约定,由戊公司承担甲公司此前所有债务,须经甲公司的债权人同意才能对甲公司的债权人发生效力。是经债权人"同意"而不是"通知"债权人。故A项错误,B项正确。

戊公司虽然低价将其对甲公司的60%股权转让给己公司,若非出于抽逃资金、恶意损害甲公司债权人的目的,就不属于恶意串通、损害第三人利益的合同。从题目给出的有效信息,不能认定二者存在恶意

民法 [答案详解]

串通。故 C 项错误。

戊公司与己公司关于戊公司承担甲公司全部债务的协议未经甲公司债权人同意,不能对甲公司债权人发生效力。但是,基于该债务承担协议是戊公司与己公司意思自治的结果,因此其在戊公司与己公司之间仍能发生效力。故 D 项正确。

278. 单方允诺;保证的性质;债务承担 [AC]

[解析] 单方允诺是指表意人向相对人作出的为自己设定某种义务,使相对人取得某种权利的意思表示,本题中,丁公司的《承诺函》符合单方允诺的构成,故 A 项正确。

保证,是一种合同关系,它需要当事人双方的要约和承诺才来形成保证合同。本题中,丁公司《承诺函》的意思表示是代替甲公司来履行,而不是对甲公司的债务承担保证责任,因此不构成保证,故 B 项错误。

债务承担,是指在不改变合同的前提下,债权人、债务人通过与第三人订立转让债务的协议,将债务全部或者部分转移给第三人承担的法律现象。债务承担,按照承担后债务人是否免责为标准,可分为免责的债务承担和并存的债务承担。免责的债务承担,是指第三人代替原债务人的地位而承担全部合同债务,使债务人脱离合同关系的债务承担方式。并存的债务承担,是指债务人并不脱离合同关系,第三人加入合同关系当中,与债务人共同承担合同义务的债务承担方式。关于免责的债务承担,《民法典》第551条规定:"债务人将债务的全部或者部分转移给第三人的,应当经债权人同意。债务人或者第三人可以催告债权人在合理期限内予以同意,债权人未作表示的,视为不同意。"据此,如果债务人要免除全部或者部分债务的,应当经过债权人同意。本题中,对于丁公司的承诺函,乙公司未置可否,不能认定构成同意,不可能形成免责的债务承担,故 D 项错误。关于并存的债务承担,《民法典》第552条规定:"第三人与债务人约定加入债务并通知债权人,或者第三人向债权人表示愿意加入债务,债权人未在合理期限内明确拒绝的,债权人可以请求第三人在其愿意承担的债务范围内和债务人承担连带债务。"丁公司通过自己的单方意思表示为自己设定了义务,愿意承担责任,乙公司未明确拒绝,因此可以构成并存的债务承担,故 C 项正确。

279. 债权转让的效力 [D]

[解析] 有价证券,是设定并证明持券人有权行使一定财产权利,并能够流通的一种书面凭证。物权凭证和债权凭证均属有价证券。物权凭证(如提单),是证明持券人享有物权的有价证券;债权凭证(如电影票),是证明持券人享有债权的有价证券。

本题中的"面包券",是设定并证明持券人有权请求义务人(乙公司)交付一定数额面包并移转面包所

有权之债权的有价证券,系债权凭证,而非物权凭证。故 A 项错误。

因遭受诈骗,甲公司将面包券转让给张某后,张某未支付对价,甲公司只能请求张某承担违约责任,或者主张因遭受欺诈而撤销与张某的转让合同。但甲公司无权以此为由主张解除与乙公司的面包券购买协议(原因有二:第一,"双方交割完毕"表明该协议已经履行完毕;第二,不存在法定或者约定解除事由)。故 B 项错误。

如同金钱,"无记名有价证券"适用"占有即所有"规则,即无记名有价证券的持券人有权行使证券证明的权利,义务人无权拒绝。题中的面包券"不记名",表明其属无记名有价证券;"不挂失"表明证券证明的权利不能被发行人废止。因此,即使甲通知乙停止兑付,面对持券人的兑付请求,义务人乙公司亦无权停止兑付。故 C 项错误。

无记名债权凭证证明之权利的转让,以交付为生效要件。若某顾客从张某处受让面包券,并完成面包券的交付,则该面包券上标示的债权即让与给该顾客享有。故 D 项正确。

280. 债权多重让与的法律效力;不当得利 [A]

[解析]《房屋预订合同》是张某和丙公司签订的,并且丙公司接受乙公司的委托,独立对外订立销售合同,张某与丙公司签订了合同,并且向丙公司支付了30万元价款,因此,当丙公司不能履行合同时,应当向张某退还30万元。张某与李某签订《债权转让协议》,将该债权转让给李某,并通知了甲、乙、丙三公司。根据《民法典》第546条第1款规定:"债权人转让债权,未通知债务人的,该转让对债务人不发生效力。"据此,债权转让通知债务人后,即对债务人发生效力,债务人丙公司应当向新的债权人李某返还30万元预付房款。

在将债权成功转让给李某后,张某又将该债权转让给方某并通知债务人丙公司。《民法典合同编通则解释》第50条第1款规定,让与人将同一债权转让给两个以上受让人,债务人以已经最先通知的受让人履行为由主张其不再履行债务的,人民法院应予支持。债务人明知接受履行的受让人不是最先通知的受让人,最先通知的受让人请求债务人继续履行债务或者依据债权转让协议请求让与人承担违约责任的,人民法院应予支持;最先通知的受让人请求接受履行的受让人返还其接受的财产的,人民法院不予支持,但是接受履行的受让人明知该债权在其受让前已经转让给其他受让人的除外。据此,对于债权多重让与的,债务人应当向最先通知的受让人履行。本案中,债权首先转让给了李某,且已经通知了债务人丙公司,因此丙公司应当向李某履行。故 A 项正确,B、C、

D 项错误。

281．第三人代为清偿；免责的债务承担；并存的债务承担；无因管理[C]

[解析] 第三人代为清偿表现方式：一是第三人单方表示代替债务人清偿债务，二是第三人与债务人达成代为清偿债务的协议。由此可知，第三人代为清偿要求主体独立于债权债务法律关系，以自己的名义进行清偿，债权债务关系主体实施的清偿行为不构成第三人代为清偿。本题中，丙以欠款人的身份出具欠条成为债之关系中的债务人，并非第三人，不构成第三人代为清偿。故 A 项错误。

债务承担分为免责的债务承担和并存的债务承担。免责的债务承担，是指债务人经债权人同意，将其债务部分或全部移转给第三人负担。并存的债务承担，是指债务人不脱离债的关系，第三人加入债的关系，与债务人共同承担债务。本题中，乙公司与丙商议，由乙公司和丙以欠款人的身份向甲出具欠条，原债务人乙公司并未脱离债务关系，由乙公司和丙应共同对债务承担连带责任，因此构成并存的债务承担。故 B 项错误，C 项正确。【知识拓展】掌握债务承担的法律依据和要求。对于免责的债务承担，《民法典》第 551 条规定："债务人将债务的全部或者部分移转给第三人的，应当经债权人同意。债务人或者第三人可以催告债权人在合理期限内予以同意，债权人未作表示的，视为不同意。"据此，免责的债务承担应征得债权人同意；债权人未作表示的，视为不同意。对于并存的债务承担，《民法典》第 552 条规定："第三人与债务人约定加入债务并通知债权人，或者第三人向债权人表示愿意加入债务，债权人未在合理期限内明确拒绝的，债权人可以请求第三人在其愿意承担的债务范围内和债务人承担连带债务。"据此，并存的债务承担也应取得债权人同意；债权人未表示的，视为同意。

《民法典》第 121 条规定："没有法定的或者约定的义务，为避免他人利益受损失而进行管理的人，有权请求受益人偿还由此支出的必要费用。"无因管理的构成要求当事人之间没有法定的或者约定的义务，本题中，丙经与债务人乙公司"商议"后承担债务，丙承担债务的行为系对其与乙之间"约定义务"的履行，不符合无因管理的构成要件，不构成无因管理。故 D 项错误。

考点68 合同的消灭：合同解除

282．法定解除权[C]

[解析]《民法典》第 658 条规定："赠与人在赠与财产的权利转移之前可以撤销赠与。经过公证的赠与合同或者依法不得撤销的具有救灾、扶贫、助残等公益、道德义务性质的赠与合同，不适用前款规定。"

据此，赠与合同的赠与人享有"任意撤销权"（法律明确排除的情形除外），但现行民法并未规定赠与人享有"任意解除权"。故 A 项错误。

《民法典》第 787 条规定："定作人在承揽人完成工作前可以随时解除合同，造成承揽人损失的，应当赔偿损失。"在加工承揽合同中，享有任意解除权的是定作人，而非承揽人。故 B 项错误。

《民法典》第 899 条规定："寄存人可以随时领取保管物。当事人对保管期限没有约定或者约定不明确的，保管人可以随时请求寄存人领取保管物；约定保管期限的，保管人无特别事由，不得请求寄存人提前领取保管物。"可见，在保管合同中，寄存人享有任意解除权；没有约定保管期限，保管人也享有任意解除权，但是约定了保管期限的，保管人就没有任意解除权了。故 C 项正确。

根据《民法典》，中介合同的中介人不享有任意解除权。故 D 项错误。【关联记忆】根据《民法典》第 933 条的规定，委托合同的双方当事人均有任意解除权。

283．约定解除权；解除权的行使；合同解除与违约金责任的承担[B]

[解析] 合同的解除分为协议解除、约定解除和法定解除。《民法典》第 562 条第 2 款规定："当事人可以约定一方解除合同的事由。解除合同的事由发生时，解除权人可以解除合同。"这是关于约定解除权的规定。约定解除，指合同当事人约定一方或者双方享有解除权的条件，条件成就时，一方或者双方享有解除权。本题中，按照甲公司、乙公司的约定，约定解除权的条件已经成就，乙公司享有约定解除权。《民法典》第 565 条第 1 款规定："当事人一方依法主张解除合同的，应当通知对方。合同自通知到达对方时解除；通知载明债务人在一定期限内不履行债务则合同自动解除，债务人在该期限内未履行债务的，合同自通知载明的期限届满时解除。对方对解除合同有异议的，任何一方当事人均可以请求人民法院或者仲裁机构确认解除行为的效力。"据此，法定解除权或者约定解除权成立后，合同并不当然解除。解除权人尚须作出解除的行为（发出解除通知），自解除通知到达对方当事人时，合同才被解除。本题中，《通知》不包含解除合同的意思，并非解除合同的行为，《通报》才是解除合同的行为，合同自《通报》到达甲公司时才解除。故 A 项错误，B 项正确。

根据上述《民法典》第 565 条第 1 款规定，对方对解除合同有异议的，任何一方当事人均可以请求人民法院或者仲裁机构确认解除行为的效力。故 C 项错误。

《民法典》第 567 条规定："合同的权利义务关系

终止,不影响合同中结算和清理条款的效力。"同时,根据《买卖合同解释》第20条与《全国法院民商事审判工作会议纪要》第49条的规定,合同中的"定金""违约金"和"约定损害赔偿的计算方法"等违约责任条款,属于《民法典》第567条规定的"结算和清理条款",不因合同解除而终止。因此,若甲公司、乙公司合同约定了违约金,乙公司因甲违约解除合同时,有权请求甲公司支付约定的违约金。故D项错误。

284.(1)合同解除的条件[AC]

[解析]《民法典》第562条第2款规定:"当事人可以约定一方解除合同的事由。解除合同的事由发生时,解除权人可以解除合同。"在《合作协议一》中约定,"……如协议签订之日起三个月内丙公司未能获得A地块土地使用权致双方合作失败,乙公司有权终止协议"。根据此约定,在出现约定情形之时,乙公司享有单方终止协议的权利,此权利性质为约定解除权。故A项正确,B项错误。

《民法典》第566条第1款规定:"合同解除后,尚未履行的,终止履行;已经履行的,根据履行情况和合同性质,当事人可以请求恢复原状或者采取其他补救措施,并有权请求赔偿损失。"在《合作协议一》签订后,乙公司经甲公司指示向张某、方某支付了4000万元首付款,可见合同已经履行。而且以金钱给付为内容,是可以恢复原状的。因此,在解除合同之后,乙公司能够主张返还4000万元。故C项正确,D项错误。

(2)合同解除权的行使;不安抗辩权成立的条件[A]

[解析] 2013年6月4日,乙公司向甲公司之发函系行使约定解除权的通知。根据《民法典》第565条,对方当事人对解除合同有提出异议的权利。甲公司的回函属于对解除的异议。故A项正确。

因约定解除权的条件成就,乙公司享有约定解除权,且乙公司向甲公司发生的解除通知已经到达甲公司,乙公司的解除有效,发生合同解除的效果。因此,甲公司提出异议的理由不能成立。故B项错误。

《民法典》第566条第1款规定:"合同解除后,尚未履行的,终止履行;已经履行的,根据履行情况和合同性质,当事人可以请求恢复原状或者采取其他补救措施,并有权请求赔偿损失。"既然乙公司解除了合同,已经履行的应返还,没有履行的则不需要再履行。因此,乙公司不支付尾款的情形不构成违约,故C项错误。【知识拓展】乙公司解除合同的行为具有溯及力,溯及甲、乙公司合同成立之日,甲、乙公司间的合同权利义务终止,因此乙公司不再负有向甲公司支付尾款的义务。

乙公司拒绝向甲公司支付尾款,原因在于合同已经被解除,而非基于《民法典》第527条规定的不安抗辩权,故D项错误。【思路拓展】从另一个角度而言,履行顺序在先的一方当事人才可主张不安抗辩权。在本案中,乙公司支付尾款的义务履行顺序在后,不存在不安抗辩的可能。

考点69 合同的消灭:其他方式

285.提存[D]

[解析]作为合同消灭事由之一的提存,是指由于债权人的原因而无法向其交付债的标的物时,债务人将该标的物交给提存部门而消灭债务的制度。《提存公证规则》第2条规定:"提存公证是公证处依照法定条件和程序,对债务人或担保人为债权人的利益而交付的债之标的物或担保物(含担保物的替代物)进行寄托、保管,并在条件成就时交付债权人的活动。为履行清偿义务或担保义务而向公证处申请提存的人为提存人。提存之债的债权人为提存受领人。"据此,提存人向公证机关完成提存后,将成立保管合同之债,一方当事人为提存机关,另一当事人为提存受领人。《民法典》第897条规定:"保管期间,因保管人保管不善造成保管物毁损、灭失的,保管人应当承担赔偿责任。但是,无偿保管人证明自己没有故意或者重大过失的,不承担赔偿责任。"《提存公证规则》第27条第2款规定:"提存期间,提存物毁损灭失的风险责任由提存受领人负担;但因公证处过错造成毁损、灭失的,公证处负有赔偿责任。"本题中,甲机构作为提存人,没有妥善保管提存标的物,既构成违约,又构成侵权,应承担赔偿责任。因此,选项A、B表述正确,不当选。

提存后,提存人乙又另行清偿了对债权人丙所负的债务,依据民法通说,此时丙的债权因真实履行而消灭,丙不能再领取提存物;乙享有取回权,仍然享有提存物的所有权,故乙有权主张财产损失的赔偿。因此,选项C表述正确,不当选;选项D表述错误,当选。

专题十八 违约责任

考点70 违约责任的构成与免责

286.加害给付[AB]

[解析]《民法典》第186条规定:"因当事人一方的违约行为,损害对方人身权益、财产权益的,受损害方有权选择请求其承担违约责任或者侵权责任。"这是关于加害给付的规定。在加害给付的场合,合同债务人的瑕疵履行行为同时构成违约与侵权,发生责任竞合,受害人可以择一主张违约责任或者侵权责任,但不能同时主张。本题中,商场的行为构成加害给付。一方面,商场基于买卖合同交付的化妆品质量不合格,构成违约。另一方面,商场的行为构成侵权,由于其交付的化妆品质量不合格,使得孙女士使用后皮

肤红肿出疹,在履行利益之外,还侵害了孙女士的健康权等固有利益,构成产品侵权。故A、B项正确。

本案中买卖合同已经成立生效,而缔约过失责任发生在合同生效前。故C项错误。本题题干也未出现构成欺诈、胁迫、重大误解、显失公平等可撤销合同的情形。故D项错误。

287．产品责任[ABCD]

[解析]《民法典》第577条规定:"当事人一方不履行合同义务或者履行合同义务不符合约定的,应当承担继续履行、采取补救措施或者赔偿损失等违约责任。"赵某与商店的洗衣机买卖合同生效后,商店交付的洗衣机不符合约定品质,属于瑕疵履行,成立违约,且为根本违约,并因此给赵某造成财产损害与人身损害,赵某有权解除买卖合同并请求商店承担违约损害赔偿责任。A项正确。

《民法典》第186条规定:"因当事人一方的违约行为,损害对方人身权益、财产权益的,受损害方有权选择请求其承担违约责任或者侵权责任。"本题中,赵某购买的洗衣机不仅质量不合格,而且还对赵某的人身造成了损害,构成加害给付。故赵某可请求商店按违约责任更换洗衣机或者退货,也可请求甲公司按侵权责任赔偿衣物损失和人身损害,违约责任和侵权责任只能择一主张。B项正确。

《民法典》第1203条规定:"因产品存在缺陷造成他人损害的,被侵权人可以向产品的生产者请求赔偿,也可以向产品的销售者请求赔偿。产品缺陷由生产者造成的,销售者赔偿后,有权向生产者追偿。因销售者的过错使产品存在缺陷的,生产者赔偿后,有权向销售者追偿。"据此,赵某可以请求商店或者甲公司赔偿因洗衣机缺陷造成的损害,C项正确。

《民法典》第1183条第1款规定:"侵害自然人人身权益造成严重精神损害的,被侵权人有权请求精神损害赔偿。"本题中,叶轮飞出造成赵某严重人身损害,故赵某可以向商店或者甲公司请求赔偿物质损害的同时请求精神损害赔偿,D项正确。【特别提醒】《民法典》第996条规定:"因当事人一方的违约行为,损害对方人格权并造成严重精神损害,受损害方选择请求其承担违约责任的,不影响受损害方请求精神损害赔偿。"据此,无论受害人通过向销售者或生产者主张侵权责任还是违约责任,均可主张精神损害赔偿。该条规定彻底改变了以往只能通过侵权责任主张精神损害赔偿的做法。

288．违约责任;精神损害赔偿;职务侵权[AD]

[解析] 本题中,甲公司和乙公司履行合同义务不符合约定,均构成违约。《民法典》第593条规定:"当事人一方因第三人的原因造成违约的,应当依法向对方承担违约责任。当事人一方和第三人之间的纠纷,依照法律规定或者按照约定处理。"据此,根据合同相对性原理,虽然甲公司履行不合约定是由于乙公司的原因所致,但张大爷只能要求合同相对方甲公司承担违约责任,甲公司承担责任后,可以按照与乙公司的合同约定向乙公司追偿。故A项正确,B项错误。

朱某的行为属于职务行为,应由单位即乙公司承担责任,朱某对外不承担责任,故C项错误。

《民法典》第996条规定:"因当事人一方的违约行为,损害对方人格权并造成严重精神损害,受损害方选择请求其承担违约责任的,不影响受损害方请求精神损害赔偿。"据此,违约责任和精神损害赔偿可以一并适用。《民法典》第1183条规定:"侵害自然人人身权益造成严重精神损害的,被侵权人有权请求精神损害赔偿。因故意或者重大过失侵害自然人具有人身意义的特定物造成严重精神损害的,被侵权人有权请求精神损害赔偿。"本案中,对于张大爷来说,宠物狗属于人身意义的特定物,由于宠物狗的死亡给张大爷带来严重的精神损害,在张大爷向甲公司主张违约时,可一并主张精神损害赔偿,故D项正确。

289．合同解除;违约责任的免责事由[A]

[解析] 根据《民法典》第563条第1款规定,因不可抗力致使不能实现合同目的,当事人可以解除合同。这是当事人享有的法定解除权,故A项正确。

根据《民法典》第590条第1款规定,不可抗力是法定的免责事由,故B、D项错误。

山洪暴发属于不可抗力,而非商业风险,二者存在本质区别,故C项错误。

考点71 违约责任的形式

290．(1)定金;违约金[D]

[解析]《民法典》第586条第2款规定:"定金的数额由当事人约定;但是,不得超过主合同标的额的百分之二十,超过部分不产生定金的效力。实际交付的定金数额多于或者少于约定数额的,视为变更约定的定金数额。"本题中,合同标的额为100万元,约定的定金为30万元,超出了20%这一比例,超过的部分不产生定金的效力。因此,现甲公司对乙公司构成违约,乙公司向甲公司支付的30万元定金中,只有20万元产生定金的效力(甲公司应双倍返还),剩余的10万元定金应作为不当得利,由甲公司返还给乙公司,不发生双倍返还的效力。故甲公司应当返还定金40万元,而不是60万元。故A、C项错误。

《民法典》第588条第1款规定:"当事人既约定违约金,又约定定金的,一方违约时,对方可以选择适用违约金或者定金条款。"据此,定金与违约金不得并用,只能择一主张。本题中,乙公司只能请求甲公司双倍返还定金40万元或者支付违约金30万元。故B

项错误,D项正确。

(2) 实际履行与违约金[AC]

[解析]《民法典》第585条第3款规定:"当事人就迟延履行约定违约金的,违约方支付违约金后,还应当履行债务。"该条规定的核心意思是实际履行与支付违约金这两种违约责任方式可以并用。故A、C项错误,B项正确。

D项体现了民事权利的可处分性,虽然实际履行与请求支付违约金可以并用,但是"可以并存"并不意味着"必须并存",权利人可以择一行使,并放弃另一主张。故D项正确。

(3) 由第三人履行的合同;合同的相对性[BC]

[解析]《民法典》第523条规定:"当事人约定由第三人向债权人履行债务,第三人不履行债务或者履行债务不符合约定的,债务人应向债权人承担违约责任。"本题规定了由第三人履行的合同中的违约责任之承担,根据合同相对性原理,本题中,在乙公司、丙公司间的买卖合同中,当事人约定由第三人甲公司向债权人丙公司履行债务,如果甲公司未向丙公司履行,丙公司只能请求乙公司承担违约责任,不能请求第三人甲公司承担违约责任。故A项错误,B项正确。

根据民法原理,在本题中,甲公司在法律地位上属于债务人乙公司的履行辅助人,因此,甲公司对债权人丙公司的违约行为,均属于可归责于债务人乙公司的违约行为。如甲公司迟延向丙公司交货,则丙公司有权请求乙公司承担迟延交货的违约责任。故C项正确,D项错误。

291. 履行不能;不可抗力;迟延履行[D]

[解析]《民法典》第579条规定:"当事人一方未支付价款、报酬、租金、利息,或者不履行其他金钱债务的,对方可以请求其支付。"此条文的规范内容是:金钱债务不发生履行不能。债务人对债权人负有支付金钱债务的义务,除非债务人死亡没有遗产(或者债务人破产)或金钱债务的诉讼时效期间经过,债权人均有权要求债务人履行支付金钱债务的义务(换言之,可请求债务人承担实际履行的违约责任)。

《民法典》第590条规定:"当事人一方因不可抗力不能履行合同的,根据不可抗力的影响,部分或者全部免除责任,但是法律另有规定的除外。因不可抗力不能履行合同的,应当及时通知对方,以减轻可能给对方造成的损失,并应当在合理期限内提供证明。当事人迟延履行后发生不可抗力的,不免除其违约责任。"能够冲毁商品房的洪水应认定为不可抗力,该不可抗力对房屋买卖合同的法律效果会产生一定影响,但是对张某与银行间的借款合同不产生影响。因为借款合同中双方负担的义务均为金钱给付,金钱债务不发生履行不能,张某不履行还款义务的,银行有权请求张某承担"实际履行"的违约责任。

综上所述,张某对银行负有支付金钱的债务,张某虽生活困难,但金钱债务不发生履行不能,张某应继续向银行履行支付金钱的债务。故A、B、C项错误,D项正确。

292. 赔偿性违约金与损害赔偿的关系;违约金数额的调整[A]

[解析]《民法典》第585条第1、2款规定:"当事人可以约定一方违约时应当根据违约情况向对方支付一定数额的违约金,也可以约定因违约产生的损失赔偿额的计算方法。约定的违约金低于造成的损失的,人民法院或者仲裁机构可以根据当事人的请求予以增加;约定的违约金过分高于造成的损失的,人民法院或者仲裁机构可以根据当事人的请求予以适当减少。"通常情况下,当事人约定的违约金超过造成损失的30%的,一般可以认定为过分高于造成的损失。根据以上规定,如果当事人在缔约时,约定了违约金或者约定了损失的计算的方法的,以约定为准,但约定的违约金不得超过实际损失的30%。本题中,甲、乙的买卖合同约定,如果一方违约向非违约方支付18万元的违约金,而实际造成的损失是15万元,约定的违约金比实际造成的损失多了3万元,多出的部分占损失的20%(3除以15),尚未超过30%,不构成司法解释规定的过分高于损失,因此不需要降低,应当按照约定来履行,甲应当向乙支付18万元的违约金。此外,在没有特别约定的情况下,违约金的性质通常是补偿性的,功能和损害赔偿金相同,二者不能并用,因此在支付违约金后,甲不再需要进行损害赔偿。综上,A项正确,B、C、D项错误。

293. 承揽合同;买卖合同;违约责任[D]

[解析]《民法典》第770条第1款规定:"承揽合同是承揽人按照定作人的要求完成工作,交付工作成果,定作人支付报酬的合同。"据此,承揽合同的主要特征之一是,定作人支付的报酬与承揽人完成并交付的工作成果为对价关系。本题中,甲公司向乙公司支付的5万元研发费用并非乙公司完成设备研发并交付的对价,甲公司、乙公司间未成立承揽合同。故A项错误。【思路拓展】本题中,甲、乙两公司约定,甲公司支付研发费用,乙公司完成专用设备的研发后,再与甲公司订立买卖合同,由于乙公司是否能够完成研发并不确定,因此,二者签订的合同实质上属于技术开发合同与买卖合同的预约合同的综合。

买卖合同在甲公司、乙公司之间尚未签订,按照甲公司、乙公司之间的协议,只有当乙公司完成专用设备的研发之后,才签订买卖合同,具有预约合同的性质,即约定将来订立买卖合同的合同,不是附条件的买卖合同。故 B 项错误。

甲公司、乙公司间已订立合同的内容是,乙公司研发出专用设备时,甲公司、乙公司均应当履行就该设备订立买卖合同的义务,在甲公司、乙公司间成立买卖合同的预约。但乙公司研发出设备后出卖给丙公司,违反了预约合同,应向甲公司承担违约责任。故 D 选项正确。

乙公司完成研发之后将设备卖给丙公司属于有权处分,且乙公司、丙公司之间订立的合同内容并不违法,不存在无效的情形。基于合同的相对性,虽然乙违反了与甲公司之间的预约合同,但乙公司、丙公司间买卖合同的效力不因此受影响。故 C 项错误。

294．违约责任的形式；合同解除；可撤销的民事法律行为［ABD］

［解析］《民法典》第 582 条规定:"履行不符合约定的,应当按照当事人的约定承担违约责任。对违约责任没有约定或者约定不明确,依据本法第五百一十条的规定仍不能确定的,受损害方根据标的性质以及损失的大小,可以合理选择请求对方承担修理、重作、更换、退货、减少价款或者报酬等违约责任。"本题中,王某要购买的是新手机,但李某交付的却是翻新机,构成违约,王某可要求李某承担违约责任,主张减少手机价款,由于王某已经支付了全部的手机款,因此其有权请求李某返还部分手机款。故 A 项正确。

《民法典》第 563 条第 1 款第 4 项规定,当事人一方迟延履行债务或者有其他违约行为致使不能实现合同目的,当事人可以解除合同。本题中,李某将一部翻新机当作新手机交付给王某,从而导致王某买卖合同的目的(购买新手机)无法实现,因此王某享有合同法定解除权。故 B 项正确。

本题中,李某作为手机店主,对于其售卖的手机属于翻新机应知情,但仍将该手机当作新手机卖给王某,存在欺诈行为,故 D 项正确。显失公平要求利用对方处于危困状态、缺乏判断能力等情形,本题不存在相关情形,故 C 项错误。

专题十九 转移财产权利合同

考点72 买卖合同的成立与风险负担

295．风险负担；违约责任［AB］

［解析］《民法典》第 604 条规定:"标的物毁损、灭失的风险,在标的物交付之前由出卖人承担,交付之后由买受人承担,但是法律另有规定或者当事人另有约定的除外。"因甲已向乙完成了货物交付,则风险应由乙承担。乙承担风险,意味着在甲、乙的买卖合同中,当因当事人以外的原因发生了货物损毁、灭失的,由乙承担钱财两空的后果,因此乙应当支付剩余20%货款,甲也不用补交已经毁损的货物。故 A 项正确,D 项错误。

《民法典》第 599 条规定:"出卖人应当按照约定或者交易习惯向买受人交付提取标的物单证以外的有关单证和资料。"根据《买卖合同解释》第 4 条的规定,提取标的物单证以外的有关单证和资料,主要应当包括保险单、保修单、普通发票、增值税专用发票、产品合格证、质量保证书、质量鉴定书、品质检验证书、产品进出口检疫书、原产地证明书、使用说明书、装箱单等。据此,甲不仅对乙负担交付标的物、移转标的物所有权的主给付义务,还负担交付产品合格证、原产地证明书等单证资料的从给付义务,甲未按约向乙交付产品合格证、原产地证明文件,属于违约。此外,《民法典》第 611 条规定:"标的物毁损、灭失的风险由买受人承担的,不影响因出卖人履行义务不符合约定,买受人请求其承担违约责任的权利。"由此可知,乙承担风险的事实,不影响乙仍有权请求甲就未履行交付产品合格证、原产地证明文件之从给付义务的违约行为承担违约责任。故 B 项正确。**【关联记忆】**《民法典》第 609 条规定:"出卖人按照约定未交付有关标的物的单证和资料的,不影响标的物毁损、灭失风险的转移。"据此,只要出卖人依约交付标的物的,风险即移转给买受人承担;出卖人未依约交付标的物的单证和资料的,不影响风险移转给买受人承担。

本题中,货物系因不可归责于甲、乙的原因毁损、灭失,对于货物的毁损、灭失,不属于甲的违约行为。根据《民法典》第 563 条的规定,未交付有关标的物的单证和资料虽构成违约,但尚不构成对合同主要债务的违约,不构成根本违约,所以不能导致法定解除权的产生。因此,乙不享有法定解除权,不能要求解除合同。故 C 项错误。

296．风险负担［AC］

［解析］《民法典》第 604 条规定:"标的物毁损、灭失的风险,在标的物交付之前由出卖人承担,交付之后由买受人承担,但是法律另有规定或者当事人另有约定的除外。"据此,在买卖合同中,一旦交付,风险即转移给买受人。《民法典》第 226 条规定:"动产物权设立和转让前,权利人已经占有该动产的,物权自民事法律行为生效时发生效力。"据此,在买卖合同达成之时,交付已经完成的,风险也随之转移给买方。由此可知,在简易交付的情况下,买卖合同生效时即视为交付,风险也转移给了买方。本题中,甲公司事先基于借用合同已经直接占有乙公司的设备,甲公司提出买下该套设备,乙公司同意出售,此时发生简易交付,设备视为已经交付甲公司,此后发生的风险由甲公司承担,如设备被烧毁,甲公司仍然需要支付原

定价款。但由于约定了所有权保留,在付清价款之前,所有权并不转移。故 A、C 项正确,B 项错误。【特别提醒】所有权保留的约定与风险负担的转移无关,即使买卖标的物的所有权尚未移转给买受人,风险仍在出卖人向买受人完成买卖标的物交付时,移转给买受人承担。本题中,因甲公司、乙公司约定保留所有权,乙公司以简易交付的方式向甲公司完成出卖设备的交付后,所有权虽未移转给甲公司,但风险已经移转给甲公司承担。

《民法典》第 641 条第 1 款规定:"当事人可以在买卖合同中约定买受人未履行支付价款或者其他义务的,标的物的所有权属于出卖人。"据此,所有权保留买卖,法律并无书面形式之要求,书面形式、口头形式和其他形式均可。故 D 项错误。

297. 买卖合同风险负担;合同解除 [AC]

[解析]《民法典》第 604 条规定:"标的物毁损、灭失的风险,在标的物交付之前由出卖人承担,交付之后由买受人承担,但是法律另有规定或者当事人另有约定的除外。"据此,本题中由于甲、乙之间没有特别约定,故在正常情况下,由于乙已经将电脑交付给了甲,故毁损灭失的风险正常状态下,应当由甲承担。《民法典》第 610 条规定:"因标的物不符合质量要求,致使不能实现合同目的的,买受人可以拒绝接受标的物或者解除合同。买受人拒绝接受标的物或者解除合同的,标的物毁损、灭失的风险由出卖人承担。"据此,若因为质量不合格导致买受人目的不能实现的,买受人解除合同情况下,风险由出卖人承担,若不解除合同,则风险仍由买受人承担。本题中,乙向甲交付了低配电脑,导致甲目的不能实现,若甲解除合同的,风险由乙承担,若甲未解除合同,则风险甲承担。故 A、C 项正确,B、D 项错误。

考点73 一物多卖

298. 一物多卖 [A]

[解析]《买卖合同解释》第 6 条规定:"出卖人就同一普通动产订立多重买卖合同,在买卖合同均有效的情况下,买受人均要求实际履行合同的,应当按照以下情形分别处理:(一)先行受领交付的买受人请求确认所有权已经转移的,人民法院应予支持;(二)均未受领交付,先行支付价款的买受人请求出卖人履行交付标的物等合同义务的,人民法院应予支持;(三)均未受领交付,也未支付价款,依法成立在先合同的买受人请求出卖人履行交付标的物等合同义务的,人民法院应予支持。"具体到本题,甲将玉器依据买卖合同已经交付给了丁,丁取得了玉器的所有权,故 A 项正确。因丁已取得玉器所有权,甲向乙、丙实际履行交付玉器并转移所有权的合同义务陷入履行不能,乙、丙只能向甲主张其他请求权(如损害赔偿),

故 B、C 项错误。债权具有平等性和兼容性,如果无其他导致合同无效的情形,多重买卖合同本身都是有效的,故 D 项错误。

299. 一物多卖 [A]

[解析]《买卖合同解释》第 6 条规定:"出卖人就同一普通动产订立多重买卖合同,在买卖合同均有效的情况下,买受人均要求实际履行合同的,应当按照以下情形分别处理:(一)先行受领交付的买受人请求确认所有权已经转移的,人民法院应予支持;(二)均未受领交付,先行支付价款的买受人请求出卖人履行交付标的物等合同义务的,人民法院应予支持;(三)均未受领交付,也未支付价款,依法成立在先合同的买受人请求出卖人履行交付标的物等合同义务的,人民法院应予支持。"由此可知,在普通动产一物多卖的情况下,履行顺序为:先行受领交付>先行支付价款>合同成立在先。【特别提醒】挖掘机不是机动车,不属于特殊动产,而是一般动产。根据《道路交通安全法》第 119 条规定,机动车是指以动力装置驱动或者牵引,上道路行驶的,供人员乘用或者用于运送物品以及进行工程专项作业的轮式车辆。通常而言,挖掘机不是上道路行驶的轮式车辆,而是装载在其他车辆上运送至施工地点进行施工的机器。因此,挖掘机不应当界定为机动车。本题的命题人也是将挖掘机当作一般动产来进行命题的。

本题中,丙、丁为先行支付价款的,其中丙支付时间早于丁,故丙、丁履行顺序为丙>丁;乙为合同成立在先的,戊为先行受领支付的,故履行顺序为戊、丙、丁、乙。故 A 项正确,B、C、D 项错误。【特别提醒】甲、乙间的挖掘机买卖合同系因甲胁迫乙而订立,属可撤销的买卖合同,但在乙行使撤销权之前,该买卖合同成立并有效。基于有效的买卖合同,乙有权请求甲履行。

考点74 特种买卖合同

300. 分期付款买卖合同 [ABC]

[解析]《民法典》第 634 条规定:"分期付款的买受人未支付到期价款的数额达到全部价款的五分之一,经催告后在合理期限内仍未支付到期价款的,出卖人可以请求买受人支付全部价款或者解除合同。出卖人解除合同的,可以向买受人请求支付该标的物的使用费。"据此,在分期付款买卖合同中,当买受人未支付的到期款项达到标的额的 1/5 以上时,出卖人有权选择行使以下权利:(1)解除买卖合同,并要求买受人支付使用费;(2)要求买受人一次性支付剩余的全部价款(未到期的,加速到期)。本题中,曾某在支付 12 万元合同价款后拒绝支付,未支付货款达 8 万元,达到了全部价款的 2/5,超过了法定的 1/5 的界限,且经催告依然不履行,则出卖人汽车销售公司有

权要求曾某一次性支付剩余 8 万元的价款,或解除合同,并要求曾某支付使用费。故 A、B、C 项正确。

《民法典》第 566 条第 1 款规定:"合同解除后,尚未履行的,终止履行;已经履行的,根据履行情况和合同性质,当事人可以请求恢复原状或者采取其他补救措施,并有权请求赔偿损失。"本题中,如果汽车销售公司要解除合同,收回汽车的,对于曾某支付的 12 万元,在扣除汽车使用费并且补偿其他损失后,应将剩余部分返还给曾某。这是合同解除和恢复原状的效力。故 D 项错误。

301．保留所有权买卖［B］

［解析］本题中,甲、乙就汽车的交易作了所有权保留的约定。即甲先将汽车交付给乙,但明确约定付清全款后甲才将汽车的所有权移转给乙。《民法典》第 641 条规定:"当事人可以在买卖合同中约定买受人未履行支付价款或者其他义务的,标的物的所有权属于出卖人。出卖人对标的物保留的所有权,未经登记,不得对抗善意第三人。"由此,在乙分期付款期间,汽车虽然已经交付给了乙,但是甲保留了汽车所有权,乙不能取得汽车的所有权。故 A 项错误,B 项正确。

甲基于所有权人身份,将汽车再卖给丙,并非无权处分,而属有权处分,故不适用善意取得规则。故 C 项错误。

甲作为汽车的所有权人,有权以指示交付的方式出卖给善意的丙,丙可取得汽车所有权。故 D 项错误。【思路拓展】甲为汽车的所有权人,甲将汽车出卖给丙属于有权处分。但是,并非在任何情况下,丙均可毫无悬念地取得汽车所有权(因为要保护乙,否则谁还敢作为保留所有权买卖的买受人呢?)其规则是:(1)若甲、乙间的保留所有权买卖已经登记,甲将汽车出卖给丙并交付的,丙均无取得汽车所有权的可能性。(2)若甲、乙间的保留所有权买卖未登记,甲将汽车出卖给丙并交付的,善意的丙可以取得汽车所有权;恶意的丙不可能取得汽车所有权。

302．买卖合同［ACD］

［解析］《民法典》第 641 条第 1 款规定:"当事人可以在买卖合同中约定买受人未履行支付价款或者其他义务的,标的物的所有权属于出卖人。"本题中,依据双方约定,在吴某支付全部价款前,电脑的所有权属于周某,周某将电脑出售给王某属于有权处分,王某可以取得电脑的所有权。故 A 项正确。【特别提醒】题中尽管明确是卖给不知情的王某,但由于周某是有权处分,王某不可能构成善意取得。

《民法典》第 642 条第 1 款规定:"当事人约定出卖人保留合同标的物的所有权,在标的物所有权转移前,买受人有下列情形之一,造成出卖人损害的,除当事人另有约定外,出卖人有权取回标的物:(一)未按照约定支付价款,经催告后在合理期限内仍未支付;(二)未按照约定完成特定条件;(三)将标的物出卖、出质或者作出其他不当处分。"《买卖合同解释》第 26 条第 1 款规定:"买受人已经支付标的物总价款的百分之七十五以上,出卖人主张取回标的物的,人民法院不予支持。"本题中,总价款 6000 元,如果只有最后一期即 1200 元没有支付时,由于已经支付了 80%,出卖人周某不可主张取回标的物。故 B 项错误。

《民法典》第 634 条规定:"分期付款的买受人未支付到期价款的数额达到全部价款的五分之一,经催告后在合理期限内仍未支付到期价款的,出卖人可以请求买受人支付全部价款或者解除合同。出卖人解除合同的,可以向买受人请求支付该标的物的使用费。"本题中,除所有权保留的约定外,周、吴之间还是分期付款的买卖。如果吴某未支付到期价款达到 1800 元,则相对于总价款而言达到了 30%,超过了 1/5,此时,经催告后在合理期限内不履行的,周某可以要求吴某一次性支付剩余的全部价款,也可以选择解除买卖合同并请求吴某支付使用费。故 C、D 项正确。

303．所有权保留买卖;分期付款买卖［BCD］

［解析］《买卖合同解释》第 25 条规定:"买卖合同当事人主张民法典第六百四十一条关于标的物所有权保留的规定适用于不动产的,人民法院不予支持。"据此,所有权保留在买卖中只能适用于动产。本题是不动产买卖,关于所有权保留的约定无效,当房屋过户给乙之后,虽然价款是尚未付清,但所有权已经转移给了乙。故 A 选项错误,B 选项正确。《民法典》第 634 条规定:"分期付款的买受人未支付到期价款的数额达到全部价款的五分之一,经催告后在合理期限内仍未支付到期价款的,出卖人可以请求买受人支付全部价款或者解除合同。出卖人解除合同的,可以向买受人请求支付该标的物的使用费。"据此,本题中,买受人乙没有支付第 5 期和第 6 期价款,未支付到期价款已达全部价款的五分之一(40 万元),经催告后依然不履行,故此时,出卖人可以请求乙一次支付剩余全部价款,也可以请求解除合同,主张乙返还房屋,并主张支付使用费。故 C、D 选项正确。

考点 75　商品房买卖合同

304．商品房买卖合同;根本违约;实际履行［C］

［解析］《商品房买卖合同解释》第 2 条规定:"出卖人未取得商品房预售许可证明,与买受人订立的商品房预售合同,应当认定无效,但是在起诉前取得商品房预售许可证明的,可以认定有效。"本题中,甲公司事后取得了预售许可证,享有了对商铺的处分权,则甲公司与李某之间签订的协议应当有效。故 A 项错误。

《商品房买卖合同解释》第 5 条规定:"商品房的

认购、订购、预订等协议具备《商品房销售管理办法》第十六条规定的商品房买卖合同的主要内容,并且出卖人已经按照约定收受购房款的,该协议应当认定为商品房买卖合同。"通说认为,能够确定当事人名称或者姓名、标的的,即具备合同必备条款,一般应当认定合同成立。本题中,甲公司与李某之间的协议对于商铺的认购面积和房价作出了规定,已经具备了合同的必备条款,合同成立。故 B 项错误。

甲公司与李某的商品房买卖合同已经成立,甲公司未通知李某认购,甲公司的行为构成违约,并且甲公司将开发的商铺售罄,致使李某订立合同的目的不能实现,甲公司的违约行为构成根本违约。故 C 项正确。

《民法典》第 580 条第 1 款规定:"当事人一方不履行非金钱债务或者履行非金钱债务不符合约定的,对方可以请求履行,但是有下列情形之一的除外:(一)法律上或者事实上不能履行;……"本题中,甲公司对李某构成违约,应承担违约责任。由于甲公司已将开发的商铺售罄,甲公司对李某承担实际履行的违约责任在法律上不可能,构成履行不能,李某不能要求甲公司承担实际履行的违约责任,只能主张实际履行之外的其他违约责任。故 D 项错误。

305．商品房买卖合同[B]

[解析] 民法上所谓的重大误解,主要包括两个方面:一是表意人无过失的表示与意思不符;二是相对人对于意思表示内容之理解错误。通常认为,行为人因对行为的性质、对方当事人、标的物的品种、质量、规格和数量等的错误认识,使行为的后果与自己的意思相悖,意思表示不真实的,认定为重大误解。本题中,甲与乙公司在订立房屋买卖合同之时,双方的内在意思与外在表示都是一致的,即都是以 135 平米的房子作为自己意思表示的内容,因此,就买卖 135 平米的房子的买卖合同而言,买卖双方不存在重大误解。后来履行合同,即交房之时才发现房屋的实际面积为 150 平米,此种情形属于商品房买卖合同中的面积误差问题,属于合同履行过程中出现的与合同订立时约定内容不符的情形,不构成重大误解。故 A 项错误。

本题中,合同约定面积为 135 平米,交房时该房的实际面积为 150 平米,房屋面积相差 15 平方米,与约定不符,属于严重违约行为,买方可解除合同,故 B 项正确。

2020 年修正的《商品房买卖合同解释》删除了关于面积误差比超出 3%的处理规则,C、D 两项的主张均没有根据,故错误。

306．商品房买卖合同[ABC]

[解析] 根据民法的一般原理,当合同一方主体严重违约时,另一方作为非违约方可解除合同,并主张违约方赔偿损失。面积误差超过 5%以及订立合同后又将房屋抵押给第三人的行为,均属于严重违约行为,买方可主张解除合同。故 A、B 项正确。

《商品房买卖合同解释》第 9 条规定:"因房屋主体结构质量不合格不能交付使用,或者房屋交付使用后,房屋主体结构质量经核验确属不合格,买受人请求解除合同和赔偿损失的,应予支持。"故 C 项正确。

《商品房买卖合同解释》第 10 条规定:"因房屋质量问题严重影响正常居住使用,买受人请求解除合同和赔偿损失的,应予支持。交付使用的房屋存在质量问题,在保修期内,出卖人应当承担修复责任;出卖人拒绝修复或者在合理期限内拖延修复的,买受人可以自行或者委托他人修复。修复费用及修复期间造成的其他损失由出卖人承担。"据此,房屋虽有质量问题,但未达到严重影响正常居住使用的程度,并可修复,不构成根本违约,冯某不享有法定解除权,冯某只能请求丹桂公司承担修复等实际履行的违约责任。故 D 项错误。

考点76 供用电、水、气、热力合同

307．供用电合同;合同的相对性[ABCD]

[解析]《民法典》第 652 条规定:"供电人因供电设施计划检修、临时检修、依法限电或者用电人违法用电等原因,需要中断供电时,应当按照国家有关规定事先通知用电人;未事先通知用电人中断供电,造成用电人损失的,应当承担赔偿责任。"故 A、B、C 项当选。

《民法典》第 593 条规定:"当事人一方因第三人的原因造成违约的,应当依法向对方承担违约责任。当事人一方和第三人之间的纠纷,依照法律规定或者按照约定处理。"故 D 项当选。

308．供用热力合同及其违约责任[CD]

[解析]《民法典》第 654 条规定:"用电人应当按照国家有关规定和当事人的约定及时支付电费。用电人逾期不支付电费的,应当按照约定支付违约金。经催告用电人在合理期限内仍不支付电费和违约金的,供电人可以按照国家规定的程序中止供电。供电人依据前款规定中止供电的,应当事先通知用电人。"《民法典》第 656 条规定:"供用水、供用气、供用热力合同,参照适用供用电合同的有关规定。"综上,吴某到期不支付供热费,经催告后在合理期限内仍不支付的,甲公司有权中止供热;但甲公司不享有法定解除权,无权解除供热合同。故 A、B 项错误,C 项正确。吴某无正当理由不支付到期供热费构成违约,甲公司有权请求吴某承担实际履行、支付违约金等违约责任。故 D 项正确。**【思路拓展】**因为供电、供热、供水等对于用户来说为生活必需,而且提供主体是垄断

的、特定的,不存在选择其他交易主体的可能,因此,只能暂时中止,不存在解除合同的问题。

考点77 赠与合同

309．捐助行为;赠与合同[D]

[解析] 本题在考纲中没有明确的法律依据,属于理论性试题,可以用排除法作答。甲公司组织员工为宗某捐的20万元款项属于"捐助",这是一项公益募捐活动。通常来讲,公益募捐涉及三方主体:募捐人、受益人和捐款人。募捐人和捐款人之间形成为第三人特定利益的赠与合同。在本题中,甲公司是募捐人,宗某是利益第三人,甲公司的员工是捐款人。

该赠与合同属于为第三人特定利益的募捐合同,其捐赠目的与对象特定,受赠人为第三人而非募捐人。甲公司为募捐人,对捐赠善款包括剩余善款只是享有保管(占有)、定向使用和监督的权利,并无所有权。因此,余下的5万元不应归甲公司所有。故A项错误,排除。

题目中交代20万元款项是存放在"专门设立的账户中",没有明确所有权归属。而且公益捐助的目的是扶贫济困,而不是从捐款中谋取利益。捐款的用途一旦达到或被救助者因医治无效而死亡后,如果受益人或其继承人将剩余款项据为己有,则违背了捐款人的意愿,也违背了公平原则和公序良俗。因此,受益人或其继承人不应享有捐款余额的所有权。故B项错误,排除。

捐款一经捐出,款项就已经赠与他人,无返还捐款人之说,只是说应该按照捐款人的意愿和宗旨进行合理使用。故C项错误,排除。

救助个人的募捐,也可以算作公益事业,因此,剩余的钱不应该作为遗产继承,而应该用于同类的公益事业。可以参照《民法典》关于非营利法人终止的规定进行理解。《民法典》第95条规定:"为公益目的成立的非营利法人终止时,不得向出资人、设立人或者会员分配剩余财产。剩余财产应当按照法人章程的规定或者权力机构的决议用于公益目的;无法按照法人章程的规定或者权力机构的决议处理的,由主管机关主持转给宗旨相同或者相近的法人,并向社会公告。"虽然本题中不是非营利法人的终止,但是从目的角度看,也是为公益目的进行的捐赠,将剩余的5万元用于同类公益事业,与公益法人终止时将剩余财产用于公益目的的,具有相同的价值追求。故D项正确。

[思路拓展] 本题也可以用《慈善法》(超纲)的规定解答。《慈善法》第3条规定:"本法所称慈善活动,是指自然人、法人和其他组织以捐赠财产或者提供服务等方式,自愿开展的下列公益活动:……(二)扶老、救孤、恤病、助残、优抚;……"第34条规定:"本法所称慈善捐赠是指自然人、法人和其他组织基于慈善目的、自愿、无偿赠与财产的活动。"第57条规定:"慈善项目终止后捐赠财产有剩余的,按照募捐方案或者捐赠协议处理;募捐方案未规定或者捐赠协议未约定的,慈善组织应当将剩余财产用于目的相同或者相近的其他慈善项目,并向社会公开。"故本题只有D项符合要求。

310．附条件赠与与附义务赠与的区别[AC]

[解析] 附条件的赠与,是指赠与合同的生效或者失效取决于所附条件的成就或确定不成就的赠与合同。附义务的赠与,指受赠人负有一定给付义务的赠与合同。两者的主要区别在于:附条件的赠与,所附条件影响合同的效力(生效或者失效),如果是附延缓条件,成立暂时不生效;如果附解除条件,则条件一旦成就,合同就失效。而附义务的赠与,所附义务并不直接影响合同的效力。若受赠人违反义务,不会直接导致合同无效,只是导致赠与人享有法定撤销权,若赠与人不撤销合同,合同效力不受任何影响。本题中根据活动规则,资助子女次年教育经费,是公司对于子女的赠与,若员工离职,则资助失效即解除合同(附解除条件),这显然不是对于合同主体义务性的要求,属于附条件的赠与。如果是附义务的赠与,应该表述为:"公司资助中奖员工子女次年的教育费用,但员工不得离职。"故A项正确,B项错误。

由题意可见,这是一个附解除条件的赠与,员工离职,则所附解除条件生效,甲公司的给付义务也就解除了。故C项正确。

《民法典》第658条规定:"赠与人在赠与财产的权利转移之前可以撤销赠与。经过公证的赠与合同或者依法不得撤销的具有救灾、扶贫、助残等公益、道德义务性质的赠与合同,不适用前款规定。"本题中资助教育费用属于公益性质的赠与,赠与人甲公司不享有任意撤销权。故D项错误。

311．赠与合同的法定撤销;婚姻效力瑕疵[C]

[解析]《民法典》第1052条规定:"因胁迫结婚的,受胁迫的一方可以向人民法院请求撤销婚姻。请求撤销婚姻的,应当自胁迫行为终止之日起一年内提出。被非法限制人身自由的当事人请求撤销婚姻的,应当自恢复人身自由之日起一年内提出。"第1053条规定:"一方患有重大疾病的,应当在结婚登记前如实告知另一方;不如实告知的,另一方可以向人民法院请求撤销婚姻。请求撤销婚姻的,应当自知道或者应当知道撤销事由之日起一年内提出。"据此,婚姻缔结中,存在胁迫或隐瞒重大疾病的欺诈才是撤销的事由,本题中不存在,故A项错误。

《民法典》第1051条规定:"有下列情形之一的,婚姻无效:(一)重婚;(二)有禁止结婚的亲属关系;(三)未到法定婚龄。"据此,本题中无婚姻无效的事由,故B项错误。

《民法典》第663条规定:"受赠人有下列情形之一的,赠与人可以撤销赠与:(一)严重侵害赠与人或者赠与人近亲属的合法权益;(二)对赠与人有扶养义务而不履行;(三)不履行赠与合同约定的义务。赠与人的撤销权,自知道或者应当知道撤销事由之日起一年内行使。"本题中,乙婚后拒绝照顾甲,构成对于赠与合同中约定义务的违反,属于赠与人法定撤销权情形之一,甲可撤销对乙的赠与。故C项正确,D项错误。

考点 78 借款合同

312. 民间借贷合同的效力;后让与担保[ACD(原答案为ABCD)]

[解析] 行为性质的界定。甲、乙的约定应当认定为:乙借给甲1000万元,为担保甲对乙还本付息的债务,甲将其房屋出卖给乙,若甲到期不履行还本付息的义务,乙取得甲房屋所有权,代物清偿甲对乙还本付息的债务。这种以签订买卖合同的方式担保的,学理上称为"让与担保"。对此,《民间借贷规定》第23条第1款规定:"当事人以订立买卖合同作为民间借贷合同的担保,借款到期后借款人不能还款,出借人请求履行买卖合同的,人民法院应当按照民间借贷法律关系审理。当事人根据法庭审理情况变更诉讼请求的,人民法院应当准许。"本题中的房屋买卖合同,是一个"穿着买卖合同衣裳"的担保合同,是为了担保甲、乙间的借款合同而订立的,甲、乙之间的关系实质是借款合同关系。故A项正确。《民间借贷规定》第23条第2款规定:"按照民间借贷法律关系审理作出的判决生效后,借款人不履行生效判决确定的金钱债务,出借人可以申请拍卖买卖合同标的物,以偿还债务。就拍卖所得的价款与应偿还借款本息之间的差额,借款人或者出借人有权主张返还或者补偿。"本案中甲、乙之间是借贷合同关系,不是房屋买卖合同关系,若甲未按约定偿还借款,乙只能申请法院拍卖房屋,并以拍卖房屋所得价款清偿甲对乙的还本付息义务,乙不享有单方面请求甲为乙办理房屋过户登记的权利。故C项正确。

关于民间借贷的利率上限,1991年发布的《最高人民法院关于人民法院审理借贷案件的若干意见》第6条规定,民间借贷的利率可以适当高于银行的利率,但最高不得超过银行同类贷款利率的4倍。该解释已被2015年9月1日生效的《民间借贷规定》废止,其第26条规定:"借贷双方约定的利率未超过年利率24%,出借人请求借款人按照约定的利率支付利息的,人民法院应予支持。借贷双方约定的利率超过年利率36%,超过部分的利息约定无效。借款人请求出借人返还已支付的超过年利率36%部分的利息的,人民法院应予支持。"2020年修正的《民间借贷规定》第25条又对此作了修改:"出借人请求借款人按照合同约定利率支付利息的,人民法院应予支持,但是双方约定的利率超过合同成立时一年期贷款市场报价利率四倍的除外。前款所称'一年期贷款市场报价利率',是指中国人民银行授权全国银行间同业拆借中心自2019年8月20日起每月发布的一年期贷款市场报价利率。"据此,新规定以中国人民银行授权全国银行间同业拆借中心每月20日发布的一年期贷款市场报价利率(LPR)的4倍为标准确定民间借贷利率的司法保护上限,取代了原规定中"以24%和36%为基准的两线三区"的规定。而"一年期贷款市场报价利率"也不同于"银行同期贷款利率",故B项错误。

《民法典》第679条规定:"自然人之间的借款合同,自贷款人提供借款时成立。"依法成立的合同,自成立时生效。对于已经生效的合同,不能按照约定来履行的,甲应承担违约责任,故D项正确。

313. 借款合同[ABC]

[解析] 《民法典》第673条规定:"借款人未按照约定的借款用途使用借款的,贷款人可以停止发放借款、提前收回借款或者解除合同。"如甲公司违反合同约定将借款用于购买办公用房,乙银行有权提前收回借款或解除合同。故A、B项正确。甲公司的行为违反了借款合同约定,若是双方约定违约金的,乙银行有权请求支付违约金。故C项正确。

甲、乙之间设定的是动产浮动抵押,乙银行享有担保权的范围仅及于甲公司现有或将有的生产设备、原材料、产品,乙银行对甲公司所购房屋并未设定担保物权,不享有优先受偿权。故D项错误。

考点 79 租赁合同

314. 非法转租[ABC]

[解析] 《民法典》第716条第2款规定:"承租人未经出租人同意转租的,出租人可以解除合同。"据此,承租人非法转租的,出租人享有法定解除权,有权解除自己与承租人的租赁合同。故A项正确。【特别提醒】根据《民法典》第718条规定,出租人知道或者应当知道承租人转租,但是在6个月内未提出异议的,视为出租人同意转租。

《民法典》第716条第1款规定:"承租人经出租人同意,可以将租赁物转租给第三人。承租人转租的,承租人与出租人之间的租赁合同继续有效;第三人造成租赁物损失的,承租人应当赔偿损失。"本题中,乙非法转租,次承租人丙损坏房屋,甲既有权请求丙承担侵权损害赔偿责任,也有权请求乙承担违约损害赔偿责任,乙对甲承担责任后有权向丙追偿(丙承担最终责任,乙、丙对甲承担的是不真正连带责任)。故B项正确。

返还原物请求权的构成要件有二:(1)请求人为物权人;(2)被请求人为现时的无权占有人。本题中,乙擅自转租,相对于房屋所有权人甲,次承租人丙对房屋的占有属于无权占有,甲对丙享有返还原物请求权。故C项正确。

无论是合法转租还是非法转租,出租人与次承租人间均不存在合同关系,根据合同的相对性,出租人不得要求次承租人向自己支付租金,也不得要求次承租人对自己承担违约责任。因此,甲无权要求丙支付租金。故D项错误。

315. 转租;返还原物请求权[AC]

[解析]《民法典》第235条规定:"无权占有不动产或者动产的,权利人可以请求返还原物。"此条规定了返还原物请求权,其构成要件有二:(1)请求人为物权人;(2)被请求人为现时的无权占有人。丁某为房屋的所有权人,但在租赁期限内,承租人方某基于承租权占有该房屋,属于有权占有,故丁某对方某不享有返还原物请求权。故A项正确。【特别提醒】A项表述存在瑕疵,因为丁某对方某不享有返还原物请求权,所以题干中"可以对方某主张返还请求权"的表述是错误的。鉴于本题是多选题,应将本项修改为"若丁某在租期内基于房屋所有权对方某主张返还请求权,方某可以基于其与丁某的合法的租赁关系主张抗辩"。

《民法典》第718条规定:"出租人知道或者知道承租人转租,但是在六个月内未提出异议的,视为出租人同意转租。"据此,方某未经出租人丁某同意将该房屋转租给唐某,出租人丁某知道或应当知道后,如果在6个月内提出异议的,有权解除合同,请求唐某返还房屋。故B项错误。【特别提醒】若方某非法转租后,丁某自知道或者应当知道后未在6个月内表示异议,则推定丁某同意转租,此时,唐某相对于丁某为基于占有连续的有权占有,唐某虽与丁某无直接的合同关系,但唐某相对于丁某也是有权占有人,丁某在租赁期间内就不能对唐某行使返还原物请求权。

《民法典》第716条第2款规定:"承租人未经出租人同意转租的,出租人可以解除合同。"据此,方某非法转租,丁某享有法定解除权。当然,法定解除权的存在并不妨碍双方约定若方某非法转租,丁某享有约定解除权。丁某一旦解除租赁合同,唐某基于转租合同获得的占有本权不得对抗丁某,丁某可以对唐某行使返还原物请求权。故C项正确,D项错误。

316. 房屋租赁合同承租人的优先购买权[C]

[解析]《民法典》第726条规定:"出租人出卖租赁房屋的,应当在出卖之前的合理期限内通知承租人,承租人享有以同等条件优先购买的权利;但是,房屋按份共有人行使优先购买权或者出租人将房屋出卖给近亲属的除外。出租人履行通知义务后,承租人在十五日内未明确表示购买的,视为承租人放弃优先购买权。"因此,甲向丙出售租赁房屋时,应当在出卖之前的合理期限内通知承租人乙,但无须经过承租人乙的同意。故A、D项错误。

善意取得以让与人实施无权处分为前提条件。本题中,甲系房屋所有权人(且其处分权未受到任何限制),甲将房屋出卖给丙的行为属于有权处分,并不涉及善意取得的问题。故B项错误。

《民法典》第728条规定:"出租人未通知承租人或者有其他妨害承租人行使优先购买权情形的,承租人可以请求出租人承担赔偿责任。但是,出租人与第三人订立的房屋买卖合同的效力不受影响。"因此,甲虽侵害了乙的优先购买权,乙可以请求甲承担赔偿责任,但甲、丙之间的合同并不因此无效,这是为了保护第三人利益与维护交易安全。故C项正确。

317. 一房数租的履行顺序;合同的解除条件[C]

[解析]《城镇房屋租赁合同解释》第5条规定:"出租人就同一房屋订立数份租赁合同,在合同均有效的情况下,承租人均主张履行合同的,人民法院按照下列顺序确定履行合同的承租人:(一)已经合法占有租赁房屋的;(二)已经办理登记备案手续的;(三)合同成立在先的。不能取得租赁房屋的承租人请求解除合同、赔偿损失的,依照民法典的有关规定处理。"

本题中,一房三租,孙某与李某的房屋租赁合同、李某与陈某的房屋转租合同、孙某与王某的房屋租赁合同均属有效。因王某已经合法占有租赁房屋,因此王某享有的租赁权优先。故A、B项错误。

孙某对李某构成根本违约,李某享有法定解除权,并有权在解除合同后要求孙某承担违约损害赔偿责任。故C项正确。

在李某与陈某的房屋转租合同中,李某对陈某构成根本违约,陈某有权解除与李某的房屋租赁合同,并请求李某承担违约损害赔偿责任。但根据合同的相对性,因陈某与孙某间无合同关系,陈某无权请求孙某承担违约损害赔偿责任。故D项错误。

318. 房屋承租人的优先购买权;合同的法定解除权[D]

[解析]出租人出卖房屋未通知承租人的,由于"买卖不破租赁"规则的保护,并不阻碍合同目的的实现,因此不导致合同解除权的产生。《民法典》第725条规定:"租赁物在承租人按照租赁合同占有期限内发生所有权变动的,不影响租赁合同的效力。"据此,丙取得房屋所有权之时,适用"所有权变动不破除租赁关系"规则,丙法定承受出租人地位,对乙的承租权不产生影响,并不构成根本违约,乙不享有法定解除权。故A项错误。

民法 [答案详解]

《民法典》第 728 条规定:"出租人未通知承租人或者有其他妨害承租人行使优先购买权情形的,承租人可以请求出租人承担赔偿责任。但是,出租人与第三人订立的房屋买卖合同的效力不受影响。"据此,甲侵害了乙的优先购买权,乙有权请求甲承担侵权损害赔偿责任,但甲、丙间的房屋买卖合同不因此而受影响。故 B 项错误,D 项正确。

丙系善意受让人,对乙的优先购买权遭受侵害无过错,丙无须对乙承担侵权责任,故 C 项错误。

319.房屋租赁合同的效力[AB]

[解析]《城镇房屋租赁合同解释》第 2 条规定:"出租人就未取得建设工程规划许可证或者未按照建设工程规划许可证的规定建设的房屋,与承租人订立的租赁合同无效。但在一审法庭辩论终结前取得建设工程规划许可证或者经主管部门批准建设的,人民法院应当认定有效。"据此,甲出租给乙的房屋,未经规划许可,属"违章建筑",以其为标的物的房屋租赁合同无效,故 A 项正确。既然房屋租赁合同无效,则不存在解除租赁合同的问题,也不存在主张继续履行合同和违约责任的问题,故 C、D 项错误。

《城镇房屋租赁合同解释》第 12 条规定,承租人经出租人同意扩建,但双方对扩建费用的处理没有约定,人民法院按照下列情形分别处理:(1)办理合法建设手续的,扩建造价费用由出租人负担;(2)未办理合法建设手续的,扩建造价费用由双方按照过错分担。本题中,甲、乙对于扩建房屋都有过错,应分担扩建房屋的费用,故 B 项正确。

320.租赁合同;合同相对性[CD]

[解析]《城镇房屋租赁合同解释》第 10 条规定:"承租人经出租人同意装饰装修,租赁期间届满时,承租人请求出租人补偿附合装饰装修费用的,不予支持。但当事人另有约定的除外。"据此,除非特别约定,承租人对于租赁房屋进行装修装潢产生的费用由承租人承担,故 A 项错误。

《民法典》第 716 条第 1 款规定:"承租人经出租人同意,可以将租赁物转租给第三人。承租人转租的,承租人与出租人之间的租赁合同继续有效;第三人造成租赁物损失的,承租人应当赔偿损失。"甲、乙和乙、丙之间均存在合同关系,甲与丙之间不存在合同关系,根据合同相对性,甲不能请求丙承担违约责任,但是可以请求乙承担违约责任。故 B 项错误,D 项正确。

丙擅自更改承重结构,造成房屋损失的行为构成故意侵权,作为所有权人的甲可以主张丙承担侵权责任。故 C 项正确。

321.买卖不破租赁及其例外[C]

[解析] 房屋设定抵押后,并不影响所有权人出租房屋的权利。甲与丙签订的租赁合同内容没有涉嫌违法之情形,应为有效。故 A 项错误。

《民法典》第 405 条规定:"抵押权设立前,抵押财产已经出租并转移占有的,原租赁关系不受该抵押权的影响。"据此,如果租赁在前,且转移给承租人占有的(先租后抵),则抵押权实现时,不能打破租赁关系;反之,如果抵押设定在前(先抵后租),一旦实现抵押权,则直接打破租赁,新的所有权人可以直接解除租赁合同,且不用承担赔偿责任。本题中,对于商铺,乙银行享有的抵押权在前,而后甲又将商铺租给了丙,在实现抵押权后,可以直接打破租赁,新所有权人丁可以请求承租人丙腾退商铺。基于合同的相对性,承租人丙可以请求出租人甲退还剩余租金,丁无须承担该义务。故 B、D 项错误,C 项正确。

322.房屋租赁合同的效力[BCD]

[解析]《城镇房屋租赁合同解释》第 3 条规定:"出租人就未经批准或者未按照批准内容建设的临时建筑,与承租人订立的租赁合同无效。但在一审法庭辩论终结前经主管部门批准建设的,人民法院应当认定有效。租赁期限超过临时建筑的使用期限,超过部分无效。但在一审法庭辩论终结前经主管部门批准延长使用期限的,人民法院应当认定延长使用期限内的租赁期间有效。"本题中,甲与乙签订的租赁合同在该临时门面房的使用期限内,该租赁合同有效,故 A 项错误。临时门面房的核准使用期限为 2 年,使用期限届满后未依法办理延期手续,该临时建筑属于"违章建筑",甲以其为标的物与丙订立房屋租赁合同,租赁合同无效。因此,甲无权将此房屋租给丙,也无权收取租金,故 B、C、D 项正确。

323.买卖不破租赁;房屋承租人的优先购买权;承租权的继承[ABD]

[解析] 根据买卖不破租赁的规定,在租赁期间内甲将房屋卖给丙,不影响乙的租赁权,故 A 项正确。

《民法典》第 728 条规定:"出租人未通知承租人或者有其他妨害承租人行使优先购买权情形的,承租人可以请求出租人承担赔偿责任。但是,出租人与第三人订立的房屋买卖合同的效力不受影响。"据此,承租人乙可向出租人甲主张损害赔偿。买受人丙不是租赁合同当事人,并没有过错,不承担赔偿责任。故 B 项正确,C 项错误。

《民法典》第 734 条第 2 款规定:"租赁期限届满,房屋承租人享有以同等条件优先承租的权利。"故 D 项正确。

考点80 融资租赁合同

324.融资租赁合同[BC]

[解析]《民法典》第 742 条规定:"承租人对出卖人行使索赔权利,不影响其履行支付租金的义务。但

是,承租人依赖出租人的技能确定租赁物或者出租人干预选择租赁物的,承租人可以请求减免相应租金。"本题中,不存在"承租人依赖出租人的技能确定租赁物或者出租人干预选择租赁物"的情形,若承租人因设备原因造成损失而向出卖人行使索赔权利,不影响租金的支付,故 A 项错误。

《民法典》第 739 条规定:"出卖人根据承租人对出卖人、租赁物的选择订立的买卖合同,出卖人应当按照约定向承租人交付标的物,承租人享有与受领标的物有关的买受人的权利。"据此,融资租赁中,承租人享有买受人的权利,当然可以请求出卖人丁公司承担维修、赔偿损失等违约责任,故 B 项正确。

《民法典》第 741 条规定:"出租人、出卖人、承租人可以约定,出卖人不履行买卖合同义务的,由承租人行使索赔的权利。承租人行使索赔权利的,出卖人应当协助。"故 C 项正确。

《民法典》第 747 条规定:"租赁物不符合约定或者不符合使用目的的,出租人不承担责任。但是,承租人依赖出租人的技能确定租赁物或者出租人干预选择租赁物的除外。"本题中,不存在"承租人依赖出租人的技能确定租赁物或者出租人干预选择租赁物"的情形,出租人对于设备的质量问题没有责任,故 D 项错误。

325.融资租赁合同[BD]

[解析]《融资租赁合同解释》第 2 条规定:"承租人将其自有物出卖给出租人,再通过融资租赁合同将租赁物从出租人处租回,人民法院不应仅以承租人和出卖人系同一人为由认定不构成融资租赁法律关系。"据此,只要不存在内容违法或逃避债务的恶意,承租人和出卖人是同一人依然可以构成融资租赁关系。本题中,乙公司既是出卖人,也是承租人,可以构成融资租赁关系。故 A 项错误,B 项正确。

本题中关于拖欠的租金,如果约定利息的,参照民间借贷利息的规定。《民间借贷规定》第 25 条规定:"出借人请求借款人按照合同约定利率支付利息的,人民法院应予支持,但是双方约定的利率超过合同成立时一年期贷款市场报价利率四倍的除外。前款所称'一年期贷款市场报价利率',是指中国人民银行授权全国银行间同业拆借中心自 2019 年 8 月 20 日起每月发布的一年期贷款市场报价利率。"据此,约定的年利率超过合同成立时一年期贷款市场报价利率 4 倍的,法院才不予认可。而一年期贷款市场报价利率是每月变动的,其利率的 4 倍有可能高于 24%,也有可能低于 24%,所以说年利率超过 24% 的部分一律无效是错误的。故 C 项错误。

乙将设备转让给甲,甲又将设备租给乙,自租赁合同达成时,甲获得设备的所有权,具体来说,是通过占有改定的方式完成的所有权转移,故甲已经获得设备的所有权。故 D 项正确。

专题二十 完成工作交付成果合同

考点 81 承揽合同

326.合同的相对性;加工承揽合同[D]

[解析]《民法典》第 646 条规定:"法律对其他有偿合同有规定的,依照其规定;没有规定的,参照适用买卖合同的有关规定。"因此,参照买卖合同标的物所有权转移的规定,承揽合同中定作的标的物,在交付之前所有权属于承揽人,并没有转移给定作人或者定作人指示的人。故本题中方某和汤某均无权主张侵权责任。故 B、C 项错误。【思路拓展】从民法理论上来分析,方某(定作人)未提供工作原料或基底,由余某(承揽人)提供原材料加工玉器,制作物(玉器)完成时,应由余某取得所有权。只有在余某向汤某完成交付时,汤某才取得玉器的所有权。

《民法典》第 593 条规定:"当事人一方因第三人的原因造成违约的,应当依法向对方承担违约责任。当事人一方和第三人之间的纠纷,依照法律规定或者按照约定处理。"朱某系余某(债务人)的履行辅助人,现余某因第三人朱某的原因对方某违约,余某应当承担违约责任。《民法典》第 522 条第 1 款规定:"当事人约定由债务人向第三人履行债务,债务人未向第三人履行债务或者履行债务不符合约定的,应当向债权人承担违约责任。"本题中的加工承揽合同属于"向第三人履行的合同",依据合同的相对性,债务人(余某)未向第三人(汤某)履行债务或者履行不符合约定,第三人(汤某)无权请求债务人(余某)承担违约责任,仅债权人(方某)有权请求余某承担违约责任。故 A 项错误,D 项正确。

327.承揽合同[ABC]

[解析] 本题中,万某、佟某之间构成承揽合同关系。《民法典》第 787 条规定:"定作人在承揽人完成工作前可以随时解除合同,造成承揽人损失的,应当赔偿损失。"据此,在承揽人完成工作前,定作人享有合同任意解除权,但应赔偿承揽人因此遭受的损失。本题中,旗袍尚未制作完成,万某有权解除合同,故 B 项正确。由于旗袍已经接近完工,相关费用大部分已经支出,万某应当承担相应费用,如果给佟某造成其他损失,也应当予以赔偿,故 A 项正确。

虽然按照万某、佟某之间的约定,万某承担了 5000 元的设备购置费,但是该购置费是包含在工钱里的,也就是说,购买设备的款项是万某为女友制作旗袍需要支付的费用的一部分。因此按照双方的意思表示,该设备的所有权归佟某,万某需要为该设备支付费用,故 C 项正确。

承揽人是为定作人进行的加工,无论成果是否已经完成,均应属于定作人所有,故 D 项错误。

考点82 建设工程合同

328．建设工程施工合同[BC(原答案为BCD)]

[解析] 根据《民法典》第791条的规定,两类建设工程施工合同无效:(1)非法转包合同(指承包人将承包的工程全部发包给他人)。(2)违法分包合同。包括四种:第一,将主体工程分包的;第二,将工程支解以后分包的;第三,分包人再度分包的;第四,分包给不具有相应资质的承包人的。据此,甲、乙间的工程承包合同有效。乙仅将非主体工程分包给丙,乙、丙间的分包合同亦属有效。根据上述禁止二度分包的规定,分包单位丙将其承包的工程再分包给丁,属于违法分包,丙、丁间的分包合同无效。故 A 项错误。

《民法典》第593条规定:"当事人一方因第三人的原因造成违约的,应当依法向对方承担违约责任。当事人一方和第三人之间的纠纷,依照法律规定或者按照约定处理。"就乙、丙间的建设工程施工合同而言,丙因第三人丁的原因对乙违约,乙有权请求丙承担违约责任;丙对乙承担违约责任后,可向丁追偿。故 B 项正确。

《建设工程施工合同解释(一)》第15条规定:"因建设工程质量发生争议的,发包人可以以总承包人、分包人和实际施工人为共同被告提起诉讼。"据此,若工程质量不合格,可突破合同的相对性,发包人甲有权要求承包人、分包人和实际施工人对自己承担连带责任。故 C 项正确。

2020年《建设工程施工合同解释(一)》删除了对于非法转包、违法分包等合同无效时收缴非法所得的规定,故收缴非法所得没有法律依据,D 项错误。

329．建设工程施工合同[ABCD]

[解析]《建设工程施工合同解释(一)》第25条规定:"当事人对垫资和垫资利息有约定,承包人请求按照约定返还垫资及其利息的,人民法院应予支持,但是约定的利息计算标准高于垫资时的同类贷款利率或者同期贷款市场报价利率的部分除外。当事人对垫资没有约定的,按照工程欠款处理。当事人对垫资利息没有约定,承包人请求支付利息的,人民法院不予支持。"据此,如果发包人与承包人对垫资性质及其利息均有明确约定,则垫资相当于发包人向承包人的借款。反之,如发包人与承包人对垫资性质无明确约定,承包人的款项视为发包人对承包人的工程欠款。本题中,甲公司、乙公司仅约定乙公司垫资1000万元,但未约定垫资利息,在垫资款正常使用期间,甲公司不用支付利息。但是,在工程完工,应付工程款之日,甲公司应当在向乙公司支付工程款的同时,一

并将垫资归还乙公司,否则,即便原来约定的是垫资,从应付工程款之日起也应视为工程欠款,应当支付相应的利息。所以,自7月1日起,乙公司的垫资应按工程欠款处理,并支付自7月1日起的相应利息,故 A、B 项正确。【思路拓展】区分"垫资"与"工程价款"的意义何在?《建设工程施工合同解释(一)》第26条规定:"当事人对欠付工程价款利息计付标准有约定的,按照约定处理。没有约定的,按照同期同类贷款利率或者同期贷款市场报价利率计息。"可知,若被认定为垫资,对垫资利息的数额有限制,约定的垫资利息不能超过法定的同期同类银行贷款利率或贷款市场报价利率;若被认定为工程欠款,其约定的利息可以超过法定的同期同类银行贷款利率或贷款市场报价利率。

《建设工程施工合同解释(一)》第2条第1款规定:"招标人和中标人另行签订的建设工程施工合同约定的工程范围、建设工期、工程质量、工程价款等实质性内容,与中标合同不一致,一方当事人请求按照中标合同确定权利义务的,人民法院应予支持。"本题中,甲公司、乙公司间应按照1亿元结算工程价款。故 C 项正确。

《建设工程施工合同解释(一)》第27条规定:"利息从应付工程价款之日开始计付。当事人对付款时间没有约定或者约定不明的,下列时间视为应付款时间:(一)建设工程已实际交付的,为交付之日;(二)建设工程没有交付的,为提交竣工结算文件之日;(三)建设工程未交付,工程价款也未结算的,为当事人起诉之日。"本题中,乙公司于7月1日将经竣工验收合格的建设工程实际交付给甲公司,因此应自7月1日起计算工程价款利息。故 D 项正确。

330．建筑施工合同的效力[C]

[解析]《民法典》第791条规定:"……承包人不得将其承包的全部建设工程转包给第三人或者将其承包的全部建设工程支解以后以分包的名义分别转包给第三人。禁止承包人将工程分包给不具备相应资质条件的单位。禁止分包单位将其承包的工程再分包。建设工程主体结构的施工必须由承包人自行完成。"甲公司将工程全部转包给施工队,而且施工队没有相应的资质,因此,甲公司与施工队之间的合作施工协议无效。故 A 项错误。

甲公司通过投标,与乙公司之间签订的建筑施工合同,内容合法,程序正当,达成协议之后即为有效。故 B 项错误。

《民法典》第793条第1款规定:"建设工程施工合同无效,但是建设工程经验收合格的,可以参照合同关于工程价款的约定折价补偿承包人。"虽然合作施工协议无效,但施工队承建的工程经竣工验收合

格,施工队有权请求甲公司参照合同约定支付工程款。故C项正确。

《建设工程施工合同解释（一）》第43条规定："实际施工人以转包人、违法分包人为被告起诉的,人民法院应当依法受理。实际施工人以发包人为被告主张权利的,人民法院应当追加转包人或者违法分包人为本案第三人,在查明发包人欠付转包人或者违法分包人建设工程价款的数额后,判决发包人在欠付建设工程价款范围内对实际施工人承担责任。"据此,施工队施工合格后,如果拿不到工程款,可以直接起诉转包人甲公司,也可以起诉发包人乙公司,但发包人乙公司只在欠付工程款的范围内负责,其余欠款仍应由甲公司支付。故D项错误。

331．房地一体；工程款的法定优先权[ACD]

[解析]《民法典》第417条规定："建设用地使用权抵押后,该土地上新增的建筑物不属于抵押财产。该建设用地使用权实现抵押权时,应当将该土地上新增的建筑物与建设用地使用权一并处分。但是,新增建筑物所得的价款,抵押权人无权优先受偿。"本题中,甲公司以建设用地使用权向乙银行设定抵押,该住宅楼是抵押权设立后建设的,并非抵押财产,由此可知,乙银行仅对建设用地使用权拍卖所得价款享有优先受偿权。故A项正确,B项错误。

承包人对建设工程价款有优先受偿权。《民法典》第807条规定："发包人未按照约定支付价款的,承包人可以催告发包人在合理期限内支付价款。发包人逾期不支付的,除根据建设工程的性质不宜折价、拍卖外,承包人可以与发包人协议将该工程折价,也可以请求人民法院将该工程依法拍卖。建设工程的价款就该工程折价或者拍卖的价款优先受偿。"据此,如果发包人不向承包人支付工程款,则承包人可对已完成工程拍卖、变价获得的价款优先受偿。《建设工程施工合同解释（一）》第36条规定："承包人根据民法典第八百零七条规定享有的建设工程价款优先受偿权优于抵押权和其他债权。"据此,本题中承包人丙公司对该住宅楼及其建设用地使用权的优先受偿权优于乙银行的抵押权。故C项正确。【思路拓展】工程款优先权优先于抵押权的原理是,法定担保物权优先。

消费者交付购买商品房的全部或者大部分款项后,承包人就该商品房享有的工程价款优先受偿权不得对抗买受人。丁交付了80%的购房款,即交付了"大部分购房款项",丙公司的建设工程价款优先受偿权不得对抗其所购商品房的权利,这是为了优先保护购房人的利益,即生存利益优先。故D项正确。

332．建设工程合同的效力[ACD]

[解析]《建设工程施工合同解释（一）》第1条第1款规定："建设工程施工合同具有下列情形之一的,应当依据民法典第一百五十三条第一款的规定,认定无效:(一)承包人未取得建筑业企业资质或者超越资质等级的;(二)没有资质的实际施工人借用有资质的建筑施工企业名义的;(三)建设工程必须进行招标而未招标或者中标无效的。"因为乙公司一直未取得建筑施工企业资质,所以甲公司与乙公司签订的建设工程施工合同无效。项目主体工程是否已封顶完工,不影响建设工程施工合同的效力。故A项正确,B项错误。

《民法典》第793条第1款规定："建设工程施工合同无效,但是建设工程经验收合格的,可以参照合同关于工程价款的约定折价补偿承包人。"本题中,若该项目主体工程经竣工验收合格的,合同虽然认定无效,但乙企业可参照合同约定的工程价款请求甲公司支付。故C项正确。

《民法典》第793条第2款规定："建设工程施工合同无效,且建设工程经验收不合格的,按照以下情形处理:(一)修复后的建设工程经验收合格的,发包人可以请求承包人承担修复费用;(二)修复后的建设工程经验收不合格的,承包人无权请求参照合同关于工程价款的约定折价补偿。"据此,该项目主体工程经修复后仍不合格的,乙企业不能主张工程价款。故D项正确。

333．建设工程合同[A]

[解析]甲公司将某工程以100万元的价格发包给乙公司,乙公司以80万元的价格转包给刘某,属于承包人将其承包的工程全部转包给第三人,构成违法转包,乙公司与刘某之间的转包合同无效。《民法典》第793条第1款规定："建设工程施工合同无效,但是建设工程经验收合格的,可以参照合同关于工程价款的约定折价补偿承包人。"本题中,刘某实际完成了工程施工且验收合格,因此刘某有权请求乙公司支付80万元工程款,扣除已经支付的20万元,剩余60万元。

《建设工程施工合同解释（一）》第43条规定："实际施工人以转包人、违法分包人为被告起诉的,人民法院应当依法受理。实际施工人以发包人为被告主张权利的,人民法院应当追加转包人或者违法分包人为本案第三人,在查明发包人欠付转包人或者违法分包人建设工程价款的数额后,判决发包人在欠付建设工程价款范围内对实际施工人承担责任。"据此,刘某起诉发包人甲公司支付工程款,法院应当追加转包人乙公司为第三人。因法院查明甲公司尚欠付乙公司50万元工程款,在这一范围内,甲公司须对实际施工人刘某承担责任。由于刘某只诉请甲公司支付工程款,并未起诉乙公司,因此法院不得判决乙公司向刘某支付工程款。因此,本题A项正确。

专题二十一 提供劳务合同

考点83 运输合同

334．客运合同中的损害赔偿责任；共同侵权[ABD]

[解析]《民法典》第823条规定："承运人应当对运输过程中旅客的伤亡承担赔偿责任；但是，伤亡是旅客自身健康原因造成的或者承运人证明伤亡是旅客故意、重大过失造成的除外。前款规定适用于按照规定免票、持优待票或者经承运人许可搭乘的无票旅客。"第824条规定："在运输过程中旅客随身携带物品毁损、灭失，承运人有过错的，应当承担赔偿责任。旅客托运的行李毁损、灭失的，适用货物运输的有关规定。"据此，对于旅客随身携带物品的损害，客运公司承担过错责任，无过错则无责任。对于旅客人身损害，包括按照规定免票、持优待票或者经承运人许可搭乘的无票旅客均承担无过错责任。故A、B项正确，C项错误。

《民法典》第1168条规定："二人以上共同实施侵权行为，造成他人损害的，应当承担连带责任。"此规定的共同加害行为，强调两人以上加害行为的协同性、一起性，故本题中虽然两者无共同故意或共同过失，但属于两者分别存在的行为发生事实关联后，共同造成损害结果的出现，故应认定为是共同加害，应承担连带责任，故D项正确。

考点84 保管合同与仓储合同

335．保管合同；仓储合同[ABCD]

[解析]《民法典》第904条规定："仓储合同是保管人储存存货人交付的仓储物，存货人支付仓储费的合同。"可见，仓储合同都是有偿合同。《民法典》第889条规定："寄存人应当按照约定向保管人支付保管费。当事人对保管费没有约定或者约定不明确，依据本法第五百一十条的规定仍不能确定的，视为无偿保管。"据此，保管合同既可以是有偿合同，也可以是无偿合同。故A项错误。

《民法典》第890条规定："保管合同自保管物交付时成立，但是当事人另有约定的除外。"据此，当事人可以约定诺成性的保管合同，无约定时，保管合同为实践合同。《民法典》第905条规定："仓储合同自保管人和存货人意思表示一致时成立。"据此，仓储合同属于诺成合同。故B项错误。

对于保管合同，《民法典》第899条第1款规定："寄存人可以随时领取保管物。"据此，在保管合同中，寄存人享有任意解除合同的权利。但是，寄存人行使任意解除权给保管人造成损失的，应当承担损害赔偿责任。对于仓储合同，《民法典》第914条规定：

"当事人对储存期限没有约定或者约定不明确的，存货人或者仓单持有人可以随时提取仓储物，保管人也可以随时请求存货人或者仓单持有人提取仓储物，但是应当给予必要的准备时间。"这意味着，如果当事人对储存期限有约定的，存货人就不能随时提取仓储物（存货人不享有任意解除权），这是仓储合同不同于保管合同之处。故C项错误。

《民法典》第897条规定："保管期内，因保管人保管不善造成保管物毁损、灭失的，保管人应当承担赔偿责任。但是，无偿保管人证明自己没有故意或者重大过失的，不承担赔偿责任。"《民法典》第917条规定："储存期内，因保管不善造成仓储物毁损、灭失的，保管人应当承担赔偿责任。因仓储物本身的自然性质、包装不符合约定或者超过有效储存期造成仓储物变质、损坏的，保管人不承担赔偿责任。""保管不善"这一措辞表明，保管物或仓储物毁损、灭失的，采用过错责任原则，保管人、仓储人均承担过错责任。故D项错误。

336．合同性质的判定[B]

[解析]《民法典》第888条第1款规定，保管合同是保管人保管寄存人交付的保管物，并返还该物的合同。甲与乙银行签订《银行保险柜协议》的目的在于存放贵重物品，乙银行负有保护甲存放于保险柜中的物品安全的义务，乙负有按时支付保管费的义务，因此该协议的性质是保管合同，B项正确。【特别提醒】仓储合同是一种特殊的保管合同，保管人须为专门从事仓储保管业务的人，存货人交付仓储物的，保管人应当出具仓单、入库单等凭证。本题不符合仓储合同的特征。

337．保管合同；见义勇为的损害赔偿[C]

[解析]《民法典》第897条规定："保管期内，因保管不善造成保管物毁损、灭失的，保管人应当承担赔偿责任。但是，无偿保管人证明自己没有故意或者重大过失的，不承担赔偿责任。"本题中，丙是无偿保管人，仅在自己有故意或重大过失时承担赔偿责任，其不慎掉落手机并不构成重大过失，因此无需赔偿，故A项错误。甲的手机是因丙的行为而受损，与受助人乙无关，故B项错误。

《民法典》第183条规定："因保护他人民事权益使自己受到损害的，由侵权人承担民事责任，受益人可以给予适当补偿。没有侵权人、侵权人逃逸或者无力承担民事责任，受害人请求补偿的，受益人应当给予适当补偿。"据此，因见义勇为造成损害，没有侵权人的，可以请求受益人给予适当补偿，故C项正确。

《民法典》第184条规定："因自愿实施紧急救助行为造成受助人损害的，救助人不承担民事责任。"故甲对在救助过程中造成乙的损伤免责，D项错误。

考点 85　委托合同

338．委托合同[AC]

[解析]《民法典》第 933 条规定："委托人或者受托人可以随时解除委托合同。因解除合同造成对方损失的，除不可归责于该当事人的事由外，无偿委托合同的解除方应当赔偿因解除时间不当造成的直接损失，有偿委托合同的解除方应当赔偿对方的直接损失和合同履行后可以获得的利益。"可见，委托合同的当事人任何一方均享有任意解除权。但是除不可归责于当事人的原因外，解除方应当承担损失赔偿责任。具体到本题，律师事务所有权单方解除委托合同，但须承担赔偿责任。故 A、C 项正确，B 项错误。

《民法典》第 929 条第 1 款规定："有偿的委托合同，因受托人的过错造成委托人损失的，委托人可以请求赔偿损失。无偿的委托合同，因受托人的故意或者重大过失造成委托人损失的，委托人可以请求赔偿损失。"可见，有偿委托中，受托人因其过错给委托人造成损失的，即应承担责任；在无偿委托中，受托人只有在存有故意或者重大过失时承担责任。故 D 项错误。

考点 86　物业服务合同

339．物业服务合同[B]

[解析]《民法典》第 938 条第 2 款规定："物业服务人公开作出的有利于业主的服务承诺，为物业服务合同的组成部分。"因此，北林公司公开作出的服务承诺及制定的服务细则中有利于业主的部分，是物业服务合同的组成部分。故 A 项错误。

《民法典》第 937 条第 1 款规定："物业服务合同是物业服务人在物业服务区域内，为业主提供建筑物及其附属设施的维修养护、环境卫生和相关秩序的管理维护等物业服务，业主支付物业费的合同。"据此，物业服务合同的双方当事人是物业服务人及业主，业主作为合同的相对方，具有支付物业费的义务。故 B 项正确。C 项错误，业主委员会没有代业主缴纳物业费的义务。

《民法典》第 944 条第 1 款规定："业主应当按照约定向物业服务人支付物业费。物业服务人已经按照约定和有关规定提供服务的，业主不得以未接受或者无需接受相关物业服务为由拒绝支付物业费。"据此，业主丙不能以 2 年未接受物业服务为由拒绝补交物业费。故 D 项错误。

考点 87　行纪合同

340．行纪合同[ABD]

[解析]《民法典》第 951 条规定："行纪合同是行纪人以自己的名义为委托人从事贸易活动，委托人支付报酬的合同。"本题中，乙商行是受托人，且是以自己的名义从事贸易活动的，而非是以委托人甲的名义从事贸易活动的，故甲、乙之间属于行纪合同关系，A 项正确。

《民法典》第 952 条规定："行纪人处理委托事务支出的费用，由行纪人负担，但是当事人另有约定的除外。"报酬与费用是不同的概念。在行纪合同中，行纪人有权请求委托人支付报酬，但行纪费用一般由行纪人自己承担。本题中，甲、乙对处理委托事务支出的费用没有另外约定，应由乙商行自己承担。故 B 项正确。

《民法典》第 955 条第 2 款规定："行纪人高于委托人指定的价格卖出或者低于委托人指定的价格买入的，可以按照约定增加报酬；没有约定或者约定不明确，依据本法第五百一十条的规定仍不能确定的，该利益属于委托人。"因此，如乙商行以每公斤 2.5 元的价格将大米售出，双方对多出价款的分配无法达成协议，则该价款应归委托人甲。故 C 项错误。

《民法典》第 958 条规定："行纪人与第三人订立合同的，行纪人对该合同直接享有权利、承担义务。第三人不履行义务致使委托人受到损害的，行纪人应当承担赔偿责任，但是行纪人与委托人另有约定的除外。"因此，如乙商行与丙食品厂订立买卖大米的合同，则乙商行对该合同直接享有权利、承担义务。故 D 项正确。

341．行纪合同；中介合同[BCD]

[解析]《民法典》第 961 条规定："中介合同是中介人向委托人报告订立合同的机会或者提供订立合同的媒介服务，委托人支付报酬的合同。"《民法典》第 951 条规定："行纪合同是行纪人以自己的名义为委托人从事贸易活动，委托人支付报酬的合同。"本题中，甲、乙间成立的是行纪合同，而非中介合同。故 A 项错误。

《民法典》第 955 条第 2 款规定："行纪人高于委托人指定的价格卖出或者低于委托人指定的价格买入的，可以按照约定增加报酬；没有约定或者约定不明确，依据本法第五百一十条的规定仍不能确定的，该利益属于委托人。"本题中，高于约定价格卖得的 500 元应当属于甲。故 B 项正确。

《民法典》第 958 条规定："行纪人与第三人订立合同的，行纪人对该合同直接享有权利、承担义务。第三人不履行义务致使委托人受到损害的，行纪人应当承担赔偿责任，但是行纪人与委托人另有约定的除外。"行纪合同不突破合同的相对性，若仪器出现质量问题，丙应向乙主张违约责任，而无权请求甲承担违约责任。故 C 项正确。

《民法典》第 952 条规定："行纪人处理委托事务支出的费用，由行纪人负担，但是当事人另有约定的除外。"本题中，对于处理委托事务多支付的 100 元费

民法　[答案详解]

用,应由行纪人乙负担。故 D 项正确。

考点88 中介合同

342．中介合同的效力［B(原答案为C)］

[解析] 本题中,刘某与甲公司之间是中介合同关系,中介合同是中介人向委托人报告订立合同的机会或者提供订立合同的媒介服务,委托人支付报酬的合同。据此,在签订合同以后,顾客要求看房,甲公司应及时通知刘某。故 A 项正确。

委托代理权的授予具有"独立性"。即基础关系(委托合同、雇佣合同、中介合同等)本身不产生委托授权的效果,须在基础关系外,存在一个独立的、有效的委托授权行为,才能产生授权的效果。根据题意,在中介合同之外,不存在刘某向甲公司授予委托代理权这一独立的授权行为,甲公司不享有委托代理权,故 B 项错误。

《民法典》第963条规定:"中介人促成合同成立的,委托人应当按照约定支付报酬。对中介人的报酬没有约定或者约定不明确,依据本法第五百一十条的规定仍不能确定的,根据中介人的劳务合理确定。因中介人提供订立合同的媒介服务而促成合同成立的,由该合同的当事人平均负担中介人的报酬。中介人促成合同成立的费用,由中介人负担。"据此,中介人促成合同成立的,委托人应当按照约定支付报酬;中介活动的费用,由中介人负担。故 C、D 项正确。【关联记忆】《民法典》第964条规定:"中介人未促成合同成立的,不得请求支付报酬;但是,可以按照约定请求委托人支付从事中介活动支出的必要费用。"

考点89 旅游合同与旅游纠纷

343．旅游合同;旅游中侵权责任的承担［ABC］

[解析]《最高人民法院关于审理旅游纠纷案件适用法律若干问题的规定》第11条规定:"除合同性质不宜转让或者合同另有约定之外,在旅游行程开始前的合理期间内,旅游者将其在旅游合同中的权利义务转让给第三人,请求确认转让效力的,人民法院应予支持。因前款所述原因,旅游经营者请求旅游者、第三人给付增加的费用或者旅游者请求旅游经营者退还减少的费用的,人民法院应予支持。"这是合同权利义务概括承受的例外规定,在旅游行程开始前的合理期限内,旅游者梁某将自己在旅游合同中的权利和义务概括让与第三人的,无须经旅游服务经营者同意,即可生效。故 A 项正确。

《最高人民法院关于审理旅游纠纷案件适用法律若干问题的规定》第10条规定:"旅游经营者将其旅游业务转让给其他旅游经营者,旅游者不同意转让,请求解除旅游合同、追究旅游经营者违约责任的,人民法院应予支持。旅游经营者擅自将旅游业务转让给其他旅游经营者,旅游者在旅游过程中遭受损害,请求与其签订旅游合同的旅游经营者和实际提供旅游服务的旅游经营者承担连带责任的,人民法院应予支持。"故 B 项正确。

《民法典》第1191条第1款规定:"用人单位的工作人员因执行工作任务造成他人损害的,由用人单位承担侵权责任。用人单位承担侵权责任后,可以向有故意或者重大过失的工作人员追偿。"小火车司机属于因执行工作任务致人损害,若韩某选择请求森林公园承担侵权责任,应以森林公园为被告起诉。小火车司机不承担责任,也不承担连带责任。故 C 项正确,D 项错误。

344．客运合同当事人的权利与义务;用人单位的工作人员致人损害的侵权责任;旅游合同［CD］

[解析]《最高人民法院关于审理旅游纠纷案件适用法律若干问题的规定》第10条第2款规定:"旅游经营者擅自将其旅游业务转让给其他旅游经营者,旅游者在旅游过程中遭受损害,请求与其签订旅游合同的旅游经营者和实际提供旅游服务的旅游经营者承担连带责任的,人民法院应予支持。"乙旅行社将本次业务转让给丙旅行社,此时,受害人可以请求乙旅行社、丙旅行社承担连带责任,故 C 项正确。

《民法典》第1191条第1款规定:"用人单位的工作人员因执行工作任务造成他人损害的,由用人单位承担侵权责任。用人单位承担侵权责任后,可以向有故意或者重大过失的工作人员追偿。"甲伤害的发生是由于丁公司司机黄某酒驾和违章变道的刘某货车相撞所致,同时,黄某的行为是职务行为,应由用人单位承担责任,所以应当由丁公司和刘某承担责任。故 A、B 项错误,D 项正确。

专题二十二 技术合同

考点90 技术开发合同

345．委托开发的发明创造的权益归属［BC(原答案为BCD)］

[解析]《民法典》第852条规定:"委托开发合同的委托人应当按照约定支付研究开发经费和报酬,提供技术资料,提出研究开发要求,完成协作事项,接受研究开发成果。"本题中,甲研究所与刘某成立委托技术开发合同,委托人甲研究所应按约定支付报酬。《民法典》第859条第1款规定:"委托开发完成的发明创造,除法律另有规定或者当事人另有约定外,申请专利的权利属于研究开发人。研究开发人取得专利权的,委托人可以依法实施该专利。"据此,由于甲研究所与刘某未约定成果的权益归属,委托完成的发明创造归受托人(研究开发人)刘某享有。故 A 项错

误,B项正确。此外,根据上述规定,研究开发人取得专利权的,委托人可以"依法"实施该专利,而非"免费"实施,故D项错误。【旧题新解】《民法典》实施以前,原《合同法》第339条规定,研究开发人取得专利权的,委托人可以"免费"实施该专利。为了体现有利于知识产权保护的精神,《民法典》公布后,将"免费"改为了"依法",本题的答案也随之发生变化。

《民法典》第859条第2款规定:"研究开发人转让专利申请权的,委托人享有以同等条件优先受让的权利。"据此,刘某转让专利申请权,甲研究所享有优先受让权。故C项正确。

346．合作开发的发明创造的权益归属[BCD]

[解析]《民法典》第860条规定:"合作开发完成的发明创造,申请专利的权利属于合作开发的当事人共有;当事人一方转让其共有的专利申请权的,其他各方享有以同等条件优先受让的权利。但是,当事人另有约定的除外。合作开发的当事人一方声明放弃其共有的专利申请权的,除当事人另有约定外,可以由另一方单独申请或者由其他各方共同申请。申请人取得专利权的,放弃专利申请权的一方可以免费实施该专利。合作开发的当事人一方不同意申请专利的,另一方或者其他各方不得申请专利。"据此,合作开发的当事人一方不同意申请专利的,另一方或者其他各方不得申请专利。本题中,合作开发人乙不同意申请专利,则甲、丙不得申请专利。故A项正确,B、C项错误。D项的支付补偿费没有法律依据,故D项错误。

347．职务发明创造的权益归属[BCD]

[解析]《专利法》第6条第1款规定:"执行本单位的任务或者主要是利用本单位的物质技术条件所完成的发明创造为职务发明创造。职务发明创造申请专利的权利属于该单位,申请被批准后,该单位为专利权人。……"《专利法实施细则》第12条规定:"专利法第六条所称执行本单位的任务所完成的职务发明创造,是指:(一)在本职工作中作出的发明创造;(二)履行本单位交付的本职工作之外的任务所作出的发明创造;(三)退休、调离原单位后或者劳动、人事关系终止后1年内作出的,与其在原单位承担的本职工作或者原单位分配的任务有关的发明创造。专利法第六条所称本单位,包括临时工作单位;专利法第六条所称本单位的物质技术条件,是指本单位的资金、设备、零部件、原材料或者不对外公开的技术资料等。"本题中,乙于2007年3月辞职到丙公司,2008年1月开发出新型汽车节油装置技术,此时并没有超过1年,因此乙开发出的新型汽车节油装置技术仍然属于职务发明创造,申请专利的权利属于甲公司,申请被批准后,甲公司为专利权人。故A项正确,B、C、D

项错误。

法条变更	《中华人民共和国专利法》 根据2020年10月17日第十三届全国人民代表大会常务委员会第二十二次会议《关于修改〈中华人民共和国专利法〉的决定》第四次修正

348．委托开发技术秘密成果的权益归属;技术许可合同[D]

[解析]《民法典》第861条规定:"委托开发或者合作开发完成的技术秘密成果的使用权、转让权以及收益的分配办法,由当事人约定;没有约定或者约定不明确,依据本法第五百一十条的规定仍不能确定的,在没有相同技术方案被授予专利权前,当事人均有使用和转让的权利。但是,委托开发的研究开发人不得在向委托人交付研究开发成果之前,将研究开发成果转让给第三人。"据此,委托开发的技术秘密成果,当事人对其权益归属没有约定时,委托人和受托人均有使用权和转让权。故A、B项错误。

《技术合同解释》第20条规定:"民法典第八百六十一条所称'当事人均有使用和转让的权利',包括当事人均有不经对方同意而自己使用或者以普通使用许可的方式许可他人使用技术秘密,并独占由此所获利益的权利。当事人一方将技术秘密成果的转让权让与他人,或者以独占或者排他使用许可的方式许可他人使用技术秘密,未经对方当事人同意或者追认的,应当认定该让与或者许可行为无效。"据此,甲公司以普通使用许可的方式许可丙公司使用该技术,该合同有效,故C项错误。乙公司以独占使用许可的方式许可丁公司使用该技术,该合同无效,故D项正确。

349．职务发明创造的权益归属[BCD]

[解析]《专利法》第6条第1款规定:"执行本单位的任务或者主要是利用本单位的物质技术条件所完成的发明创造为职务发明创造。职务发明创造申请专利的权利属于该单位,申请被批准后,该单位为专利权人。……"《专利法实施细则》第12条规定:"专利法第六条所称执行本单位的任务所完成的职务发明创造,是指:(一)在本职工作中作出的发明创造;(二)履行本单位交付的本职工作之外的任务所作出的发明创造;(三)退休、调离原单位后或者劳动、人事关系终止后1年内作出的,与其在原单位承担的本职工作或者原单位分配的任务有关的发明创造。……"

因为王某在甲公司的职责是研发电脑鼠标,所以,即使王某利用业余时间研发出新鼠标,也属于执行本单位的任务,其专利申请权属于甲公司。故A项正确,不当选。同理,即使王某没有利用甲公司的物质技术条件研发出新鼠标,只要是执行本单位任务进行的研发,该新鼠标也属于职务发明,专利申请权仍属于甲公司。故B项错误,当选。若王某主要利用了单位的物质技术条件研发出新型手机,该新型手机虽不属于执行本单位的任务,但因主要利用了本单位的物质技术条件,也属于职务发明创造,专利申请权属于单位。故C项错误,当选。王某辞职后1年内作出的与其在原单位承担的本职工作或者原单位分配的任务有关的发明创造,仍属于职务发明,专利申请权属于甲公司。D项以偏概全,故D项错误,当选。

考点91 技术转让合同和技术许可合同

350.技术许可合同;专利侵权诉讼的当事人[C(原答案为AC)]

[解析]《民法典》第862条第1、2款规定:"技术转让合同是合法拥有技术的权利人,将现有特定的专利、专利申请、技术秘密的相关权利让与他人所订立的合同。技术许可合同是合法拥有技术的权利人,将现有特定的专利、技术秘密的相关权利许可他人实施、使用所订立的合同。"《民法典》第863条第1、2款规定:"技术转让合同包括专利权转让、专利申请权转让、技术秘密转让等合同。技术许可合同包括专利实施许可、技术秘密使用许可等合同。"据此,甲公司、乙公司间的合同属于技术许可合同,而非技术转让合同,故A项错误。【旧题新解】原《合同法》中,技术许可合同(专利实施许可合同)包含在技术转让合同之中;《民法典》公布后,将其从技术转让合同中分离出来,单独作为一类合同。因此,A项答案发生变化。

《民法典》第865条规定:"专利实施许可合同仅在该专利权的存续期限内有效。专利权有效期限届满或者专利权被宣告无效的,专利权人不得就该专利与他人订立专利实施许可合同。"据此,技术许可合同的期限不得超过专利权的剩余期限。同时《专利法》第42条第1款规定:"发明专利权的期限为二十年,实用新型专利权的期限为十年,外观设计专利权的期限为十五年,均自申请日起计算。"甲公司对该实用新型专利权的10年保护期应当自2004年5月10日起计算,到2008年5月10日甲公司与乙公司签订许可合同时,该专利保护期的剩余期限为6年,因此该许可合同的有效期不得超过6年。故B项错误。

《民法典》第867条规定:"专利实施许可合同的被许可人应当按照约定实施专利,不得许可约定以外的第三人实施该专利,并按照约定支付使用费。"故C项正确。

《最高人民法院关于对诉前停止侵犯专利权行为适用法律问题的若干规定》第1条规定,根据《专利法》第61条(现为第72条)的规定,专利权人或者利害关系人可以向人民法院提出诉前责令被申请人停止侵犯专利权行为的申请。提出申请的利害关系人,包括专利实施许可合同的被许可人、专利财产权利的合法继承人等。专利实施许可合同被许可人中,独占实施许可合同的被许可人可以单独向人民法院提出申请;排他实施许可合同的被许可人在专利权人不申请的情况下,可以提出申请。根据这一规定的精神,在出现专利侵权行为时,作为独占实施许可合同的被许可人乙公司有权单独以自己的名义起诉。故D项错误。

351.技术转让合同[CD]

[解析]《民法典》第850条规定:"非法垄断技术或者侵害他人技术成果的技术合同无效。"据此,甲公司、丙公司间订立的技术转让合同侵犯了乙公司的商业秘密,无论丙公司是否知道或者应当知道该技术转让合同侵犯乙公司的商业秘密,甲公司、丙公司间的技术转让合同均属无效。故A项错误,D项正确。

《技术合同解释》第12条第1款规定:"根据民法典第八百五十条的规定,侵害他人技术秘密的技术合同被确认无效后,除法律、行政法规另有规定的以外,善意取得该技术秘密的一方当事人可以在其取得时的范围内继续使用该技术秘密,但应当向权利人支付合理的使用费并承担保密义务。"因此,如丙公司为善意,则有权在其取得时的范围内继续使用,但应向乙公司支付使用费。故B项错误。

《技术合同解释》第12条第2款规定:"当事人双方恶意串通或者一方知道或者应当知道另一方侵权仍与其订立或者履行合同的,属于共同侵权,人民法院应当判令侵权人承担连带赔偿责任和保密义务,因此取得技术秘密的当事人不得继续使用该技术秘密。"因此,如丙公司为恶意,则与甲公司构成共同侵权,不得继续使用,且应与甲公司承担连带赔偿责任。故C项正确。

352.专利的独占实施许可;专利技术改进[B]

[解析] 专利的独占实施许可,是指专利权人在约定的期间、地域和以约定的方式,将该专利权仅许可一个被许可人使用,专利权人依约定不得实施该专利。本题中,专利权人甲公司已将专利权独占许可给乙公司,故甲公司无权再实施该专利技术。故A项错误。

《民法典》第875条规定:"当事人可以按照互利的原则,在合同中约定实施专利、使用技术秘密后续改进的技术成果的分享办法;没有约定或者约定不明确,依据本法第五百一十条的规定仍不能确定的,一方后续改进的技术成果,其他各方无权分享。"在甲、乙公司的技术许可合同中,双方未约定乙公司改进的后续技术成果的权益归属,该后续技术成果归属乙公司,甲公司无权分享。故B项正确。

由于改进技术不属于非法垄断技术、妨碍技术进步的情形,法律对此不加以禁止,因此乙的行为既不构成侵犯专利权的行为,也不构成违约行为。故C项错误。

《民法典》第850条规定:"非法垄断技术或者侵害他人技术成果的技术合同无效。"《技术合同解释》第10条规定:"下列情形,属于民法典第八百五十条所称的'非法垄断技术':(一)限制当事人一方在合同标的技术基础上进行新的研究开发或者限制其使用所改进的技术,或者双方交换改进技术的条件不对等,包括要求一方将其自行改进的技术无偿提供给对方、非互惠性转让给对方、无偿独占或者共享该改进技术的知识产权;……"可知,许可合同中约定的"乙公司不得擅自改进该专利技术"条款属于非法垄断技术的约定,该约定无效,乙公司有权对该技术进行改进。故D项错误。

353.技术转让合同[C]

[解析]《民法典》第850条规定:"非法垄断技术或者侵害他人技术成果的技术合同无效。"甲、乙公司间的技术转让合同侵犯了丙公司的技术成果,技术转让合同无效。故A项错误。

《技术合同解释》第12条规定:"根据民法典第八百五十条的规定,侵害他人技术秘密的技术合同被确认无效后,除法律、行政法规另有规定的以外,善意取得该技术秘密的一方当事人可以在其取得时的范围内继续使用该技术秘密,但应当向权利人支付合理的使用费并承担保密义务。当事人双方恶意串通或者一方知道或者应当知道另一方侵权仍与其订立或者履行合同的,属于共同侵权,人民法院应当判令侵权人承担连带赔偿责任和保密义务,因此取得技术秘密的当事人不得继续使用该技术秘密。"本题中,虽然甲、乙公司均侵犯了丙公司的技术秘密成果权,但乙公司作为受让人不知情,应为善意,甲、乙公司欠缺共同故意,不构成共同侵权,故无须承担连带责任。只有当受让人乙公司为恶意时,才构成共同侵权,承担连带责任。故B项错误。同时,根据上述规定,乙公司作为善意取得该技术秘密的一方当事人,可在其取得时的范围内继续使用该技术秘密,但应向丙公司支付合理的使用费。故C项正确。

由于甲、乙公司间的技术转让合同无效,合同无效的原因在于甲公司隐瞒了其从丙处不当获取技术成果的事实,违背了诚信原则在合同订立阶段的告知义务,因此,乙公司有权请求甲公司赔偿其因此受到的损失,此赔偿责任的性质为缔约过失责任。故D项错误。

354.专利申请权转让的生效时间[C]

[解析]《技术合同解释》第8条第1款规定:"生产产品或者提供服务依法须经有关部门审批或取得行政许可,而未经审批或者许可的,不影响当事人订立的相关技术合同的效力。"故乙公司尚未依法获得药品生产许可证不影响甲、乙公司订立专利申请权转让合同的效力。故A项错误。

《专利法》第10条第3款规定:"转让专利申请权或者专利权的,当事人应当订立书面合同,并向国务院专利行政部门登记,由国务院专利行政部门予以公告。专利申请权或者专利权的转让自登记之日起生效。"据此,转让专利申请权须办理登记;未登记的,不发生专利申请权转让的效果,但不影响转让合同的生效。故C项正确,B项错误。

《技术合同解释》第23条第1款规定:"专利申请权转让合同当事人以专利申请被驳回或者被视为撤回为由请求解除合同,该事实发生在依照专利法第十条第三款的规定办理专利申请权转让登记之前的,人民法院应当予以支持;发生在转让登记之后的,不予支持,但当事人另有约定的除外。"据此,甲、乙公司已经办理完专利申请权转让登记手续,虽然专利申请因缺乏新颖性被驳回,但乙公司无权解除合同。故D项错误。

考点92 技术服务合同

355.技术服务合同[C]

[解析]《民法典》第878条第2款规定:"技术服务合同是当事人一方以技术知识为对方解决特定技术问题所订立的合同,不包括承揽合同和建设工程合同。"第882条规定:"技术服务合同的委托人应当按照约定提供工作条件,完成配合事项,接受工作成果并支付报酬。"第883条规定:"技术服务合同的受托人应当按照约定完成服务项目,解决技术问题,保证工作质量,并传授解决技术问题的知识。"据此,技术服务合同是以技术知识解决对方技术问题的合同,本题中乙公司提供的正是这种技术服务,故C项正确。

买卖合同以转移所有权为目的,前提是卖方拥有财产所有权。本题中,冶炼炉是乙公司利用其技术优势,按照甲公司的要求专门为甲公司制造的,乙公司提供的是技术服务,显然不是仅以转移所有权为目的的买卖合同,故D项错误。

本合同不属于工程的勘察、设计与施工,也不是单纯提供劳务的合同,故A、B项错误。

专题二十三 合伙合同

考点93 合伙合同

356.合伙债务承担;过错;因果关系[A]

[解析]《民法典》第973条规定:"合伙人对合伙债务承担连带责任。清偿合伙债务超过自己应当承担份额的合伙人,有权向其他合伙人追偿。"这3万元

是甲、乙合伙经营负担的债务,甲、乙应承担连带清偿责任。《民法典》第557条第1款规定:"有下列情形之一的,债权债务终止:(一)债务已经履行;(二)债务相互抵销;(三)债务人依法将标的物提存;(四)债权人免除债务;(五)债权债务同归于一人;(六)法律规定或者当事人约定终止的其他情形。"这是关于合同债务消灭原因的规定。清偿是合同债务消灭的原因之一。所谓清偿,指合同债务人全面而适当地履行了合同义务的行为。本题中,甲按照约定向丙还款时,丙因忘却此事而外出,甲还款未果。丙的行为构成受领迟延,甲、乙有权对丙主张受领迟延的违约责任。但是,甲、乙对丙所负的偿还3万元借款的债务毕竟未得到清偿,甲、乙仍负有连带清偿责任。故A项正确,B、C项错误。

丙受领迟延是3万元钱款被抢夺的必要条件,但不具有相当性。丙的受领迟延与钱款被抢夺的后果间不具有因果关系。此外,丙对钱款被抢夺的损害后果也没有过错。因此,丙无须对钱款被抢夺承担侵权责任。丙的受领迟延与该损害亦无因果关系(超出了丙的预见范围),丙亦无须对此承担违约责任。故D项错误。

357．个人合伙[C]

[解析] 对于合伙人之间的关系,可适用民法典关于合伙合同的规定。《民法典》第967条规定:"合伙合同是两个以上合伙人为了共同的事业目的,订立的共享利益、共担风险的协议。"第970条规定:"合伙人就合伙事务作出决定的,除合伙合同另有约定外,应当经全体合伙人一致同意。合伙事务由全体合伙人共同执行。按照合伙合同的约定或者全体合伙人的决定,可以委托一个或者数个合伙人执行合伙事务;其他合伙人不再执行合伙事务,但是有权监督执行情况。合伙人分别执行合伙事务的,执行事务合伙人可以对其他合伙人执行的事务提出异议;提出异议后,其他合伙人应当暂停该项事务的执行。"据此,无论是否参与事务的执行,只要为共同事业目的,签订合伙协议的均可为合伙人。故A、B项错误,C项正确。

《民法典》第973条规定:"合伙人对合伙债务承担连带责任。清偿合伙债务超过自己应当承担份额的合伙人,有权向其他合伙人追偿。"据此,合伙人合伙期间欠下的债务为连带债务。连带债务的内部份额可以约定。王东和张西出具的"餐馆经营亏损与李南无关"的字据属于合伙人之间的内部约定,该约定是有效的,但是仅在其内部有效,对外不产生约束力。故D项错误。

358．个人独资企业;合伙债务的清偿[C]

[解析]《合伙企业法》第38条规定:"合伙企业对其债务,应先以其全部财产进行清偿。"第39条规定:"合伙企业不能清偿到期债务的,合伙人承担无限连带责任。"也就是说,合伙企业清偿企业的对外债务,先以合伙企业的全部财产承担清偿责任,不足部分由各普通合伙人不分份额地承担连带责任。普通合伙企业甲对丙负担的50万元债务,先由甲企业的20万元财产清偿,剩余的30万元,由合伙人安琚与乙企业承担连带责任。故A、B项错误,C项正确。【特别提醒】如果考查个人合伙,在债务清偿方面与合伙企业原理相同,各合伙人之间也是连带责任,即便内部有约定清偿份额,只要没有经过债权人同意,依然是连带责任。

《个人独资企业法》第31条规定:"个人独资企业财产不足以清偿债务的,投资人应当以其个人的其他财产予以清偿。"由此可知,个人独资企业投资人应对企业债务承担连带责任。故D项错误。

359．(1)个人合伙;融资租赁[BC]

[解析]《民诉解释》第60条规定:"在诉讼中,未依法登记领取营业执照的个人合伙的全体合伙人为共同诉讼人。个人合伙有依法核准登记的字号的,应在法律文书中注明登记的字号。全体合伙人可以推选代表人;被推选的代表人,应由全体合伙人出具推选书。"据此,"未依法登记领取营业执照"的个人合伙,在诉讼中,以"合伙人"为诉讼当事人,而不以"合伙的字号"为诉讼当事人。故A项错误。

《民法典》第973条规定:"合伙人对合伙债务承担连带责任。清偿合伙债务超过自己应当承担份额的合伙人,有权向其他合伙人追偿。"合伙人应当对合伙的债务承担连带责任。因此,在本题的融资租赁合同中,合伙人甲、乙、丙应对支付价款义务的履行承担连带责任,合伙人不履行支付价款的义务的,出租人有权分别或者同时请求甲、乙、丙中的一人或者数人对价款的全部或者部分承担责任。故B、C项正确。

《民法典》第735条规定:"融资租赁合同是出租人根据承租人对出卖人、租赁物的选择,向出卖人购买租赁物,提供给承租人使用,承租人支付租金的合同。"据此,应当支付租金的是承租人,出卖人没有支付租金的义务。融资租赁合同涉及三方当事人[出租人(顺利公司)、承租人(合伙人)、出卖人(丁公司)]、两个合同[出租人(顺利公司)与承租人(合伙人)之间的"融资租赁合同"、出卖人(丁公司)与出租人(顺利公司)之间的"设备买卖合同"],根据合同相对性原则,在承租人不履行支付租金义务时,出租人(顺利公司)仅有权请求承租人(合伙人)履行支付租金的义务,而无权请求"融资租赁合同"之外的第三人丁公司(出卖人)履行支付租金的义务。故D项错误。

(2)个人合伙的退伙[B]

[解析] 合伙人退伙,书面协议有约定的,按书面

协议处理;书面协议未约定的,原则上应予准许。但因其退伙给其他合伙人造成损失的,应当考虑退伙的原因、理由以及双方当事人的过错等情况,确定其应当承担的赔偿责任。合伙关系存在于合伙人之间,合伙人对退伙未以书面协议方式作出约定的,原则上,合伙人享有退伙的自由。因此,乙退伙无须出租人同意,也无须提供有效担保。故 B 项正确,A、C 项错误。

合伙经营期间发生亏损,合伙人退出合伙时未按约定分担或者未合理分担合伙债务的,退伙人对原合伙的债务,应当承担清偿责任;退伙人已分担合伙债务的,对其参加合伙期间的全部债务仍负连带责任。因此,乙退伙后仍需对退伙前的债务承担连带责任,并非不再承担任何责任。故 D 项错误。

360．合伙合同［AB］

［解析］ 根据《民法典》第 967 条,合伙合同是两个以上合伙人为了共同的事业目的,订立的共享利益、共担风险的协议。甲、乙、丙、丁四人签订合伙合同,但未办理为合伙企业。据此可知,不存在相对独立于四个合伙人以外的独立商事主体合伙企业。因此,不存在用人单位问题,更不存在合伙与合伙人承担连带责任问题。故 C、D 项错误。

《民法典》第 970 条第 2 款规定:"合伙事务由全体合伙人共同执行。按照合伙合同的约定或者全体合伙人的决定,可以委托一个或者数个合伙人执行合伙事务;其他合伙人不再执行合伙事务,但是有权监督执行情况。"本题中,甲、乙、丙推选丁为合伙事务执行人,在丁执行职务的范围内代表全体合伙人,全体合伙人均须承担无限连带责任。但是,对于非职务行为,其他合伙人则无需承担赔偿责任。丁与戊发生口角,将戊打伤的行为系丁的个人行为,非职务行为,侵权的法律后果依法应由丁自己承担,甲、乙、丙无须担连带责任。故 A、B 项正确。

专题二十四　无因管理、不当得利

考点94 无因管理

361．无因管理［BCD］

［解析］ 无因管理的构成要件有四:(1)管理他人事务;(2)有为他人管理的意思;(3)没有法定或约定义务;(4)不违背他人的意思(如果他人的意思违法或者违背社会伦常道德要求的除外)。A 项中,甲虽然管理了特定的他人事务,但缺乏管理意思,不构成无因管理,故 A 项错误。为了他人利益,兼为自己利益,仍可在为了他人利益的范围内成立无因管理,故 B 项正确。

无因管理中实施的管理行为,有的是民事法律行为,有的是事实行为。若为民事法律行为,则要求管理人具有相应的民事行为能力,否则民事法律行为的效力会受到影响。尽管如此,无因管理的承担本身属于事实行为,行为人是否具有行为能力,不影响无因管理之债的成立。换言之,即使民事法律行为因行为人欠缺行为能力而不能生效,也不会因此影响无因管理的成立。C 项中,丙虽只有 15 岁,但具有管理能力,虽非完全民事行为能力人,但不影响无因管理的成立。故 C 项正确。

无因管理中的本人必须是特定的人(特定的一人或数人),若本人非特定人,则不成立无因管理。因为无因管理是债,而债是特定人请求特定人为一定行为或不为一定行为的法律关系。D 项中,丁实施管理行为的目的有两方面:一是防范不特定的路人跌入受伤;二是代负有管理职责的国家机关履行了管理职责。因此,丁与不特定的路人间不成立无因管理,但与特定的国家机关间成立无因管理。故 D 项正确。

362．无因管理［C］

［解析］ 无因管理,是指没有法定的或约定的义务,为避免他人利益受损失而为他人管理事务或提供服务的行为。本题中,李某的行为符合无因管理的构成要件,并且其管理行为客观上有利于张某,又不违反张某明示或者可得推知的意思,构成无因管理。故 C 项正确。

管理人在为本人利益进行管理时,兼顾自己的利益的,仍可在为了他人利益的范围内成立无因管理。故 A 项错误。

无因管理作为奖励互助义行的制度,不能为管理人设立过高的行为标准。因此,在制度设计上,无因管理制度重在规范管理人的管理行为本身,并不要求管理目的必须实现。只要管理人为了本人利益,以利于本人的方法,不违反本人明示或者可得推知的意思,尽到善良管理人的注意义务,无论管理目的是否实现,效果是否显著,均不影响无因管理之债的成立和无因管理之债的内容。故 B 项错误。

《民法典》第 121 条规定:"没有法定的或者约定的义务,为避免他人利益受损失而进行管理的人,有权请求受益人偿还此支出的必要费用。"据此,无因管理一经成立,在管理人和本人之间即发生债权债务关系,管理人有权请求本人偿还其因管理而支出的必要费用,本人有义务偿还。本题中,李某有权要求张某支付固房费用,张某应支付。此外,房屋倒塌给李某造成的损失,是由于台风之不可抗力所致,张某不需要承担赔偿责任。故 D 项错误。

363．无因管理［D］

［解析］《民法典》第 121 条规定:"没有法定的或者约定的义务,为避免他人利益受损失而进行管理的人,有权请求受益人偿还由此支出的必要费用。"据

此,无因管理为一种法定之债,是在无法定或者约定义务的前提下,为他人管理事务时可能产生的一种债。刁某给刘某办理丧事以及出售刘某西瓜的行为均符合无因管理的要求,且事务的管理客观上利于本人(刘某的家人),不违反本人明示或者可得推知的意思,成立无因管理。通常而言,无因管理具有阻却不当得利的效力,本题中,刁某实施无因管理给本人(刘某的家人)带来5万元的利益,既然成立无因管理之债,这5万元在权益归属上就属于本人(刘某的家人),无因管理之债就是本人取得这5万元利益的法律原因,故A项错误。

民法中,通常认为管理人或者服务人可以要求受益人偿付的必要费用,包括在管理或者服务活动中直接支出的费用,以及在该活动中受到的实际损失。所以,基于无因管理之债,管理人刁某享有的权利是请求本人偿付自己因无因管理支出的必要费用、负担的必要债务以及因此遭受的财产和人身损失。本题中,刁某有权请求刘某的家人偿付丧葬费1万元,其他必要费用5000元,但刁某不享有请求本人支付劳务费5000元的权利;刁某负有向刘某家人支付5万元的义务。刁某可以主张法定抵销,抵销后,刁某应向刁家人给付3.5万元。故B、C项错误,D项正确。

364．无因管理;无权处分与无权代理的区分;表见代理[AB]

[解析] 根据题目中"方某自行决定"之表述,可知丁公司并未授予方某对外订立汽车修理合同的代理权。故方某擅自以丁公司的名义与戊公司订立的维修合同(加工承揽合同)构成无权代理,该汽车修理合同属于效力待定的合同。故B项正确。

无权处分,指无处分权人以自己的名义订立的旨在发生权利变动的合同。本题中的维修合同不属于无权处分的合同,原因有二:第一,无权处分合同需要处分人以自己的名义订立,本题中,方某是以丁公司的名义订立的;第二,无权处分合同的目的旨在发生权利变动,维修合同的目的不在于权利变动。故C项错误。

正当无因管理的构成要件有四:(1)管理他人事务;(2)有为他人管理的意思;(3)没有法定或约定义务;(4)不违背他人的意思(如果他人的意思违法或者违背社会伦常道德要求的除外)。本题中,方某自行决定以丁公司的名义将该车放在戊公司维修的行为符合正当无因管理的构成要件。【特别提醒】本题着重考查的角度是:无权代理不影响无因管理的成立。方某在实施无因管理过程中,实施了无权代理行为(汽车维修合同),该汽车修理合同效力待定,若丁公司拒绝追认,该汽车维修合同无效。但这丝毫不影响无因管理之债之成立和内容,只要方某的行为符合正当无因管理的构成要件。故A项正确。

《民法典》第172条规定,表见代理的构成要件有四:(1)行为人实施了无权代理行为;(2)具有使相对人相信行为人具有代理权的事实和理由(具有权利外观);(3)相对人主观上系善意且无过失;(4)被代理人的行为与权利外观的形成具有牵连性。本题中,方某以丁公司的名义与戊公司签订维修合同,构成无权代理,但是题干中并没有给出戊公司有理由相信方某有代理权的信息,因此,不构成表见代理。故D项错误。

365．无因管理[D]

[解析] 无因管理的构成要件包括:(1)管理他人事务;(2)有为他人管理的意思;(3)没有法定或约定义务;(4)不违背他人的意思(如果他人的意思违法或者违背社会伦常道德要求的除外)。

A项中,甲的债务已过诉讼时效,成为自然债务,甲既然没有履行,则可以从甲的行为中推出甲的意思是要主张诉讼时效已过,不返还本息,而丙在明知的情形下,擅自代甲向乙还本付息,明显违背了甲的意思,不构成无因管理。故A项错误,不当选。

B项中,甲在自家门口扫雪,顺便将邻居乙的小轿车上的积雪清扫干净。虽然甲管理了邻居乙的事务,但这只是一种情谊行为,属于生活关系,不产生法律意义上的权利和义务。故B项错误,不当选。

C项中,甲无抚养义务,抚养他人子女(乙、丁负有抚养义务的子女),实施了管理他人事务的管理行为,但甲欠缺管理意思,不成立无因管理。故C项错误,不当选。

D项中,甲拾得牛后所实施管理行为的目的没有实现(地震致屋塌牛死),但甲已经尽到善良管理人的注意义务,符合无因管理的成立要件,成立无因管理。地震后将牛皮和牛肉出卖,也符合被管理人的意思,也构成无因管理(卖牛皮、牛肉所得价款,应当在扣除必要费用后,返还给乙)。故D项正确,当选。

366．无因管理的构成要件和法律效果[D]

[解析] 《民法典》第121条规定,没有法定的或者约定的义务,为避免他人利益受损失而进行管理的人,有权请求受益人偿还由此支出的必要费用。无因管理的构成要件有四:(1)管理他人事务;(2)有为他人管理的意思;(3)没有法定或约定义务;(4)不违背他人的意思(如果他人的意思违法或者违背社会伦常道德要求的除外)。本题中,甲的救火行为虽然主观上最终是为自己,但也有为他人管理的意思,只要有为他人管理的意思,即使同时有为自己管理的意思,在构成无因管理方面不受影响,因此甲的救火行为构成无因管理。而乙是房屋的所有人,丙是房屋的使用人并有财产在房屋中,因此二人均因甲的救火行为而

受益,甲均可要求他们就自己救火时受到的损失进行赔偿。故A、B、C项均错误。甲的救火行为虽然在客观上使保险公司减少了理赔数额,但甲救火时并无为A公司管理的意思,甚至甲可能根本不知道A公司承保的事情,故D项的表述是正确的。

考点95 不当得利

367. 不当得利[B]

[解析] 根据《民法典》第122条的规定,不当得利的构成要件有四:(1)一方获得利益(包括财产积极增加与财产消极增加);(2)他方受有损失(包括财产积极减少与财产消极减少);(3)获得利益与受到损失之间具有因果关系;(4)获得利益没有法律上的原因。借款人按照约定还本付息,贷款人取得的利息具有法律上的原因(曾经的借款合同),一般不构成不当得利。但是,《民法典》第680条第1款规定:"禁止高利放贷,借款的利率不得违反国家有关规定。"《民间借贷规定》第25条第1款规定:"出借人请求借款人按照合同约定利率支付利息的,人民法院应予支持,但是双方约定的利率超过合同成立时一年期贷款市场报价利率四倍的除外。"借款10万元,1年的利息5万元,年利率50%,显然远远超过法律保护的利率范围,属于高利贷,超过法律保护利率的部分构成不当得利。故A项不当选。

《诉讼时效规定》第19条第1款规定:"诉讼时效期间届满,当事人一方向对方当事人作出同意履行义务的意思表示或者自愿履行义务后,又以诉讼时效期间届满为由进行抗辩的,人民法院不予支持。"债权的诉讼时效期间经过后,债权的受领权能依然存在,债务人自愿履行债务的,不论债务人履行时是否知悉诉讼时效期间已经经过,受领权能的存在就是债权人保有债务人履行利益的法律上原因,不构成不当得利。故B项当选。

从物理形态上看,甲将乙的鸡当成自家的吃了,鸡已经不存在了,好像甲并未受有利益。但是,从价值形态上看,甲吃了鸡,其财产本应减少而未减少,故甲的财产消极增加,故甲受有利益,乙也因此遭受了损失,符合不当得利的构成要件。故C项不当选。

装修工人将乙的装修材料用于甲的房屋装修后,发生了附合,乙对装修材料的所有权消灭,但甲对乙构成典型的侵害权益型不当得利。故D项不当选。

368. 不当得利[C]

[解析]《民法典》第122条规定:"因他人没有法律根据,取得不当利益,受损失的人有权请求其返还不当利益。"甲应乙的要求,将该物直接交付于丙,其所有权不是由甲直接移转给丙,而是由甲移转给乙,再由乙移转给丙。换言之,乙从甲取得所有权(甲向乙给付),丙从乙处取得所有权(乙向丙给付)。甲与丙之间并无给付关系。若甲、乙间买卖合同无效,甲可对乙主张不当得利返还。若乙、丙间买卖合同无效,乙可对丙主张不当得利返还,如果甲乙之间、乙丙之间的合同均无效,则甲有权向乙,乙有权向丙主张不当得利返还。故A、B、D项说法正确。

甲、丙之间无给付关系,若从给付型不当得利的角度,难以解释;但是,通说认为不当得利属于事件,即只要一方得利、一方受损,损益之间有因果关系并且得利没有正当理由,即符合不当得利的构成要件,得利者就应当将所得利益返还给受损人。据此,如果甲应乙的要求将标的物交给了丙,此时,丙未向乙支付价款、乙也没有向甲支付价款,甲受损、丙得利,因果关系明显且丙得利没有正当理由,故丙构成不当得利,甲可向丙主张不当得利返还。故C选项表述错误,当选。

369. 不当得利[D]

[解析] 甲超过诉讼时效向乙还款,根据《民法典》第192条第2款的规定:"诉讼时效期间届满后,义务人同意履行的,不得以诉讼时效期间届满为由抗辩;义务人已经自愿履行的,不得请求返还。"由此可知,债权的诉讼时效期间经过后,债权的受领权能依然存在,债务人自愿履行债务的,不论债务人履行时是否知悉诉讼时效期间已经经过,受领权能的存在就是债权人保有债务人履行利益的法律上原因,不构成不当得利。故A项不当选。

《民法典》第985条规定:"得利人没有法律根据取得不当利益的,受损失的人可以请求得利人返还取得的利益,但是有下列情形之一的除外:(一)为履行道德义务进行的给付;(二)债务到期之前的清偿;(三)明知无给付义务而进行的债务清偿。"根据上述第2项,自愿提前清偿债务,应理解为债务人对自己利益的放弃,不认定债权人构成不当得利。故B项不当选。

打麻将输钱后向对方支付,从现实生活的角度理解,属于常人可以接受的生活现象,可归为基于生活习惯而进行的给付,不认定为不当得利。故C项错误。

D项情形属于非给付型的不当得利,由于电脑故障而导致甲的账户多出1万元,甲有得利,乙银行有损失,同时损益之间有因果关系,并且甲得利没有正当理由,符合不当得利的构成要件,因此成立不当得利。故D项当选。

370. 货币的特殊性;不当得利的构成[AD]

[解析] 手表为盗赃物,甲将之转让给善意的乙,根据《民法典》第312条,原则上,乙不能善意取得该手表的所有权。乙将手表赠与给丁,丁亦不能善意取得手表所有权(一方面因为手表为盗赃物;另一方面还因

为赠与不适用善意取得),手表仍归丙所有,丙基于自己享有的所有权可请求丁返还原物。故 A 项正确。

对于甲从丙处盗窃的 4000 元现金,属于不当得利,丙可请求甲返还。由于现金作为货币是典型的流通物与消费物,占有即所有,对于已经补偿给乙的 1000 元,乙没有返还的义务;乙用 1000 元分别支付水费和购买衬衣后,商场与自来水公司均无返还的义务。故 B、C 项错误,D 项正确。

371. 拾得遗失物的法律效力[D(原答案为 BCD)]

[解析] 依据通说,当一方得利与另一方受损范围不一致时,若得利大于损失,以损失为准返还,因为得利多出的部分与损失之间没有因果关系;若得利小于损失,则以得利为准返还。如果得利人有恶意,可以另外通过侵权主张损害赔偿。据此,损失不是返还的限度,当得利没有大于损失时,所得利益均应返还,且可以扣除必要费用。A 项中,返还不当得利可能以得利为限,也可能以损失为限,故 A 项错误。

对于费用扣除问题,我国《民法典》不当得利制度中没有规定,可参照无权占有人返还制度理解。《民法典》第460条规定:"不动产或者动产被占有人占有的,权利人可以请求返还原物及其孳息;但是,应当支付善意占有人因维护该不动产或者动产支出的必要费用。"由于本题中李某是恶意占有人,因此不得主张扣除必要费用,故 B 项错误。

本题中,李某拾得电脑,构成无权占有人,乙是电脑的所有权人,相对于李某又是不当得利的债权人。作为权利人,虽然存在所有权为基础的返还原物请求权与不当得利请求权并存时,通常会选择行使前者,但是这不应理解为是权利人的强制义务,故可选择两种之一来行使,而不是应当选择以所有权身份来行使权利。故 C 项错误。**[旧题新解]** 依据原来的民法观点,不当得利只具有辅助功能(辅助说),当有其他请求权存在时,就不能通过不当得利主张权利。现在的观点有所改变。

如果拾得人李某拒绝返还电脑,则侵犯了乙对电脑享有的所有权,构成侵占,乙可要求李某对其承担侵权责任。故 D 项正确。

第四编 人格权

专题二十五 人格权

考点96 生命权、身体权、健康权

372. 生命权;身体权;健康权[B]

[解析]《民法典》第110条第1款规定:"自然人享有生命权、身体权、健康权、姓名权、肖像权、名誉权、荣誉权、隐私权、婚姻自主权等权利。"生命权,是指自然人维持生命和维护生命安全利益的权利,其客体是生命及其安全利益。身体权,是指自然人维护其身体组成部分的完全性、完整性,并支配其肢体、器官和其他组织的人格权。身体权的主体是自然人,其客体为身体利益,身体权以身体为客体。本题中,长发并非生命,剪去长发构成对身体权的侵犯,而非对生命权的侵犯。故 A 项错误。

B 项中,丙协助丁自杀,造成丁死亡的后果,构成对丁生命权的侵害。虽然丁同意丙侵害自己的生命权,但该受害人同意因违反善良风俗而无效,不具有违法阻却性。故 B 项正确。

C 项自民法角度而言,由于没有剥夺被侵权人的生命,造成重伤是对健康权的侵犯。故 C 项错误。

庚医生的误诊并未造成辛死亡的后果,不构成对辛生命权的侵害。至于这种"错误出生的侵权"到底是侵犯了什么权利,我国民法目前没有规定,理论上和实践中,有人认为是侵犯了父母的生育选择权,有人认为是侵犯了父母的知情权等。故 D 项错误。

373. 身体权;精神损害赔偿[BD]

[解析]《民法典》第1002条规定:"自然人享有生命权。自然人的生命安全和生命尊严受法律保护。任何组织或者个人不得侵害他人的生命权。"本题中,秦某的加害行为并未造成彭某生理死亡的后果,不成立对彭某生命权的侵害。《民法典》第1004条规定:"自然人享有健康权。自然人的身心健康受法律保护。任何组织或者个人不得侵害他人的健康权。"健康权的客体为"健康利益",包括生理健康、心理健康和劳动能力。本题中,秦某的加害行为并未造成彭某健康受损处于疾病状态或者劳动能力丧失(减损)的后果,不成立对彭某健康权的侵害。故 A 选项错误。

《民法典》第1003条规定:"自然人享有身体权。自然人的身体完整和行动自由受法律保护。任何组织或者个人不得侵害他人的身体权。"自然人享有身体权,包括身体完整、身体完满、身体支配。不能自由拆卸的假肢、假牙、义眼、心脏支架等属于身体的组成部分。本题中,秦某的加害行为破坏了彭某身体的完整,构成对彭某身体权的侵害。故 B 选项正确,C 选项错误。

《民法典》第1183条第1款规定:"侵害自然人人身权益造成严重精神损害的,被侵权人有权请求精神损害赔偿。"本题中,秦某侵害了彭某的身体权,并给彭某造成严重的精神损害后果,彭某有权请求秦某承担精神损害赔偿责任。故 D 选项正确。

考点97 姓名权与名称权

374. 姓名权;肖像权[C]

[解析]《民法典》第1012条规定:"自然人享有

姓名权,有权依法决定、使用、变更或者许可他人使用自己的姓名,但是不得违背公序良俗。"第1014条规定:"任何组织或者个人不得以干涉、盗用、假冒等方式侵害他人的姓名权或者名称权。"医院未经朴某同意在网站上使用朴某的名字,属于盗用朴某的姓名,侵犯了其姓名权。故A项错误。

《民法典》第1018条第1款规定:"自然人享有肖像权,有权依法制作、使用、公开或者许可他人使用自己的肖像。"第1019条第1款规定:"任何组织或者个人不得以丑化、污损,或者利用信息技术手段伪造等方式侵害他人的肖像权。未经肖像权人同意,不得制作、使用、公开肖像权人的肖像,但是法律另有规定的除外。"据此,未经肖像权人朴某许可,医院擅自使用朴某的肖像做广告,又不存在合理使用等违法阻却事由,成立对朴某肖像权的侵害。故B项错误,C项正确。

《民法典》第1031条第1款规定:"民事主体享有荣誉权。任何组织或者个人不得非法剥夺他人的荣誉称号,不得诋毁、贬损他人的荣誉。"本题中医院的行为不构成侵犯朴某的荣誉权。故D项错误。

375.姓名权;肖像权;隐私权;名誉权[BCD(原答案为CD)]

[解析]《民法典》第1014条规定:"任何组织或者个人不得以干涉、盗用、假冒等方式侵害他人的姓名权或者名称权。"侵害姓名权的行为仅限于以干涉、盗用、假冒等方式,网民未实施这三类行为,因此未侵犯牛某的姓名权。故A项错误。

《民法典》第1018条第1款规定:"自然人享有肖像权,有权依法制作、使用、公开或者许可他人使用自己的肖像。"第1019条第1款规定:"任何组织或者个人不得以丑化、污损,或者利用信息技术手段伪造等方式侵害他人的肖像权。未经肖像权人同意,不得制作、使用、公开肖像权人的肖像,但是法律另有规定的除外。"据此,网民擅自以信息网络传播的方式公开牛某儿时的相片,成立对牛某肖像权的侵害。故B项正确。【旧题新解】根据旧法,侵犯肖像权需要以营利为目的,B项原本是错误的。但《民法典》出台后,单独设立了人格权编,对肖像权作了更详细规定,没有以营利为目的的要求,根据新法B项正确。

《民法典》第1032条第1款规定:"自然人享有隐私权。任何组织或者个人不得以刺探、侵扰、泄露、公开等方式侵害他人的隐私权。"牛某的家庭背景、恋爱史均属牛某的隐私,网民未经牛某允许擅自公开的行为构成对牛某隐私权的侵犯。故C项正确。

《民法典》第1024条第1款规定:"民事主体享有名誉权。任何组织或者个人不得以侮辱、诽谤等方式侵害他人的名誉权。"有网民在网站上捏造牛某曾与某明星有染的情节,构成诽谤,且向第三人公开,会降

低牛某的社会评价,构成对牛某名誉权的侵犯。故D项正确。

376.婚姻的效力;姓名权[D]

[解析]《民法典》第1051条规定:"有下列情形之一的,婚姻无效:(一)重婚;(二)有禁止结婚的亲属关系;(三)未到法定婚龄。"《民法典婚姻家庭编解释(一)》第17条规定:"当事人以民法典第一千零五十一条规定的三种无效婚姻以外的情形请求确认婚姻无效的,人民法院应当判决驳回当事人的诉讼请求。当事人以结婚登记程序存在瑕疵为由提起民事诉讼,主张撤销结婚登记的,告知其可以依法申请行政复议或者提起行政诉讼。"本题中,陈小美以其双胞胎妹妹陈小丽的名义与高甲登记结婚,存在姓名欺诈,但不属于婚姻无效事由,当事人无权主张婚姻无效。登记程序存在瑕疵的,当事人可以申请行政复议或行政诉讼。故A项错误。

《民法典》第1052条规定:"因胁迫结婚的,受胁迫的一方可以向人民法院请求撤销婚姻。请求撤销婚姻的,应当自胁迫行为终止之日起一年内提出。被非法限制人身自由的当事人请求撤销婚姻的,应当自恢复人身自由之日起一年内提出。"第1053条规定:"一方患有重大疾病的,应当在结婚登记前如实告知另一方;不如实告知的,另一方可以向人民法院请求撤销婚姻。请求撤销婚姻的,应当自知道或者应当知道撤销事由之日起一年内提出。"据此,可撤销婚姻的原因只有胁迫和隐瞒重大疾病的欺诈两种情形,本题不属于上述情形。故B项错误。

《民法典》第27条第1款规定:"父母是未成年子女的监护人。"第1012条规定:"自然人享有姓名权,有权依法决定、使用、变更或者许可他人使用自己的姓名,但是不得违背公序良俗。"高小甲是无民事行为能力人,由其法定代理人代理实施民事法律行为。其姓名权由其法定监护人行使。因为高甲患精神病期间,缺乏监护能力,高甲不是高小甲的监护人,仅陈小美为高小甲的监护人,因此,陈小美决定将高小甲的姓名变更为陈龙,既未侵害高小甲的姓名权,亦未侵害高甲的权益。故C项错误,D项正确。

考点98 肖像权

377.肖像权;名誉权[D]

[解析]《民法典》第1018条第2款规定:"肖像是通过影像、雕塑、绘画等方式在一定载体上所反映的特定自然人可以被识别的外部形象。"侵犯肖像权的情形是未获许可擅自制作他人肖像、使用他人肖像、丑化他人肖像等行为,方式是通过影像、雕塑、绘画等。本题中,张某并未实施上述行为。无论是整容与表演,张某都是使用的自己的肖像,而没有直接或间接地使用赵某的肖像,因此不构成对赵某肖像权的

侵害。故 A、B 项错误。

名誉权,是指公民或法人对自己在社会生活中所获得的社会评价即自己的名誉,依法所享有的不可侵犯的权利。侵犯名誉权,通常是指捏造虚假信息,造成权利人社会评价降低的行为。本案中,张某在承接并拍摄商业广告时,并未使用赵某的名义,也并未对赵某在品德、才干、信誉等在社会中所获得的社会评价造成侵害,因此不构成对赵某名誉权的侵犯。故 C 项错误,D 项正确。

378．委托作品的著作权归属;肖像权、名誉权;共同侵权[B]

[解析]《著作权法》第 19 条规定:"受委托创作的作品,著作权的归属由委托人和受托人通过合同约定。合同未作明确约定或者没有订立合同的,著作权属于受托人。"该明星的个人写真属于委托作品,未约定著作权的归属,故照片的著作权属于受托人(某摄影爱好者)。故 A 项错误。

《民法典》第 1018 条第 1 款规定:"自然人享有肖像权,有权依法制作、使用、公开或者许可他人使用自己的肖像。"肖像权的主要内容包括肖像制作权、肖像使用权和肖像利益的维护权。本题中,广告商的行为属于未经允许,使用他人的肖像做广告,侵犯了肖像权。故 B 项正确。

《民法典》第 1024 条规定:"民事主体享有名誉权。任何组织或者个人不得以侮辱、诽谤等方式侵害他人的名誉权。名誉是对民事主体的品德、声望、才能、信用等的社会评价。"可见,侵犯名誉权行为是指用侮辱、诽谤等方式造成他人社会评价降低。本题中,广告商没有实施侮辱或者诽谤行为,不可能造成该明星的社会评价降低,不构成名誉权的侵权。故 C 项错误。

摄影爱好者卖照片给广告商的行为属于帮助侵权,构成共同侵权,应当依照《民法典》第 1169 条第 1 款的规定,与广告商承担连带责任。故 D 项错误。

法条变更	《中华人民共和国著作权法》
	根据 2020 年 11 月 11 日第十三届全国人民代表大会常务委员会第二十三次会议《关于修改〈中华人民共和国著作权法〉的决定》第三次修正

379．肖像权;姓名权;网络侵权[C]

[解析]《民法典》第 1018 条第 2 款规定:"肖像是通过影像、雕塑、绘画等方式在一定载体上所反映的特定自然人可以被识别的外部形象。"据此,使用肖像侵权,再现的内容必须足以识别特定的个人。乙医院使用的照片仅见甲的鼻子和嘴部,正常不足以识别特定的人,因此乙医院的行为未侵犯甲的肖像权。故 D 项错误。

《民法典》第 1014 条规定:"任何组织或者个人不得以干涉、盗用、假冒等方式侵害他人的姓名权或者名称权。"乙医院未经允许,擅自使用甲的姓名做广告,属于盗用姓名,侵害了甲的姓名权。故 C 项正确。

《民法典》第 1195 条第 2 款规定:"网络服务提供者接到通知后,应当及时将该通知转送相关网络用户,并根据构成侵权的初步证据和服务类型采取必要措施;未及时采取必要措施的,对损害的扩大部分与该网络用户承担连带责任。"该条给网络服务经营者提供了"避风港"制度保护。乙医院的行为构成利用网络侵犯甲的姓名权,但网络服务提供者丙网站接到权利人的侵权通知后,及时采取了合理的措施,丙网站的行为不构成共同侵权,丙网站不承担侵权责任。故 A、B 项错误。

380．肖像权;著作权[B]

[解析]李某为丁某拍摄生活照,照片作为摄影作品,李某享有著作权。李某经丁某同意上传到社交媒体,李某不构成对丁某权利的侵犯。蔡某将照片上传于营利性网站并获得报酬的行为,构成双重侵权。一方面,侵犯了丁某的肖像权,因为未经肖像权人丁某许可,蔡某擅自以信息网络传播的方式使用丁某的肖像,又无违法阻却事由,成立对丁某肖像权的侵害。另一方面,蔡某也侵犯了李某的著作权,具体来说,这种通过网络进行的传播,是侵犯了著作财产权中的信息网络传播权。身体权,是指自然人保持其身体组织完整并支配其肢体、器官和其他身体组织并保护自己的身体不受他人违法侵犯的权利。本题中,不存在对身体侵犯的情形。综上,B 项正确,A、C、D 项错误。

381．肖像权、姓名权[AC]

[解析]《民法典》第 1019 条规定:"任何组织或者个人不得以丑化、污损,或者利用信息技术手段伪造等方式侵害他人的肖像权。未经肖像权人同意,不得制作、使用、公开肖像权人的肖像,但是法律另有规定的除外。未经肖像权人同意,肖像作品权利人不得以发表、复制、发行、出租、展览等方式使用或者公开肖像权人的肖像。"据此,未经许可的使用,无论是否营利,均可构成对当事人肖像权的侵犯。但是,根据《民法典》第 1020 条第 2 项规定,"为实施新闻报道,不可避免地制作、使用、公开肖像权人的肖像"的,属于合理使用的范围,不侵权。故考研培训机构的行为构成侵权;晚报报道新闻,构成合理使用,不侵权。故 A、C 项正确,D 项错误。培训机构并未使用甲的姓名,故不侵犯姓名权,B 项错误。

382．肖像权;姓名权;名誉权;著作权侵权行为[D]

[解析]本题中,李某使用 AI 换脸技术将视频中

110

的刘某替换为李某,让一般公众认为该人是李某而非刘某。尽管该行为是在刘某的肖像上实施,但换脸后形成了李某的肖像,并没有丑化、污损或非法使用刘某肖像,因此并未侵害刘某的肖像权,故A项错误。

李某发布的视频名称中使用的是"老李"的名字,并未实施侵害刘某姓名权的行为,故B项错误。

李某的行为并不存在侮辱、诽谤的情形,也不会导致刘某的社会评价降低,因此并未侵害刘某的名誉权,故C项错误。

李某未经允许,擅自对刘某的作品进行换脸修改,并更改了署名,侵犯了刘某对该作品的著作权,故D项正确。

考点99 名誉权

383．肖像权;名誉权;隐私权;精神损害赔偿[ABD]

[解析] 张某对以照片为载体的个人肖像享有肖像权。未经张某允许,杂志社擅自以复制、发行的方式使用张某的肖像,根据《民法典》第1019条第1款的规定,成立对张某肖像权的侵害。故A项正确。

《民法典》第1024条规定:"民事主体享有名誉权。任何组织或者个人不得以侮辱、诽谤等方式侵害他人的名誉权。名誉是对民事主体的品德、声望、才能、信用等的社会评价。"本题中,杂志社配以"母女情深"文字说明的行为符合侵犯张某名誉权的构成要件:(1)实施了诽谤行为;(2)诽谤行为指向特定的人;(3)诽谤行为已经向第三人公开;(4)导致张某的客观社会评价被降低。故B项正确。

《民法典》第1032条第2款规定:"隐私是自然人的私人生活安宁和不愿为他人知晓的私密空间、私密活动、私密信息。"擅自公开他人隐私中的"隐私",必须是真实的信息。披露虚假的事实,不会侵犯隐私权,可能侵犯名誉权。本题中,杂志社的诽谤行为不构成对张某隐私权的侵犯。故C项错误。

《民法典》第1183条第1款规定:"侵害自然人人身权益造成严重精神损害的,被侵权人有权请求精神损害赔偿。"杂志社侵害了张某的肖像权和名誉权,并造成严重精神损害,张某有权请求杂志社承担精神损害赔偿责任。故D项正确。

384．肖像权;名誉权;委托作品著作权的归属;精神损害赔偿[ABCD]

[解析]《民法典》第1018条第1款规定:"自然人享有肖像权,有权依法制作、使用、公开或者许可他人使用自己的肖像。"乙公司未经允许,擅自使用甲女的肖像做广告,侵犯了其肖像权。故A项正确。

该照片属于委托作品。《著作权法》第19条规定:"受委托创作的作品,著作权的归属由委托人和受托人通过合同约定。合同未作明确约定或者没有订立合同的,著作权属于受托人。"据此,该照片的著作权属于乙公司。同时,根据《著作权法》第10条的规定,丁男将照片中甲女头部移植至他人半裸照片的行为,属于对照片的歪曲和篡改,侵犯了乙公司的保护作品完整权。当然,丁男的行为也构成对乙公司著作权中复制权、信息网络传播权的侵犯。故B项正确。

《民法典》第1024条规定:"民事主体享有名誉权。任何组织或者个人不得以侮辱、诽谤等方式侵害他人的名誉权。名誉是对民事主体的品德、声望、才能、信用等的社会评价。"丁男的行为符合侵犯甲女名誉权的构成要件:(1)丁男将甲女头部移植至他人半裸照片属于侮辱行为;(2)该侮辱行为指向特定的人;(3)该侮辱行为已经向第三人公开;(4)该侮辱行为导致甲女的社会评价降低,名誉遭受损害。故C项正确。

《民法典》第1183条第1款规定:"侵害自然人人身权益造成严重精神损害的,被侵权人有权请求精神损害赔偿。"乙公司侵害了甲女的肖像权,丁男侵害了甲女的名誉权和肖像权,且均造成甲女严重精神损害,甲女有权请求乙公司和丁男承担精神损害赔偿责任。故D项正确。

385．姓名权;名誉权;信用权[AB(原答案为A)]

[解析]《民法典》第1014条规定:"任何组织或者个人不得以干涉、盗用、假冒等方式侵害他人的姓名权或者名称权。"侵犯姓名权的行为有三:干涉他人决定或者变更姓名;盗用他人姓名;假冒他人姓名。本题中,甲假冒了乙的姓名,侵犯了乙的姓名权。故A项正确。

《民法典》第1024条第2款规定:"名誉是对民事主体的品德、声望、才能、信用等的社会评价。"所谓信用,是指民事主体(自然人、法人、其他组织)经济上的客观社会评价。《民法典》将信用作为名誉权的客体予以保护。甲假冒乙办理信用卡,并恶意透支致使乙的姓名被列入银行不良信用记录名单,系毁损乙信用的加害行为,已经向第三人公开(银行无正当理由虽不得擅自公开,但诸多银行均可查阅知悉),会造成乙信用方面的社会评价降低的损害后果,成立对乙名誉权的侵害。故B项正确。【旧题新解】根据旧的命题观点,认为B项错误,未侵犯名誉权。《民法典》出台后,明确将信用作为名誉权的客体,据此B项是正确的。

民事主体仅享有法律明文规定的具体人格权。我国《民法典》将信用作为名誉权的客体保护,并未规定独立的具体人格权"信用权"。因此,乙不享有"信用权",甲的行为仅成立对乙名誉权的侵害。故C项错误。

银行在办理和发放信用卡的过程中,由于甲用的身份证并不属于其本人,没有尽到合理的审查义务,对于乙损害的发生存在过错,应承担与其过错相应的责任。故D项错误。

386．名誉权;隐私权;诉讼时效适用范围[ABD]

[解析]《民法典》第1024条第2款规定:"名誉是对民事主体的品德、声望、才能、信用等的社会评价。"张某已经刑满释放,承担过刑事责任,不再是罪犯,钟某称张某为罪犯属于虚假信息,而且必然会对张某的名誉产生负面影响,构成对张某名誉权的侵害,故A项正确。曾经因犯罪受过刑事处罚,属于张某不愿为他人所知的私密信息,钟某擅自在小区业主群中予以公开,侵犯了张某的隐私权,故B项正确。综上,C项是错误的。

《民法典》第995条规定:"人格权受到侵害的,受害人有权依照本法和其他法律的规定请求行为人承担民事责任。受害人的停止侵害、排除妨碍、消除危险、消除影响、恢复名誉、赔礼道歉请求权,不适用诉讼时效的规定。"故D项正确。

考点100 隐私权

387．隐私权侵权;精神损害赔偿;法人责任[AC]

[解析] 隐私权,是指自然人享有的对其与社会公共利益无关的个人信息、私人活动和私有领域进行支配的一种人格权。本题中,甲公司工作人员李某未经许可翻看张某箱内物品,构成对张某隐私权的侵犯,故A项正确。

《民法典》第1183条规定:"侵害自然人人身权益造成严重精神损害的,被侵权人有权请求精神损害赔偿。因故意或者重大过失侵害自然人具有人身意义的特定物造成严重精神损害的,被侵权人有权请求精神损害赔偿。"本题中,翻看物品的行为,尽管侵犯了隐私权,但是,题目并未有明确信息造成严重精神损害,故应认定不足以造成严重精神损害。故B项错误。

甲公司工作人员李某翻看箱内物品致平板电脑损害,侵犯了张某的财产权,张某有权要求赔偿损失,故C项正确。

《民法典》第1191条第1款规定:"用人单位的工作人员因执行工作任务造成他人损害的,由用人单位承担侵权责任。用人单位承担侵权责任后,可以向有故意或者重大过失的工作人员追偿。"李某作为甲公司工作人员,在工作过程中致害,甲公司应当承担责任。故D项错误。

考点101 个人信息保护

388．个人信息保护[C]

[解析]《民法典》第111条规定:"自然人的个人信息受法律保护。任何组织或者个人需要获取他人个人信息的,应当依法取得并确保信息安全,不得非法收集、使用、加工、传输他人个人信息,不得非法买卖、提供或者公开他人个人信息。"据此,非法收集、使用、买卖、提供他人个人信息的,均属于侵权行为,侵权人应当承担相应的法律责任。本题中,张某将公民个人信息出卖于某公司,张某(卖方)和某公司(买方)均侵害了孙某对其个人信息享有的民事权益。故C项正确,D项错误。身份权,是指基于婚姻、家庭等关系而产生的人身权利,包括配偶权、亲权和亲属权。本题不涉及上述权利的侵犯,故A项错误。名誉权的侵犯,是指捏造虚假的信息,进而导致他人外在社会评价降低的情形。本题不具备此种法律事实,不侵犯名誉权,故B项错误。

考点102 人格权的保护

389．身体权;健康权;生命权;精神损害赔偿[ABD(原答案为ABCD)]

[解析]《民法典》第110条第1款规定:"自然人享有生命权、身体权、健康权、姓名权、肖像权、名誉权、荣誉权、隐私权、婚姻自主权等权利。"生命权,指自然人享有的以生命安全、生命维持为内容的人格权。健康权,指自然人以其身体生理机能、心理机能的健全正常运作和功能正常发挥,进而维持人体生命活动为内容的人格权。医院误将张某的肾脏摘除,侵犯了张某的身体权(保持身体完整的权利)和健康权;张某术后感染医治无效死亡,医院还侵犯了张某的生命权。故A项正确。

《民法典》第1179条规定:"侵害他人造成人身损害的,应当赔偿医疗费、护理费、交通费、营养费、住院伙食补助费等为治疗和康复支出的合理费用,以及因误工减少的收入。造成残疾的,还应当赔偿辅助器具费和残疾赔偿金;造成死亡的,还应当赔偿丧葬费和死亡赔偿金。"据此,张某对医疗机构享有赔偿医疗费的损害赔偿请求权,同时,该赔偿请求权属于财产权,不具有专属性,张某死亡后,其继承人有权继承张某的医疗费赔偿请求权。故B项正确。

《民法典》第1183条第1款规定:"侵害自然人人身权益造成严重精神损害的,被侵权人有权请求损害赔偿。"据此,医院侵害张某的身体权与健康权并造成严重精神损害,就此,张某对医院享有精神损害赔偿请求权。但是精神损害赔偿请求权在行使上具有专属性(只能由本人提出),但在享有上不具有专属性(本人已经提出赔偿请求或已经取得该权利,则可让与或继承),故原《人身损害赔偿解释》第18条第2款规定:"精神损害抚慰金的请求权,不得让与或者继承。但赔偿义务人已经以书面方式承诺给予金钱赔偿,或者赔偿权利人已经向人民法院起诉的除外。"但是,《民法典》生效后,新修正的《人身损害赔偿解释》

112

删除了上述第18条的规定,由此继承精神抚慰金请求权失去了规范依据。故C项错误。【旧题新解】根据旧的司法解释,C项原本正确。但新的《人身损害赔偿解释》删除了近亲属在特殊情形下对精神抚慰金请求权享有继承权的规定,无论何种情形下均无法继承,故C项不再符合要求。

《民法典》第112条规定:"自然人因婚姻家庭关系等产生的人身权利受法律保护。"据此,自然人享有亲属权(身份权的一种)。侵害自然人导致其死亡或者严重残疾的,不仅侵害了其生命权或健康权,还同时构成对其近亲属亲属权的侵害,其近亲属有权以亲属权遭受严重损害为由,对加害人主张精神损害赔偿。《民法典》第1181条第1款规定:"被侵权人死亡的,其近亲属有权请求侵权人承担侵权责任。……"其中包括近亲属之独立的精神损害赔偿请求权。因此,张某死后其配偶、父母和子女有权另行起诉,请求医院赔偿自己的精神损害。故D项正确。

法条变更	《最高人民法院关于审理人身损害赔偿案件适用法律若干问题的解释》
	根据2022年2月15日最高人民法院审判委员会第1864次会议通过的《最高人民法院关于修改〈最高人民法院关于审理人身损害赔偿案件适用法律若干问题的解释〉的决定》第二次修正

390. 生育权;诉讼离婚[AD]

[解析] 甲男多次殴打乙女导致其住院治疗,属于实施家庭暴力的情形。《民法典》第1091条规定:"有下列情形之一,导致离婚的,无过错方有权请求损害赔偿:……(三)实施家庭暴力;……"乙女有权据此请求离婚损害赔偿。故A项正确。

《民法典婚姻家庭编解释(一)》第23条规定:"夫以妻擅自中止妊娠侵犯其生育权为由请求损害赔偿的,人民法院不予支持;夫妻双方因是否生育发生纠纷,致使感情确已破裂,一方请求离婚的,人民法院经调解无效,应依照民法典第一千零七十九条第三款第五项的规定处理。"据此,任何一方不得以生育权为由主张另一方进行赔偿,此视为《民法典》第1079条第3款第5项规定的"其他感情破裂的情况",法院可判决离婚。任何一方不得为了满足自己的生育利益而要求另一方牺牲同样利益,因此乙女中止妊娠的行为,没有侵害甲的人格尊严。故B、C项错误,D项正确。

考点103 死者人格利益保护

391. 医疗侵权;侵犯名誉权[BCD(原答案为D)]
[解析] 欢欢和欣欣医院之间有医疗合同关系,在履约过程中,医院非但没有如约履行自己的义务,而且造成了欢欢既有利益的伤害,构成加害给付,此时医院的行为既构成违约也构成侵权。故A项正确,不当选。

欣欣医院侵害欢欢的身体权并造成严重精神损害,根据《民法典》第1183条第1款的规定,欢欢有权请求医院承担精神损害赔偿责任。原《人身损害赔偿解释》第18条第2款规定:"精神损害抚慰金的请求权,不得让与或者继承。但赔偿义务人已经以书面方式承诺给予金钱赔偿,或者赔偿权利人已经向人民法院起诉的除外。"但是,《民法典》生效后,新修正的《人身损害赔偿解释》删除了上述第18条的规定,故继承精神损害赔偿请求权失去了规范依据。因此,虽然欢欢已经向法院提起诉讼,对于其精神损害赔偿请求权,欢欢的继承人无法继承。故B选项错误,当选。

《民法典》第1024条第1款规定:"民事主体享有名誉权。任何组织或者个人不得以侮辱、诽谤等方式侵害他人的名誉权。"本题中洋洋杜撰欢欢吸毒过量致死,构成编造虚假信息,属于诽谤行为,显然会造成外在社会道德评价的降低,构成对名誉权的侵犯。但是,侵权行为发生时,欢欢已经死亡,不享有民事权利,因此不能构成对其名誉权的侵害。当然,对于因为洋洋的行为带来的损害,欢欢的近亲属可请求其承担民事责任。故C项错误,当选。

《民法典》第994条规定:"死者的姓名、肖像、名誉、荣誉、隐私、遗体等受到侵害的,其配偶、子女、父母有权依法请求行为人承担民事责任;死者没有配偶、子女且父母已经死亡的,其他近亲属有权依法请求行为人承担民事责任。"据此,欢欢的母亲可以以自己的名义提出精神损害赔偿。由于欢欢已经死亡,不再是权利主体,因此不能再以欢欢的名义提起诉讼。故D项错误,当选。

392. 死者人格利益保护[C]

[解析] 本题考查的知识点具有一定综合性,除了考查民法典中关于死者人格利益保护的规定外,还需要民诉法的常识。《民法典》第994条规定:"死者的姓名、肖像、名誉、荣誉、隐私、遗体等受到侵害的,其配偶、子女、父母有权依法请求行为人承担民事责任;死者没有配偶、子女且父母已经死亡的,其他近亲属有权依法请求行为人承担民事责任。"据此,当死者相关利益受到侵害时,只有其近亲属范围内的主体才是具有利害关系的人,才可以向法院起诉。本题中,甲与其舅舅之间,并非《民法典》中规定的近亲属关系,故甲不具备法律上的利害关系,不能作为原告起诉。对于甲的起诉,法院应不予受理,已经受理的应当驳回起诉。故C项正确,A、B、D项错误。

第五编 婚姻家庭

专题二十六 结 婚

考点104 结婚

393．无效婚姻；可撤销婚姻［ACD（原答案为B）］

［解析］《民法典》第1051条规定："有下列情形之一的,婚姻无效:(一)重婚;(二)有禁止结婚的亲属关系;(三)未到法定婚龄。"本题情形"婚前患有医学上认为不应当结婚的疾病,婚后尚未治愈的",不属于无效婚姻情形,故B项错误。**【旧题新解】**原《婚姻法》中,"婚前患有医学上认为不应当结婚的疾病,婚后尚未治愈的"是作为无效婚姻的情形之一的,所以本题原答案为B。但是,《民法典》第1051条未将此种情形规定为无效婚姻,所以本题答案整体发生变化。

《民法典》第1052条第1款规定："因胁迫结婚的,受胁迫的一方可以向人民法院请求撤销婚姻。"《民法典》第1053条第1款规定："一方患有重大疾病的,应当在结婚登记前如实告知另一方;不如实告知的,另一方可以向人民法院请求撤销婚姻。"据此,甲、乙间的婚姻属于可撤销婚姻,乙请求法院撤销婚姻,法院应判决撤销。故A项正确。

《民法典》第1054条第2款规定："婚姻无效或者被撤销的,无过错方有权请求损害赔偿。"故C项正确。

当事人对法院判决撤销婚姻不服的,可以上诉。故D项正确。

394．无效婚姻［C］

［解析］《民法典》第1051条规定："有下列情形之一的,婚姻无效:(一)重婚;(二)有禁止结婚的亲属关系;(三)未到法定婚龄。"《民法典婚姻家庭编解释(一)》第10条规定："当事人依据民法典第一千零五十一条规定向人民法院请求确认婚姻无效,法定的无效婚姻情形在提起诉讼时已经消失的,人民法院不予支持。"乙结婚时离法定婚龄相差2岁,但现已经过了3年,无效情形已经消失。故A项不当选。

《民法典婚姻家庭编解释(一)》第17条第1款规定："当事人以民法典第一千零五十一条规定的三种无效婚姻以外的情形请求确认婚姻无效的,人民法院应当判决驳回当事人的诉讼请求。"《民法典》关于无效婚姻的规定系封闭式规定,仅限于《民法典》第1051条规定的三种情形。因欺诈结婚的,不属于无效婚姻。故B项不当选。

《民法典》第1048条规定："直系血亲或者三代以内的旁系血亲禁止结婚。"表兄妹属于三代以内的旁系血亲,甲、乙的婚姻无效。故C项当选。

根据《民法典》第1052条规定,因胁迫结婚的,属于可撤销婚姻,而不是无效婚姻。故D项不当选。

395．无效婚姻［D］

［解析］《民法典》第1051条规定："有下列情形之一的,婚姻无效:(一)重婚;(二)有禁止结婚的亲属关系;(三)未到法定婚龄。"《民法典婚姻家庭编解释(一)》第17条第1款规定："当事人以民法典第一千零五十一条规定的三种无效婚姻以外的情形请求确认婚姻无效的,人民法院应当判决驳回当事人的诉讼请求。"据此,婚姻无效的原因仅限于第1051条规定的三种情形,本题中,不符合其中的任何一种,因此应驳回大林的申请。故A项错误,D项正确。

《民法典》第1052条规定："因胁迫结婚的,受胁迫的一方可以向人民法院请求撤销婚姻。请求撤销婚姻的,应当自胁迫行为终止之日起一年内提出。被非法限制人身自由的当事人请求撤销婚姻的,应当自恢复人身自由之日起一年内提出。"第1053条规定："一方患有重大疾病的,应当在结婚登记前如实告知另一方;不如实告知的,另一方可以向人民法院请求撤销婚姻。请求撤销婚姻的,应当自知道或者应当知道撤销事由之日起一年内提出。"据此,在胁迫和隐瞒重大疾病欺诈的情形下,方可提起撤销婚姻之诉,本题中大林在请求中也没有提出此种请求,故B项错误。

离婚的前提是存在有效的婚姻。要求结婚的男女双方必须亲自到婚姻登记机关进行结婚登记。本题中,大林没有亲自去登记,故大林与小芳之间不存在有效的婚姻关系,故C项错误。

专题二十七 家庭关系

考点105 夫妻财产关系

396．夫妻共同财产［ABCD（原答案为B）］

［解析］《民法典》第1063条规定："下列财产为夫妻一方的个人财产:……(三)遗嘱或者赠与合同中确定只归一方的财产;……"因此,在婚姻关系存续期间,夫妻一方继承、接受赠与取得的财产,若遗嘱或赠与合同中确定只归夫或妻一方的财产,为夫妻一方的个人财产。甲父的遗嘱明确表明该房屋归甲一人所有,该房屋应为甲的个人财产。《民法典婚姻家庭编解释(一)》第31条规定："民法典第一千零六十三条规定为夫妻一方的个人财产,不因婚姻关系的延续而转化为夫妻共同财产。但当事人另有约定的除外。"因此,该房屋经过8年婚后生活仍属甲的个人财产。故A项错误。

《民法典婚姻家庭编解释（一）》第 5 条规定："夫妻一方个人财产在婚后产生的收益，除孳息和自然增值外，应认定为夫妻共同财产。"该条将夫妻个人财产在婚姻关系存续期间产生的收益分为投资收益、孳息和自然增值三种，仅投资收益属于夫妻共同财产，孳息和自然增值仍属于个人财产。据此，如甲将该房屋出租，租金（法定孳息）亦属甲的个人财产。故 B、C 项错误。

《民法典》第 1065 条第 1 款规定："男女双方可以约定婚姻关系存续期间所得的财产以及婚前财产归各自所有、共同所有或者部分各自所有、部分共同所有。约定应当采用书面形式。没有约定或约定不明确的，适用本法第一千零六十二条、第一千零六十三条的规定。"因此，若甲、乙约定将该房屋变为共同财产，那么该协议有效。故 D 项错误。

397．夫妻共同财产[C]

[解析]《民法典婚姻家庭编解释（一）》第 26 条规定："夫妻一方个人财产在婚后产生的收益，除孳息和自然增值外，应认定为夫妻共同财产。"据此，夫妻一方财产在婚后产生的收益中，孳息和自然增值的部分均属于个人财产，除此之外的其他收益属于共同财产。A 项中，若果实尚未分离，尚不属于孳息，仍归甲所有；若果实已经分离，则属于自然孳息，也归甲所有。故 A 项不当选。B、D 两项中，房屋和玉石的升值均为自然增值，仍为乙的个人财产，故 B、D 项不当选。C 项中，股息不属于孳息和自然增值，而属于投资收益，应当认定为共同财产，故 C 项当选。

398．夫妻共有财产；共同共有财产的分割[D]

[解析]《民法典》第 1065 条第 1 款规定："男女双方可以约定婚姻关系存续期间所得的财产以及婚前财产归各自所有、共同所有或者部分各自所有、部分共同所有。约定应当采用书面形式。没有约定或者约定不明确的，适用本法第一千零六十二条、第一千零六十三条的规定。"据此，甲、乙可以约定将甲婚前房屋变更为甲、乙共同共有。但是，因甲未兑现承诺，并未对门面房进行物权变动登记，因此该财产的所有权还是属于甲个人所有，离婚时不能对该房屋进行财产分割。故 A 项表述正确，不当选。

《民法典婚姻家庭编解释（一）》第 82 条规定："夫妻之间订立借款协议，以夫妻共同财产出借给一方从事个人经营活动或者用于其他个人事务的，应视为双方约定处分夫妻共同财产的行为，离婚时可以按照借款协议的约定处理。"据此，故 B、C 项表述正确，不当选。

《民法典》第 1066 条规定："婚姻关系存续期间，有下列情形之一的，夫妻一方可以向人民法院请求分割共同财产：（一）一方有隐藏、转移、变卖、毁损、挥霍

夫妻共同财产或者伪造夫妻共同债务等严重损害夫妻共同财产利益的行为；（二）一方负有法定扶养义务的人患重大疾病需要医治，另一方不同意支付相关医疗费用。"据此，甲对未成年人丙负有法定抚养义务，若丁不同意支付相关医疗费用，甲有权请求分割夫妻共同财产。故 D 项表述错误，当选。

399．法定夫妻财产制；约定夫妻财产制[D]

[解析]《民法典》第 1063 条规定："下列财产为夫妻一方的个人财产：（一）一方的婚前财产；……"《民法典婚姻家庭编解释（一）》第 31 条规定："民法典第一千零六十三条规定为夫妻一方的个人财产，不因婚姻关系的延续而转化为夫妻共同财产。但当事人另有约定的除外。"据此，本题只有 D 项正确。

400．彩礼的返还[CD（原答案为C）]

[解析]《民法典婚姻家庭编解释（一）》第 5 条规定："当事人请求返还按照习俗给付的彩礼的，如果查明属于以下情形，人民法院应当予以支持：（一）双方未办理结婚登记手续；（二）双方办理结婚登记手续但确未共同生活；（三）婚前给付并导致给付人生活困难。适用前款第二项、第三项的规定，应当以双方离婚为条件。"据此，A 项明显错误。根据上述第 2 项，C 项正确。双方已经结婚，主张返还彩礼应当以离婚为条件，故 B 项错误。

此外，2024 年《最高人民法院关于审理涉彩礼纠纷案件适用法律若干问题的规定》对彩礼返还作出了进一步规定，其第 5 条第 1 款规定："双方已办理结婚登记且共同生活，离婚时一方请求返还按照习俗给付的彩礼的，人民法院一般不予支持。但是，如果共同生活时间较短且彩礼数额过高的，人民法院可以根据彩礼实际使用及嫁妆情况，综合考虑彩礼数额、共同生活及孕育情况、双方过错等事实，结合当地习俗，确定是否返还以及返还的具体比例。"据此，如果结婚后双方共同生活，离婚时一般不予返还彩礼，但是共同生活时间较短且彩礼数额过高的，人民法院可综合判断是否返还彩礼。本题中明确了双方共同生活时间较短，因此依然有返还彩礼的可能，当事人可以主张返还，需要法院根据彩礼数额是否过高以及其他情况作出综合判断。故 D 项正确。

401．夫妻财产制[C]

[解析] 秦某与张某一起居住时，此房屋的性质是公租房，所有权属于单位，不是个人财产，房屋是秦某在张某去世后购买，故张某对于房屋不享有所有权，D 项错误。

《民法典》第 1062 条规定："夫妻在婚姻关系存续期间所得的下列财产，为夫妻的共同财产，归夫妻共同所有：（一）工资、奖金、劳务报酬；（二）生产、经营、投资的收益；（三）知识产权的收益；（四）继承或者受

民法 [答案详解]

赠的财产,但是本法第一千零六十三条第三项规定的除外;(五)其他应当归共同所有的财产。夫妻对共同财产,有平等的处理权。"《民法典婚姻家庭编解释(一)》第25条规定:"婚姻关系存续期间,下列财产属于民法典第一千零六十二条规定的'其他应当归共同所有的财产'(一)一方以个人财产投资取得的收益;(二)男女双方实际取得或者应当取得的住房补贴、住房公积金;(三)男女双方实际取得或者应当取得的基本养老金、破产安置补偿费。"据此,秦某在与赵某结婚后领取的退休金属于夫妻共同财产,购买的房屋虽然登记在秦某一个人名下,仍然属于夫妻共同财产,故A、B选项错误,C选项正确。

考点106 夫妻债务归属与清偿

402. 夫妻共同债务的清偿[D]

[解析]《民法典婚姻家庭编解释(一)》第33条规定:"债权人就一方婚前所负个人债务向债务人的配偶主张权利的,人民法院不予支持。但债权人能够证明所负债务用于婚后家庭共同生活的除外。"本题中,王某向飞跃百货公司借款10万元虽系婚前负担的债务,但所借之钱用于婚后家庭共同生活,该债务应认定为夫妻共同债务。《民法典》第1089条规定:"离婚时,夫妻共同债务应当共同偿还。共同财产不足清偿或者财产归各自所有的,由双方协议清偿;协议不成的,由人民法院判决。"据此,夫妻离婚时,先用夫妻共同财产清偿夫妻共同债务;不够的,男女双方对夫妻共同债务承担连带清偿责任。对于该10万元借款,应由王某和李某承担连带清偿责任。此外,飞跃公司作为一人公司,在人格上独立,与其股东张某各自为民法上独立的主体。因此,该10万元借款合同在王某与飞跃公司之间成立,而非在王某与张某之间成立。根据合同相对性原则,应由飞跃公司请求王某和李某承担连带清偿责任。故D项正确,A、B、C项错误。

403. 夫妻共同债务[C]

[解析]《民法典》第1064条第2款规定:"夫妻一方在婚姻关系存续期间以个人名义超出家庭日常生活需要所负的债务,不属于夫妻共同债务;但是,债权人能够证明该债务用于夫妻共同生活、共同生产经营或者基于夫妻双方共同意思表示的除外。"本题中,黄某以个人名义在婚姻关系存续期间向刘某借款10万元是用于购买婚房,用于夫妻日常生活,因此属于夫妻共同债务。《民法典》第1089条规定:"离婚时,夫妻共同债务应当共同偿还。共同财产不足清偿或者财产归各自所有的,由双方协议清偿;协议不成的,由人民法院判决。"据此,黄某与唐某应对夫妻共同债务承担连带清偿责任。故A、B项错误。

黄某与唐某在离婚协议中对夫妻共同债务承担的约定(婚姻关系存续期间的债务全部由唐某偿还)不能对抗债权人,双方仍须对债权人承担连带责任;但是,该约定在黄某与唐某间可发生效力。如黄某偿还了10万元,则有权向唐某追偿10万元。故C项正确,D项错误。

考点107 父母子女关系

404. 父母子女关系;离婚[AB]

[解析] 根据《民法典》第1085条第1款规定,离婚后,子女由一方直接抚养的,另一方应当负担部分或者全部抚养费。故A项正确。

根据《民法典》第1084条第1款规定,父母与子女间的关系,不因父母离婚而消除。离婚不影响父母与子女之间的监护关系。故C项错误。

《民法典婚姻家庭编解释(一)》第54条规定:"生父与继母离婚或者生母与继父离婚时,对曾受其抚养教育的继子女,继父或者继母不同意继续抚养的,仍由生父或者生母抚养。"据此,李甲去世后,赵某不愿意继续抚养李乙,此时应由李乙的生母宋某抚养。故B项正确。【特别提醒】离婚后宋某一直怠于行使其探望权的事实,并不影响宋某的抚养义务。

继子女与继父母之间形成抚养关系,除了父母的再婚行为外,还须有与继父母共同生活的事实,再婚并不直接导致抚养关系的建立。故D项错误。

专题二十八 离 婚

考点108 协议离婚与诉讼离婚

405. 夫妻共同财产;宣告失踪;离婚诉讼的代理[ABC]

[解析] 根据《民法典》第1062条的规定,除非法律另有规定或者夫妻双方另有书面约定,在婚姻关系存续期间,夫妻一方或者双方取得的财产属于夫妻共同共有的财产。甲与丙婚后购买的房屋,虽仅登记在甲一人名下,亦应认定为甲、丙共同共有。故A项错误,当选。

我国民法未规定夫妻一方对另一方不履行扶养义务的,丧失其对夫妻共同共有财产的权益,B项的表述无法律依据。故B项错误,当选。

《民法典》第40条规定:"自然人下落不明满二年的,利害关系人可以向人民法院申请宣告该自然人为失踪人。"申请宣告失踪的利害关系人,包括被申请宣告失踪人的配偶、父母、子女、兄弟姐妹、祖父母、外祖父母、孙子女、外孙子女以及其他与被申请人有民事权利义务关系的人。甲、乙的子女与丙无法律上的利害关系,无权申请宣告丙失踪。故C项错误,当选。

《民法典》第161条第2款规定:"依照法律规定、当事人约定或者民事法律行为的性质,应当由本人亲

· 116 ·

自实施的民事法律行为,不得代理。"为了维护婚姻自由原则(包括离婚自由),离婚(包括协议离婚和诉讼离婚)原则上不允许代理。但有例外,《民事诉讼法》第65条规定:"离婚案件有诉讼代理人的,本人除不能表达意思的以外,仍应出庭;确因特殊情况无法出庭的,必须向人民法院提交书面意见。"据此,若甲因中风确实不能出庭参与离婚诉讼,可委托其子女作为诉讼代理人参加诉讼,但须甲出具书面意见。故D项正确,不当选。

406．离婚时对于怀孕妇女的特别保护;诉讼离婚的程序;著作权侵权;离婚损害赔偿[ABC]

[解析]《民法典》第1082条规定:"女方在怀孕期间、分娩后一年内或者终止妊娠后六个月内,男方不得提出离婚;但是,女方提出离婚或者人民法院认为确有必要受理男方离婚请求的除外。"故A项正确。

《民法典》第1079条第2、3款规定:"人民法院审理离婚案件,应当进行调解;如果感情确已破裂,调解无效,应当准予离婚。有下列情形之一,调解无效的,应当准予离婚:……(三)有赌博、吸毒等恶习屡教不改;……"董楠有吸毒恶习,调解无效,应准予离婚,故B项正确。

《爱你一千年》属于夫妻二人共同创作的油画作品,属于合作作品,双方共同享有该油画的著作权和所有权。董楠未经申蓓同意变卖《爱你一千年》,不仅侵犯了申蓓对于油画的物权,而且侵犯了申蓓对油画的著作权。故C项正确。

《民法典》第1091条规定:"有下列情形之一,导致离婚的,无过错方有权请求损害赔偿:(一)重婚;(二)与他人同居;(三)实施家庭暴力;(四)虐待、遗弃家庭成员;(五)有其他重大过错。"由此可知,对董楠吸毒恶习,申蓓无权请求离婚损害赔偿。故D项错误。【特别提醒】本选项的问题在于,董楠吸毒且屡教不改,是否属于"有其他重大过错"的情形,对此存在争议,我们认为倾向于不属于。因为《民法典》第1091条前四项情形的共同特点在于,过错方配偶的行为侵害了无过错方配偶的人格利益或身份利益,因此,这里的"有其他重大过错"应解释为侵害无过错方配偶"人格利益或者身份利益"的其他重大过错,而董楠吸毒并不构成对申蓓人格利益或身份利益的侵害。

407．协议离婚中的冷静期制度[AC]

[解析]《民法典》第1077条规定:"自婚姻登记机关收到离婚登记申请之日起三十日内,任何一方不愿意离婚的,可以向婚姻登记机关撤回离婚登记申请。前款规定期限届满后三十日内,双方应当亲自到婚姻登记机关申请发给离婚证;未申请的,视为撤回离婚登记申请。"故A、C项正确,B、D项错误。

考点109　离婚后的子女抚养与探望权

408．探望权的行使[AC]

[解析]《民法典》第1086条第1款规定:"离婚后,不直接抚养子女的父或者母,有探望子女的权利,另一方有协助的义务。"由此可知,探望是一项权利而非义务。故A项正确,B项错误。

根据《民法典婚姻家庭编解释(一)》第68条的规定,对拒不执行有关探望子女等判决和裁定的,由人民法院依法强制执行,是指对拒不履行协助另一方行使探望权的有关个人和单位采取拘留、罚款等强制措施,不能对子女的人身、探望行为进行强制执行。故C项正确,D项错误。

409．探望权;子女姓氏纠纷;抚养费[CD]

[解析]《民法典婚姻家庭编解释(一)》第59条规定:"父母不得因子女变更姓氏而拒付子女抚养费。父或者母擅自将子女姓氏改为继父或继母姓氏而引起纠纷的,应当责令恢复原姓氏。"据此,韩某不能因为孩子改名而拒绝支付抚养费,但可责令李小龙恢复原姓氏,故A项错误。

父母是当然监护人,父母离婚后,监护义务并不终止,故B项错误。

根据《民法典》第1086条第1款规定,离婚后,韩某有探望儿子的权利,关某有义务协助。故C项正确。

《民法典婚姻家庭编解释(一)》第58条规定:"具有下列情形之一,子女要求有负担能力的父或者母增加抚养费的,人民法院应予支持:(一)原定抚养费数额不足以维持当地实际生活水平;(二)因子女患病、上学,实际需要已超过原定数额;(三)有其他正当理由应当增加。"该解释第55条规定:"离婚后,父母一方要求变更子女抚养关系的,或者子女要求增加抚养费的,应当另行提起诉讼。"据此,孩子上学需要增加抚养费,可通过起诉实现权利,故D项正确。

考点110　离婚时的救济

410．离婚损害赔偿请求权;离婚时的扶助义务;约定财产制中的补偿义务[AC]

[解析]《民法典》第1088条规定:"夫妻一方因抚育子女、照料老年人、协助另一方工作等负担较多义务的,离婚时有权向另一方请求补偿,另一方应当给予补偿。具体办法由双方协议;协议不成的,由人民法院判决。"据此,赵某因抚育女儿、照顾王某生活付出较多义务,王某应予以补偿。故A项正确。

《民法典》第1090条规定:"离婚时,如果一方生活困难,有负担能力的另一方应当给予适当帮助。具体办法由双方协议;协议不成的,由人民法院判决。"这是关于离婚时,一方对另一方扶助义务的规定。据此,若赵某离婚后生活困难,可请求王某履行帮助义

民法　[答案详解]

务。本题中,王某与赵某关于婚姻存续期间各自收入归个人所有的约定有效,因此王某用自己的收入购置的房屋属于其个人财产,不属于夫妻共同财产,虽然王某对赵某有扶助义务,但是赵某无权请求法院判决王某购买的住房属于夫妻共同财产。故 B 项错误。

《民法典》第 1091 条规定:"有下列情形之一,导致离婚的,无过错方有权请求损害赔偿:(一)重婚;(二)与他人同居;(三)实施家庭暴力;(四)虐待、遗弃家庭成员;(五)有其他重大过错。"这是关于离婚损害赔偿请求权的规定。根据上述第 2 项,因王某与张某同居,若法院判决离婚,无过错方赵某有权对过错方王某主张离婚损害赔偿请求权。故 C 项正确。

《民法典婚姻家庭编解释(一)》第 87 条第 1 款规定:"承担民法典第一千零九十一条规定的损害赔偿责任的主体,为离婚诉讼当事人中无过错方的配偶。"据此,有过错的第三人不承担离婚损害赔偿责任。本题中,第三者张某的行为应遭受道德谴责,但依据现行法,张某不对赵某承担侵权责任,也就不承担赔礼道歉的责任,D 项没有法律意义上的规范依据,故错误。

411. 夫妻共同共有财产的分割;离婚损害赔偿请求权[C]

[解析]《民法典》第 1066 条规定:"婚姻关系存续期间,有下列情形之一的,夫妻一方可以向人民法院请求分割共同财产:(一)一方有隐藏、转移、变卖、毁损、挥霍夫妻共同财产或者伪造夫妻共同债务等严重损害夫妻共同财产利益的行为;(二)一方负有法定扶养义务的人患重大疾病需要医治,另一方不同意支付相关医疗费用。"甲、乙系夫妻,负有相互扶养的法定义务,乙患重病期间,甲拒绝提供治疗费的行为构成虐待和遗弃。虽然本题所述情形不属于《民法典》第 1066 条明文规定的情形,但"举轻以明重",可以类推适用该规定。同时,《民法典》第 303 条规定:"共有人约定不得分割共有的不动产或者动产,以维持共有关系的,应当按照约定,但共有人有重大理由需要分割的,可以请求分割;没有约定或者约定不明确的,按份共有人可以随时请求分割,共同共有人在共有的基础丧失或者有重大理由需要分割时可以请求分割。因分割造成其他共有人损害的,应当给予赔偿。"本题所述情形也可认定为《民法典》第 303 条的规定的"有重大理由需要分割的"情形。所以,乙有权在婚姻关系存续期间,起诉请求分割夫妻共同财产。故 A 项正确,不当选。

《民法典》第 1091 条规定:"有下列情形之一,导致离婚的,无过错方有权请求损害赔偿:(一)重婚;(二)与他人同居;(三)实施家庭暴力;(四)虐待、遗弃家庭成员;(五)有其他重大过错。"本题中,甲的行为属于虐待家庭成员。故 B 项正确,不当选。

《民法典》第 1092 条规定:"夫妻一方隐藏、转移、变卖、毁损、挥霍夫妻共同财产,或者伪造夫妻共同债务企图侵占另一方财产的,在离婚分割夫妻共同财产时,对该方可以少分或者不分。离婚后,另一方发现有上述行为的,可以向人民法院提起诉讼,请求再次分割夫妻共同财产。"本题不符合《民法典》第 1092 条规定的情形。故 C 项错误,当选。

《治安管理处罚法》第 45 条规定:"有下列情形之一的,处五日以下拘留或者警告:(一)虐待家庭成员,被虐待人要求处理的;(二)遗弃没有独立生活能力的被扶养人的。"故 D 项正确,不当选。

412. 离婚过错损害赔偿[C]

[解析]《民法典》第 1091 条规定:"有下列情形之一,导致离婚的,无过错方有权请求损害赔偿:(一)重婚;(二)与他人同居;(三)实施家庭暴力;(四)虐待、遗弃家庭成员;(五)有其他重大过错。"根据《民法典婚姻家庭编解释(一)》第 86 条的规定,这里的"损害赔偿",包括物质损害赔偿和精神损害赔偿。由此可知,针对钟某家庭暴力,柳某可以主张物质损害赔偿和精神损害赔偿。故 A、B 项错误。

《民法典婚姻家庭编解释(一)》第 90 条规定:"夫妻双方均有民法典第一千零九十一条规定的过错情形,一方或者双方向对方提出离婚损害赔偿的,人民法院不予支持。"如果柳某婚内与杜某同居,也具有过错,在双方都有过错的情形下,不能请求对方赔偿。故 C 项正确,D 项错误。

考点 111 离婚夫妻共同财产的分割

413. 夫妻共同财产的分割[BCD]

[解析]《民法典婚姻家庭编解释(一)》第 74 条规定:"人民法院审理离婚案件,涉及分割夫妻共同财产中以一方名义在合伙企业中的出资,另一方不是该企业合伙人的,当夫妻双方协商一致,将其合伙企业中的财产份额全部或者部分转让给对方时,按以下情形分别处理:(一)其他合伙人一致同意的,该配偶依法取得合伙人地位;(二)其他合伙人不同意转让,在同等条件下行使优先购买权的,可以对转让所得的财产进行分割;(三)其他合伙人不同意转让,但不行使优先购买权,但同意该合伙人退伙或者削减部分财产份额的,可以对结算后的财产进行分割;(四)其他合伙人既不同意转让,也不行使优先购买权,又不同意该合伙人退伙或者削减部分财产份额的,视为全体合伙人同意转让,该配偶依法取得合伙人地位。"A 项不符合第 1 项规定,应为其他合伙人一致同意,故错误,B、C、D 项分别符合上述第 2、3、4 项规定,均正确。

414. 离婚后对夫妻共同财产的再次分割[AD]

[解析]《民法典》第 1092 条规定:"夫妻一方隐

藏、转移、变卖、毁损、挥霍夫妻共同财产，或者伪造夫妻共同债务企图侵占另一方财产的，在离婚分割夫妻共同财产时，对该方可以少分或者不分。离婚后，另一方发现有上述行为的，可以向人民法院提起诉讼，请求再次分割夫妻共同财产。"据此，甲隐匿夫妻共同财产，乙有权请求法院再次分割共同财产，但无权要求甲承担赔偿责任。故 A 项正确。乙请求重新分割时，"可以"不分或者少分给甲，而不是"应当"不分给甲。故 B 项错误。

《民法典婚姻家庭编解释（一）》第 84 条规定："当事人依据民法典第一千零九十二条的规定向人民法院提起诉讼，请求再次分割夫妻共同财产的诉讼时效期间为三年，从当事人发现之日起计算。"据此，是从"发现"之日起计算，不包括"应当发现"。故 C 项错误。

《民法典》第 229 条规定："因人民法院、仲裁机构的法律文书或者人民政府的征收决定等，导致物权设立、变更、转让或者消灭的，自法律文书或者征收决定等生效时发生效力。"因此，若法院判决乙分得房产，则乙在判决生效之日取得房屋所有权。故 D 项正确。

415．离婚后对夫妻共同财产的再次分割［D］

［解析］《民法典》第 1092 条规定："夫妻一方隐藏、转移、变卖、毁损、挥霍夫妻共同财产，或者伪造夫妻共同债务企图侵占另一方财产的，在离婚分割夫妻共同财产时，对该方可以少分或者不分。离婚后，另一方发现有上述行为的，可以向人民法院提起诉讼，请求再次分割夫妻共同财产。"《民法典婚姻家庭编解释（一）》第 84 条规定："当事人依据民法典第一千零九十二条的规定向人民法院提起诉讼，请求再次分割夫妻共同财产的诉讼时效期间为三年，从当事人发现之日起计算。"故 A、C 项正确，D 项错误。

离婚时达成的离婚财产分割协议对于双方具有约束力，因履行发生的纠纷适用《民法典》合同编的有关规定。履行发生纠纷是新的事实，可以向法院起诉。《民法典婚姻家庭编解释（一）》第 70 条第 1 款规定："夫妻双方协议离婚后就财产分割问题反悔，请求撤销财产分割协议的，人民法院应当受理。"故 B 项正确。

专题二十九　收　养

考点112　收养

416．收养关系的成立［D］

［解析］《民法典》第 1093 条规定："下列未成年人，可以被收养：（一）丧失父母的孤儿；（二）查找不到生父母的未成年人；（三）生父母有特殊困难无力抚养的子女。"吴某 16 岁，不满 18 周岁，系未成年人，故 A 项错误。

《民法典》第 1102 条规定："无配偶者收养异性子女的，收养人与被收养人的年龄应当相差四十周岁以上。"同时，根据《民法典》第 1099 条第 1 款的规定，收养三代以内同辈旁系血亲的子女，可以不受《民法典》第 1102 条规定的限制。故 B 项错误。

《民法典》第 1098 条规定："收养人应当同时具备下列条件：（一）无子女或者只有一名子女；……"据此，孙某原来只有一名子女，符合收养吴某的条件。故 C 项错误，D 项正确。【关联记忆】《民法典》第 1099 条第 2 款规定："华侨收养三代以内旁系同辈血亲的子女，还可以不受本法第一千零九十八条第一项规定的限制。"

417．收养的成立［CD（原答案为 C）］

［解析］《民法典》第 1094 条规定："下列个人、组织可以作送养人：……（三）有特殊困难无力抚养子女的生父母。"同时，第 1099 条第 1 款规定："收养三代以内旁系同辈血亲的子女，可以不受本法第一千零九十三条第三项、第一千零九十四条第三项和第一千一百零二条规定的限制。"据此，若将小强送给徐某的姐姐收养，则不受生母徐某无抚养能力这一限制。故 A 项错误。

《民法典》第 1098 条规定："收养人应当同时具备下列条件：（一）无子女或者只有一名子女；（二）有抚养、教育和保护被收养人的能力；（三）未患有在医学上认为不应当收养子女的疾病；（四）无不利于被收养人健康成长的违法犯罪记录；（五）年满三十周岁。"同时，第 1099 条第 2 款规定："华侨收养三代以内旁系同辈血亲的子女，还可以不受本法第一千零九十八条第一项规定的限制。"据此，徐某的姐姐是华侨，收养妹妹的未成年子女，不受收养人"无子女或者只有一名子女"这一条件的限制；况且徐某的姐姐原本只有一名子女，即使不是华侨，也符合第 1098 条规定的收养人条件。故 B 项错误。

《民法典》第 1108 条规定："配偶一方死亡，另一方送养未成年子女的，死亡一方的父母有优先抚养的权利。"据此，谭某的父母享有优先抚养的权利，C 项正确。

《民法典》第 1104 条规定："收养人收养与送养人送养，应当双方自愿。收养八周岁以上未成年人的，应当征得被收养人的同意。"小强现年 9 周岁，故应当征得小强同意，D 项正确。【旧题新解】原《收养法》第 11 条规定："……收养年满十周岁以上未成年人的，应当征得被收养人的同意。"D 项原本是错误的。但《民法典》1104 条将"十周岁"改为"八周岁"，根据新法，D 项正确。

418．收养的条件及例外［A］

［解析］《民法典》第 1103 条规定："继父或者继

母经继子女的生父母同意,可以收养继子女,并可以不受本法第一千零九十三条第三项、第一千零九十四条第三项、第一千零九十八条和第一千一百条第一款规定的限制。"据此,继父或继母收养继子女的,不受送养人是否无力抚养子女、自身是否有子女、是否年满30周岁,收养子女的数量等条件的限制,可以收养全部继子女。故 A 项正确,B、C、D 项错误。

第六编 继 承

专题三十 继承概述

考点113 继承的一般规定

419. 继承权的放弃[ABCD]

[解析]《民法典》第 1124 条第 1 款规定:"继承开始后,继承人放弃继承的,应当在遗产处理前,以书面形式作出放弃继承的表示;没有表示的,视为接受继承。"《民法典继承编解释(一)》第 33 条规定:"继承人放弃继承应当以书面形式向遗产管理人或者其他继承人表示。"第 34 条规定:"在诉讼中,继承人向人民法院以口头方式表示放弃继承的,要制作笔录,由放弃继承的人签名。"据此,只有在诉讼中口头放弃并记入笔录才构成有效的放弃,A 项中"张某口头放弃继承权,本人承认"并不属于有效的放弃继承。故 A 项当选。**[旧题新解]** 根据旧司法解释,用口头方式表示放弃继承,本人承认的,构成有效的放弃继承,但新的司法解释对此作出了修改。

《民法典继承编解释(一)》第 35 条规定:"继承人放弃继承的意思表示,应当在继承开始后、遗产分割前作出。遗产分割后表示放弃的不再是继承权,而是所有权。"因此,王某在遗产分割后放弃继承权不能引起放弃继承的法律后果。故 B 项当选。

《民法典继承编解释(一)》第 32 条规定:"继承人因放弃继承权,致其不能履行法定义务的,放弃继承权的行为无效。"故 C 项当选。

《民法典》第 153 条第 2 款规定:"违背公序良俗的民事法律行为无效。"断绝父子关系的约定因为违反公共利益(善良风俗)而无效,该约定不能导致父子关系的消灭,从而也不能导致法定继承权的丧失,也不能引起放弃继承权的效果。故 D 项当选。

专题三十一 法定继承

考点114 法定继承人的范围和继承顺序

420. 法定继承的范围[CD]

[解析]《民法典》第 1127 条第 1 款规定:"遗产按照下列顺序继承:(一)第一顺序:配偶、子女、父母;(二)第二顺序:兄弟姐妹、祖父母、外祖父母。"据此,甲、乙系钱某的亲生子女,为第一顺序法定继承人;而钱某与胡某离婚后,双方的配偶关系消灭,钱某死亡时,胡某不是钱某的法定继承人,故 A 项错误。吴某去世时,胡某是吴某的配偶,胡某有权继承吴某的遗产;丙是胡某与吴某的婚生子女,享有吴某遗产的继承权,故 C 项正确。

《民法典》第 1127 条第 3 款规定:"本编所称子女,包括婚生子女、非婚生子女、养子女和有扶养关系的继子女。"所谓"有扶养关系",是指因为年老等原因而失去劳动能力不能自食其力,或者因为年幼又无生活来源,需要有能力的家人帮助,而且事实上也形成了帮助关系。本题中,胡某与吴某结婚时,甲已参加工作且独立生活,而乙未成年跟随胡某与吴某居住。由此可知,甲与吴某之间没有形成扶养关系,而乙与吴某之间形成了扶养关系,即甲无权继承吴某的遗产,乙有权继承吴某的遗产。故 B 项错误。

丁是吴某的亲生子女,享有对吴某遗产的继承权;根据 B 项分析,乙与吴某形成了有扶养关系的继子女关系,乙有权继承吴某的遗产。故 D 项正确。

421. 法定继承的范围与顺序[BC]

[解析]《民法典》第 1127 条规定:"遗产按照下列顺序继承:(一)第一顺序:配偶、子女、父母;(二)第二顺序:兄弟姐妹、祖父母、外祖父母。继承开始后,由第一顺序继承人继承,第二顺序继承人不继承;没有第一顺序继承人继承的,由第二顺序继承人继承。本编所称子女,包括婚生子女、非婚生子女、养子女和有扶养关系的继子女。本编所称父母,包括生父母、养父母和有扶养关系的继父母。本编所称兄弟姐妹,包括同父母的兄弟姐妹、同父异母或者同母异父的兄弟姐妹、养兄弟姐妹、有扶养关系的继兄弟姐妹。"本题中,由于甲与丙结婚时,小明已经成年,没有和丙之间形成扶养关系,因此,不能继承丙之遗产,故 A 项不当选。小亮是丙的亲生子女,甲是丙的配偶,是第一顺位继承人,故 B、C 项当选。

《民法典》第 1105 条第 1 款规定:"收养应当向县级以上人民政府民政部门登记。收养关系自登记之日起成立。"丙拟收养小光,但未办理收养登记,收养不成立,小光与丙未成立收养父母子女关系,因此小光不是丙的第一顺序法定继承人。D 项不当选。**[关联记忆]**《民法典》第 1131 条规定:"对继承人以外的依靠被继承人扶养的人,或者继承人以外的对被继承人扶养较多的人,可以分给适当的遗产。"据此,丙死亡时,若小光缺乏劳动能力又无生活来源,小光属于"依靠被继承人扶养的人",可作为继承人以外的人,适当分得丙的遗产。

422．遗产分割；法定继承的顺序［AD（原答案为ACD）］

［解析］本题中，熊某死亡时，杨某系熊某的配偶，小强系熊某的继子并与熊某形成抚养关系，根据《民法典》第1127条的规定，均为第一顺序法定继承人。故A项正确。

《民法典》第1128条第1款规定："被继承人的子女先于被继承人死亡的，由被继承人的子女的直系晚辈血亲代位继承。"代位继承发生在继承人先于被继承人死亡的情形，熊某死亡后，女婴出生，但是旋即死亡，女婴应获得的遗产应当由女婴的法定继承人来继承，不是代位继承。故B项错误。

《民法典》第1155条规定："遗产分割时，应当保留胎儿的继承份额。胎儿娩出时是死体的，保留的份额按照法定继承办理。"《民法典继承编解释（一）》第31条规定："应当为胎儿保留的遗产份额没有保留的，应从继承人所继承的遗产中扣回。为胎儿保留的遗产份额，如胎儿出生后死亡的，由其继承人继承；如胎儿娩出时是死体的，由被继承人的继承人继承。"《民法典》第16条规定："涉及遗产继承、接受赠与等胎儿利益保护的，胎儿视为具有民事权利能力。但是，胎儿娩出时为死体的，其民事权利能力自始不存在。"由此可知，关于胎儿利益保护问题共三种情形：（1）出生时为活体的，"应留份"归该婴儿。（2）出生时为死体的，"应留份"按原被继承人的遗产处理，由其他法定继承人继承。本题中，男婴娩出时为死体，为男婴保留的"应留份"，应作为熊某的遗产，按法定继承办理，由熊某的第一顺序法定继承人杨某、小强和女婴继承，故C项错误。（3）出生活体旋即死亡的，"应留份"按婴儿的遗产处理。本题中，女婴为活体但旋即死亡，应留份按其遗产处理，女婴的第一顺位继承人仅有杨某，其遗产由杨某继承。故D项正确。

423．法定继承人的范围；遗产的分配［C］

［解析］大志是徐某的侄子，不是徐某的法定继承人，故A项错误。

根据《民法典》第1127条第3款规定，享有法定继承权的子女，包括婚生子女、非婚生子女、养子女和有扶养关系的继子女。因此，只有有扶养关系的继子女才是第一顺位的法定继承人。本题中，徐某死亡时，徐某和王某已经离婚，且小美跟随王某生活，徐某不再照顾小美，此时小美已经不再是徐某"有扶养关系的继子女"，因此小美不再享有继承权。故B项错误。

小磊是徐某的亲生子女，享有法定继承权，是否尽到对徐某的赡养义务对继承权没有影响，故C项正确。

《民法典》第1131条规定："对继承人以外的依靠被继承人扶养的人，或者继承人以外的对被继承人扶养较多的人，可以分给适当的遗产。"据此，对被继承人扶养较多的人，可以分给适当的遗产，而非应当分给遗产，故D项错误。

考点 115 法定继承中遗产的分配

424．遗产的分配；代位继承［ABCD］

［解析］《民法典》第1128条规定："被继承人的子女先于被继承人死亡的，由被继承人的子女的直系晚辈血亲代位继承。"据此，甲属于代位继承人，有权作为第一顺序继承人参与遗产分配，分得其母亲应当分得的遗产份额。故A项正确。

《民法典》第1129条规定："丧偶儿媳对公婆，丧偶女婿对岳父母，尽了主要赡养义务的，作为第一顺序继承人。"《民法典》第1130条第3款规定："对被继承人尽了主要扶养义务或者与被继承人共同生活的继承人，分配遗产时，可以多分。"据此，丧偶女婿乙对岳父尽了主要赡养义务，应作为第一顺序继承人，同时可以多分遗产。故B项正确。

丙是继子女，且没有与郭大爷形成扶养关系，所以并不是继承人，不享有继承权，无权继承遗产。故C项正确。

《民法典》第1130条第2款规定："对生活有特殊困难又缺乏劳动能力的继承人，分配遗产时，应当予以照顾。"丁是养子女，属于郭大爷的第一顺序法定继承人，又丧失劳动能力，应当予以照顾。故D项正确。

【特别提醒】根据《民法典继承编解释（一）》第23条规定，有扶养能力和扶养条件的继承人虽然与被继承人共同生活，但对需要扶养的被继承人不尽扶养义务，分配遗产时，可以少分或者不分。

考点 116 代位继承与转继承

425．代位继承；转继承；法定继承人对遗产的分配［BCD］

［解析］二女儿和小女儿均为李某的亲生子女，小女儿之女系李某的外孙女，根据《民法典》第1127条的规定，李某死亡时，二女儿和小女儿均为第一顺序法定继承人，小女儿之女不是李某的法定继承人。《民法典》第1152条规定："继承开始后，继承人于遗产分割前死亡，并没有放弃继承的，该继承人应当继承的遗产转给其继承人，但是遗嘱另有安排的除外。"这是关于转继承的规定。据此，李某死亡后，分割遗产前，小女儿死亡，小女儿作为李某第一顺序法定继承人应当继承的份额，作为小女儿的遗产，由小女儿的继承人（包括小女儿之女）继承。故A项错误，C项正确。

《民法典》第1128条规定："被继承人的子女先于被继承人死亡的，由被继承人的子女的直系晚辈血亲代位继承。被继承人的兄弟姐妹先于被继承人死亡的,由被继承人的兄弟姐妹的子女代位继承。代位继承人一般只能继承被代位继承人有权继承的遗产份额。"这是关于代位继承的规定。据此,大女儿先于李某死亡,李某死亡时,大女儿之子可代位继承,作为第一顺序法定继承人分配李某的遗产。故 B 项正确。

《民法典》第 1130 条第 4 款规定:"有扶养能力和有扶养条件的继承人,不尽扶养义务的,分配遗产时,应当不分或者少分。"故 D 选项正确。【特别提醒】根据《民法典继承编解释(一)》第 23 条规定,有扶养能力和扶养条件的继承人虽然与被继承人共同生活,但对需要扶养的被继承人不尽扶养义务,分配遗产时,可以少分或者不分。

426．代位继承;遗嘱继承;非基于法律行为的物权变动[AC]

[解析] 代位继承仅适用于法定继承,即若张某遗留的房产适用法定继承,则丙可以通过代位继承要求对该房产进行分割。《民法典》第 1123 条规定:"继承开始后,按照法定继承办理;有遗嘱的,按照遗嘱继承或者遗赠办理;有遗赠扶养协议的,按照协议办理。"同时,《民法典》第 1133 条第 1、2 款规定:"自然人可以依照本法规定立遗嘱处分个人财产,并可以指定遗嘱执行人。自然人可以立遗嘱将个人财产指定由法定继承人中的一人或者数人继承。"本题中,该房产属于张某的个人财产,张某所立遗嘱确定该房产由法定继承人李某单独继承,丙自然不得要求代位继承。故 A 项正确,B 项错误。

《民法典》第 230 条规定:"因继承取得物权的,自继承开始时发生效力。"因法定继承取得不动产物权的,属于非基于法律行为的物权变动;因遗嘱继承取得不动产物权的,属于基于单方法律行为的物权变动。但《民法典》对此两种物权变动的规则并未予以区分,而是一概规定,通过继承取得物权的,继承人于被继承人死亡时即取得不动产物权,无须履行变更登记,但是未经登记的,不得处分。故 C 项正确,D 项错误。

427．遗嘱继承;法定继承;代位继承[AC]

[解析]《民法典》第 1154 条规定:"有下列情形之一的,遗产中的有关部分按照法定继承办理:……(三)遗嘱继承人、受遗赠人先于遗嘱人死亡或者终止;……"本题中,甲的遗嘱规定,房屋由乙遗嘱继承,但乙先于甲死亡,故房屋应按照法定继承办理,因此,丙对房屋也享有继承权。故 D 项错误。

《民法典》第 1128 条第 1 款规定:"被继承人的子女先于被继承人死亡的,由被继承人的子女的直系晚辈血亲代位继承。"本题中,乙先于甲死亡,戊可作为第一顺序继承人代位继承。故 A 项正确。

《民法典》第 1129 条规定:"丧偶儿媳对公婆,丧偶女婿对岳父母,尽了主要赡养义务的,作为第一顺序继承人。"乙去世后,丁接替乙赡养甲。所以,丧偶儿媳丁在甲死亡时可以作为第一顺序继承人继承。综合上分析,甲死亡时,房屋和现金均按法定继承办理,由第一顺序法定继承人丙、丁、戊平分。故 B 项错误,C 项正确。

428．死亡推定;法定继承;代位继承;遗嘱继承[ACD]

[解析]《民法典》第 1121 条规定:"继承从被继承人死亡时开始。相互有继承关系的数人在同一事件中死亡,难以确定死亡时间的,推定没有其他继承人的人先死亡。都有其他继承人,辈份不同的,推定长辈先死亡;辈份相同的,推定同时死亡,相互不发生继承。"本题中,乙、丁遇车祸,死亡先后时间不能确定,二人均有继承人,且是同辈,则应推定为乙、丁同时死亡,彼此不发生继承。乙的第一顺序法定继承人是甲(亲生父亲)、戊(亲生女儿)、己(亲生儿子),故 A 项正确。丁的第一顺序法定继承人是戊(亲生女儿)、己(亲生儿子)、丁母(亲生母亲),故 C 项正确。

丁母是丁的第一顺序法定继承人,有权继承丁的遗产。同时,由于乙和丁死亡先后时间不能确定,推定乙、丁同时死亡,丁不能继承乙的遗产,所以丁母不能转继承乙的遗产。故 B 项错误。

《民法典》第 1154 条规定:"有下列情形之一的,遗产中的有关部分按照法定继承办理:……(三)遗嘱继承人、受遗赠人先于遗嘱人死亡或者终止;……"据此,因遗嘱继承人乙先于甲死亡,甲的遗产不适用遗嘱继承,应按照法定继承办理。丙系甲第一顺位法定继承人,故丙有权继承甲的遗产。《民法典》第 1128 条第 1 款规定:"被继承人的子女先于被继承人死亡的,由被继承人的子女的直系晚辈血亲代位继承。"乙先于甲死亡,在甲死亡时,乙的子女戊、己有权代位继承甲的遗产。故 D 项正确。

429．法定继承;代位继承[AB]

[解析] 本题中,甄伟作为甄某的亲生子,是第一顺位继承人,当然有资格继承遗产,故 A 项正确。

《民法典》第 1128 条第 1 款规定:"被继承人的子女先于被继承人死亡的,由被继承人的子女的直系晚辈血亲代位继承。"此处的血亲,既包括自然血亲,也包括拟制血亲。《民法典继承编解释(一)》第 15 条规定:"被继承人的养子女、已形成扶养关系的继子女的生子女可以代位继承;被继承人亲生子女的养子女可以代位继承;被继承人养子女的养子女可以代位继承;与被继承人已形成扶养关系的养子女的养子女也可以代位继承。"据此,各种子女的继子女均不得代位继承。甄美先于甄某死亡,甄美的亲生子女秦好可代位继承;岳猛是甄美的继子女,不得代位继承。故 B

项正确,D项错误。

岳某不是甄某的法定继承人,不得继承遗产,故C项错误。

专题三十二 遗嘱继承、遗赠和遗赠扶养协议

考点117 遗嘱继承

430. 遗嘱的形式与效力[A]

[解析] 遗嘱属绝对要式法律行为,须依法定方式作成并符合法定形式要件,遗嘱才能成立,并于遗嘱人死亡时生效。

《民法典》第1134条规定:"自书遗嘱由遗嘱人亲笔书写,签名,注明年、月、日。"据此,甲于1月1日订立的自书遗嘱,符合法定要件,该自书遗嘱成立。

《民法典》第1135条规定:"代书遗嘱应当有两个以上见证人在场见证,由其中一人代书,并由遗嘱人、代书人和其他见证人签名,注明年、月、日。"据此,甲于3月2日订立代书遗嘱时,无见证人见证,该代书遗嘱不成立。

《民法典》第1138条规定:"遗嘱人在危急情况下,可以立口头遗嘱。口头遗嘱应当有两个以上见证人在场见证。危急情况消除后,遗嘱人能够以书面或者录音录像形式立遗嘱的,所立的口头遗嘱无效。"据此,甲于5月3日订立的口头遗嘱符合法定要件,该口头遗嘱成立。但是,由于抢救成功,危急情况得以解除,此时能够用书面或者录音形式立遗嘱却没立,因此口头遗嘱无效。

综上,甲死亡时,仅1月1日所订立的自书遗嘱有效,甲的遗产由该自书遗嘱确定的继承人乙继承。故A项正确,B、C、D项错误。

431. 继承人和顺位的确定;遗嘱的撤回[D]

[解析] 本题中,对于住房,由于没有订立遗嘱,按照王冬与张霞的约定,归王冬所有,所以在王冬去世以后,作为第一顺位法定继承人的张霞、王希、王楠均可继承一部分。王希在王冬去世后不久也死亡,对于王希继承的部分由其子王小力继承。因此,对于住房,张霞、王小力、王楠均可部分继承。

对于门面房,尽管王冬立了遗嘱,并且办理了公证,但是,王冬又将门面房进行了处分,卖给了第三人。《民法典》第1142条规定:"遗嘱人可以撤回、变更自己所立的遗嘱。立遗嘱后,遗嘱人实施与遗嘱内容相反的民事法律行为的,视为对遗嘱相关内容的撤回。立有数份遗嘱,内容相抵触的,以最后的遗嘱为准。"据此,王冬卖门面房的行为,视为遗嘱的撤回。卖房后所获得的价款,应当按照法定继承来进行。既然按照法定继承,就和上述分析的住房一样,

作为第一顺位继承人的张霞、王希、王楠均可部分继承;王希死后,王希所继承的部分,再由其子王小力继承。

综上,本题只有D项错误,当选。

432. 遗嘱的效力;股权的继承[ABCD]

[解析]《民法典》第1142条第3款规定:"立有数份遗嘱,内容相抵触的,以最后的遗嘱为准。"本题中,就公司股权和名人字画,韩某立有内容相冲突的两份自书遗嘱,应当认定第二份遗嘱默示变更了第一份遗嘱。婷婷通过受遗赠取得遗产中的公司股权和名人字画,其他遗产由韩大遗嘱继承。故A、B项错误。

《民法典》第230条规定:"因继承取得物权的,自继承开始时发生效力。"据此,韩大无须办理继承登记,自韩某死亡时,韩大取得遗嘱继承之房屋的所有权。《民法典》第232条规定,根据法院判决、继承、房屋建造等享有不动产物权的,处分该物权时,依照法律规定需要办理登记,未经登记,不发生物权效力。韩大基于遗嘱继承而取得房屋所有权,未经登记而处分的,不发生物权效力,但当事人签订的合同效力不受影响。故C项错误。

《公司法》第90条规定:"自然人股东死亡后,其合法继承人可以继承股东资格;但是,公司章程另有规定的除外。"婷婷作为韩某的继承人可以取得股东资格,故D项错误。

433. 继承权的丧失;遗嘱继承[AC]

[解析]《民法典》第1138条规定:"遗嘱人在危急情况下,可以立口头遗嘱。口头遗嘱应当有两个以上见证人在场见证。危急情况消除后,遗嘱人能够以书面或者录音录像形式立遗嘱的,所立的口头遗嘱无效。"本案中,乙立口头遗嘱的情况,符合上述规定,因此有效。根据《民法典》第1142条规定,立有数份遗嘱,内容相抵触的,以最后的遗嘱为准。因此,应以乙最后所立口头遗嘱为准。根据口头遗嘱,房屋归丙,故C项正确。

根据《民法典》第1125条第1款第2项规定,"为争夺遗产而杀害其他继承人"的,丧失继承权。《民法典继承编解释(一)》第8条规定:"继承人有民法典第一千一百二十五条第一款第一项或者第二项所列之行为,而被继承人以遗嘱将遗产指定由该继承人继承的,可以确认遗嘱无效,并确认该继承人丧失继承权。"据此,丁为继承遗嘱欲杀害丙(无论既遂还是未遂),因此丧失继承权,乙所立口头遗嘱中由丁继承一半存款的部分无效,故D项错误。

张某获得的赔偿金属于个人财产,继承人可以继承。由于丁丧失了继承权,全部赔偿金应由丙继承。故A项正确,B项错误。

考点118 遗赠扶养协议

434．遗赠扶养协议[A]

[解析]《民法典》第1158条规定："自然人可以与继承人以外的组织或者个人签订遗赠扶养协议。按照协议，该组织或者个人承担该自然人生养死葬的义务，享有受遗赠的权利。"同时，第1123条规定："继承开始后，按照法定继承办理；有遗嘱的，按照遗嘱继承或者遗赠办理；有遗赠扶养协议的，按照协议办理。"本题中，被继承人甲生前与村委会订立遗赠扶养协议，同时又立有遗嘱。遗赠扶养协议约定甲死后其财产属于村委会，而根据遗嘱的内容，将其全部财产赠与侄子丙。这属于遗赠扶养协议和遗嘱相抵触的情形。遗嘱与遗赠扶养协议抵触，遗赠扶养协议效力优先，甲的遗产应当按照遗赠扶养协议的内容处理。故A项正确，B、C、D项错误。

435．遗赠扶养协议[A]

[解析]《民法典》第1158条规定："自然人可以与继承人以外的组织或者个人签订遗赠扶养协议。按照协议，该组织或者个人承担该自然人生养死葬的义务，享有受遗赠的权利。"据此，遗赠扶养协议中，扶养人不能属于对被扶养人具有法定扶养义务的人，只能是继承人以外的组织或者个人，否则遗赠扶养协议无效。本题中甲与保姆乙约定了遗赠扶养协议，且乙已经按照与甲之间的约定履行了义务，甲、乙间的遗赠扶养协议有效。另据《民法典》第1123条规定："继承开始后，按照法定继承办理；有遗嘱的，按照遗嘱继承或者遗赠办理；有遗赠扶养协议的，按照协议办理。"可知，遗赠扶养协议效力最优先，乙可按照协议取得甲的遗产。故A项正确，B、C、D项错误。

专题三十三 遗产的处理

考点119 遗产的范围

436．遗产的范围[A]

[解析]《民法典》第1122条规定："遗产是自然人死亡时遗留的个人合法财产。依照法律规定或者根据其性质不得继承的遗产，不得继承。"《民法典继承编解释（一）》第26条规定："遗嘱人以遗嘱处分了国家、集体或者他人财产的，应当认定该部分遗嘱无效。"A项中，关于乙寺院出资购买并登记在甲名下的房产的所有权归属，房产虽然登记在甲名下，但甲并非事实上的所有权人，其房产应归寺院所有，因为根据题目交代的信息，房子是由寺院出资购买，并且没有说明赠与给甲的意思，同时也没有涉及善意第三人利益的保护，登记并不是认定所有权的唯一标准。因此，房产归乙寺院所有，不属于甲的遗产。故A项正确。

微博账号属于网络虚拟财产，系在网络环境下的新兴个人财产，其权益归属于甲。在甲死亡时，应认定为甲的遗产，由丙依照遗嘱继承取得。故B项错误。

著作人身权中的署名权、修改权和保护作品完整权具有专属性，不得继承；著作财产权，不具有专属性，可以继承。发表权作为著作人身权，虽不得继承，但《著作权法实施条例》第17条规定："作者生前未发表的作品，如果作者未明确表示不发表，作者死亡后50年内，其发表权可由继承人或者受遗赠人行使；没有继承人又无人受遗赠的，由作品原件的所有人行使。"此外，根据《著作权法》第18条的规定，公民为完成法人或者非法人组织工作任务所创作的作品为职务作品，原则上著作权由作者享有，所在单位有权在其业务范围内优先使用。因此，即使甲撰写的《金刚经解说》属于职务作品（一般职务作品），其著作权仍归属于甲。故C项错误。

甲"出家"这一事实本身，不会直接导致甲的个人存款归乙寺院所有，甲的个人存款属于甲的遗产。故D项错误。

437．遗产的范围；遗嘱继承；遗嘱的效力[C]

[解析]《民法典》第1122条第1款规定："遗产是自然人死亡时遗留的个人合法财产。"本题中，60万元的赔款是在甲因被侵权死亡后，由甲的近亲属所获得的死亡赔偿金，不属于甲的生前财产，因此不属于遗产的范围。故A项错误。

《民法典》第1141条规定："遗嘱应当为缺乏劳动能力又没有生活来源的继承人保留必要的遗产份额。"这是关于"特留份"的规定。此条的适用具有强制性，为缺乏劳动能力又没有生活来源的继承人留下必要的遗产后，剩余的部分，才能参照遗嘱确定的分配原则处理。丙是甲的第一顺序法定继承人，甲的遗嘱没有给丙分配遗产，但甲死亡时，缺乏劳动能力的丙由乙承担抚养义务，丙有其他生活来源，因此甲的遗嘱全部有效。如果甲死亡时，乙也没有抚养丙的能力，则甲的遗嘱部分无效。总之，不可能因此导致甲的遗嘱全部无效。故B项错误。

《民法典》第1153条第1款规定："夫妻共同所有的财产，除有约定的外，遗产分割时，应当先将共同所有的财产的一半分出为配偶所有，其余的为被继承人的遗产。"本题中，甲与乙婚后购买的住房和20万元存款，属甲、乙共同共有财产，一半属于乙，另一半属于甲。故C项正确。

《民法典》第1123条规定："继承开始后，按照法定继承办理；有遗嘱的，按照遗嘱继承或者遗赠办理；有遗赠扶养协议的，按照协议办理。"乙虽为甲的第一顺序法定继承人，但甲所立遗嘱排除了乙的继承份额。所以,乙无权继承甲的遗产。故D项错误。

考点120 遗产的分割与债务清偿

438.遗产分割后被继承人生前债务的清偿;概括继承与限定继承[ABC]

[解析]《民法典》第1161条规定:"继承人以所得遗产实际价值为限清偿被继承人依法应当缴纳的税款和债务。超过遗产实际价值部分,继承人自愿偿还的不在此限。继承人放弃继承的,对被继承人依法应当缴纳的税款和债务可以不负清偿责任。"据此,继承人未放弃继承的,应一并继承被继承人的权利与义务(概括继承)。但是,继承人清偿被继承人的债务以其继承的遗产价值为限,超出部分,继承人无清偿的法定义务(限定继承)。故A项错误。

根据上述规定,继承人仅在继承遗产的价值范围内承担偿还被继承人生前债务的责任。本案中,何某女儿放弃了对房屋的继承,仅对现金继承了1万元,因此她仅需要对债权人负偿还1万元的义务。同时,被继承人所有的遗产总和价值是10万元,继承人仅需要在继承10万元的财产范围内承担还债责任,对于剩余的2万元债务,四人可以不予清偿。当然,如果有继承人自愿清偿的,法律也不禁止。故B、C选项错误,D选项正确。【思路拓展】《民法典》第1163条规定:"既有法定继承又有遗嘱继承、遗赠的,由法定继承人清偿被继承人依法应当缴纳的税款和债务;超过法定继承遗产实际价值部分,由遗嘱继承人和受遗赠人按比例以所得遗产清偿。"因此,遗产分割后,继承人和受遗赠人清偿被继承人生前的债务具有顺序性。本题中,三个儿子依照法定继承各自继承了2万元,四个子女依照遗嘱继承各自获得了1万元。因此,应当先由三个儿子用法定继承取得的6万元清偿债务,然后再由四个子女用遗嘱继承取得的4万元按所得遗产比例清偿债务。

第七编 侵权责任

专题三十四 侵权责任概述

考点121 侵权责任与免责

439.侵权责任的抗辩事由;紧急避险[D]

[解析]《民法典》第182条规定:"因紧急避险造成损害的,由引起险情发生的人承担民事责任。危险由自然原因引起的,紧急避险人不承担民事责任,可以给予适当补偿。紧急避险采取措施不当或者超过必要的限度,造成不应有的损害的,紧急避险人应当承担适当的民事责任。"《民法典总则编解释》第32条规定:"为了使国家利益、社会公共利益、本人或者他人的人身权利、财产权利以及其他合法权益免受正在发生的急迫危险,不得已而采取紧急措施的,应当认定为民法典第一百八十二条规定的紧急避险。"本题中,丁公司员工方某驾驶该车接送酒店客人时,为躲避一辆逆行摩托车,将行人赵某撞伤,方某的行为构成紧急避险,且无避险不当的情形,应由引起险情发生的摩托车主承担全部侵权责任。故D项正确,A、B、C项错误。

440.不作为侵权;过错侵权;好意施惠[B]

[解析]事例①中,尽管李某搭车的行为与张某之间并没有形成民法上合同之法律关系,属于好意施惠,但是张某在李某搭车后,应尽到正常人之注意,否则造成李某损害就存在过错,应当承担侵权责任,构成侵权之法律关系,张某违章驾驶,明显有过错,因此应承担侵权责任。故A项不当选。

事例②中,对于参与某项活动产生的因不可抗力造成自己的伤害,应当责任自负。唐某陷入险情后,其他参与者虽有救助的作为义务,但面对雪崩缺乏救助的作为能力,因此不成立不作为侵权。故B项当选。

事例③中,与吴某打赌者未尽到一个理性谨慎人的注意义务,对吴某因打赌遭受的损害具有过失,成立过错侵权。同时,吴某对自己遭受的损害也有过失,可以减轻加害人的责任。故C项不当选。

事例④中,尽管何某邀郑某喝酒后没有强行劝酒的行为,但在郑某畅饮后,依然让其驾车,何某存在一定的过错,应当承担与过错相应的责任。故D项不当选。

441.过错侵权;意外事件[D]

[解析]一般的侵权有四个方面的构成要件:过错、加害行为的违法性、损害事实和加害行为与损害事实之间的因果关系。本题中,除了有损害事实之外,其他要件均不具备。首先,对于小囡的损害,没有人具有故意或过失。其次,这种损害的发生基于正常人的注意没有可能预见到,因此,向小囡提供香蕉的人的行为与损害后果发生不能认定有法律上的因果关系。最后,向小囡提供香蕉的行为,是完全符合人之常情的邻里友爱行为,不具有任何的违法性。故小囡的死亡,属于意外事件,不产生侵权法上的责任。故A、B、C项错误,D项正确。

442.过错侵权;侵权损害赔偿[C]

[解析]违约责任发生在合同法律关系中。本题中,姚某只是试戴翡翠手镯,双方并未订立合同,不存在违约责任。故A项错误。

《民法典》第1184条规定:"侵害他人财产的,财产损失按照损失发生时的市场价格或者其他合理方式计算。"本题中,姚某不慎将手镯摔碎,构成侵权,应按照损失发生时的市场价格9万元赔偿唐某的损失。故C项正确，B、D项错误。【陷阱点拨】注意侵权损害赔偿一般按照市价赔偿，而不是按进货成本价格赔偿。因为计算赔偿数额的范围时，理论上包括直接损失和间接损失，进货成本损失为直接损失，市价与成本价之间的差额，是明确可以取得的间接损失。

443．见义勇为遭受损害的责任承担；紧急避险致人损害的责任承担[A]

[解析]《民法典》第183条规定："因保护他人民事权益使自己受到损害的，由侵权人承担民事责任，受益人可以给予适当补偿。没有侵权人、侵权人逃逸或者无力承担民事责任，受害人请求补偿的，受益人应当给予适当补偿。"据此，见义勇为造成损害的，若没有侵权人、侵权人逃逸或无力承担责任的，受益人应当予以适当补偿，不是赔偿，本题中，乙构成见义勇为，而责任人丁无赔偿能力。故A项正确，B项错误。

《民法典》第182条规定："因紧急避险造成损害的，由引起险情发生的人承担民事责任。危险由自然原因引起的，紧急避险人不承担民事责任，可以给予适当补偿。紧急避险采取措施不当或者超过必要的限度，造成不应有的损害的，紧急避险人应当承担适当的民事责任。"乙将丙雨伞打坏是紧急避险行为，且没有超过必要的限度，造成雨伞的损坏，避险人乙不需要承担责任，应当由引起险情的人承担责任，即丁承担赔偿责任，故C、D项错误。【特别提醒】在紧急避险的情形下，只有因自然原因引发险情的，才可以请求受益人进行适当补偿，本题中的情形，不是自然原因引起的紧急避险。

444．见义勇为；公平责任[B]

[解析]本题中，丙追赶甲系为了保护乙的财产权，属于见义勇为，并非侵害行为，且丙对于甲的死亡并不存在法律意义上的过错。因此，丙的行为不构成一般侵权，无须对甲的死亡承担赔偿责任。故A项错误。

见义勇为，是指在没有法定或约定义务的前提下，为保护他人的人身、财产权益，制止各种侵权行为、意外事件的救助行为。《民法典》第183条规定："因保护他人民事权益使自己受到损害的，由侵权人承担民事责任，受益人可以给予适当补偿。没有侵权人、侵权人逃逸或者无力承担责任的，受害人请求补偿的，受益人应当给予适当补偿。"本题中，丙为了保护乙的财产致乙造成骨折，且侵权人甲已死亡，因此受害人丙依法可请求受益人乙给予适当补偿。故B项正确。

《民法典》第1186条规定了公平补偿规则（公平责任），是指受害人和行为人对损害的发生都没有过错的，依照法律的规定由双方分担损失。公平补偿规

则是一种损失分担方法，适用前提系双方均无过错。本题中，甲抢夺乙的钱包构成一般侵权，主观上存在过错。因此，无论是乙还是丙均无需承担公平责任。故C、D项错误。

445．自甘风险；安保义务人责任；见义勇为；无因管理[CD]

[解析]自甘风险，又称自担风险或自甘冒险，是指自愿参加具有一定风险的文体活动，因其他参加者的行为受到损害的，受害人不得请求其他参加者承担侵权责任；但是，其他参加者对损害的发生有故意或者重大过失的除外（《民法典》第1176条）。本题中，丙以为甲、乙二人溺水而救援的行为系见义勇为（一种特殊的无因管理），并非自甘风险。故A项错误。

B项中的关键词为"安全保障义务"。游泳馆作为经营者、管理者系安全保障义务人，对于游泳者负有安全保障义务。但是，安保义务人责任系过错责任，即只有存在过错时方需承担侵权责任。本题中，游泳馆并不存在过错。因此，无需对丙予以赔偿。故B项错误。

见义勇为，是指在没有法定或约定义务的前提下，为保护他人的人身、财产权益，制止各种侵权行为、意外事件的救助行为。《民法典》第183条规定："因保护他人民事权益使自己受到损害的，由侵权人承担民事责任，受益人可以给予适当补偿。没有侵权人、侵权人逃逸或者无力承担责任的，受害人请求补偿的，受益人应当给予适当补偿。"本题中，丙救助假装溺水的甲、乙二人系见义勇为，造成自己财产手机损坏，受益人甲、乙依法应当予以适当补偿。故C项正确。

《民法典》第979条第1款规定："管理人没有法定的或者约定的义务，为避免他人利益受损失而管理他人事务的，可以请求受益人偿还因管理事务而支出的必要费用；管理人因管理事务受到损失的，可以请求受益人给予适当补偿。"见义勇为是一种特殊的无因管理，符合无因管理的构成要件，丙因实施无因管理遭受损失，可以请求受益人甲、乙予以适当补偿。故D项正确。

考点122 数人侵权

446．特殊侵权行为的归责原则[ACD]

[解析]《民法典》第1172条规定："二人以上分别实施侵权行为造成同一损害，能够确定责任大小的，各自承担相应的责任；难以确定责任大小的，平均承担责任。"这是关于"无意思联络的分别侵权"中"共同因果关系"的规定。其构成要件有三：(1)加害人主观上无共同故意或共同过失，因此不构成共同加害行为；(2)加害人的行为结合在一起，造成同一个在法律上不可分割的损害后果；(3)加害人的行为在因

果关系上构成共同因果关系,即每个人的行为单独不足以造成损害后果,但结合在一起共同造成损害。构成这种分别侵权的,加害人承担按份责任。本题中,甲饲养的狗、丙饲养的狗、乙地面施工的不作为(未设置警示标志和安全设施)结合在一起,共同导致丁的损害,符合《民法典》第1172条的规定,甲、乙、丙应承担按份责任。

《民法典》第1245条规定:"饲养的动物造成他人损害的,动物饲养人或者管理人应当承担侵权责任;但是,能够证明损害是因被侵权人故意或者重大过失造成的,可以不承担或者减轻责任。"饲养动物致人损害的责任是无过错责任,因此,甲、丙即使证明自己对损害的发生没有过错,也不能免除责任。故A、C项错误。

《民法典》第1258条第1款规定:"在公共场所或者道路上挖掘、修缮安装地下设施等造成他人损害的,施工人不能证明已经设置明显标志和采取安全措施的,应当承担侵权责任。"地面施工致人损害的责任采用过错推定的归责方式,所以,如乙能证明自己没有过错,不应承担对丁的赔偿责任。故B项正确。

意外事件,指致害人虽尽合理注意,也难以预见的加害事实。意外事件只能作为过错侵权的免责事由,不能成为无过错侵权的免责事由。本题中,甲、丙放任饲养的狗招摇游走于闹市,完全能够预见自己对动物不加管束的行为很可能致人损害;若乙公司没有设置明显标志和采取安全措施,也完全可以预见到很容易致人损害,甲、乙、丙均有预见可能性,该加害事实不属于意外事件。此外,甲、丙的责任是无过错责任,不能援引意外事件作为免责事由。故D项错误。

447. 动物侵权;分别侵权[CD]

[解析]《民法典》第1245条规定:"饲养的动物造成他人损害的,动物饲养人或者管理人应当承担侵权责任;但是,能够证明损害是因被侵权人故意或者重大过失造成的,可以不承担或者减轻责任。"由此可知,饲养的动物侵权的,动物饲养人或管理人承担无过错责任,即使证明已尽到管理职责也不能免责。故A项错误。

本案中,甲、乙饲养的山羊走脱,啃光珍稀药材,对于丙造成损害,属于多数人侵权的情形,甲、乙均需要承担责任。问题的关键是,两个加害人应当承担连带责任还是按份责任。首先,本案不是典型的共同侵权,因为本案是饲养动物侵权,追究责任时根本不需要考虑过错,不存在共同故意或过失侵权的可能,就人的行为而言,也不存在行为的协同性。其次,饲养山羊不是具有危险性的行为,故又不是共同危险行为。最后,甲、乙两人饲养的动物侵权,可以从两个人分别侵权的角度分析,涉及两个条文,即《民法典》第

1171条规定:"二人以上分别实施侵权行为造成同一损害,每个人的侵权行为都足以造成全部损害的,行为人承担连带责任。"第1172条:"二人以上分别实施侵权行为造成同一损害,能够确定责任大小的,各自承担相应的责任;难以确定责任大小的,平均承担责任。"解答本题的关键是判断甲、乙对于各自动物的侵权,是应当承担连带责任(第1171条),还是承担按份责任(第1172条),对此,区分的要点在于每个人的行为是否足以造成全部损害。本题中,两只羊将药材悉数啃光,这不是一只羊可以造成的损害后果,即每个人的侵权行为都不足以造成损害后果的出现,因此应当适用《民法典》第1172条的规定,甲、乙之间应该是按份责任,能够确定责任大小的,按照确定的责任承担,不能确定责任大小的,平均承担责任。故B项错误,C、D项正确。

448. 共同侵权;普通共同诉讼[AB]

[解析] 本题中的甲、乙、丙、丁构成共同侵权。《民法典》第1168条规定:"二人以上共同实施侵权行为,造成他人损害的,应当承担连带责任。"故A项正确。

《民法典》第519条第1款规定:"连带债务人之间的份额难以确定的,视为份额相同。"本题中并无情节表明四人的份额可以确定,应视为份额相同,即每人2500元。《民法典》第520条第2款规定:"部分连带债务人的债务被债权人免除的,在该连带债务人应当承担的份额范围内,其他债务人对债权人的债务消灭。"本题中,戊表示不会追究甲的责任,即戊对甲作出了债务免除的意思表示,因此在甲应当承担的份额范围内(2500元),乙、丙、丁三人的债务消灭,但乙、丙、丁仍应对剩余的7500元承担连带责任,每人份额仍是2500元,乙赔偿戊所有损失后,有权向丙、丁分别追偿2500元。故B项正确。

对于连带责任,权利人有权请求部分或者全部连带责任人承担责任。因此,因承担连带责任被起诉并不属于必要共同诉讼,且戊已表示不追究甲的责任,不必追加甲为共同被告。既然甲不属于诉讼当事人,法院也不必在判决书中对戊免除甲的责任予以注明。故C、D项错误。

专题三十五 特殊侵权责任

考点123 用人单位责任

449. 用人单位责任[ABCD]

[解析]《民法典》第1191条第2款规定:"劳务派遣期间,被派遣的工作人员因执行工作任务造成他人损害的,由接受劳务派遣的用工单位承担侵权责任;劳务派遣单位有过错的,承担相应的责任。"本题

中,被派遣的工作人员丙因执行工作任务致丁损害,用工单位乙公司应当对丁承担无过错的替代责任;派遣单位甲公司有过错,应承担与其过错相应的责任;有过错的丙不对外承担责任,但甲、乙对外承担责任后可以向有故意或者重大过失的丙追偿。故A、B、C、D项错误。

450．交通事故责任；用人单位责任[BC]

[解析] 乙作为与甲一同赴宴的好友,代甲驾车,为好意施惠关系。甲固然是运行利益的享有者,但乙是机动车运行的控制者,对损害的发生又具有过错,乙应当对丙遭受的损害承担与其过错相应的责任。故A项错误。

根据《民法典》第1191条第1款的规定,用人单位的工作人员因执行工作任务造成他人损害的,由用人单位承担侵权责任。B项中,乙作为代驾公司派出的驾驶员执行工作任务,应由公司对丙承担赔偿责任,故B项正确。同理,C项中,乙作为酒店雇佣的专门代驾员,应由酒店对丙承担赔偿责任,乙不承担赔偿责任。故C项正确。D项中,公司明文禁止代驾,乙代驾的行为虽不在单位授权或者指示的范围之内,但其表现形式是执行工作任务(为单位谋取利益),对于第三人来说,完全可以理解为公司的正常行为。因此,此时应认定为乙是因执行工作任务致人损害,应由用人单位承担无过错的替代责任。故D项错误。

451．用人单位的工作人员致人损害的侵权责任[ABCD(原答案为B)]

[解析] 《民法典》第1191条规定:"用人单位的工作人员因执行工作任务造成他人损害的,由用人单位承担侵权责任。用人单位承担侵权责任后,可以向有故意或者重大过失的工作人员追偿。劳务派遣期间,被派遣的工作人员因执行工作任务造成他人损害的,由接受劳务派遣的用工单位承担侵权责任;劳务派遣单位有过错的,承担相应的责任。"据此,李某因劳务派遣致王某遭受损害,用工单位甲公司承担无过错的替代责任;派遣单位乙公司有过错,承担与其过错相应的责任(甲、乙公司承担按份责任);李某不对外承担责任,甲、乙公司对外承担责任后,有权向有故意或者重大过失的李某追偿。故A、B、C、D项错误。

【旧题新解】原《侵权责任法》规定,劳务派遣单位有过错的,承担补充责任,所以原本B项是正确的。但《民法典》将劳务派遣单位的补充责任,修改为承担与过错相应的责任,根据新法,B项则是错误的。【特别提醒】注意,A项中的黄某不需要承担责任。《民法典》第1193条规定:"承揽人在完成工作过程中造成第三人损害或者自己损害的,定作人不承担侵权责任。但是,定作人对定作、指示或者选任有过错的,应当承担相应的责任。"据此,就安装空调,甲公司与黄某间成立加工承揽关系。承揽人甲公司因承揽致王某人身损害,承揽人甲公司应承担责任,定作人黄某(无定作、指示或选任上的过错)不承担责任。

考点124 个人劳务关系中的侵权责任

452．个人之间的用工关系中接受劳务一方的责任[D(原答案为A)]

[解析] 《民法典》第1192条第1款规定:"个人之间形成劳务关系,提供劳务一方因劳务造成他人损害的,由接受劳务一方承担侵权责任。接受劳务一方承担侵权责任后,可以向有故意或者重大过失的提供劳务一方追偿。提供劳务一方因劳务受到损害的,根据双方各自的过错承担相应的责任。"本题中,甲在乙承包的水库中游泳,丙、丁误以为甲在偷鱼苗将甲打伤的行为,明显属于雇员从事劳务过程中对他人造成的伤害,此时,应当由接受劳务的雇主承担责任,故D选项正确。

453．无因管理；个人劳务关系中的侵权责任[A]

[解析] 只有正当的无因管理才能自动在当事人之间发生无因管理之债。正当无因管理的构成要件有四:(1)管理人管理他人事务;(2)管理人具有管理意思。所谓具有管理意思,指管理人知道管理的系他人事务,并愿意将管理所得的利益归属于他人;(3)就事务的管理而言,管理人无管理的法定义务或约定义务;(4)事务的管理,客观上有利于本人,且不违反本人明示或者可得推知的意思。本题中,甲聘请乙负责照看小孩,甲昏迷时,乙并无送甲前往医院的约定义务或者法定义务,因此,乙将甲送往医院的行为构成正当无因管理。故A项正确。

《民法典》第169条规定:"代理人需要转委托第三人代理的,应当取得被代理人的同意或者追认。转委托代理经被代理人同意或者追认的,被代理人可以就代理事务直接指示转委托的第三人,代理人仅就第三人的选任以及对第三人的指示承担责任。转委托代理未经被代理人同意或者追认的,代理人应当对转委托的第三人的行为承担责任;但是,在紧急情况下代理人为了维护被代理人的利益需要转委托第三人代理的除外。"《民法典总则编解释》第26条规定:"由于急病、通讯联络中断、疫情防控等特殊原因,委托代理人自己不能办理代理事项,又不能与被代理人及时取得联系,如不及时转委托第三人代理,会给被代理人的利益造成损失或扩大损失的,人民法院应当认定为民法典第一百六十九条规定的紧急情况。"本题中,乙于情况紧急下的转委托对本人发生效力,即在甲、丁之间产生了委托关系,由甲对转委托后果负责,乙不承担责任,故D项错误。此外,丁系基于委托合同照看小孩,丁对小孩的照看系基于约定义务,因此不构成无因管理。同时,丁疏于照看小孩,致使甲的

128

小孩在玩耍中受伤,丁的行为构成过错侵权,应承担过错侵权责任。换言之,丁基于与乙的委托合同负有照看甲的小孩的义务,丁疏于照看致使甲的小孩因此遭受损害,构成不作为侵权(过错侵权)。故 B 项错误。

甲与乙、丙与丁之间的法律关系均属于个人之间的劳务关系。《民法典》第 1192 条第 1 款规定:"个人之间形成劳务关系,提供劳务一方因劳务造成他人损害的,由接受劳务一方承担侵权责任。接受劳务一方承担侵权责任后,可以向有故意或者重大过失的提供劳务一方追偿。提供劳务一方因劳务受到损害的,根据双方各自的过错承担相应的责任。"据此,在个人之间的劳务关系中,若提供劳务一方因劳务致人损害的,接受劳务一方须承担无过错的替代责任。不过,丁替乙照看甲的小孩,超出了丙、丁间的个人劳务关系范围(题目交代:丙聘请丁做家务),不属于因劳务致人损害,故接受劳务的一方丙无须承担责任。故 C 项错误。

考点125 帮工侵权责任

454．帮工侵权责任 [AC]

[解析]《人身损害赔偿解释》第 5 条第 1 款规定:"无偿提供劳务的帮工人因帮工活动遭受人身损害的,根据帮工人和被帮工人各自的过错承担相应的责任;被帮工人明确拒绝帮工的,被帮工人不承担赔偿责任,但可以在受益范围内予以适当补偿。"本题中,对于丙的帮工甲没有明确拒绝,因此需要根据双方的过错承担相应责任。若甲有过错的,应当承担责任。【特别提醒】根据修正后的《人身损害赔偿解释》,无偿帮工人因帮工活动遭受人身损害,帮工人承担的是过错责任(旧司法解释规定是无过错责任),因此,本题判断 A 项正确,是在假定甲有过错的情况下进行的分析。同时,根据《民法典》第 1173 条的规定,受害人丙对损害的发生也有过失,可以减轻甲的责任。故 A 项正确,B 项错误。

《人身损害赔偿解释》第 4 条规定:"无偿提供劳务的帮工人,在从事帮工活动中致人损害的,被帮工人应当承担赔偿责任。被帮工人承担赔偿责任后向有故意或者重大过失的帮工人追偿的,人民法院应予支持。被帮工人明确拒绝帮工的,不承担赔偿责任。"据此,乙因给甲帮工对丁造成人身损害,被帮工人甲应当承担侵权损害赔偿责任,归责原则为无过错责任。如果帮工人乙对损害的发生具有故意或者重大过失,乙承担连带责任。故 C 项正确,D 项错误。

考点126 违反安全保障义务的侵权责任

455．违反安全保障义务的侵权责任;正当防卫 [CD]

[解析]《民法典》第 1198 条规定:"宾馆、商场、银行、车站、机场、体育场馆、娱乐场所等经营场所、公共场所的经营者、管理者或者群众性活动的组织者,未尽到安全保障义务,造成他人损害的,应当承担侵权责任。因第三人的行为造成他人损害的,由第三人承担侵权责任;经营者、管理者或者组织者未尽到安全保障义务的,承担相应的补充责任。经营者、管理者或者组织者承担补充责任后,可以向第三人追偿。"据此,商场是公共场所的管理人,负有安全保障义务,借用商场厕所的丙亦属受安全保障义务保障的对象。现商场违反安全保障义务(地板湿滑),且因第三人甲的行为给丙造成损害,故丙遭受的损害应由甲承担,商场承担补充责任。故 A、B 项正确,不当选;D 项错误,当选。

《民法典》第 181 条规定:"因正当防卫造成损害的,不承担民事责任。正当防卫超过必要的限度,造成不应有的损害的,正当防卫人应当承担适当的民事责任。"乙追赶甲属于正当防卫,且未超出必要限度,乙的行为不构成侵权,乙不承担侵权责任。同时,此种情形不属于法律明文规定可适用公平责任的情形,乙亦不承担公平责任,乙不对丙承担适当补偿的责任。故 C 项错误,当选。【考点延伸】关于公平责任,《民法典》第 1186 条规定:"受害人和行为人对损害的发生都没有过错的,依照法律的规定由双方分担损失。"适用公平责任的前提条件有三:(1)加害人和受害人对损害的发生均无过错,因此不构成过错侵权;(2)加害人的行为不属于法律明文规定的无过错侵权,因此不构成无过错侵权;(3)不责令加害人对受害人予以适当补偿显然违背公平原则。本题中,由于甲和商场因过错给丙造成损害,已然构成了过错侵权,就不再适用公平责任,乙无须对丙的损害给予适当补偿。

456．违反安全保障义务的侵权责任 [C]

[解析]《民法典》第 1198 条第 1 款规定:"宾馆、商场、银行、车站、机场、体育场馆、娱乐场所等经营场所、公共场所的经营者、管理者或者群众性活动的组织者,未尽到安全保障义务,造成他人损害的,应当承担侵权责任。"本题中,洗浴中心未尽到安全保障义务,直接致甲财产损害(以及人格利益损害),成立过错侵权,洗浴中心应对甲承担赔偿责任。此外,由于洗浴中心明确提醒"到店洗浴客人的贵重物品,请放前台保管",甲没有将贵重物品交前台保管,对于玉镯的损害也具有一定过错,也应当自行承担一定责任。故 A、B 项错误。

《民法典》第 1183 条规定:"侵害自然人人身权益造成严重精神损害的,被侵权人有权请求精神损害赔偿。因故意或者重大过失侵害自然人具有人身意义的特定物造成严重精神损害的,被侵权人有权请求精神损害赔偿。"甲遭遇人身伤害的同时,作为定情信物的玉镯被摔碎,具有人格象征意义,因此,无论是基于人身伤害,还是玉镯的损毁,均可主张精神损害赔偿,故C项正确。

清洁工乙因执行工作任务致甲损害,根据《民法典》第1191条规定,应由用人单位洗浴中心承担无过错的替代责任,有过错的乙不对外承担责任。故D项错误。

457.安全保障义务人侵权[D]

[解析]《民法典》第1198条第1款规定:"宾馆、商场、银行、车站、机场、体育场馆、娱乐场所等经营场所、公共场所的经营者、管理者或者群众性活动的组织者,未尽到安全保障义务,造成他人损害的,应当承担侵权责任。"据此,公共场所的管理人只有在未尽到安全保障义务时,才需要承担侵权责任。本题中,电梯人多陈某去走楼梯,与损害之间没有法律上的因果关系,A项错误。学生陈某的损害系其玩手机失足摔倒导致,学校(安保义务人)对损害的发生不存在过错,陈某应自负全部责任。故B、C项错误,D项正确。

458.安全保障义务人侵权[ACD]

[解析]杨家村作为旅游景点是公共场所,管理人对游客的安全负有安全保障义务,若未尽义务造成游客损害,需要承担赔偿责任。魏某作为院落位于景区内的个人,不具有安保义务。此外,杨家村并未提供杨梅采摘的旅游项目,虽然没有设置禁止采摘的指示牌,但根据社会一般人的观念,他人财产未经允许不得侵犯是社会常识,故对于游客范某擅自进入魏某院内采摘杨梅导致自己摔伤的行为,杨家村没有责任;李某对于范某摔伤的损害发生没有过错,也不应承担责任。综上,本题中,范某摔伤应责任自负,故B项错误,A、C、D项正确。

考点127 网络侵权责任

459.网络侵权责任[C]

[解析]《民法典》第1195条第1、2款规定:"网络用户利用网络服务实施侵权行为的,权利人有权通知网络服务提供者采取删除、屏蔽、断开链接等必要措施。通知应当包括构成侵权的初步证据及权利人的真实身份信息。网络服务提供者接到通知后,应当及时将该通知转送相关网络用户,并根据构成侵权的初步证据和服务类型采取必要措施;未及时采取必要措施的,对损害的扩大部分与该网络用户承担连带责任。"本题中,网络用户甲利用丙网站提供的网络存储服务,实施侵害乙名誉权的行为,甲应对乙承担侵权责任。网络服务提供者丙网站在收到权利人乙发出的通知后,未及时采取必要措施,就扩大的损失,丙网站应当与甲承担连带责任。故C项正确,A、B、D项错误。

460.网络侵权;时效限制[ACD]

[解析]《反不正当竞争法》第6条规定:"经营者不得实施下列混淆行为,引人误认为是他人商品或者与他人存在特定联系:……(二)擅自使用他人有一定影响的企业名称(包括简称、字号等)、社会组织名称(包括简称等)、姓名(包括笔名、艺名、译名等);……"甲公司以乙公司的名称为关键词进行商业推广,属于不正当竞争行为,故A项正确。

《民法典》第1197条规定:"网络服务提供者知道或者应当知道网络用户利用其网络服务侵害他人民事权益,未采取必要措施的,与该网络用户承担连带责任。"本题中,通过搜索引擎进行商业推广是丙公司的商业项目,因此对于其客户甲公司在搜索引擎中设置关键词进行推广业务的行为,丙公司有审查义务,应当知情,故应认定丙公司与甲公司构成共同侵权,故C项正确。《民法典》第1195条第2款规定:"网络服务提供者接到通知后,应当及时将该通知转送相关网络用户,并根据构成侵权的初步证据和服务类型采取必要措施;未及时采取必要措施的,对损害的扩大部分与该网络用户承担连带责任。"如果属于公共平台,任何人均可自主发布相关消息,此时相关内容涉及侵权的,可适用上述规定,接到通知后立即采取必要措施的可免责。而根据上述分析,丙公司作为网络服务提供者,对于自身经营的商业项目应尽到更多的审查义务,对甲公司的侵权行为构成明知,应承担连带责任,不适用上述免责规定,故B项错误。

《民法典》第995条规定:"人格权受到侵害的,受害人有权依照本法和其他法律的规定请求行为人承担民事责任。受害人的停止侵害、排除妨碍、消除危险、消除影响、恢复名誉、赔礼道歉请求权,不适用诉讼时效的规定。"据此,人格权被侵害的,请求停止侵害不受诉讼时效的限制,故D项正确。

考点128 监护人责任

461.监护人责任[A]

[解析]《民法典》第1188条规定:"无民事行为能力人、限制民事行为能力人造成他人损害的,由监护人承担侵权责任。监护人尽到监护职责的,可以减轻其侵权责任。有财产的无民事行为能力人、限制民事行为能力人造成他人损害的,从本人财产中支付赔偿费用;不足部分,由监护人赔偿。"据此,当被监护人有自己的财产时,应当用被监护人的财产优先支付,不足部分由监护人承担。乙的财产足以赔偿,监护人甲无须对丙承担赔偿责任,故A项正确,C、D项错误。甲已尽监护职责,可以适当减轻其责任,而非无须承担侵权责任,故B项错误。

考点 129 教育机构的侵权责任

462．未成年人致人损害的责任承担[BC(原答案为 ABC)]

[解析]《民法典》第 823 条规定："承运人应当对运输过程中旅客的伤亡承担赔偿责任；但是，伤亡是旅客自身健康原因造成的或者承运人证明伤亡是旅客故意、重大过失造成的除外。前款规定适用于按照规定免票、持优待票或者经承运人许可搭乘的无票旅客。"客运合同中，乘客遭受人身伤害的，承运人承担无过错违约责任。本题中，张某有权请求乙公司对自己的人身损害承担违约责任，要求乙公司赔偿医药费。此外，《民法典》第 996 条规定："因当事人一方的违约行为，损害对方人格权并造成严重精神损害，受损害方选择请求其承担违约责任的，不影响受损害方请求精神损害赔偿。"据此，在违约责任中也可以主张精神损害赔偿。故 A 项正确。【旧题新解】在《民法典》公布之前，根据《侵权责任法》等相关法律规定，精神损害赔偿只能在侵权之诉中主张，不能在违约责任中主张。《民法典》中明确规定，在违约责任中也能主张精神损害赔偿，这是一处重要修改，应重点掌握。

未成年人在教育机构学习、生活期间致人人身损害，学校具有过错的，才承担与其过错相应的责任。小牛的侵权行为发生在放学回家的路上，因此甲小学没有过错，不承担责任。故 B、C 项错误。

《民法典》第 1188 条第 1 款规定："无民事行为能力人、限制民事行为能力人造成他人损害的，由监护人承担侵权责任。监护人尽到监护职责的，可以减轻其侵权责任。"据此，小牛致人损害的，应由其监护人承担无过错的替代责任。脸上留下伤疤的损害后果，对于正常人来说均会造成严重精神损害，因此张某可主张精神损害赔偿。故 D 项正确。

463．教育机构的侵权补充责任[D]

[解析]《民法典》第 1201 条规定："无民事行为能力人或者限制民事行为能力人在幼儿园、学校或者其他教育机构学习、生活期间，受到幼儿园、学校或者其他教育机构以外的第三人人身损害的，由第三人承担侵权责任；幼儿园、学校或者其他教育机构未尽到管理职责的，承担相应的补充责任。幼儿园、学校或者其他教育机构承担补充责任后，可以向第三人追偿。"本题中，小学生李某参与学校组织的春游，应当认定为"在教育机构学习生活期间"，该小学以外的第三人刘某因过错致李某人身损害，成立过错侵权，刘某应对李某遭受的全部损害承担责任。同时，某小学未尽教育、管理和保护的义务，某小学应当承担与其过错相应的补充责任。故 D 项正确，A、B、C 项错误。

考点 130 产品责任

464．产品责任[A]

[解析]《民法典》第 1203 条规定："因产品存在缺陷造成他人损害的，被侵权人可以向产品的生产者请求赔偿，也可以向产品的销售者请求赔偿。产品的缺陷由生产者造成的，销售者赔偿后，有权向生产者追偿。因销售者的过错使产品存在缺陷的，生产者赔偿后，有权向销售者追偿。"因产品侵权造成损害的，产品的生产者和销售者应对外承担无过错责任，且受害人享有选择权，可以要求生产者承担侵权责任，也可以要求销售者承担侵权责任。这种责任称为不真正连带责任。本题中的甲、乙、丙均为被侵权人，均可要求电视机的销售者承担赔偿责任。故 A 项正确，C 项错误。

从因果关系上看，乙、丙要求看电视的行为仅为甲遭受损害的必要条件，但无相当性，所以，乙、丙要求看电视的行为与甲遭受损害之间无因果关系。从过错上看，乙、丙对甲因此遭受损害亦无过错。故甲无权要求乙、丙承担过错侵权责任。故 B 项错误。

甲不是缺陷产品的生产者或者销售者，不对乙、丙的损害承担无过错责任。由于甲对乙、丙损害的发生没有过错，也不承担过错侵权责任。故 D 项错误。

465．产品责任[ABCD(原答案为 ABD)]

[解析]《民法典》第 1206 条第 1 款规定："产品投入流通后发现存在缺陷的，生产者、销售者应当及时采取停止销售、警示、召回等补救措施；未及时采取补救措施或者补救措施不力造成损害扩大的，对扩大的损害也应当承担侵权责任。"本题中，汽车生产者甲公司虽采取了补救措施，但因补救措施不力造成产品侵权，仍应承担侵权责任。《民法典》第 1203 条第 1 款规定："因产品存在缺陷造成他人损害的，被侵权人可以向产品的生产者请求赔偿，也可以向产品的销售者请求赔偿。"据此，构成产品侵权的，生产者与销售者应承担无过错责任、不真正连带责任。故 A、B、D 项正确。

《民法典》第 1207 条规定："明知产品存在缺陷仍然生产、销售，或者没有依据前条规定采取有效补救措施，造成他人死亡或者健康严重损害的，被侵权人有权请求相应的惩罚性赔偿。"据此，受害人因产品侵权对生产者或销售者主张惩罚性赔偿责任，仅限于两种法定情形：(1)明知产品有缺陷仍生产、销售，造成他人死亡或者健康严重损害；(2)产品投入流通后发现存在缺陷，未依照《民法典》第 1206 条的规定采取"有效"补救措施，造成他人死亡或者健康严重损害。本题中情形属于第二种，生产者甲、销售者虽然进行了汽车召回，但补救措施不力，造成严重后果，因此，乙可主张惩罚性赔偿。故C项正确。【旧题新解】因产品侵权对生产者或销售者主张惩罚性赔偿责任，原《侵权责任法》第47条只规定了第一种情形，因此当时C项是错误的。《民法典》第1207条又增加了第二种情形，根据新法C项正确。

466．产品责任；加害给付[A]

[解析]《民法典》第1203条规定："因产品存在缺陷造成他人损害的，被侵权人可以向产品的生产者请求赔偿，也可以向产品的销售者请求赔偿。产品缺陷由生产者造成的，销售者赔偿后，有权向生产者追偿。因销售者的过错使产品存在缺陷的，生产者赔偿后，有权向销售者追偿。"据此，产品侵权致人损害的，李某有权请求销售者甲商场和生产者乙厂承担不真正连带责任。故A项正确，D项错误。

《民法典》第186条规定："因当事人一方的违约行为，损害对方人身权益、财产权益的，受损害方有权选择请求其承担违约责任或者侵权责任。"该条规定了"加害给付"制度。出卖人甲商场交付的电热壶具有瑕疵(不符合约定的质量)，给买受人李某造成履行利益损害，成立违约；同时，电热壶作为产品具有缺陷，并因缺陷给李某造成固有利益的损害，成立产品侵权，构成"加害给付"。李某有权择一主张违约责任或产品侵权责任。若李某欲主张违约责任，根据合同相对性原理，李某只能对甲商场主张违约责任；而若李某欲主张产品侵权责任，则不受合同相对性限制，除了请求甲商场承担责任，也可请求乙厂承担责任(不真正连带责任)。故B项错误。

《民法典》第1179条规定，侵害他人造成人身损害的，应当赔偿医疗费、护理费、交通费、营养费、住院伙食补助费等为治疗和康复支出的合理费用，以及因误工减少的收入。一般而言，侵权损害赔偿的范围包括受害人因侵权遭受的直接损失和间接损失，并不以电壶购置成本为限。故C项错误。

考点131 医疗损害责任

467．医疗损害责任的构成要件；医疗损害责任的免责事由[A]

[解析]《民法典》第1218条规定："患者在诊疗活动中受到损害，医疗机构或者其医务人员有过错的，由医疗机构承担赔偿责任。"由此可见，医疗侵权原则上是一般过错责任，由患者举证证明医疗机构有过错。故A项正确。

《民法典》第1219条规定："医务人员在诊疗活动中应当向患者说明病情和医疗措施。需要实施手术、特殊检查、特殊治疗的，医务人员应当及时向患者具体说明医疗风险、替代医疗方案等情况，并取得其明确同意；不能或者不宜向患者说明的，应当向患者的近亲属说明，并取得其明确同意。医务人员未尽到前款义务，造成患者损害的，医疗机构应当承担赔偿责任。"第1220条规定："因抢救生命垂危的患者等紧急情况，不能取得患者或者其近亲属意见的，经医疗机构负责人或者授权的负责人批准，可以立即实施相应的医疗措施。"据此，医院在为患者实施手术前，应当对患者或者其近亲属履行特殊告知义务，并经其明确同意。本题中，父亲将田某送到医院，不能取得田某同意之时，还可以取得田某之父的同意，不能直接自主决定。故B项错误。

《民法典》第1223条规定："因药品、消毒产品、医疗器械的缺陷，或者输入不合格的血液造成患者损害的，患者可以向药品上市许可持有人、生产者、血液提供机构请求赔偿，也可以向医疗机构请求赔偿。患者向医疗机构请求赔偿的，医疗机构赔偿后，有权向负有责任的药品上市许可持有人、生产者、血液提供机构追偿。"该条规定了"医疗产品责任"。据此，患者在诊断、治疗过程中因医疗产品的缺陷遭受损害的，医疗产品的提供者和医疗机构应当承担无过错责任、不真正连带责任。故C项错误。

《民法典》第1222条规定："患者在诊疗活动中受到损害，有下列情形之一的，推定医疗机构有过错：(一)违反法律、行政法规、规章以及其他有关诊疗规范的规定；(二)隐匿或者拒绝提供与纠纷有关的病历资料；(三)遗失、伪造、篡改或者违法销毁病历资料。"由此可知，医院拒绝提供相关病历的，推定其存在过错，应当承担赔偿责任。故D项错误。

考点132 机动车道路交通事故责任

468．机动车道路交通事故责任；用人单位责任[ABCD]

[解析]《民法典》第1191条第1款规定："用人单位的工作人员因执行工作任务造成他人损害的，由用人单位承担侵权责任。用人单位承担侵权责任后，可以向有故意或者重大过失的工作人员追偿。"用人单位承担的是无过错的替代责任，工作人员对损害具有故意或者重大过失，不承担连带责任。本题中，甲是法定代表人，甲执行职务的时候没有独立的人格，甲执行职务的行为就是机关的行为，因此甲不承担责任，故A项错误。乙不服从领导安排与事故的发生没有因果关系，乙无须承担责任，故B项错误。丙因执行工作任务致人损害，应由所在单位承担责任，丙即使具有故意或重大过失，也不承担连带责任，故C项错误。

《道路交通安全法》第76条规定："机动车发生交通事故造成人身伤亡、财产损失的，由保险公司在机动车第三者责任强制保险责任限额范围内予以赔偿；不足的部分，按照下列规定承担赔偿责任：(一)机动车之间发生交通事故的，由有过错的一方承担赔偿责任;双方都有过错的,按照各自过错的比例分担责任。(二)机动车与非机动车驾驶人、行人之间发生交通事故,非机动车驾驶人、行人没有过错的,由机动车一方承担赔偿责任;有证据证明非机动车驾驶人、行人有过错的,根据过错程度适当减轻机动车一方的赔偿责任;机动车一方没有过错的,承担不超过百分之十的赔偿责任。交通事故的损失是由非机动车驾驶人、行人故意碰撞机动车造成的,机动车一方不承担赔偿责任。"根据这一规定,机动车与行人之间发生交通事故的,机动车一方承担无过错责任,若行人具有过错,可以适当减轻机动车一方的责任;若机动车一方能够证明自己没有过错,大幅减轻责任,机动车一方只承担不超过10%的责任。本题中,行人丁闯红灯,对损害的发生也具有过错,可以适当减轻该机关的责任。故D项错误。

469．机动车道路交通事故责任;帮工侵权责任[B]

[解析]《道路交通安全法》第76条第1款规定:"机动车发生交通事故造成人身伤亡、财产损失的,由保险公司在机动车第三者责任强制保险责任限额范围内予以赔偿;不足的部分,按照下列规定承担赔偿责任:(一)机动车之间发生交通事故的,由有过错的一方承担责任;双方都有过错的,按照各自过错的比例分担责任。……"据此,机动车之间发生的道路交通事故致人损害的,适用过错责任原则,由有过错的一方承担侵权责任。本题中,乙、丙间发生了机动车道路交通事故,应适用过错责任,由有过错的一方承担责任。乙没有过错,不承担责任;过错均在丙,丙应承担全部责任。

《民法典》第1215条第1款规定:"盗窃、抢劫或者抢夺的机动车发生交通事故造成损害的,由盗窃人、抢劫人或者抢夺人承担赔偿责任。盗窃人、抢劫人或者抢夺人与机动车使用人不是同一人,发生交通事故造成损害,属于该机动车一方责任的,由盗窃人、抢劫人或者抢夺人与机动车使用人承担连带责任。"据此,车主丁不承担责任。故C、D项错误。

《人身损害赔偿解释》第5条第2款规定:"帮工人在帮工活动中因第三人的行为遭受人身损害的,有权请求第三人承担赔偿责任,也有权请求被帮工人予以适当补偿。被帮工人补偿后,可以向第三人追偿。"本题中,帮工人乙因第三人丙遭受人身损害,乙可请求丙予以赔偿,也可请求甲进行补偿,甲补偿后可向丙追偿。故A项错误,B项正确。

470．机动车道路交通事故侵权责任[C]

[解析]《民法典》第1210条规定:"当事人之间已经以买卖或者其他方式转让并交付机动车但未办理登记,发生交通事故造成损害,属于该机动车一方责任的,由受让人承担赔偿责任。"根据该条,在机动车买卖、分期付款保留所有权买卖、试用买卖、赠与、融资租赁等合同中,交付机动车后,办理过户登记手续之前,若该机动车发生道路交通事故,且根据《道路交通安全法》第76条该机动车应当承担责任的,不论该机动车的所有权是否已经移转,均由已经受让机动车占有的一方(享有机动车运行利益的一方)承担侵权责任,另一方不承担侵权责任。本题中,周某与迅达公司签订汽车试用买卖合同,试用买卖合同的特点是买卖合同虽已成立,但属于附条件的买卖,在买受人认可之前,买卖合同尚未生效。因此,虽然迅达公司已经向周某交付了汽车,但因周某尚未认可,买卖合同尚未生效,故周某尚未取得汽车所有权,汽车的所有权仍归迅达公司。尽管如此,因周某已经现实占有汽车,对汽车享有运行利益,应由周某承担侵权责任。故C项正确,A、B、D项错误。

考点133 环境污染和生态破坏责任

471．环境侵权致人损害责任[D]

[解析]《民法典》第1229条规定:"因污染环境、破坏生态造成他人损害的,侵权人应当承担侵权责任。"环境侵权系无过错责任,故A项错误。

环境侵权的诉讼时效为3年,故C项错误。

《民法典》第1172条规定:"二人以上分别实施侵权行为造成同一损害,能够确定责任大小的,各自承担相应的责任;难以确定责任大小的,平均承担责任。"本题中,甲、乙、丙三家公司无共同过错,分别排污相结合造成同一损害,每一个排污行为单独不足以造成全部损害,成立《民法典》第1172条规定的"共同因果关系分别侵权",甲、乙、丙三家公司承担按份责任,故B项错误。

《民法典》第1231条规定:"两个以上侵权人污染环境、破坏生态的,承担责任的大小,根据污染物的种类、浓度、排放量,破坏生态的方式、范围、程度,以及行为对损害后果所起的作用等因素确定。"故D项正确。

考点134 饲养动物致人损害责任

472．动物致人损害的侵权责任[ACD]

[解析]《民法典》第1245条规定:"饲养的动物造成他人损害的,动物饲养人或者管理人应当承担侵权责任;但是,能够证明损害是因被侵权人故意或者重大过失造成的,可以不承担或者减轻责任。"据此,动物饲养人、管理人承担的是无过错责任。

《民法典》第1247条规定:"禁止饲养的烈性犬等危险动物造成他人损害的,动物饲养人或者管理人应当承担侵权责任。"该条的规范内容是:禁止饲养的危险动物致人损害的,饲养人(管理人)承担绝对无过错责任,无免责事由,即使受害人挑逗动物,对损害的发生具有故意或者重大过失,亦不得减轻或者免除饲养人(管理人)的侵权责任。藏獒属于烈性犬,致人损害的,无免责事由。故A项正确。

《民法典》第1250条规定:"因第三人的过错致使动物造成他人损害的,被侵权人可以向动物饲养人或者管理人请求赔偿,也可以向第三人请求赔偿。动物饲养人或者管理人赔偿后,有权向第三人追偿。"据此,因第三人丙的过错,王平饲养的狗致乙损害,饲养人王平与第三人丙应对乙遭受的损害承担无过错责任、不真正连带责任。故B项错误。

《民法典》第1246条规定:"违反管理规定,未对动物采取安全措施造成他人损害的,动物饲养人或者管理人应当承担侵权责任;但是,能够证明损害是因被侵权人故意造成的,可以减轻责任。"邻居饲养的小猪趴在路上,邻居未对其采取安全措施,造成丁绊倒摔伤,邻居应当承担责任,故C项正确。【思路拓展】《民法典》第1245条所规定的"饲养的动物造成他人损害",指饲养的动物固有危险实现,自主加害(而非在人驱使下加害),包括两种类型:第一种,动物积极加害(如狗咬人、马踢人、猪拱菜);第二种,动物消极加害(如小猪夜卧道路致人被绊倒受伤)。

《民法典》第1248条规定:"动物园的动物造成他人损害的,动物园应当承担侵权责任;但是,能够证明尽到管理职责的,不承担侵权责任。"据此,动物园动物侵权适用的是过错推定责任。D选项中,动物园的老虎从破损的笼中蹿出伤人,说明动物园没有尽到管理职责,有过错,动物园应当承担责任,故D项正确。

473. 饲养动物侵权 [D]

[解析]《民法典》第1245条规定:"饲养的动物造成他人损害的,动物饲养人或者管理人应当承担侵权责任;但是,能够证明损害是因被侵权人故意或者重大过失造成的,可以不承担或者减轻责任。"本题中,因饲养动物侵权造成损害的,应当由动物的饲养人王某或管理人戴某承担无过错责任。但张某偷狗被咬伤,张某对损害的发生具有重大过失,因此王某或戴某可不承担或减轻责任。故A、B、C项错误,D项正确。

474. 饲养动物侵权;建筑物管理人责任 [BC]

[解析]《民法典》第1245条规定:"饲养的动物造成他人损害的,动物饲养人或者管理人应当承担侵权责任;但是,能够证明损害是因被侵权人故意或者重大过失造成的,可以不承担或者减轻责任。"据此,当因饲养动物自身的原因造成他人损害的,由动物饲养人或者管理人承担无过错责任。本题中,赵某带着于某的狗去钱某家玩,狗在阳台不慎掉落,砸伤杨某。此时,赵某是狗的管理人,于某虽然是所有人,但并没有对狗进行实际上的管理和控制,不应承担责任,钱某不是狗的饲养人、管理人,因此应承担侵权责任的是赵某而不是钱某。故C项正确,A、D项错误。

同时,钱某作为建筑物的管理人,知晓自己阳台的设计,明知狗在其上玩耍有掉落的危险,仅仅做了提醒,没有及时阻拦,对于狗的掉落进而砸伤杨某的侵权行为具有过错。《民法典》第1165条第1款规定:"行为人因过错侵害他人民事权益造成损害的,应当承担侵权责任。"故钱某对于自己的过失行为应当承担相应的侵权责任,B项正确。【特别提醒】由于赵某与钱某承担责任的归责基础不同,故不是连带责任,对于杨某的损害赔偿份额,如果不能达成协议,由法院根据具体情况作出判决。

考点135 物件致人损害责任

475. 物件致人损害的侵权责任 [C]

[解析]《民法典》第1253条规定:"建筑物、构筑物或者其他设施及其搁置物、悬挂物发生脱落、坠落造成他人损害,所有人、管理人或者使用人不能证明自己没有过错的,应当承担侵权责任。所有人、管理人或者使用人赔偿后,有其他责任人的,有权向其他责任人追偿。"广告牌属于建筑物上的悬挂物,坠落致郑某遭受人身损害,成立物件致人损害的过错侵权。本题中,广告牌的所有人、管理人和使用人都是大华商场,大华商场应向侵权受害人承担损害赔偿责任。在证明责任的分配上,推定大华商场具有过错。因广告牌的安装存在质量问题而被吹落砸伤郑某,飞达公司作为安装人存在过失,大华商场有权在承担责任后向其追偿。故C项正确,A、B、D项错误。

476. 不明高空抛物的补偿责任承担 [B]

[解析]《民法典》第1198条规定:"宾馆、商场、银行、车站、机场、体育场馆、娱乐场所等经营场所、公共场所的经营者、管理者或者群众性活动的组织者,未尽到安全保障义务,造成他人损害的,应当承担侵权责任。因第三人的行为造成他人损害的,由第三人承担侵权责任;经营者、管理者或者组织者未尽到安全保障义务的,承担相应的补充责任。经营者、管理者或者组织者承担补充责任后,可以向第三人追偿。"据此,仅两类人负担安全保障义务:一是宾馆、商场、银行、车站、机场、体育场馆、娱乐场所等经营场所、公共场所的管理人(场所责任);二是群众性活动的组织者(组织责任)。本题中,张小飞对来家做客的关小羽无安全保障义务,不构成违反安全保障义务的侵权责任。故A项错误。

《民法典》第1254条第1款规定:"禁止从建筑物中抛掷物品。从建筑物中抛掷物品或者从建筑物上坠落的物品造成他人损害的,由侵权人依法承担侵权责任;经调查难以确定具体侵权人的,除能够证明自己不是侵权人的外,由可能加害的建筑物使用人给予补偿。可能加害的建筑物使用人补偿后,有权向侵权人追偿。"本题中,"顶层业主通过证明当日家中无人",证实自己不是侵权人,不承担补偿责任。故 B 项正确。

《民法典》第 1254 条第 2 款规定:"物业服务企业等建筑物管理人应当采取必要的安全保障措施防止前款规定情形的发生;未采取必要的安全保障措施的,应当依法承担未履行安全保障义务的侵权责任。"据此,物业服务公司(作为公共场所的管理者)负有防范"高空抛物"致人损害的安全保障义务。若物业公司违反安全保障义务,应当承担与其过错相应的补充责任。根据题意,物业公司无违反安全保障义务的行为。故 C 项错误。

如查明砚台系从 10 层抛出,虽尚未确定具体侵权人,但可确定仅 10 层的住户属于可能加害的建筑物使用人,则仅由 10 层住户承担公平责任,对关小羽适当补偿。是"适当补偿",而非"承担补充责任"。故 D 项错误。**【特别提醒】**注意"补偿"与"补充责任"的不同。补偿的意思是,由可能的人一起分担损失;而补充责任在民法上意味着是第二位的责任,在第一位的责任主体找不到或者没有能力全部承担时才需要承担补充责任。

477．物件损害责任[BD]

[解析]《民法典》第 1258 条第 2 款规定:"窨井等地下设施造成他人损害,管理人不能证明尽到管理职责的,应当承担侵权责任。"由此可知,地下设施侵权适用过错推定归责原则,牧场管理人可通过证明自己尽到管理职责而免责。故 A 项错误,B、D 项正确。

《民法典》第 180 条第 2 款规定:"不可抗力是指不能预见、不能避免且不能克服的客观情况。"本题中的情形,显然不是不可抗力,而且题目特别说明之前曾经发生过类似的事故,属于管理人管理不到位所致。故 C 项错误。

478．物件致害侵权;安全保障义务人责任[AC]

[解析] 根据《民法典》第 1253 条的规定,建筑物、构筑物或者其他设施及其搁置物、悬挂物发生脱落、坠落造成他人损害,所有人、管理人或者使用人不能证明自己没有过错的,应当承担侵权责任。本题中,贾某家阳台上的木质衣架被大风吹落,属于悬挂物的坠落侵权,贾某作为所有人应承担侵权责任,故 A 项正确。

根据《民法典》第 1198 条规定,经营场所、公共场所的经营者、管理者或者群众性活动的组织者,未尽到安全保障义务,造成他人损害的,应当承担侵权责任。因第三人的行为造成他人损害的,由第三人承担侵权责任;经营者、管理者或者组织者未尽到安全保障义务的,承担相应的补充责任。本题中,物业公司是小区公共区域的管理者,贾某是直接侵权的第三人,物业公司由于未及时处理违规停放的车辆,对于损害的发生具有过错,应承担补充责任,故 C 项正确。物业公司与贾某承担的不是连带责任,故 B 项错误。

本案不适用高空抛物的制度,因为衣架的坠落并非人故意所为,不属于高空抛物,故 D 项错误。